Pramoedya Ananta Toer • Stilles Lied eines Stummen

Pramoedya Ananta Toer

Stilles Lied eines Stummen

Aufzeichnungen aus Buru

Übertragen ins Deutsche von
Diethelm Hofstra

HORLEMANN

Deutsche Originalausgabe

Die Deutsche Bibliothek – CIP-Einheitsaufnahme
Für diese Publikation ist ein Titeldatensatz bei
Der Deutschen Bibliothek erhältlich.

Originaltitel:
Nyanyi Suni Seorang Bisu
Catatan catatan dari P. Buru

Die Übersetzung aus dem Indonesischen wurde mit
Mitteln des Auswärtigen Amtes unterstützt durch
die Gesellschaft zur Förderung der Literatur aus Afrika,
Asien und Lateinamerika e.V.

Umschlaggestaltung unter Verwendung
eines Fotos von Rüdiger Siebert.
Die Fotos im Innenteil drucken wir
mit freundlicher Genehmigung von
Hasta Mitra ab; das Foto „Günter Grass
und Pramoedya Ananta Toer" ist von
Karl Mertes.

Horlemann Verlag
Postfach 1307
53583 Bad Honnef
Telefax (0 22 24) 54 29
e-mail: info@horlemann-verlag.de
www.horlemann-verlag.de

Gedruckt in Deutschland

1 2 3 4 5 | 03 02 01 00

Gewidmet sei dieses Buch mit
Liebe und Tränen den Lebenden:

meinen Kindern

Pujarosmi, Indriarti, Anggraini, Astuti, Arina,
Setianing Rakyat, Tatiyana und Yudistira

und den Toten:

den Kameraden, deren viel zu früher Abschied
meiner Entlassung aus Buru vorausging

Inhalt

VORWORT

Die vorliegenden Notizen, Essays und Briefe wurden eilig und unter äußerst widrigen Bedingungen geschrieben: In einer Strafkolonie auf der indonesischen Insel Buru. Mit wenigen Ausnahmen habe ich sie bis kurz vor der Veröffentlichung nicht wieder angeschaut und somit auch nicht aufgearbeitet. Dies gilt auch für die Briefe an meine Kinder, die zum überwiegenden Teil niemals abgeschickt werden konnten. Wären die Materialien in fremde Hände gefallen, hätten mir mit Sicherheit zusätzliche Verhöre bevorgestanden. Meine Möglichkeiten zu schreiben waren oft durch die Gefährdung meiner persönlichen Sicherheit beschnitten.

Es handelt sich um persönliche Aufzeichnungen, denen nie ein Konzept zugrunde gelegen hat. Es sind Gedanken und Notizen, die wie Wassertropfen in einen Fluß geschüttet wurden, ohne daß ich einen Gedanken an ihre endgültige Gestalt und Form gefaßt hätte. Sie enthalten gewiß zahlreiche Ausschweifungen und Unzulänglichkeiten, die ich unter normalen Umständen verworfen hätte.

Die vorliegende deutsche Ausgabe enthält nur einen begrenzten Teil der Aufzeichnungen, die ich während meiner Gefangenschaft niederschrieb. Abgesehen von den zahllosen Seiten, die von den Militärbehörden zerstört wurden, mußte ich selbst mehrere hundert Seiten vernichten, nachdem nach meiner Entlassung ein Bekannter aus Yogyakarta ihre Existenz verraten hatte, was mir mehrere Verhöre eintrug. Verlorengegangen sind geheime Manuskripte aus der Zeit in Jakartas Gefängnissen und aus den ersten Monaten auf der Insel Buru. Unter Reisgarben verborgene Manuskripte wurden gefunden und nicht zurückgegeben, und Dokumente, die bei einer Papiersuche in unserer Einheit konfisziert wurden, gingen anschließend in Flammen auf.

Ein Regierungsbeamter, der Sympathien für uns aufbrachte, empfahl mir: „Gehen Sie mit Ihrem Leben um wie mit einem Drachen, dem Sie bei gutem Wind Schnur geben können und den Sie bei Windstille nicht fliegen lassen dürfen, weil er sonst am Boden zerschellt." Seine Worte beeinflußten die Aufzeichnungen und Briefe dieser Sammlung. Ich sage diesem namenlosen Mann meinen Dank, denn ohne seinen Ratschlag wären die folgenden Texte wahrscheinlich niemals publiziert worden, und ich, ihr Verfasser, hätte leicht zu einem Klumpen Fleisch im Leichenhemd werden können.

Dank sage ich auch allen, die aus internationaler Solidarität und humanistischen Motiven dafür sorgten, daß ich ab 1973 in der Haft wieder schreiben durfte. Mein ganz besonderer Dank gilt der indonesischen Abteilung von *amnesty international* sowie auf persönlicher Ebene Herrn Dr. W. Wertheim und Frau Carmel Budiarjo, die das Interesse am Schicksal der indonesischen politischen Gefangenen in der internationalen Presse wachgehalten haben.

Die vorliegenden Aufzeichnungen waren ursprünglich als Erinnerung an Vergangenes und als Mittel zur Bewahrung von Empfindungen bestimmter Tage und Zeiten gedacht, die nicht mit dem Verrinnen der Zeit zerfließen sollten. Es liegt deshalb auf der Hand, daß die Sammlung in einem sehr persönlichen Stil geschrieben ist. Die Entscheidung, diese Texte zu publizieren, erfolgte auf der Grundlage des Gedankens, daß gerade die schriftlich festgehaltenen Empfindungen einer Person Teil der Geschichte seiner Nation und der Menschheit im allgemeinen sind.

Die Vorbereitungen zu diesem Buch lösten bei verschiedenen Parteien Besorgnis aus. Es gibt viele Menschen, die gewisse Ereignisse und Erfahrungen aus ihrem Leben gerne vergessen oder ungeschehen machen würden. Ereignisse aber sind die Knoten in einem großen Netz aus Erfahrungen, das Menschen, deren Lebenszeit sich überschneidet, miteinander verbindet.

Das Böse toleriert keine Zeugen, heißt es. Doch was soll ich tun? Die Aufzeichnungen vernichten? Meine Erfahrungen vergessen? „Erfahrungen" sind der persönliche Besitz jedes Menschen, und jedes Individuum darf selbst darüber entscheiden, was mit seinen Erfahrungen geschieht. Keine Macht oder Gewalt darf dieses Recht beschneiden. Doch natürlich können andere Menschen eine Person und ihre Erfahrungen in Mißkredit bringen – dazu gibt es viele Möglichkeiten, besonders wenn man sich auf Geld und Macht stützen kann.

Zu den Personen, denen ich Dank schulde, weil ohne sie die vorliegende Publikation nicht möglich gewesen wäre, gehört mein Freund und unermüdlicher Weggefährte Joesoef Isak, der meine Manuskripte ordnete und in lesbare Form brachte. Ohne seinen Einsatz wären die Aufzeichnungen nicht mehr als ein Stapel beschriebener Blätter geblieben.

Pramoedya Ananta Toer
Jakarta 1984; überarbeitet 1988 und 1998

EINLEITUNG

Pramoedya Ananta Toers „Stilles Lied eines Stummen" entstand unter höchst beschwerlichen und widrigen Bedingungen: während seiner Internierung als politischer Gefangener auf der Molukkeninsel Buru. Bereits 1858 beschrieb T. J. Willer „diese im Bewußtsein der Öffentlichkeit nicht präsente Ecke in der abgelegenen Inselwelt der Molukken" als „ideales Gebiet, um das Land von Überbevölkerung zu entlasten und die Gefängnisse zu leeren". Ein gutes Jahrhundert später setzte Suhartos Neue Ordnung diesen Vorschlag in die Tat um.

1965 war Pramoedya Ananta Toer vierzig Jahre alt. Durch seine Romane, Essays und Kurzgeschichten hatte er nationalen und internationalen Ruhm erworben. Er befand sich in einer der produktivsten Phasen seines Lebens: Mehrere Manuskripte standen kurz vor der Publikation, andere nahmen Gestalt an, und für weitere Arbeiten war das Konzept mehr oder weniger festgelegt. Doch in der Nacht des 13. Oktober 1965 fand sein Leben als Schriftsteller, der seine Ansichten äußern durfte, ein abruptes Ende. Über vierzehn Jahre lang machte man ihn mundtot. Nach seiner Entlassung aus der Strafkolonie auf der Insel Buru durften seine Werke vorübergehend erscheinen, bevor sie Anfang der 1980er Jahre erneut unter staatlichen Bann gestellt wurden. Das vorliegende Buch gibt autobiographische Einblicke in das Leben des berühmten Autors.

*

Am 6. Februar 1925 wurde Pramoedya Ananta Toer als Ältester von neun Geschwistern in der javanischen Kleinstadt Blora geboren. Sein Vater, der als Lehrer, politischer Aktivist, Komponist und Autor wirkte, gab ihm die Disziplin mit auf den Weg, ohne die sein enormes schriftstellerisches Lebenswerk nicht denkbar gewesen wäre. Doch stärker noch beeinflußte ihn seine früh verstorbene Mutter. Mit ihren abendlichen Geschichten nährte sie die Phantasie des Sohnes, sie vermittelte ihm den Auftrag, sich zu einem unabhängigen Menschen zu entwickeln, und sie sorgte für die finanziellen Mittel, die ihm die Fortbildung gestatteten. Für den Sohn wurde sie zum Maßstab für alle Frauen, was eindeutig aus Pramoedyas Werk hervorgeht.

Pram, wie er vertraulich genannt wird, besuchte eine Radiofachschule in Surabaya. Nachdem seine Mutter an Tuberkulose und den Nachwirkungen einer Geburt gestorben war, ging er nach Jakarta, wo er das nationalistisch orientierte Lehrinstitut Taman Siswa besuchte und gleichzeitig für die japanische Nachrichtenagentur Domei als Typist und später als Stenograf und Archivar arbeitete. Angeregt durch seine Arbeit bei Domei gab er die Schülerzeitung seines Lehrinstituts heraus und versuchte sich an ersten Artikeln. In den Jahren 1942 bis 1945 erwarb er die Grundlagen für seine spätere Laufbahn als Schriftsteller.

Der japanischen Niederlage im Zweiten Weltkrieg folgte die Unabhängigkeitserklärung der Republik Indonesien durch Sukarno und Hatta, doch sofort versuchte Holland, die kolonialen Verhältnisse der Vorkriegszeit wiederherzustellen. Pramoedya gehörte zu den zahllosen Jugendlichen, die für die staatliche Souveränität ihrer jungen Nation kämpften. Er diente als Presseoffizier einer Einheit der zivilen Verteidigungsorganisation *Badan Keamanan Rakyat.* Nach der Reorganisation der Armee Ende 1946 schloß er sich der *Voice of Free Indonesia* an. Im Juli 1947 wurde er vom holländischen Militär festgenommen, weil er holländerfeindliche Dokumente bei sich trug. Die folgende Haftzeit im Gefängnis Bukitduri in Jakarta war die erste von drei Gefangenschaften, in denen er niemals einen Prozeß bekam und folglich auch nie verurteilt wurde.

Im Gegensatz zur zweiten Haftperiode 1960–1961 und besonders zu den ersten Jahren der Verbannung auf die Insel Buru durfte Pram in Bukitduri lesen und schreiben. Es entstanden erste Kurzgeschichten und Romane, die ihm nach der Haftentlassung Ende 1949 rasch Berühmtheit in der literarischen Welt Indonesiens eintrugen. 1950 und 1952 wurden zwei seiner frühen Romane mit dem bekanntesten nationalen Literaturpreis ausgezeichnet. 1953 verbrachte er als Gast der holländischen Stiftung für kulturelle Zusammenarbeit *Sticusa* mehrere Monate in den Niederlanden.

In Bukitduri wurde Pramoedya regelmäßig von einer jungen Frau namens Arfah Iljas besucht, die er kurz nach seiner Entlassung heiratete. Sie hatten zusammen drei Kinder, die Ehe wurde 1954 wieder geschieden. 1955 heiratete Pramoedya seine zweite Frau Maimoenah Thamrin, mit der er fünf Kinder hat und die bis heute seine Weggefährtin ist.

In den 1950er Jahren machte sich Indonesien mit den Lasten des Weltkriegs und des vierjährigen Unabhängigkeitskampfes gegen Holland auf einen zerbrechlichen Weg in die Zukunft, denn es bestanden politische, soziale, ethnische und religiöse Spannungen, die überwunden werden mußten. Der erste Präsident Sukarno war um Blockfreiheit bemüht und wollte sich nicht in die politische Doktrin einer fremden Macht einbinden lassen. Außerhalb Indonesiens tobte der Kalte Krieg, mit dem die Westmächte die ihnen bedrohlich erscheinende rote Gefahr aus dem Osten eindämmen wollten.

Pramoedyas Werke jener zweiten Epoche seines schriftstellerischen Wirkens lassen populistische Ansichten erkennen. Seine Sympathie für die Unterdrückten und sein Eintreten für die „Macht des Volkes" trugen ihm Einladungen in blockfreie und kommunistische Staaten ein – unter anderem besuchte er die DDR, die CSSR, Rumänien, Polen, die UdSSR und die VR China. Daheim warf man ihm vor, daß er für sozialistisches Gedankengut eintrete. 1958 wurde er ehrenamtlich in den Vorstand des Instituts für Volkskultur *Lekra*, des kulturellen Flügels der Kommunistischen Partei Indonesiens PKI, berufen. Er trat als inoffizieller Sprecher der Organisation auf, wurde jedoch niemals Parteimitglied. Er bezeichnet sich selbst als jemanden, den es nicht in Parteien oder Organisationen drängt. Als einzige Mitgliedschaft in einer Organisation führt er diejenige in der kurzlebigen Literatenvereinigung *Gelanggang* an, die sich in den frühen 50er Jahren dem Ideal eines universalen Humanismus verschrieb.

Im Dezember 1960 wurde Pramoedya vom indonesischen Militär in Zwangshaft genommen und für ein Jahr hinter Gitter gesteckt, da ein von ihm veröffentlichtes Werk über die Geschichte der Chinesen in Indonesien nach Auffassung der Obrigkeit zu einseitige Sympathien für die chinesische Minderheit enthielt. Wie die jüngste Geschichte zeigt, ist die Situation der Chinesen in Indonesien dort auch heute noch ein äußerst sensibles Thema.

Ab 1962 wirkte Pram als Herausgeber der literarischen Kolumne *Lentera* der Zeitung *Bintang Timur*, die der Indonesischen Nationalistischen Partei PNI nahestand. Seine unerschütterlichen Überzeugungen und seine mitunter beißende Kritik an denen, die seiner Meinung nach die Ziele der indonesischen Revolution verrieten, trugen ihm etliche Feindschaften ein und könnten 1965 durchaus zu den Hauptgründen für seine Verhaftung und spätere Deportation nach Buru gehört haben.

Zwischen 1960 und 1965 gehörte Pramoedya zu den bekanntesten Persönlichkeiten der literarischen Welt Indonesiens, und seine Bücher wurden in zahlreiche Sprachen übersetzt, was ihm auch internationale Berühmtheit eintrug, doch einheimische Verleger sperrten sich, seine Bücher zu publizieren, und die Tantiemen für Übersetzungsrechte flossen eher dürftig. Einige ausländische Verlage holten noch nicht einmal die Zustimmung für Übersetzung und Verkauf seiner Werke ein (was in manchen Ländern leider noch heute der Fall ist). Es war ein hartes Brot, den Lebensunterhalt mit der Schreibfeder zu verdienen, doch es sollte noch schlimmer kommen.

Ende 1965 erlebte Indonesien ein Blutbad, das in der Geschichte der Inselwelt seinesgleichen sucht. Bis heute liegt keine einwandfreie Chronologie oder Analyse der damaligen Geschehnisse vor, doch die Historiker sind sich einig, daß die Entführung von sechs ranghohen Armeeoffizieren in den späten Stunden des 30. September 1965 und ihre Ermordung in den frühen Stunden des folgenden Tages das auslösende Element für die entsetzlichen Ausschreitungen war, die über Java und den gesamten Archipel hereinbrachen. Die Einzelheiten des „Staatsstreichs" sind bis heute nicht geklärt, und es ist auch nicht klar, wer den ersten Dominostein umstieß. Waren es Militäroffiziere des rechten Flügels oder Anhänger der PKI? Die Folgen aber waren gravierend: Präsident Sukarno stürzte, unter General Suharto etablierte sich die vom Militär kontrollierte „Neue Ordnung"; Mitglieder und selbst angebliche Sympathisanten der PKI wurden zum Freiwild. Nach den einundzwanzig Salutschüssen zum Begräbnis der sechs Offiziere auf dem nationalen Heldenfriedhof brach eine Hatz auf alle los, die linker Einstellungen verdächtigt wurden. Millionen unschuldiger Menschen fanden den Tod.

Am Abend des 13. Oktober 1965 saß Pramoedya Ananta Toer zu Hause an seinem Schreibtisch und arbeitete an einer Kurzgeschichtensammlung, die Präsident Sukarno unter einem Pseudonym veröffentlichen lassen wollte. Auf seinem Arbeitstisch lagen außerdem die Unterlagen für eine Sozialgeschichte Indonesiens und für eine Romantrilogie. Im Haus war es geisterhaft still. Seine Töchter bettelten nicht um Gute-Nacht-Geschichten, und auch der kleine Sohn quengelte nicht um Nahrung. Nach der Warnung eines Freundes hatte Pramoedya die Kinder zu seinen Schwiegereltern gebracht. Die Vordertür und das Tor zur Straße waren verriegelt. Hinten im Haus bereitete sich Pramoedyas Bruder Koesalah, der erst seit kurzem von einem Auslandsstudium zurück war, darauf vor, zu Bett zu gehen.

Um 22.30 Uhr wurde Pramoedya durch Stimmen vor seinem Haus aus seiner Arbeit aufgeschreckt. Er spähte aus dem Fenster und sah, daß sich draußen vor dem Tor eine randalierende Meute versammelt hatte. Die meisten Männer waren vermummt. Sie forderten lautstark Einlaß. Dann begannen sie, Steine zu schmeißen, die sie von einer Baustelle auf einem Nachbargrundstück holten. Fenster zersplitterten und Türen zerbarsten. Es wurden Drohungen ausgestoßen, das Haus mitsamt seinen Bewohnern niederzubrennen. Pramoedyas Bruder versuchte zu fliehen, doch ein Nachbar versperrte ihm den Weg über sein Grundstück, da er fürchtete, daß der Vandalismus auf sein Haus übergreifen könnte.

Mit einem japanischen Schwert und einem Besenstiel bewaffnet, ging Pramoedya nach draußen. Am Tor stellte er sich den Maskierten und rief nach ihrem Anführer. Als sich niemand meldete, bot er ihnen an: „Nehmt die Masken ab, dann spreche ich mit euch!" Die Meute reagierte mit heulendem Spott und unverhohlenen Drohungen. Ein weiterer Steinhagel prasselte gegen die Hausmauern.

Plötzlich zerschnitt das Gebell eines Maschinengewehrs die Dunkelheit. Die Meute wich vom Tor zurück und mehrere Militärpolizisten erschienen. Einer von ihnen sagte zu Pramoedya: „Wir sind hier, um Sie in Sicherheit zu bringen. Nehmen Sie mit, was Sie brauchen!"

Pramoedya öffnete das Tor und ließ die Armeeangehörigen hinein. Während sie im Vorderzimmer warteten, packte der Schriftsteller seine Schreibmaschine, die Materialien für die Trilogie, eine Tasche mit Kleidungsstücken und Toilettenartikeln sowie einen Umschlag mit Geld für seine Frau zusammen. Auch sein Bruder machte sich bereit. Dann wurden beide von dem bewaffneten Begleitschutz aus dem Haus geführt. Am Straßenende wurden Pramoedya die Hände auf den Rücken gebunden, und man legte ihm eine Schlinge um den Hals.

Er forderte die Männer auf, seine Bibliothek zu schützen und bot ihnen an, die Bücher aus dem Haus transportieren zu lassen, um sie in die Hände des Staates zu überstellen, doch während er zu einem Fahrzeug gestoßen wurde, das an der Hauptstraße wartete, warfen Soldaten auf seinem Grundstück bereits Tausende Bücher, Dokumente und über lange Jahre hinweg gesammelte Forschungsdaten zu einem Haufen zusammen, um ein Feuer zu entfachen.

Als Pramoedya seinen Bewacher beim Abtransport im Wagen erneut aufforderte, seine Bibliothek zu retten, rammte ihm der Mann den Kolben seines Gewehrs entgegen. Pram konnte sich gerade noch abwenden, so daß die Wucht des Stoßes nur seinen Hinterkopf traf. Dieser Schlag machte ihn rechtsseitig nahezu taub. Spätere Prügel machten ihn auch auf dem linken Ohr schwerhörig.

Während die Bibliothek in Flammen aufging, wurden der Schriftsteller und sein Bruder zum Strategischen Reservekommando der Armee (Kostrad) und anschließend zum Regionalen Militärkommando (Kodam) transportiert. Dort wurde Pram alles, was er mit sich führte, abgenommen. Er forderte den diensthabenden Offizier auf, seinen Bruder gehen zu lassen. Nach einer sarkastischen Antwort durfte Koesalah tatsächlich gehen, doch später wurde er erneut verhaftet und ins Gefängnis gesteckt. Pramoedya selbst wurde vier Jahre lang von Gefängnis zu Gefängnis verlegt, bevor seine Deportation auf die Insel Buru erfolgte.

Quellen zufolge verhaftete das Regime der Neuen Ordnung in den folgenden Monaten und Jahren nahezu anderthalb Millionen Menschen. Indonesiens Gefängnisse, Kasernen und Internierungslager waren mit politischen Gefangenen überfüllt. Unter den Festgenommenen waren nicht wenige anfangs glücklich, auf diese Weise dem Schicksal Hunderttausender entronnen zu sein, deren zerhackte Leichen auf Feldern gefunden wurden oder Abwassergräben und Kanäle verstopften.

Die hohe Zahl der Häftlinge stellte das neue Militärregime vor enorme logistische Probleme. Die Gefangenen wurden ungenügend oder gar nicht versorgt, und ohne die Hilfe von Familienangehörigen, die Essen und Kleidung ins Gefängnis brachten, wären noch mehr ums Leben gekommen. Viele Familien wurden jeodch nicht über den Verbleib ihrer Angehörigen informiert. Da es auf der Hand lag, daß Jahre oder Jahrzehnte erforderlich sein würden, um allen politischen Gefangenen den Prozeß zu machen, mußte eine Lösung her. Die Insel Buru war ein Teil dieser Lösung.

Das Militär entwickelte ein Klassifizierungssystem, das die Häftlinge in die Kategorien A, B und C unterteilte. In die Kategorie A wurden diejenigen eingeordnet, die im Verdacht standen, unmittelbar am Putschversuch von 1965 beteiligt gewesen zu sein – zu ihnen gehörten Armeeoffiziere, Mitglieder der Zentrale der PKI und andere namhafte Politiker. In Kategorie B wurde eingestuft, wer verdächtigt wurde, Kontakte zu linken politischen Bewegungen unterhalten zu haben – was jedoch in den einzelnen Fällen kaum nachweisbar war. In Kategorie C wurden Mitglieder der PKI und ihr nahestehender Organisationen eingegliedert.

Auch „angesammelte Verdachtsmomente“ wurden bei der Einstufung berücksichtigt: Wer einmal ein kommunistisches Land besucht hatte, erhielt „Extrapunkte“. Auch Schriftsteller bekamen aufgrund ihres Berufs Punkte „gutgeschrieben“. Dies führte in etlichen Fällen dazu, daß Intellektuelle „höhergestuft“ wurden. Pramoedya Ananta Toer wurde mit Kategorie B belegt.

Die Gefangenen der Kategorie A wurden entweder hingerichtet oder verschwanden in den Hochsicherheitstrakten der indonesischen Haftanstalten. Diejenigen der Kategorie C – vorwiegend einfache Leute, die als geringes Sicherheitsrisiko eingestuft wurde – wurden in normalen Gefängnissen und Kasernen interniert. Probleme bereitete den Militärbehörden die Kategorie B. Damit wurde der Gedanke an ein Internierungslager auf der abgelegenen und nahezu unerschlossenen Insel Buru geboren – in Anlehnung an die Strategie der holländischen Kolonialregierung, unliebsame nationalistische Führungsgestalten in weltferne Gebiete des Archipels zu verbannen. Das Militärregime beschloß, zunächst zwölftausend politische Gefangene der Kategorie B nach Buru zu deportieren. Pramoedya Ananta Toer gehörte zur ersten Schiffsladung, die 1969 in Richtung Buru verfrachtet wurde.

Wie auf Java stellte der Staat auch auf Buru die Versorgung seiner Gefangenen nicht sicher. Nur für eine befristete Zeit erhielten die Häftlinge die elementarsten Dinge zum Leben. Es wurde ihnen abverlangt, die karge Insel urbar zu machen und sich so rasch wie möglich autark zu versorgen. Ohne nennenswerte Ausrüstung legten die Häftlinge Felder an, bauten Straßen und Kanäle, fällten Bäume und errichteten mit deren Holz die Baracken, in denen sie leben mußten. Dürren, Überschwemmungen und Seuchen rafften viele dahin, und unter psychischer und physischer Belastung begingen nicht wenige Selbstmord. Viele brachen unter Quälereien zusammen, und zahlreiche Häftlinge starben einfach deshalb, weil man sie willentlich vernachlässigte. Aus der „Liste der Toten und Vermißten" am Ende dieses Buches geht hervor, daß viele an Ursachen starben, die in der entwickelten Welt nebensächlich und leicht zu beseitigen gewesen wären.

In Jakartas Gefängnissen hatte Pramoedya diesmal nicht schreiben dürfen, und in den ersten Jahren auf Buru hätte allein schon der Besitz von Schreibmaterialien und Papier das Todesurteil bedeuten können. Glücklicherweise hielt die internationale Welt ein Auge auf das Schicksal des Schriftstellers und seiner Leidensgenossen. 1969 antwortete Indonesiens Generalstaatsanwalt auf die Frage eines australischen Reporters, ob Pramoedya Ananta Toer in der Haft schreiben dürfe: „Natürlich darf er das – leider hat er weder Stift noch Papier."

In Pramoedyas Gedanken hatte das Konzept für ein großes Werk über das Aufkeimen eines indonesischen Nationalgefühls Gestalt angenommen. Auch andere historische Romane schwebten ihm vor. Abends erzählte er den Mitgefangenen seine halb fiktiven und halb authentischen Geschichten, die von Mund zu Mund weitergegeben wurden und ihm wie seinen Mitgefangenen Kraft gaben. Erst 1973 durfte Pram nach mehrjähriger Zwangsarbeit wieder schreiben, doch seine Texte wurden überprüft und willkürlich von der Lagerleitung beschlagnahmt und nie wieder zurückgegeben. Trotz Hunger, Not und einer ständig über ihm schwebenden Todesgefahr hat Pram sich seine literarische Kraft bewahrt und sie sogar weiterentwickeln können. Sein postalischer Austausch war auf das Engste beschnitten, doch Missionare und andere mit ihm sympathisierende Besucher schmuggelten Schriftstücke in die Außenwelt. Die in diesem Buch abgedruckten Briefe an seine Kinder konnten nicht abgeschickt werden. Dank umsichtiger Bemühungen und über unbekannte Kanäle erreichte damals aber ein Brief einen Empfänger in Europa: Ende 1977 erhielt der holländische Prof. Dr. Wertheim einen Brief aus Buru, „ohne Namen, ohne Datum", in dem sich der Absender durch Hinweise auf einen Besuch in Amsterdam im Jahre 1953 und die Inhalte eines Gesprächs zu erkennen gab. Pramoedya schrieb:

Sehr geehrter Herr,

die Herzlichkeit und Offenheit, die Sie und Ihre Frau mir entgegenbrachten, als ich Sie vor vierundzwanzig Jahren in den Niederlanden besuchte, dienen mir als Einladung, mich mittels dieses Briefes noch einmal an Sie zu wenden. Ich kann mich noch heute lebendig an eine Ihrer Fragen erinnern: Warum gibt es so wenig – oder eher gar keine – indonesische Literatur über die japanische Besatzungszeit? Bis jetzt ist die Antwort auf diese Frage (noch) nicht gegeben worden.

Auch heute habe ich keine Antwort darauf, denn es gibt etwas anderes, was ich äußern möchte: An Sie und über Sie an viele Menschen möchte ich nämlich unse-

ren und auch meinen ganz persönlichen Dank für die Anstrengungen und die Sympathie aussprechen, die für uns aufgebracht werden.

Man ließ mich an mich persönlich gerichtete Briefe von Herrn P. Verhaar aus Haarlem und Frau Cathrine Randers aus Oslo sehen. Ich bitte Sie, auch diesen beiden in meinem Auftrag tausendfachen Dank auszusprechen, denn man hat mir die Briefe nicht ausgehändigt – die Adressen waren ohnehin unkenntlich gemacht.

Ich hoffe, daß unser Dank alle richtigen Adressen erreicht, ohne daß uns repressive Maßregelungen treffen. Auch in diesem Punkt schenke ich Ihnen das vollste Vertrauen.

Zum wiederholten Male: Dank. Ich wünsche Ihnen und Ihrer Frau ein langes Leben, Glück, Wohlstand und bleibende Lauterkeit in Herz und Seele.

Hochachtungsvoll

Auch das beigefügte Schreiben „An weltweit alle Freunde, die unsere fundamentalen Menschenrechte wiederhergestellt sehen wollen" blieb „ohne Namen, ohne Datum":

Edelmütige Freunde,

die Anstrengungen und Sympathiebekundungen, die ihr für uns aufbrachtet, haben uns zwischen 1965 und 1969 vor physischer Liquidation durch Feuer- und Stichwaffen oder planmäßiger Aushungerung bewahrt.

Seit 1969 besteht die neue Behandlung, die uns zuteil wird, aus einer systematischen Gehirnwäsche, die von Anbeginn an mit der Zwangsmaßnahme einhergeht, daß wir für unsere Nahrung selbst sorgen und die Funktionäre bereichern müssen. Nur aufgrund eurer Sympathiebekundungen, der von euch unternommenen Schritte und der lauten Stimmen, die ihr in der Welt und ihrer Geschichte habt erklingen lassen, ist uns statt physischer Liquidation nun eine Existenz beschieden, die der von Pharaonensklaven gleicht.

Durch euer Aufbegehren verunsichert, haben sie uns auf die Insel Buru verbannt, genauer gesagt in die Tiefebene des Wai Apo, die eine ausgedörrte Savanne ist. Doch eure Stimmen begleiteten uns noch, als wir Wege anlegten, jungfräuliche Erde in Naßreisfelder und Äcker verwandelten und zur Befriedigung der sarkastischen Gelüste unserer Bewacher das Buschland rodeten.

Die Stimmen, die ihr erhobt, und die Schritte, die ihr unternahmt, haben uns in den vergangenen zwölf Jahren die Gewißheit vermittelt, nicht allein zu sein. Ihr habt uns in unserer Überzeugung bestärkt, daß es auf der Welt noch Menschlichkeit gibt – und ihr, beste Freunde, seid die Fackelträger der Menschlichkeit.

Eure Anstrengungen waren nicht vergebens. Obwohl viel zu viele von uns ihr Leben lassen mußten, hat man uns in diesen zwölf Jahren nicht kleingekriegt – wir haben uns als Menschen, die Zivilisation und Kultur zu würdigen wissen, behauptet. Wir wissen genau, daß wir Freunde haben, und deshalb fühlen wir uns mit den Menschen auf dieser Welt verbunden. Diese Erkenntnis hat uns aufrecht gehalten und ist der Grund, daß wir bis heute überlebt haben.

Zwölf Jahre lang ertragenes Unrecht hat uns immer stärker zu der Auffassung geführt, daß eure Anstrengungen nichts anderes als die solide und gesunde Grundlage für die Verbrüderung der Völker, den Weltfrieden, gegenseitiges Verständnis und zivilisiertes menschliches Verhalten sind. Wir wissen nach diesen langen Jahren genau, daß es – unter welchem Regime auch immer – niemanden auf dieser Welt mehr geben darf, der dasselbe durchleben muß wie wir.

Als Nation, die in ihrer Entwicklungsgeschichte keine bürgerlich geprägte Periode erlebte, leidet Indonesien eindeutig Mangel an vielen humanitären Werten und kann deshalb ein wenig Aufklärung aus allen Ecken der Welt gebrauchen. Gepriesen sei Multatuli, der große niederländische Humanist, für seine Worte: Es ist die Berufung des Menschen, Mensch zu sein. Engelsmasken vor Teufelsgesichtern und Teufelsgemütern sind zu einer Zeit, in der die Menschheit prekäre Probleme zu bewältigen hat, die ihr Fortbestehen bedrohen, ein widerlicher Anblick. Verbrüderung und internationale Zusammenarbeit sind die einzigen Mittel, die uns in der heutigen Welt weiterbringen können. Gewalt und eifersüchtiges Festhalten an Macht haben der Welt doppelten und dreifachen Schaden zugefügt. Die Welt braucht ein neues Lied – eine Musik, die schöner als die klassischen Werke ist.

Wir wollen nichts anderes, als ein Leben in Würde führen – als aufrechte Menschen mit ordentlichen Rechten und Pflichten. Wir sind weder Berufs- noch Laienschauspieler. Wir sind bloß einfache Menschen, die Nachbarn weder unterdrücken noch von ihnen unterdrückt werden wollen. Wenn dieses einfache Begehren als Sünde angeprangert wird, werden wir uns zur Sünde bekennen.

Ihr weitsichtigen Freunde,

wir wollen nicht, daß diejenigen, die uns so übel behandeln, dasselbe erleiden wie wir, denn wir wünschen uns eine bessere Welt. Dafür wollen wir unsere Kraft einsetzen, dafür wollen wir kämpfen.

In langen Jahren sind diejenigen, die 16 waren, 28 geworden. Wer damals erwachsen war, ist heute alt. Und immer deutlicher zeigen sich die Spuren auch in anderer Form: TBC (5%), Knochenbrüche, Hepatitis, schwacher Blutdruck, Herzkrankheiten, Nierensteine oder Zahnfäule. Der Gerechtigkeit halber sei angemerkt, daß die Ärzte viel gegen Malaria und Wurmbefall unternommen haben, doch keine Bemühung von dieser Seite mindert unsere Anerkennung und unseren Dank für das, was ihr aus der Ferne für unser Wohlergehen getan habt.

Sie haben uns nicht kleingekriegt. Wir sind aufrecht geblieben.

Nehmt unseren Händedruck entgegen. Als edelmütige und teure Freunde wer-

det ihr in unseren Herzen, in unserer Lebensgeschichte, in der Geschichte des indonesischen Vaterlandes und in der Geschichte der menschlichen Würde auf ewig einen festen Platz haben.

Hochachtung!

*

Die erste Entlassungswelle politischer Gefangener aus Buru erfolgte im Dezember 1977. Sowohl die indonesische als auch die internationale Presse hatten verkündet, daß Pramoedya Ananta Toer zu den ersten gehören werde, die in die Freiheit entlassen würden. Es stimmte nicht. Der Schriftsteller, der zur ersten Gruppe gehört hatte, die nach Buru deportiert wurde, gehörte erst zwei Jahre später zur letzten Gruppe, die Buru verlassen durfte. Am 12. November 1979 wurde er zu Burus größtem Hafen in Namlea gebracht und auf der *Tanjung Pandan* eingeschifft.

In der dritten Nacht ging das Schiff etwa sechs Stunden nördlich von Gresik (Ostjava) neben einer Boje vor Anker. Zusammen mit vierzig anderen Gefangenen wurde Pramoedya auf ein Boot verfrachtet, das sie zu Surabayas Hafen Tanjung Perak brachte. Er gehörte zu einer Gruppe von Männern, die von den indonesischen Behörden als „Unverbesserliche" bezeichnet wurden – sie seien „widerspenstige und unkooperative Unruhestifter", die immer noch an „alten Ideologien" festhielten.

Nach der Ankunft in Surabaya wurden die Gefangenen in einen Bus gesetzt, der sie auf der längeren Südroute via Solo und Yogyakarta nach Magelang in Zentraljava brachte, wo sich Indonesiens größte Militärbasis befand. Im Kasernengefängnis wurden sie mit anderen „politisch Unverbesserlichen" zusammengelegt, die erst kürzlich aus javanischen Gefängnissen und Internierungslagern entlassen worden waren. Hier blieben sie einen Monat lang eingesperrt, bis sie am 18. Dezember 1979 zu einem Militärlager in der kleinen Stadt Banyumanik, die etwa sieben Kilometer südlich von Zentraljavas Verwaltungszentrum Semarang liegt, gebracht wurden. Dort verbrachten sie zwei Nächte. Am 20. Dezember wurden die Gefangenen nach Semarang gebracht, um an einer Zeremonie anläßlich ihrer Entlassung teilzunehmen.

Nach der offiziellen Freilassung wurden Pramoedya und andere „ehemalige" Gefangene in gecharterte Busse nach Jakarta gesetzt, wo sie zu mitternächtlicher Stunde ankamen. Man brachte sie ins Gefängnis Salemba, das viele von ihnen noch von ihrem Aufenthalt vor vierzehn Jahren kannten. Am nächsten Tag wurden sie in die Verantwortung des Militärdistriktkommandos ihres Wohngebietes überstellt. Pramoedya, der im Bezirk Utan Kayu zu Hause war, wurde in die Autorität des Militärdistriktkommandos Ostjakarta entlassen. Bei der dortigen Entlassungszeremonie wurde ihm mitgeteilt, daß er die „auferlegte Pflicht“ habe, sich wöchentlich im Büro zu melden.

Dieser 21. Dezember 1979 kennzeichnete das Ende der vierzehnjährigen Internierung Pramoedya Ananta Toers. Auch in diesem Zeitraum hatte man ihm keinen Prozeß gestattet. Vierzehn Jahre war er seiner Freiheit beraubt, ohne daß er eines Vergehens beschuldigt und zu einer Strafe verurteilt wurde.

Doch wieviel Freiheit war Pramoedya (und vielen anderen politischen Häftlingen) nach der Entlassung beschieden? Die Antwort ist: sehr wenig. Es war ihm nicht gestattet, für Dienststellen der Regierung oder für Unternehmen zu arbeiten, die offiziell als „vitale Kraft für nationale Interessen“ galten. Er durfte nicht für die Medien arbeiten. Die Publikation und Verbreitung seiner Werke wurde verboten. Wenn er sein Wohngebiet verlassen wollte, mußte er eine Reisebewilligung der zivilen und militärischen Behörden einholen. Selbst für einen Umzug von einer Straßenseite zur anderen hätte er eine besondere Erlaubnis benötigt. Außerdem war er verpflichtet, ständig eine Identitätskarte mit sich zu führen, die ihn als „ET“ (*ex-tapol*: ehemaliger politischer Gefangener) auswies. Doch trotz aller Restriktionen hat Pramoedya Ananta Toer nach seiner „Freilassung“ sechs Romane, die dem vorliegenden Buch zugrunde liegenden Materialien und diverse biographische Schriften veröffentlicht, die allesamt in seinem Heimatland wie seine (damals mit Preisen ausgezeichneten) frühen Werke verboten sind.

*

Als Pramoedya Ananta Toer nach den langen Jahren in der Verbannung vorübergehend rehabilitiert wurde, waren seine Bücher sofort gefragt. Vierzehn Jahre Gefangenschaft unter erbärmlichsten Umständen hatten die Geisteskraft eines wirklich großen Schriftstellers nicht brechen können – und ebenso wenig hatten die Jahre mit ständiger Indoktrination ihn von seinen Überzeugungen und seinem Weg abbringen können.

> „Schreiben Sie noch immer für das Volk?“
> *„Für wen denn sonst?*

Die ersten beiden Bände seiner berühmten Buru-Tetralogie „Garten der Menschheit“ durften erscheinen und hatten einen reißenden Absatz. Die Behörden verfolgten den atemberaubenden Erfolg eines der prominentesten ehemaligen politischen Häftlinge mit Unbehagen. Im Rahmen einer offensichtlich gelenkten Pressekampagne forderte im April 1981 eine bis dahin unbekannte „Gruppe der 17“ das Verbot aller Bücher von Pramoedya, da sie staatsgefährdende Ideen enthalten würden. Der indonesische Generalstaatsanwalt griff diese Forderung auf und verbot am 27.05.1981 Pramoedyas Gesamtwerk mit der Begründung, daß der Autor es in raffiniert versteckter Form verstehe, historische Abläufe mit marxistisch-leninistischem Gedankengut zu verflechten. Bis zum heutigen Tage stehen die Werke des im Ausland gepriesenen Schriftstellers in seinem Heimatland unter Bann.

Unter der Regierung Suharto wurde Pramoedya die Ausreise aus seinem Heimatland angeboten, doch er nahm dieses Angebot nicht an, weil er befürchtete, daß man ihn nicht wieder einreisen lassen würde. Er vertrat den Standpunkt, daß er dem Volk, dem er angehört, in seinem eigenen Land näher ist als im Ausland. Seine Bücher wurden in fotokopierter Form unter der Hand weitergegeben, doch schon ihr Besitz war strafbar. Im Laufe der Jahre gewann Pramoedya die Ansicht, eine Art Privatgefangener Suhartos zu sein, und er vertrat immer die Meinung, daß seine persönlichen Bürgerrechte kein Geschenk einer Regierung oder welcher Macht auch immer sind, sondern daß allein die Tatsache der Geburt als indonesischer Mensch das Recht auf die persönlichen Bürgerrechte dieses Staates vergibt. Aus dieser Basis schöpfte er die Kraft für seine Arbeit und den Beruf, den er aus freien Stücken gewählt hat. Es ist nicht leicht für Pramoedya, Schriftsteller im eigenen Land zu sein. Wurde nicht schon im alten Rom geschrieben: „Wer seine freie Meinung äußert, riskiert zum Preis der Wahrheit sein Leben"?

1988 erhielt Pramoedya Ananta Toer den *„Freedom to Write Award"* des amerikanischen P.E.N. 1995 wurde er mit Asiens bedeutendstem Literaturpreis „Ramon-Magsaysay-Preis für Journalismus, Literatur und kreative Kommunikation" ausgezeichnet, und 1996 wurde er zum Träger des Madajaneet-Singh-Preises der UNESCO. Mehrmals gehörte er zu den engsten Kandidaten für die Vergabe des Literatur-Nobelpreises. Die indonesischen Behörden haben die Mühe auf sich genommen, einen Schriftsteller vierzehn Jahre lang gefangenzuhalten. Seine Mithäftlinge haben alles dafür getan, daß er schreiben konnte: Sie haben seine Zwangsarbeit übernommen, und sie haben ihm ein Zimmer gebaut, damit er ungestört arbeiten konnte. So bitter es klingt: Indonesien ist ein Land, in dem ein Schriftsteller sehr ernst genommen und Literatur mehr als Gefahr denn als Segen betrachtet wird; ein Land, das gerade deshalb große Schriftsteller hervorbringen kann und sie hervorgebracht hat; ein Land, das einen Nobelpreisträger verdient.

1998 stürzte die Regierung Suharto. Unter dessen Nachfolger Habibie folgte Pramoedya Ananta Toer im Frühjahr 1999 Einladungen in die USA, wo ihm der Ehrendoktortitel einer Universität verliehen wurde, sowie in die Bundesrepublik Deutschland, wo er erfolgreiche Lesungen in Hamburg, Frankfurt, Köln und Berlin hielt und Ehrenmitglied des deutschen P.E.N. wurde. Es bleibt abzuwarten, welche Folgen die politischen Umwälzungen in Indonesien für Leben und Werk Pramoedya Ananta Toers haben werden.

*

Das vorliegende Buch hält sich an die Zusammenstellung der englischen Übersetzung von Willem Samuels, die den nicht aufbereiteten Manuskripten Pramoedyas folgt und 1999 in New York unter dem Titel „The Mute's Soliloquy“ erschien. Die hier an die Hand gegebenen Texte sind sinnvoll gekürzt, denn das ursprüngliche Manuskript enthält viele Wiederholungen, Begriffe, Namen und abschweifende Gedankengänge, die ein Verständnis eher erschweren. Die vorliegende Übersetzung ist deshalb nicht an eine Universität gerichtet, sondern an einen allgemeinen Leserkreis, der sich ohne tiefere Kenntnisse der Region sowie ihrer Geschichte und Kultur für die Thematik interessiert. Der universitären Forschung steht der Rückgriff auf die 1995 und 1997 bei Lentera in Jakarta erschienenen Bände I und II von *Nyanyi Sunyi Seorang Bisu* offen.

Pramoedya Ananta Toer hat die englische Fassung persönlich durchgesehen und 1998 nachträglich die einleitenden Worte zu den einzelnen Kapiteln geschrieben.

Diethelm Hofstra

I
DAS RÄTSEL DER VERBANNUNG

Als ich in der Nacht des 13. Oktober 1965 vom Militär abgeführt wurde, redigierte ich gerade eine Kurzgeschichtensammlung, die Präsident Sukarno unter einem Pseudonym verfasst hatte.

Es war mir schleierhaft, warum ich in die Verbannung geschickt wurde. Vor meiner Festnahme und Einkerkerung hatte es keine Anzeichen einer Bedrohung gegeben, und selbst bis heute kenne ich den Grund für meine Festnahme und Inhaftierung nicht, denn er ist mir niemals offiziell mitgeteilt worden.

Es ist mir auch nicht bekannt, warum sich diese ganze Affäre überhaupt ereignete. Als Student der alten und modernen indonesischen Geschichte sehe ich hinter fast allen monumentalen Ereignissen der Geschichte dieser Nation etwas, das ich als „Faktor X" bezeichne – einen externen Faktor, der eine bestimmende Rolle in der Formung Indonesiens gespielt hat. Während meiner Jahre im Gefängnis verwendete ich viel Zeit darauf, endlich herauszufinden, wer oder was „Faktor X" in diesem Fall war.

Als ich damals von zu Hause abgeführt wurde, waren meine militärischen Begleiter und ich sofort von einer Meute maskierter Männer umringt, die sich vor meinem Haus versammelt hatten und allesamt Messer oder andere Stichwaffen in Händen hielten. Mir wurden die Hände auf dem Rücken zusammengebunden, und anschließend legte man mir die andere Seite der Schlinge, die sich um meine Handgelenke schnürte, um den Hals. In den frühen Tagen der indonesischen Revolution war diese Art Knoten ein sicheres Zeichen für die Liquidierung eines Festgenommenen.

Ich wurde in jener Nacht in die Amtsstube des Strategischen Reservekommandos der Armee und später zum Regionalen Militärkommando gebracht. Auf Weisung der Männer, die mich verhafteten, hatte ich eine Tasche mit einigen persönlichen Dingen mitgenommen – sie sagten, sie seien gekommen, „um mich in Sicherheit zu bringen", und ich solle meine Arbeit mitnehmen –, doch beim Militärkommando wurden mir die mitgeführte Schreibmaschine und ein unvollendetes Manuskript abgenommen.

Eine Woche später wurde ich ins Hauptquartier der Militärpolizei in Jalan Guntur verlegt, wo man mir alle anderen Dinge, die ich bei mir trug, abnahm – unter anderem sechs Monatslöhne der Universität Res Publica, an der ich Vorlesungen hielt, und sechs Monatslöhne einer Bleistiftfabrik, für die ich beratend tätig war. Diese Beträge waren die Geldmittel, auf die meine Familie für ihren Lebensunterhalt angewiesen war.

Nach zwei weiteren Tagen brachte man mich ins Gefängnis Salemba. Im November wurde ich erneut verlegt, diesmal in die Besserungsanstalt für jugendliche Verbrecher in Tangerang, die vom Militär übernommen worden war. Man sagte mir, daß ich „in Vorbereitung meiner Entlassung" dorthin gebracht würde. Dies stellte sich als unwahr heraus.

Meine engsten Familienangehörigen konnten in den ersten drei Monaten nach meiner Festnahme nicht ermitteln, wo ich mich befand. Sechs Monate verstrichen, bis sie mich besuchen durften. Ich vermute, daß dies üblich war, denn die Haftanstalten, in denen man mich in jenem ersten halben Jahr festhielt, waren Zentren von Massenfolterungen, und es lag nicht im Interesse der Behörden, Besucher zu den politischen Häftlingen zu lassen.

In jenen ersten Monaten gehörten Folterungen zum Alltag der Gefangenen. Ich sah mit eigenen Augen, wie Internierte, deren Arme und Beine fest verschnürt waren, aus Lastwagen geworfen wurden. Ich bezeuge, daß ein junger Mann, der neben mir verhört wurde, Bleistifte zwischen die mittleren und unteren Glieder seiner Finger geklemmt bekam – jedesmal, wenn der Verhörende eine Frage stellte, quetschte er die Finger des Jungen zusammen, so daß der arme Kerl vor Schmerzen aufschrie und wimmerte. Der Verhörende rückte außerdem das Tischbein auf den großen Zeh des jungen Mannes und hämmerte von Zeit zu Zeit mit der Faust auf die Tischplatte oder nahm auf ihr Platz.

Im Mai 1966 wurde ich wieder nach Salemba gebracht, wo ich bis Juli 1969 blieb. Dann wurde ich zusammen mit einer Zugladung anderer Häftlinge nach Cilacap, einer Hafenstadt an Javas Südküste, befördert. Dort wurden wir auf eine Fähre gepfercht und zur Insel Nusa Kambangan, die als Strafkolonie diente, gebracht. Zuerst sperrte man mich ins Gefängnis Karang Tengah, doch schon nach einer Woche wurde ich in ein anderes Gefängnis auf der Insel Limusbuntu verlegt, wo ich bis zum 16. August 1969 blieb. An jenem Tag wurde ich zusammen mit einer Schar Mitgefangener auf die *Adri XV* gebracht, auf der wir unsere Reise zur Insel Buru antraten.

Wir waren die erste Häftlingsgruppe, die nach Buru deportiert wurde. Nach unserer Ankunft brachte man uns in den küstenfernsten Bezirk, der mit dem Namen „Einheit 3" belegt war. 1971 wurden mir und fünfzehn oder sechzehn weiteren Häftlingen Quartiere zugewiesen, die von denen der anderen Männer getrennt waren. Dort lebte ich bis Juli 1973 in Isolation.

In jenem Jahr begann ich wieder zu schreiben, und zwar nach einem Buru-Besuch des Generals Sumitro, der mir die offizielle Erlaubnis dazu gab.

Der Großteil meiner Aufzeichnungen aus der Zeit vor 1973 wurde vernichtet. Manche Manuskripte mußte ich gezwungenermaßen „im Interesse meiner Sicherheit" selbst zerstören, andere wurden von der Lagerleitung vernichtet. Ich habe keine Vorstellung davon, wie viele Seiten ich damals schrieb. Das vorliegende Buch stellt Texte vor, die ich retten konnte.

P.A.T. 1998

Dahingleitende Grübeleien

(Ein Brief für Pujarosmi)

Pujarosmi, mein Kind,

Es ist unwahrscheinlich, daß du diesen Brief jemals erhalten wirst, denn es ist kaum möglich, daß ich jemals die Chance erhalten werde, ihn abzusenden. Und doch will ich ihn schreiben – ich habe dir schließlich gesagt, daß ich es tun werde ... für dich, die du nun frisch und glücklich verheiratet bist.

Lebendig steht mir vor Augen, wie du mit deinem Verlobten und dem Geistlichen, der mit der Abwicklung der Hochzeitszeremonie betraut war, zu mir kamst. Du warst ungeheuer nervös – so als hättest du Angst, den Zug hin zum Glück zu verpassen.

Ich bin mir sicher: Du wußtest, daß ich keine Einwände dagegen erheben würde, daß du einen Ehemann deiner eigenen Wahl nimmst, und ich bin mir außerdem sicher, daß du dich an die Worte erinnerst, die ich zu deinem zukünftigen Ehemann sprach, als er vor mir stand: „Diese junge Frau ist mein erstes Kind. Ich liebe sie. Ihre Großmutter hoffte, daß sie Ärztin wird, doch nun wird sie zunächst einmal deine Ehepartnerin. Ich fordere dich deshalb auf, sie nach eurer Hochzeit nicht daran zu hindern, ihre Studien fortzusetzen. Ich fordere dich außerdem auf – nein, ich meine dies sogar als ausdrückliches Verbot –, sie niemals zu schlagen oder in irgendeiner Weise zu verletzen. Und da du in geziemender Weise um die Hand meiner Tochter angehalten hast, verlange ich von dir noch eines: Wenn irgend etwas geschehen sollte, was dich veranlaßt, nicht mehr mit ihr zusammensein zu wollen, so gib mir sie so, wie sie heute ist, zurück – bei guter Gesundheit ... und ohne jemals wieder etwas von dir hören zu lassen."

Danach hast du mich niemals wieder besucht. Wann war es eigentlich genau? Ich kann mich an den Tag und Monat nicht mehr erinnern. Selbst der Name deines Ehemannes, sein Beruf und seine Ausbildung scheinen aus meinem Gedächtnis entschwunden zu sein. Doch wie alle Dinge auch immer bestellt sein mögen – sie liegen heute in deiner Hand. Du hast deine Wahl getroffen und damit auch die Verantwortung für sie übernommen.

Das Jahr? Daran erinnere ich mich. Es war 1969, als du dich im Gefängnis Salemba (der „Besserungsanstalt“, wie es genannt wurde) von mir verabschiedet hast, um dein neues Leben als verheiratete Frau anzutreten. Bevor du das riesige Tor erreichtest, das auf die Hauptstraße hinausführte, hast du dich noch mehrmals zu mir umgedreht. Und der Mann neben dir, dein Ehemann, verbeugte sich und zog als Zeichen seines Respekts die Schultern ein wenig ein. Doch seitdem sich die große Pforte hinter dir geschlossen hat, gab es solche kleinen Gesten nicht mehr. Du brachst in die Flitterwochen auf. Dann ging auch ich weg – in die Verbannung.

Wie soll man es bewerten, wenn sich ein Mensch nicht von den drei Dimensionen der Zeit – also von Vergangenheit, Gegenwart und Zukunft – befreien kann? Als Geschenk oder als Fluch Gottes?

Als die Holländer mich während der Revolutionsjahre im Gefängnis Bukit Duri festhielten, ging mir häufig ein von schwarzen Amerikanern gesungenes Spiritual durch den Kopf, dessen erste Zeile „There‘s a happy land somewhere“ lautet – ein symbolisches Versprechen für die Zukunft eines jeden Menschen.

Jeder Mensch möchte in die Richtung eines irgendwo versteckt liegenden Landes der Glückseligkeit voranschreiten – mit seiner Hoffnung als Leitfaden, seinem Schweiß als Symbol für seine Arbeit, der Gegenwart als Ausgangspunkt und der Vergangenheit als aufgetürmtem Haufen seiner Erfahrungen. Doch da man sich niemals dessen sicher sein kann, jenes erträumte Land zu erreichen, besagt die zweite Zeile des Refrains: „And it‘s just a prayer away“.

Es ist ein schönes Lied – besonders bei stimmiger Atmosphäre und wenn einem nicht die Alltäglichkeiten an den Nerven zerren.

Doch wo ist „irgendwo“, mein Kind? Wo liegt das „Land der Glückseligkeit“? Die Menschen bekommen den Glauben eingetrichtert, daß sie automatisch auf den Weg dorthin gebracht werden. Doch diese Überzeugung, die man so schnell für wahr nimmt, erweist sich nur zu leicht als Trugbild.

Wir schreiben den 16. August 1969, und du befindest dich auf deiner Flitterwochenreise in ein Land der Glückseligkeit. Auch ich soll in die Richtung eines irgendwo liegenden Landes der Glückseligkeit aufbrechen: Nach Buru, wie mir gesagt wurde, einer Molukken-Insel von der ungefähren Größe Balis. Offensichtlich sollen wir schon morgen aufbrechen – am 17. August, dem indonesischen Unabhängigkeitstag (also als Geburtstagsgeschenk für die Nation). Oder vielleicht wird unsere Deportation ja ein weiteres Mal aufgeschoben. Ich soll zusammen mit achthundert anderen Häftlingen auf der *Adri XV,* einem Schiff mit 300.000 Bruttoregistertonnen, von hier ablegen. Doch um an Bord zu gehen, müssen wir zunächst nach Sodong gelangen, dem Hafen der Gefangeneninsel Nusa Kambangan, der durch eine Meeresenge vom wesentlich größeren Hafen Wijayapura in Cilacap, Südjava, getrennt ist.

Ich möchte meine Augen nicht verschließen (weder die meines Kopfes noch die meiner Seele), wenn dieses Schiff mich fortschafft – zusammen mit meiner Zukunft, meinen Träumen und meinen Vorstellungen. Die Insel Buru ist kein irgendwo liegendes Land der Glückseligkeit, sie ist eine Station der Reise, durch die mich mein Leben führt ... doch selbst diese geringfügige Überzeugung erfordert mehr als nur ein kleines Maß an Hoffnung.

Schrill ertönt das Pfeifsignal, und langsam entfernt sich das Schiff aus der Sichtweite von Sodong und Wijayapura. Die grüne Wand der bewaldeten Hügel von Nusa Kambangan begleitet das Schiff auch noch, als die weiße Küstenlinie allmählich dem Blick entschwindet. Wer die Augen nach Süden richtet, sieht nur die offene See – der Indische Ozean präsentiert sich bis zum Horizont als endlose azurblaue Weite. Den Norden beherrschen die schroffen, zerklüfteten Klippen von Javas Südküste.

Hört nicht hin, sondern verschließt eure Ohren vor dem stampfenden Atem dieses rostigen, asthmatischen Kahns. Wie unsere fernen Vorfahren im Zeitalter der Völkerwanderung befinden wir uns auf einer Entdeckungsreise, auf einer Reise hin zu einem neuen Land und einem neuen Leben. Nur unsere Schulbildung vermittelt uns das Bewußtsein, daß wir die Gewässer unseres Heimatlandes, eines Archipels aus über 13.000 Inseln, befahren.

Doch die Lektion, die für uns nun realer und leichter verständlich ist, wurde uns von einem Oberfeldwebel im Gefängnis Salemba eingetrichtert: „Das einzige Recht, das ihr habt, ist das Recht zu atmen!"

Für einige von uns wurde selbst dieses Recht aufgehoben, was alle Lektionen, die wir in der Schule lernten, zum Gegenstand der Heuchelei machte. Und ich beziehe mich nicht nur auf das Meer, sondern auf alles, das es berührt – das Land und alles andere, das es umgibt und beherbergt. Und damit auch auf den Himmel und das gesamte Sonnensystem – so weit das Auge reicht. Zwischen Wahrheit und Versprechungen gibt es keinen Status quo.

Das Schiff schnauft und schlingert. Unsere Kabine ist nichts anderes als einer von drei großen kahlen Räumen im Cargobereich. Die großen Stahltüren sind fest verriegelt.

Wir haben nicht mehr das Recht, in den Himmel zu schauen, geschweige denn, einen noch so kleinen Teil davon träumerisch für uns zu beanspruchen. Wir sind Schuftende auf Kapitän Bontekoes Schiff – des entführten Chinesen auf Micheners Schiff nach Hawaii. Wir sind die vier Millionen Afrikaner, die zum Transport über den Atlantik auf britische und amerikanische Schiffe verladen wurden. Und doch fühle ich mich unter den achthundert Gefangenen auf diesem Schiff noch als Individuum und Person, welche die Kraft, Stärke und Gesundheit besitzt – zumindest jetzt noch –, für sich selbst zu handeln. Für viel zu viele Häftlinge an Bord ist diese Fahrt nicht nur die erste Reise auf dem Meer, sondern der erste Aufenthalt außerhalb ihres Dorfes. Könnt ihr euch das vorstellen? Diese Männer gelten als Angehörige einer maritimen Nation. In der Grundschule lernen indonesische Kinder, daß sie Nachfahren von zur See fahrenden Menschen sind. Doch hier auf diesem Schiff liegen die meisten Gefangenen hilflos auf den Matten, die über das Deck verstreut sind. Während sich das Schiff durch die offene See pflügt, entleeren sie ihre Gedärme, kotzen und stöhnen.

Erinnerst du dich noch an die Zeit, als wir 1953 nach Europa fuhren? Du warst noch ein kleines Mädchen, gerade drei Jahre alt – doch auf der sechzehntägigen Reise warst du nicht ein einziges Mal seekrank.

Du darfst die Männer, deren Mägen sich durch Unterernährung aufgebläht haben, nicht belächeln. Viele von ihnen kommen direkt aus Gefängnissen, in denen sie über ein Jahr lang pro Tag nicht mehr Nahrung bekamen, als in drei Dosen Schuhwichse passen würde. Einer dieser Männer ist über 1,60 m groß und wiegt nur wenig mehr als 30 kg. Welch hohen Preis man doch für das Recht bezahlen muß, sich „Indonesischer Staatsbürger“ nennen zu dürfen! Übrigens ist es um die Häftlinge aus Jakarta, dessen Gefängnisse sich leichter für internationale Einblicke öffnen, besser bestellt als um andere.

Du hast wahrscheinlich noch niemals die abnormalen körperlichen Bewegungen und merkwürdigen geistigen Äußerungen einer Person erlebt, deren Körpergewicht weniger als fünfzig Prozent des Normalen beträgt. Die Augen treten aus ihren Höhlen, und die Person sieht alles nur verwischt. Die Haut ist rissig und trocken, und die Bewegungen sind so steif wie diejenigen King Kongs im Stummfilm. Wenn der Betroffene geht, schaut er um sich, doch sein Kopf baumelt langsam und verunsichert, und sein Blick ist leer und nimmt keine Richtung auf.

In den Monaten der japanischen Besatzung war ein solcher Anblick nicht ungewöhnlich, und heute ist er unter Indonesiens politischen Gefangenen normal. Selbst wenn sie in ihrem Erbrochenen herumstochern, beweisen sie damit nur, daß ihr Lebenswille noch lodert. Die, von denen ich rede, erbrachen nicht, weil unsere erste Mahlzeit an Bord dieses Schiffes aus einem ganzen Teller Reis, einem Stückchen Fleisch und einem Ei bestand. Nein, deshalb ganz bestimmt nicht – sondern weil sie keinen Ausweg aus ihrer Situation sahen. Und auch, weil sie wußten, wie schön das Leben sein kann, besonders für Menschen mit Idealen, die das beste aus ihm zu machen verstehen. Das trifft selbst auf die Häftlinge zu, die ohne die Hilfe derjenigen, die gesünder sind, nicht mehr von ihren Lagern aufstehen oder sich hinlegen können.

Ich habe keine Zweifel daran, daß meine Kameraden und ich ebenso wie in den vergangenen Jahren auch diesmal wieder zu Beginn des Fastenmonats die Belehrung eines Geistlichen, der eigens aus der freien Welt zu uns gebracht wird, über die Bedeutung des Fastens und der Kontrolle über den Hunger und die Begierden erhalten werden. Stell dir diese Ironie vor!

Du selbst hast niemals richtigen Hunger kennengelernt, und da du das Kind einer freien Nation bist, solltest du auch niemals durch die Inkompetenz anderer verursachte Hungerqualen erleiden müssen. Doch ich als Kind eines kolonisierten Volkes hatte in meinem Leben immer wieder Hungerperioden durchzustehen. Deshalb ist der Hunger, den ich heute verspüre, nichts Außergewöhnliches. Ich esse im allgemeinen nur wenig, und obwohl mein Hunger Wirklichkeit ist, habe ich ihn als unseligen und schlechten Wegbegleiter zu akzeptieren gelernt.

In den nahezu vier Jahren, die ich in Jakartas Gefängnissen Salemba und Tangerang verbrachte, litt ich weniger Hunger als viele meiner Mitgefangenen. Die Familie tat ihr bestes, um für mich zu sorgen: Zwei- bis dreimal die Woche erhielt ich Päckchen mit Proviant. Und obwohl ich nicht alle Lebensmittel bekam, die ihr mir schicktet – ein gutes Drittel verschwand, bevor es in meine Hände gelangte, und der größte Teil (mitunter alles) des Rests wanderte in den kooperativen Mahlzeitenplan, den wir Häftlinge aufstellten –, mußten ich und die Glücklicheren unter uns, deren Familien für Unterstützung sorgen konnten, wenigstens nicht verhungern.

Hunger ... ich möchte nach dem Unterschied zwischen Hunger und Mord fragen, wenn Hunger die systematische Konsequenz aus der Habsucht von Gefängnisbeamten ist. Es besteht nicht der geringste Zweifel daran, daß wir alle verhungert wären, wenn man uns gezwungen hätte, uns ausschließlich von den Rationen zu ernähren, welche die Gefängnisleitung austeilte. Welche Waffe können Nahrungsmittel sein, wenn ihre Verteilung von Mörderhänden kontrolliert wird! Und dies bezieht sich auf Jakarta, das Zentrum der Macht, nicht auf Klaten, Sukoharjo, Pacitan, Kebumen oder andere isolierte Orte, deren Gefängnisse dem internationalen Blickfeld weit entrückt sind.

Im Hafen Sodong von Nusa Kambangan begann das Drama des Hungers bereits, bevor das Schiff ablegte. Den Großteil des Tages waren wir gezwungen, in der sengenden Sonnenhitze sitzend gegen unseren nagenden Hunger anzukämpfen, während wir mit ansehen mußten, wie die Wächter andere Gefangene verprügelten, nur weil diese Kleidungsstücke austauschten – die Uniformen waren ohne Berücksichtigung der Körpergröße ausgegeben worden. Diejenigen von uns, die das Glück hatten, nahe am Zaun zu sitzen, rissen vor Verzweiflung Blätter ab und kauten sie. Wir aßen die Blätter roh, obwohl sie mit Dreck überzogen waren, den wir nicht abwaschen konnten – selbst wenn Wasser dagewesen wäre, hätten wir unsere Plätze nicht ohne die Gefahr, verprügelt zu werden, verlassen können. Doch wir wußten dieses kleine Glück zu schätzen.

Stell dir eine Mahlzeit aus Kanalratten mit verschimmelten Papaya- und Bananenblättern vor, dazu Blutegel, die vor dem Essen auf Palmblattrippen gespießt werden. Selbst J.P., der zu den kultiviertesten unter uns Häftlingen gehörte, ließ sich dazu herab, *Cicak* zu essen – doch vorher brach er den kleinen Geckos immer die Füße ab. Er entwickelte sich sogar zu einem Spezialisten für die Jagd auf diese Tiere. Nachdem die Füße abgerissen waren, zerquetschte er den Nacken der unglückseligen Kreatur zwischen Daumen und Zeigefinger, schob sich sodann das Tier in den Rachen und verschlang es der Länge nach. Der Wille dieses Mannes, sich gegen den Hunger zu wehren, war ein Sieg in sich selbst.

Unser Schiff ist nicht mit der *Oldenbarneveldt* zu vergleichen, auf der wir mit der Geschwindigkeit von 16 Seemeilen pro Stunde nach Europa fuhren, und auch nicht mit der *Oranye*, auf der du nach Jakarta zurückkehrtest. Der Unterschied zwischen der *Adri VX* und jenen beiden Schiffen ist so groß wie der zwischen Himmel und Erde. Die holländischen Schiffe, auf denen du gefahren bist, waren aus hell poliertem Holz. Ihre Decks waren makellos, denn sie wurden täglich geschrubbt. Es war keine einzige Kakerlake zu sehen – anders als auf diesem Schiff, wo sie laufend patrouillieren und die Welt voller Gefangener mit hochgestellten Fühlern sondieren.

Die Häftlinge kommen aus Gefängnissen und Internierungslagern aus ganz Java, nicht nur aus Jakarta, doch die meisten Männer in meiner Zelle (die am weitesten vorn im Bug liegt) kommen aus der Hauptstadt.

Wegen der Lage im Vorderteil des Schiffs liegt unsere Zelle höher als die anderen beiden Kabinen. Vorne in der Zelle, wo der Bug vorspringt, befindet sich eine Kombination aus Waschraum und Latrine. Du kannst dir unseren Ekel (zumindest unter denjenigen, die eine Vorstellung von Hygiene haben), den wir bei der Benutzung des Raumes empfinden, nicht vorstellen. Schon am Eingang legt man unwillkürlich die Hand über die Nase, bevor man sich zum Weitergehen zwingt und aufpassen muß, nicht in die überall herumliegenden Fäkalienberge zu treten. Das ist unser Schiff, die *Adri XV* – und es ist tatsächlich noch funktionsbereit! Stammen wir wirklich von einer zur See fahrenden Nation ab?

Ohne daß man es uns aufgetragen hätte, hat unsere Zellenbesatzung versucht, diesen scheußlichen Raum zu säubern. Wir haben die Besen und Wassereimer hervorgeholt, die Hähne aufgedreht, doch im Handumdrehen hatten sich die gewaltigen Fäkalienberge in einen Morast aus Dreck und Scheiße verwandelt. Die Abflußrohre waren verstopft. Satan selbst hätte kaum herausgefunden, wo sich diese Rohre befanden. Wir konnten es nicht glauben. Wir gossen Eimer um Eimer Wasser in den Raum, doch die Fäkalienflut ebbte nicht ab. Und immer wenn sich der Bug des Schiffes unter den Wellen hob, flossen die flüssigen Exkremente dieses von Menschen verursachten Sumpfes über das Unterdeck – sie schwappten zunächst gegen und dann über die niedrige Stahlschwelle an der Tür und überschwemmten unsere Zelle.

Nun frage mich, ob wir Möchtegern-Bezwinger über diese Fäkalienberge überrascht waren. Frage mich, ob wir erstaunt waren. Nein, wir waren es nicht im geringsten, denn wir hatten die Baracken des Gefängnisses Karang Tengah auf Nusa Kambangan kennengelernt, wo sich ebenfalls Berge aus menschlichen Fäkalien auftürmten. In jeder Baracke war es dasselbe: Eine versteinerte Spur aus Scheiße zog sich von unmittelbar hinter der Tür bis hin zum Latrinenloch. Der einzige Unterschied zwischen Karang Tengah und der *Adri XV* ist der, daß der Barackenboden aus gehärteter Erde und der Schiffsboden aus rostigem Stahl besteht.

Unter der Last seiner 300.000 Tonnen keucht und schnauft unser Schiff, während es sich durch die Fluten wühlt. Oh, wir entwickeln Geschwindigkeit – soviel wie bei einer gemütlichen Fahrt mit dem Fahrrad. Ein ums andere Mal kommt die Maschine zum Stillstand, und das Schiff verliert tuckernd an Fahrt, bis es hilflos auf den Wellen des Ozeans schlingert. Doch es ist unser Schiff, Eigentum der größten Inselnation der Erde.

Würde das Schiff sinken, so würden alle achthundert Häftlinge mit ihm untergehen, denn die Türen zu den Zellen sind verriegelt. Aber was soll's? Was wäre an unserem Tod auszusetzen? Zumindest würden wir die Welt mit ein wenig Lesestoff versorgen, mit einer Schlagzeile für einen Tag und mit einer Sensationsgeschichte. Wie viele Menschen wurden von der Erdoberfläche gewischt, ohne daß darüber berichtet wurde? Wie viele Insektenarten werden durch den Einsatz von Insektiziden ausgerottet? Hat sich irgend jemand groß darüber aufgeregt? Warum also sollte man um uns viel Aufhebens machen?

Nach den Ereignissen von 1965 verlor ich alles – oder genauer gesagt, ich verlor alle Illusionen, die ich mir jemals gemacht hatte. Ich war ein neugeborenes Kind, das mit dem einzigen Instrument ausgestattet war, das ein Neugeborener zum Leben benötigt: mit einer Stimme. Wie bei einem Kind war mein einziges Kommunikationsmittel meine Stimme: Meine Schreie, mein Weinen, meine Klagen und mein Wimmern.

Was würde mit mir geschehen, wenn sie mir meine Stimme nähmen, mein einziges Kommunikationsinstrument? Ist es möglich, daß man einem Menschen das Recht nimmt, zu sich selbst zu sprechen?

Es tut mir wirklich leid, Pujarosmi, daß ich an deinen Heiratsfeierlichkeiten nicht teilnehmen konnte und daß diese Zeilen, die wahrscheinlich niemals den

Weg zu dir finden werden, mein einziges Hochzeitsgeschenk für dich sind, doch in den vergangenen vier Jahren konnte ich nicht mehr tun, als den befehlenden Fingerzeigen derjenigen zu folgen, die über unsere Zellen aus Beton und Holz herrschen. Das bedeutet nicht, daß ich nicht an dich gedacht hätte. Nein, ganz gewiß nicht.

Wo lebst du nun? Wie gestaltet sich dein neues Leben mit deinem Ehemann? Ich würde es gerne wissen. Doch angenommen, ich wüßte es – was könnte es dir nützen? Vier Jahre eines Menschenlebens sind keine kurze Zeit. Das Leben einer *Kadal*-Eidechse ist kürzer.

In meiner Zelle in Tangerang fing ich einst mit einer Plastiktüte eine lästige Fliege. Nach nur dreieinhalb Tagen war das Tier an Altersschwäche verendet. Alles in allem sind vier Jahre, in denen man keine Anklage gegen mich erhoben hat, eine äußerst lange Zeit.

Ich habe nicht zählen können, wie oft andere Schiffe an uns vorbeifuhren. Aus der Distanz dürften wir ein herzzerreißendes Bild abgeben: Wir dürften aussehen wie ein Leprakranker inmitten der Schönheit der Natur. In jedem wachen Augenblick dringen mir das Schnaufen des Schiffs und das Knarren der klapperigen Verbindungsstellen ins Bewußtsein. Wie oft habe ich mit anhören müssen, wie das Schnaufen plötzlich tuckernd abflaute, bevor ich das Beben der stählernen Haut des Schiffes verspürte, als seine Maschine nach Luft rang und verstummte?

Vor tausend Jahren befuhren unsere Vorväter diese Gewässer, doch sie als unsere Lehrmeister würden uns nicht mit Abfall füttern, nicht wahr? Sie fuhren in Booten, die sie mit eigener Hand gebaut hatten und die zweifellos viel sauberer als die *Adri XV* waren. Nein, unsere Lehrmeister hätten uns nicht mit Abfall gefüttert. Die Bugi, Makassaren und Maduresen sind berühmt für ihre Segelschiffe. Noch heute werden ihre Schiffe besser gewartet als dieses hier, das vom Staat gekauft und bezahlt wurde.

Ich bin mir sicher, daß es Menschen gibt, die darum beten, daß ein im Osten tobender Sturm dieses Schiff versenken und seine menschliche Fracht zu Haifischfutter machen möge, und ich bin mir sicher, daß auch diese Personen spüren, daß der Tod keine Stimme hat. Sie haben eine steinzeitliche Sensibilität mit krimineller Färbung. Sie berauben uns unserer bürgerlichen Rechte und stehlen uns unsere Leben. Sie versorgen uns ungenügend mit Lebensmitteln, und dennoch beweisen wir ein ums andere Mal unsere Fähigkeit, durch das Nadelör des Todes zu entschlüpfen.

Wir sind Flüchtlinge, die eine schwere Last schultern müssen, eine Last, die wir bis zu unserem Tode nicht absetzen dürfen. Wir sind über und über beladen mit den Symbolen von spiritueller und gefühlsmäßiger Erfahrung. Unsere Lasten sind die konkrete Form von unvergänglicher Energie, dauerhafter als Fleisch und Knochen und unbearbeitetes Elfenbein. Die Symbole sprechen auf ewige Zeiten in ihrer jeweils eigenen Sprache, sei es Deutsch, Russisch, Holländisch, Englisch, Spanisch oder Indonesisch.

In seinem Roman *Darkness at Noon* beschrieb Koestler eine Szene in einem spanischen Gefängnis: Als die Nacht hereinbricht, ist Glockengeläut zu hören, während ein antifaschistischer Soldat neben einem Priester seinem Tod durch die Hand des Henkers entgegenschreitet.

Doch was geschah mit den Antifaschisten, die nicht in den Tod entlassen wurden? Wie lange mußten sie eingekerkert in ihren Zellen ausharren, bis Franco endlich stürzte? Wie erging es ihnen in dieser Zeit? Die Jahre verstrichen, während sie warteten, und zwischen 1933 und 1965 wurde einer nach dem anderen ermordet. Zweiunddreißig Jahre lang reihten sich ihre Nächsten vor den Toren des Gefängnisses von Burgos auf, um ihnen etwas zu essen zu bringen – zuerst ihre Frauen, dann ihre Kinder und schließlich ihre Enkel. Doch das Regime Franco stürzte noch immer nicht. Es dauerte zweiunddreißig Jahre, bis ihre Qualen und ihre Unterdrückung zu geschriebener Geschichte werden durften.

1965 besuchte der spanische Antifaschist Marcos Ans, der dreiundzwanzig Jahre in Francos Gefängnissen verbracht und dennoch irgendwie überlebt hatte, Buchenwald. Als er dort zu weinen begann und eine Frau sich wunderte, daß er selbst nach dreiundzwanzig Jahren Gefängnisaufenthalt noch Tränen vergießen konnte, sagte er zu ihr: „Ich weine für alle, die umkamen – ob sie auf Ihrer oder auf meiner Seite standen, das spielt keine Rolle, denn sie sind ein Teil von uns allen."

Die Toten sprechen ... aber sie tun es auf ihre Weise und zu ihrer Zeit: Buchenwald, Ravensbrück, Dachau, Auschwitz und alle anderen Schlachthäuser für wehrlose Menschen (auch die in Indonesien) lassen den Tod nicht stumm verharren.

Doch diese Lasten auf unseren Schultern: Wie lange noch werden wir sie mit immer neuen Inhalten füllen müssen? Wird uns dasselbe widerfahren wie den Gefangenen in Spanien? Ich vermute, daß die Antwort vom Westen und seinem Einsatz von Waffen und Kapital abhängen wird.

Welche Ironie steht dahinter, daß ich mir 1948 im Gefängnis Bukit Duri wünschte, in die Verbannung auf die Molukken zu den dorthin deportierten nationalistischen Führern geschickt zu werden, statt in meiner Gefängniszelle eingekerkert zu bleiben? Heute, viele Jahre später, geht mein Traum nun in Erfüllung – falls dieser Kahn nicht vor unserer Ankunft sinkt.

Nichts Ironisches aber haftet der Nahrungsmittelverteilung auf unserem Schiff an, die denselben Regeln zu folgen scheint, die auf Nusa Kambangan Anwendung fanden. Dort war die Versorgung in den ersten paar Tagen gar nicht so schlecht, doch schon rasch wurden die Reisrationen kleiner, und sämtliche anderen Nahrungsmittel begannen in das Reich der Götter zu entschwinden. Genau dasselbe passiert hier. Wahrscheinlich werden wir im Restverlauf der Reise nur noch Reis bekommen – zweimal täglich und mit ein wenig Chilisauce. Doch wer würde protestieren? Die Gefängniswächter haben uns seit der Gefangennahme bei unserer Angst gepackt, um uns einzuschüchtern, und sie haben ihre Arbeit recht erfolgreich betrieben.

Das Schiff hielt Kurs nach Osten, bis wir Nusa Tenggaras westliche Inseln erreichten, von wo es Kurs nach Nordosten nahm und die kürzeste Route Richtung Buru einschlug. Ich war ein wenig überrascht, denn ich hatte befürchtet, daß man andere Pläne für uns geschmiedet haben könnte. Bei der Überquerung der Banda-See fiel bisher zweimal der Motor unseres Schiffes aus. Vor drei bis vier Jahrhunderten kontrollierten westliche Seeleute dieses Meer, und nun folge ich, ein Gefangener mit unbestimmtem Schicksal, ihren Fahrtrinnen.

Wenn du bei mir wärst, Pujarosmi, würdest du verblüfft über das Blau des Nachmittagshimmels sein. Nachts starre ich hinauf zu Millionen phosphoreszierenden Punkten, die im Gleichklang mit den Wellen, die den Kiel des Schiffes schaukeln, steigen und fallen. Das ist alles, was ich aus dem Bullauge sehen kann, doch in meinen Ohren klingen immer noch die Worte, die der Informationsbeamte vor unserer Abfahrt an uns richtete: „Und denkt daran, daß auch jene Insel ein Teil unseres Landes ist, und daß ihr die Pflicht habt, sie gegen Angriffe von außen zu verteidigen." Kannst du dir das vorstellen?

Ein guter Aspekt dieses erstaunlichen Kahns – „erstaunlich", weil er sich noch immer über Wasser hält – ist der, daß ich weit von den Gefängnissen Nusa Kambangans entfernt bin, wo es mehr als schwierig war, ein Bad nehmen zu können. Hier sind die Becken immer mit Wasser gefüllt; es gibt so überreichlich Badewasser, daß ich mich fast so wie damals fühle, als ich im großen Haus meiner Großmutter lebte. Es ist interessant, wie ein Mensch die Freude an einfachsten Verrichtungen wiederentdecken kann – vor allem, wenn er sich dessen bewußt ist, daß rings um ihn herum nur Symbole des Todes lauern: Die weite offene See, dieses Scheißhaus eines Schiffes, das sich nur durch endloses Krachen und Stöhnen auszeichnet, und darüber hinaus Geschosse, Bajonette, Weisungen, Namensappelle, Rangabzeichen, Handfeuerwaffen, Gewehre und Springmesser.

Die anderen Männer scheinen keine Notiz vom Radio zu nehmen, obwohl es während der gesamten Fahrt niemals aufgehört hat, einen beständigen Schwall sentimentaler Kroncong-Lieder und Gebete eines Priesters für eine gute Reise über uns auszurieseln, die uns „Viel Glück im neuen Leben" wünschen.

Gleichgültig, was man in seinem Leben tut, und egal, wohin man geht – das letzte Ziel ist das Grab. Über jeden Menschen wird zum Zeitpunkt seiner Geburt das Todesurteil verhängt. Napoleons Reise von Korsika zu seinen Siegen auf dem Schlachtfeld mag neue rechtliche Institutionen und Normen bewirkt haben, doch die Entfernung von *École de Guerre* zu *Les Invalides*, von der Kriegsschule zum Grab des Kaisers im Invalidendom, beträgt nur wenige hundert Meter.

Was kann ich anderes sagen? In diesem Käfig hier ist es schwer, nicht über den Tod nachzudenken.

Wie auf der *Oldenbarneveldt* vor sechzehn Jahren fühlen sich auch die Passagiere auf diesem Schiff genötigt, sich bei mir vorzustellen. Warum? Wegen meines „Rufes"? Weil sie in der freien Welt einmal meinen Namen gehört haben? Ich empfinde es als lästig, daß die Leute glauben, eine bekannte Person müsse unausweichlich eine Quelle des Wissens und ein Richter über die Wahrheit sein.

Was ist Berühmtheit anderes als eine soziale Erscheinung – oder sollte ich sagen, eine soziale Auswirkung? Nimm nur die berühmten Prostituierten von heute, jene Männer und Frauen, die durch den erfolgreichen Einsatz ihrer Talente den Weg nach oben zu Glanz und Luxus gefunden haben. Waren sie jemals ihrer bürgerlichen Rechte beraubt oder hatten sie jemals unter offiziell sanktionierter Erniedrigung und Unterdrückung zu leiden? Nein, wegen ihres Rufs öffnen selbst Diplomaten und Staatsoberhäupter weit ihre Arme, um ihnen ein stolzes Willkommen zu bereiten. Berühmtheit übertrumpft alle politischen und moralischen Bedenken.

Als ich so alt war wie du, gehörte der Schriftsteller Mara Soetan, der zu seiner Zeit ein recht bekannter Mann war, zu meinen Lehrern. Alle Studenten zollten ihm großen Respekt. Obwohl er nicht gerade groß war, schien sein Körper mit zunehmendem Alter zu schrumpfen. Sein Gesicht wirkte ausgezehrt, doch die Augen, die durch seine golden gefaßte Brille spähten, funkelten und leuchteten. Er lehrte mich, daß alles, was ein Mensch erlernt, das Produkt dessen ist, was er in seinem Leben unternimmt.

Die anderen Häftlinge scheinen nicht anerkennen zu wollen, daß ich nicht anders bin als sie und daß ich nicht weiß, was man mir zur Last legt. Was soll ich sagen, wenn man mich fragt, wie lange wir in der Verbannung sein werden? Bis zum Tode oder vielleicht nur, bis wir in einen Dämmerzustand halber Bewußtlosigkeit versinken?

Die Menschen scheinen zu denken, daß „Freiheit" im Interesse der mit Füßen Getretenen und Unterdrückten liege, doch sie vergessen, daß sie auch das Interesse derjenigen berührt, die stehlen und unterdrücken. Der Unterschied liegt nur darin, wie man „Interesse" formuliert. Wir politischen Gefangenen – die *Tapol*, wie man uns nennt – haben nur ein Interesse: Unsere Freilassung. Nicht mehr und nicht weniger. Wir wünschen uns Freiheit. Doch wie sehen die Interessen jener Menschen „hinter dem Meer" aus, die die Hauptstadt der Welt kontrollieren? Gehe hin, meine Tochter, und stelle ihnen diese Frage. Ich für meinen Teil glaube: Ob und wann wir unsere Freiheit zurückerlangen, wird vom Westen abhängen.

Noch immer speit der Lautsprecher zuckersüße Kroncong-Lieder aus, die nur von offiziellen Anordnungen, Mahnreden und Ratschlägen namenloser Kommandoführer unterbrochen werden, die uns Glück für das neue Leben wünschen, dem wir entgegenfahren.

Wenn man der Logik des Informationsbeamten zu folgen versucht, macht es keinen Unterschied, ob das Schiff mitten auf dem Ozean liegen bleibt, sein Ziel erreicht oder auf den Grund der Banda-See sinkt. Das Ergebnis wäre dasselbe: Wir wären immer noch in unserem Land, in dem es Boden und Wasser im Überfluß gibt. Die Tiefe der Banda-See gewährt genügend Garantie auf Wasser.

Es gibt zumindest einen Vorteil, indonesischer Staatsbürger zu sein: Angesichts der Ausdehnung der Landflächen und der noch größeren Ausdehnung der Gewässer ist es nicht schwer, Raum für ein Grab zu finden.

Noch einmal will ich meine Hoffnung zum Ausdruck bringen, daß du mir diese Form eines Hochzeitsgeschenkes vergibst. Bei meiner eigenen Hochzeit war mein Geschenk an deine Mutter eine Kurzgeschichte mit dem Titel „Das Hochzeitsgeschenk", und nun, etliche Jahre später, besteht mein Geschenk an dich aus diesen dahingleitenden Grübeleien, von denen ich nicht einmal sicher weiß, ob sie dich jemals erreichen werden.

Materiell betrachtet sind diese Aufzeichnungen wertlos. Ihr Wert besteht darin, daß sie Zeugnis ablegen von der Armut der ersten staatsbürgerlichen Generation dieser Nation. Ich kann mir nicht vorstellen, daß es ähnlich schwierig wäre, beispielsweise Amerikaner oder Brasilianer zu sein. Du hast deine Staatsbürgerschaft natürlich kostenlos bekommen. Vielleicht hast du noch nicht viel über die Frage der Staatsbürgerschaft nachgedacht, doch ich bin bereits vier Jahre im Gefängnis und nun auf dem Weg in die Verbannung, ohne daß ich weiß, was man mir eigentlich vorwirft, so daß ich mir viele Gedanken darüber gemacht habe.

Verbannung – ein Geburtstagsgeschenk in den Augen der Leute, die mich lieber tot wissen würden! Es muß irgendwo ein Fehler unterlaufen sein. Seit tausend Jahren oder länger hat uns das Schattenspieltheater gelehrt, daß selbst die Götter Fehler machen können und nicht frei von Unkenntnis und Irrtum sind. Was ist also von den Menschen zu erwarten? Wir, die Paria, besetzen den letzten Platz einer sehr langen Liste aus Nummern.

Die Reise über die Banda-See, die als reicher Fischgrund für Thunfisch gilt, verläuft auf dem Schiff vergleichsweise langsam. Wußtest du, daß ein Thunfisch mit einer beständigen Geschwindigkeit von mindestens 30 Kilometern pro Stunde schwimmen muß, um zu leben? Tut er dies nicht, beginnt sein Kreislaufsystem, das sich direkt unter der Haut befindet, zu verklumpen, was einen Strangulierungseffekt bewirkt. Der Fisch wird eher gegen diesen Effekt ankämpfen, als sich dem Tode zu ergeben. Doch gerät er in ein Fangnetz, so ist der Tod unausweichlich.

Unter dem Rumpf dieses Schiffes laicht dein Lieblingsfisch seine Eier inmitten der Korallengebirge des Meeres ab. Diese Eier werden bis an die Küsten geschwemmt, wo Leute sie mit Muschelschaufeln auflesen und die Fische in Teichen heranziehen. Sobald sie größer sind, bringt man sie zum Markt, wo deine Mutter sie einkauft, um sie nach Hause zu tragen, zu kochen und auf den Tisch zu bringen. Unter diesem Schiff schwimmen Millionen Thunfische, mein Kind, doch auf meinen Teller gelangt kein Stückchen Fleisch.

Nach zehn Tagen auf See erscheint am Horizont endlich die Südküste der Insel Buru, und nun schlingert das Schiff an ihrer östlichen Küstenlinie entlang. Die Hügel und Berge drängen sich eng zusammen und bilden eine zerklüftete natürliche Barriere. Diese Berge werden unsere Wächter und Aufseher sein. Ein Kopfschmuck aus Elefantengras ziert den verbrannten und rissigen Boden. Einer der Männer des Bewachungspersonals versichert uns, daß die Fische in diesen Gewässern noch so begriffsstutzig seien, daß selbst ein Stein als Köder einen guten Fang garantiere. Da unser Organismus dringend Proteine benötigt, fühlen wir uns durch die Versprechungen des Mannes ermutigt. Sehen wir einen Hirsch über die Savanne galoppieren, denken wir bloß an Proteine auf der Flucht.

Die Eisentüren sind geöffnet. Die Männer, die an Unterernährung leiden und nicht mehr den Willen aufbringen, jemals wieder aufzustehen, werden von ihren Kameraden an Deck getragen. Das Schiff zieht einen Bogen und fährt in die hübsche Kayeli-Bucht ein, die sich landeinwärts der Küste entgegenschwingt – die natürliche Bucht läßt an einen vergessenen Flottenstützpunkt von vor zehn Jahrhunderten denken.

Kayeli ist tatsächlich der größte und älteste registrierte Produzent von Kajeput-Öl. Zuerst landeten die Portugiesen in dieser Bucht, und später ankerten hier die Schiffe von Holländern, die nach den Muskatblüten, Muskatnüssen und Nelken dieser Insel lechzten. Doch das liegt Jahrhunderte zurück. Heute treffen wir politischen Gefangenen, die in Anspielung auf unsere Einheitskleidung „gelbe Drillicharmee“ genannt werden, an diesen Gestaden ein – wir kamen jedoch nicht wegen der Früchte der Arbeit von Burus Menschen.

Der Wind vor der Küste raubt uns schier den Atem und gibt Zeugnis von der hohen Feuchtigkeit der Insel. Zugleich trägt er uns die Warnung zu, ein besonders gutes Augenmerk auf unsere Lungen und Mägen zu halten.

Dort ist die Hafenstadt Namlea mit ihren winzigen, aus Pappe gebauten Häusern. Die Pfeife des Schiffes zerschneidet die Luft, doch dies geschieht nicht wegen der Suche nach der Kaimauer, denn das Schiff ist viel zu groß und muß draußen auf See Anker werfen. Zwei Landeboote kommen herausgefahren, um uns aufzunehmen. Vom Ufer lugt eine Moschee mit sich still gen Himmel rekkenden Minaretten zu uns herüber. Namlea wirkt von hier vollkommen unbewohnt.

Mehrere Offiziere erscheinen an Deck der Landeboote und besteigen unser Schiff. Einige Dutzend Gefangene, die in körperlich besserer Verfassung als andere erscheinen, müssen zuerst aussteigen, um eine Küche einzurichten. Dann tritt der höchstrangige Offizier vor uns, um uns zu begrüßen.

Die ausgewählte Gruppe der Pioniere landet bereits auf der „Insel des Neuen Lebens", wo ein Karren mit Küchengegenständen auf sie wartet. Wir Häftlinge betreten die Insel in Namlea, das uns abgesehen von den Soldateneinheiten der Division Pattimura, die uns mit Gewehrkolben- und Faustschlägen willkommen heißen, ohne Lebenszeichen begrüßt.

So, mein Kind – junge Braut, die du bist ... ich hoffe, daß du mir als Erwiderung auf dieses Hochzeitsgeschenk sagst: „Viel Glück, Papa!" Ich bin ein Gefangener, der eine Zeit in der Verbannung anzutreten hat. Auch ich wünsche dir Glück, mein Kind – dir und deinem Ehemann, an dessen Namen ich mich noch nicht einmal erinnern kann.

Nun ist die Reihe an mir, das Schiff zu verlassen. Dein Vater muß hinüber an Bord des Landebootes, das ihn zu einem Ort schaffen wird, von dem er noch nicht weiß, wo er liegt.

Wechselnde Kommandanten

In der letzten Woche des Februars 1976 betrat ein Mitgefangener, Saud Sarjono, mein Zimmer im Hauptquartier und zeigte mir unseren Marschbefehl. Ich wurde nach Einheit 3–Wanayasa (meinem ersten Lager auf Buru) beordert, wo ich mich bei Kommandant Captain I. M. Sudiraka melden sollte.

Saud und ich verließen das Hauptquartier auf der Straße, die nach Einheit 2–Wanareja führte. Dort bogen wir ab und nahmen Kurs auf das Dorf Wailonangan, wo wir den Wai Apo überquerten. Wailonangan war um einiges größer geworden, seit ich vor mehr als fünf Jahren zum letzten Mal dort gewesen war. Damals hatte es dort nur sieben oder acht Häuser gegeben, doch nun waren es mindestens doppelt so viele.

Der Wasserstand des Wai Apo war an jenem Tag so hoch, daß der Sumpf am Rande von Wailonangan mit dem Fluß verschmolzen war. Die Strömung war sehr stark, doch an einem so schönen sonnigen Morgen präsentierte sich die Landschaft zauberhaft. Dort drüben hatte ich in einer Ausbuchtung des Flusses einst ein Aufsichtslager mit einer einfachen Bambushütte aufbauen müssen, doch inzwischen hatte die Strömung des Flusses sowohl die beiden damaligen Ufer als auch jene Hütte längst fortgespült.

Für mich war die Überquerung des Wai Apo mit dem Floß stets ein unterhaltsames Ereignis. Das Floß bestand aus zwei langen zusammengebundenen Einbäumen, auf die man ein Deck gebaut hatte. Bei den regelmäßigen Fahrten über die Breite des Flußes wurde die Strömung geschickt genutzt, so daß die Wellen das Boot aus eigener Kraft vorantrieben. Das Floß war groß und stabil genug, um auch Pferdekarren und Motorräder befördern zu können. Da es an einem über den Fluß gespannten Seil vertäut war, konnte man den Fluß ohne Steuermann überqueren, wenn das Ruder am Flußufer richtig eingestellt wurde.

Am anderen Ufer erreichten wir in Airmandidih nach nur wenigen Dutzend Schritten die Hauptstraße nach Einheit 3–Wanayasa. Es war die zweite Straße, an der ich vor über fünf Jahren im Inneren der Insel Buru mitgearbeitet hatte. Als ich meine Füße darauf setzte, standen mir sofort wieder die schlimmen Zeiten vor Augen, in denen wir sie hatten bauen müssen.

Etwa anderthalb Kilometer weiter erhob sich aus einem Savannenstreifen eine neue Einheit, deren Gebäude aus behauenem Holz bestanden und Blechdächer trugen. Abgesehen vom Wachtposten war die Einheit leer.

Als wir das sumpfige Gebiet von Wanayasa erreichten, bemerkte ich, daß sich dort, wo einst Hütten standen, nun kultiviertes Land befand. Stille ergriff mich, als ich darüber nachdachte, was Burus Häftlinge in den wenigen vergangenen Jahren alles aufgebaut hatten. Auf jungfräulichem Land, das mit Grasland und Wäldern bewachsen war und auf dem es kaum Obstbäume gab, hatten wir ein autarkes Dorf errichtet, das nun von dichten Bananenhainen umgeben war. Ich registrierte, daß der einzige ursprüngliche Mangobaum dieser Gegend noch stand und daß einige der sechsundzwanzig anderen Mangobäume, die ich selbst gepflanzt hatte, nun den Häusern des Kommandanten und des Wachtpostens Schatten spendeten.

Die einfachen mit Gras gedeckten Hütten, die ich vor zwei Jahren zurückgelassen hatte, befanden sich in elendem Zustand, waren verfallen und heruntergekommen. Dasselbe galt für das sogenannte „Haus der Kunst“ und das behelfsmäßige Lazarett der Einheit.

Es war ein ruhiger Tag. Nur wenige Männer waren anwesend. Die meisten waren draußen, um zu fischen oder andere Arbeiten zu erledigen. Mit Ausnahme einiger neuer Häftlinge kannte ich alle anwesenden Männer, wenn auch nicht jeden namentlich – wir hatten Wanayasa gemeinsam aufgebaut. Beim Anwesenheitsappell grüßten sie mich mit Handschlag und Gelächter. Die Jahre hatten ihren Tribut gefordert, und sowohl die Jungen als auch die Alten sahen verbrauchter aus als damals. Nur wenige schienen sich nicht verändert zu haben.

Als Captain Sudiraka mich an jenem Abend empfing, eröffnete er mir, daß mein Name nicht auf der offiziellen Gefangenenliste für das Hauptquartier stehe (wo ich zuvor gelebt hatte) und ich deshalb nach Einheit 3 zurückverlegt worden sei, deren Mitglied ich ursprünglich gewesen war. Dann forderte er mich auf, über meine Erfahrungen in Wanayasa zu schreiben.

Es war der 4. September 1969. Die beiden mit politischen Gefangenen besetzten Landeboote verließen die Kayeli-Bucht, fuhren in die Mündung des Wai Apo hinein und ließen in ihrem Kielwasser das Bugi-Fischerdorf Kakiair zurück, um weiter flußaufwärts ins Innere von Buru zu fahren. Die Äquatorsonne schien und der Morgenhimmel strahlte hell.

Der Wai Apo ist nicht besonders breit, doch er hat eine starke Strömung und seine Ufer sind mit Wäldern bewachsen. Ranken der dickstämmigen Rattanart Manau winden sich um Bäume, um gen Himmel zu klettern, wo sie sogar größere Höhen erreichen als die Wirte, die sie umschlingen, so daß zumindest bei Neuankömmlingen der Eindruck entsteht, durch jungfräulichen Dschungel zu fahren, den der Mensch noch nicht erobert hat. Doch keiner der Bäume, die man vom Fluß aus sieht – auch nicht die am Flußufer – ist besonders hoch, und was hinter ihnen als grüne Dschungelwand erscheint, ist in Wirklichkeit junger Wald.

Der Wai Apo windet sich wie eine Schlange, so daß seine scharfen Richtungswechsel einen endlosen mäandernden Faden bilden. Schon allein diese Tatsache erklärt, daß sein Tal eine flache Ebene mit wenig Gefälle ist, und die starke Strömung enthüllt, daß der Flußlauf nicht durch die Form der Gebirgsfaltung entstanden ist, sondern durch die Bewegungen des Wassers selbst, das sich im flachen Gebiet seinen eigenen Weg gesucht hat. Burus geographische Gestalt und das natürliche Panorama wurden für mich zu einem Unterrichtsbuch, dessen Inhalte ich zuvor nicht kannte. Die flußaufwärts führende Reise wurde zu einem denkwürdigen Ereignis.

Große Flüsse waren das Saatbeet vieler antiker Gesellschaften und Kulturen, doch am Wai Apo waren die auf der einen Seite in Gruppen stehenden Häuser der Bugi-Fischer und eine Kette einheimischer Hütten auf der anderen Seite die einzigen Zeichen von Zivilisation. Alle Dächer waren mit Blättern der Sagopalme gedeckt.

Unser Boot legte am „Transmigranten-Anleger“ an, den die Aussiedler errichtet hatten, die vor uns hergeschickt wurden, um die ersten Vorbereitungen für unsere Ankunft zu treffen. Das Bauwerk hatte ein Dach aus Zeltbahnen und stand auf gegabelten Stelzen inmitten eines kleinen Hains. Hier war sofort ersichtlich, daß der Wald wesentlich jünger war, als es zunächst den Anschein hatte. Es gab weniger Bäume, die Abstände waren größer und es gab abgesehen von einigen verstreut wachsenden *Melinjo* keine Obstbäume. Ein Blick nach unten genügte, um festzustellen, daß die Bäume nicht auf alter Erde, sondern auf recht jungfräulichem Boden standen. Es war eine geologisch junge Insel.

Der Weg, auf dem wir uns vom Dock entfernten, führte geradewegs ins Unterholz. Die Zahl der Bäume wurde geringer, doch der schmale Pfad erwies sich als schwierige Passage. Wir waren gezwungen, unter zahlreichen großen Stämmen durchzukriechen, die auf dem Weg lagen. Überall lauerten lange, dünne und rasiermesserscharfe Rattandornen, die sich als Teufelswerk entpuppten – manche saßen noch an den Ranken fest, während andere vom Stamm auf den Boden gefallen waren und dort nur darauf zu warten schienen, sich in den nackten Fuß eines Gefangenen bohren zu können.

Viele Häftlinge litten als Folge der Hungerkost, die sie in ihren Gefängnissen und Internierungslagern auf Java erhalten hatten, an Ödemen. Für diese Männer war es schwer genug, ihren eigenen Körper weiterzuschleppen, ganz zu schweigen von den Vorräten, die sie transportieren mußten.

Als wir das Unterholz endlich verließen, wurden unsere Augen vom hellen Licht des offenen Himmels über der Savanne geblendet, die aus der Entfernung wie ein durch verkettete Baumgruppen abgezäuntes Feld aussah. Die Luft, die um mindestens sechs Grad heißer als in Jakarta war, brannte in unseren Lungen. Die gesamte Savanne dampfte wie eine gewaltige Bratpfanne.

Die Ebene mit dem hohen Gras erinnerte mich an Geschichten, die ich über die großen Ebenen Amerikas gelesen hatte, doch es gab hier weder Indianer noch Pferde. Es war kein Zeichen einer Besiedelung zu entdecken, und der Fußpfad, obwohl nur vier Kilometer lang, schien kein Ende nehmen zu wollen.

Unterwegs kamen wir an dünnen, verwahrlosten Bäumen und kleinen Sumpfgebieten vorbei, durch die friedliche *Mujair*-Aale glitten, die blind gegen die Aufmerksamkeit ihrer künftigen Nachbarn waren. Die verstreuten Sumpfgebiete waren sichtlich Teil eines ehemaligen Flußbettes. Tatsächlich erfuhr ich bald, daß die Karte des Wai Apo jedes Jahr neu gezeichnet werden muß, da sich die Windungen des Flusses ständig verlagern, so daß eine Kurve im einen Jahr ein Sumpf und im nächsten wieder ein Teil des Flußbettes ist.

Wir gehörten der ersten Welle von fünfhundert Männern an, die zu diesem isoliertesten aller Orte gebracht wurden. Die letzte Gruppe, die nach Einheit 3 transferiert wurde, traf gegen sieben Uhr abends ein. Sie hatte sechs Stunden Zeit für den vier Kilometer langen Weg benötigt.

Als ich sah, daß unsere Baracken mit Stacheldrahtzaun umgeben waren, mußte ich an das Internierungslager denken, das Asmara Hadi in seinem Buch über die Gefangenschaft unter den Holländern beschrieb. Welche Unterschiede bestanden zwischen seinen und meinen Erfahrungen?

Ich war zuvor bereits interniert gewesen, und einst hatte ich die Konzentrationslager der Nazis in Ravensbrück und Buchenwald besucht. Ich hatte mit eigenen Augen japanische Internierte gesehen und Anna Seghers Schriften über Auschwitz sowie Dostojewskis *Aufzeichnungen aus einem Totenhaus* gelesen. Ich hatte Sibirien besucht – und nun war ich selbst gefangen, nun betrat auch ich einen Stacheldrahtbezirk.

Von den zehn für unsere Einheit geplanten Baracken waren erst fünf fertiggestellt, daher waren wir gezwungen, eng zusammen oder übereinander auf dem Boden zu schlafen, der aus gestampfter Erde bestand und aus dem die Nässe in unsere Glieder kroch. Die Balken und Säulen der Baracken bestanden aus Stämmen junger Bäume. Die Dächer waren mit den Blättern der Sagopalme gedeckt, und die Wände und Türrahmen waren aus Bambus. Da die oberen Enden der Wände mit Sagopalmblättern verkleidet waren, wirkten die Baracken aus der Ferne wie eine Herde gigantischer haariger Tiere.

Kurz nachdem wir uns ausgestreckt hatten, um zu versuchen, ein wenig von der Kraft zurückzugewinnen, die wir auf der langen und anstrengenden Reise verloren hatten, erklang der Signalton – eine große Trommel aus einem ausgehöhlten Stamm rief uns wieder auf die Beine. So ein Mist! Doch wir konnten nichts dagegen unternehmen. Im Verlauf der vergangenen vier Jahre hatte der Signalton eine solche Macht über uns gewonnen, daß wir uns kaum von Pawlowschen Hunden unterschieden.

Draußen war es noch dunkel, doch das erste, was nach dem frühen Aufstehen auf unserem Programm stand, war Gymnastik. Ein Sergeant leitete die Übungen. „Eins, zwei, drei, vier!" schrie er. „Schaut, was ich vormache!" Doch das einzige, was ich sehen konnte, war völlige Finsternis – der Sergeant, dessen Haut so schwarz wie der frühe Morgen war, blieb unsichtbar.

Die Oberaufsicht über unsere Übungen hatte der Erste Kommandante von Einheit 3: Leutnant Eddy Tuswara, ehemals Offizier der Cakrabirawa, die zu den Sondereinheiten von Präsident Sukarno gehört hatte. Der erste, der zur Strafe um den Übungsplatz kriechen und dabei schreien mußte „Das sind Übungen, und ich habe Spaß daran" war ein Mann, der von der Anreise am Vortag noch vollkommen erschöpft war und solche Übungen überhaupt nicht ableisten konnte. Mir wurde die Pflicht auferlegt, ihn zu beaufsichtigen – ein wahrhaft ekelhafter und erniedrigender Job.

Zu jenem Zeitpunkt waren die meisten von uns bereits seit vier Jahren interniert, und zumindest für mich selbst war dieser Zeitraum eine Periode ständiger Anspannung, in der wir immer wieder Bestrafungen für unklare Vergehen miterleben oder am eigenen Leib erfahren mußten – Strafen, die niemals von einem juristischen System, in dem eine moralische Person wissen würde, was richtig und was falsch ist, zugemessen worden waren. Ich spürte, daß diese Anspannung auch weiterhin ein ständiger Wegbegleiter auf unserer Reise in ein neues Leben sein würde. Belastet Anspannung die menschlichen Nerven nicht? Und was die Belastung selbst betrifft: Gab es für sie eine wirtschaftliche, kulturelle oder erzieherische Notwendigkeit? Oder handelte es sich bloß um die Bestrafung von Tieren? Ich war unfähig, mich von meinen Befürchtungen zu lösen. Mir schwante in diesen Augenblicken, daß sich meine Leidensgeschichte über eine sehr lange Zeit erstrecken würde.

Das Frühstück am ersten Morgen entpuppte sich als freudiges Ereignis: Uns wurde ein quantitativer Sprung von einer Hungerration auf 600 Gramm Nahrung pro Tag angekündigt. Wir hatten richtigen Reis, und man garantierte uns für den Zeitraum von acht Monaten die Versorgung mit bestimmten Grundnahrungsmitteln, darunter Zucker, Salz, Trockenfisch und Tabak. Wir malten uns aus, daß die Hungerzeit, die wir vier Jahre durchlitten hatten, endlich vorüber seien.

Ich war wie die meisten Männer, die aus Jakartas Gefängnis Salemba kamen, in einigermaßen guter physischer Verfassung, denn dort hatten wir dreimal pro Woche Proviantpakete von unseren Familien entgegennehmen dürfen. Ich war dankbar für die angekündigte Verbesserung der Bedingungen. Doch welcher Illusion jagte ich nach. Innerhalb der Machtstruktur der Neuen Ordnung, deren Fundament aus Massenmord gegossen war, ging es den Angehörigen der Behörden lediglich darum, ihre Gewissen zu beruhigen. Niemand kümmerte sich wirklich um die Sicherstellung des Essens der Gefangenen.

Der erste Befehl, den wir an jenem Morgen erhielten, lautete, Land für eine neue Straße zu roden, doch wir hatten keine Werkzeuge. Die Straße sollte mitten durch die Grasebene angelegt werden. Das hohe Gras, eine Art Elefantengras, hatte dreieckige Blätter mit rasiermesserscharfen Rändern. Wir mußten es mit bloßen Händen ausreißen. Und bei weitem nicht jeder hatte einen Hut. Den einzigen Schutz vor der intensiven Hitze und Feuchtigkeit der Savanne bot hier und dort ein knorriger Busch. Es war einfach unmöglich, das Gras komplett zu entfernen, was besonders für die Wurzeln galt. Die Arbeit wurde sechs Tage lang vorangetrieben, und unsere Hände waren ständig blutverschmiert und geschwollen.

Etwa eine Woche nach unserer Ankunft teilte man uns mit, daß unsere Nahrungsmittelration von 600 Gramm auf 500 Gramm reduziert werde. 100 Gramm pro Person würden fortan „als Vorrat angelegt". Von diesem Vorrat haben wir niemals etwas zurückerhalten, und später wurden die Rationen ohne jegliche Begründung noch weiter eingeschränkt. Tabak gab es nicht mehr, und auch Zucker war nicht zu bekommen. Die Vorräte an getrocknetem und gesalzenem Fisch reichten etwas länger, doch sie hatten einen bitteren Beigeschmack wie Medizin.

Zehn Tage nach unserer Ankunft erhielten wir endlich einige Werkzeuge: Brecheisen, Äxte, Sägen und einige ganz passable Spaten, doch die Macheten, die man uns gab, schienen keine Spur von Stahl zu enthalten: Wenn man mit ihnen Gras roden wollte, wurden die Halme nicht abgeschnitten, sondern sie legten sich bloß zur Seite. Auch zum Abschneiden von herabhängenden oder in Astgabeln steckenden Ästen oder Zweigen waren sie ungeeignet. Man hätte sie besser als Theaterrequisiten verwenden können.

Als wir zum ersten Mal mit den neuen Spaten ins Feld geschickt wurden, erhielten wir den Befehl, pro Mann mindestens 40 Quadratmeter Land umzugraben. Aufgrund unserer verbesserten physischen Verfassung durch den Verzehr von *Mujair*-Aalen, Schlangen, Eidechsen und anderem gefangenen Kleingetier erhöhte sich unsere Leistung. Uns half auch der Umstand, das wir allmählich hinter das Geheimnis kamen, wie man einen Spaten verwendet.

Ich gehörte zu denen, die keine Erfahrung im Umgang mit solchen Werkzeugen hatten, und die Konfrontation mit der Tatsache, nur durch Ackerbau überleben zu können, bereitete mir Unbehagen. Nichts in meiner Ausbildung hatte mich darauf vorbereitet, ein Bauer oder Landarbeiter zu sein, geschweige denn ein versierter Bauer oder Landarbeiter. Nun war ich im Alter von knapp fünfundvierzig Jahren gezwungen, ein neues Auskommen und eine neue Lebensart zu erlernen. Langsam wurde mir bewußt, daß hier alle Fundamente, die ich für meine Zukunft gegossen hatte, langsam und allmählich ins Verderben gerissen wurden.

Obwohl ich mich körperlich fit hielt, war ich nicht in der Lage, den Spaten den ganzen Tag lang unter der sengenden Sonne in Bewegung zu halten. Der von der Sonne verbrannte und vom Regen unberührte Boden war steinhart, und als zum ersten Mal ein Mann an einem einzigen Tag 36 Quadratmeter Boden umgrub, konnte ich ihm nur Bewunderung zollen. Besonders überraschend fand ich, daß der Mann dies geschafft hatte, obwohl er an Unterernährung litt und mangelnde Nahrungsaufnahme seinen Bauch aufgebläht hatte.

Die dunklen Wolken, die am Himmel aufgezogen waren, verschwanden rasch wieder hinter den umliegenden Hügeln. Die Tiefebene des Wai Apo dampfte. Schwer lag die Feuchtigkeit in der Luft, doch Regen wollte nicht fallen. Das Tal des Wai Apo ist wie ein großer Kessel mit einem Rand aus einschließenden Hügeln. Die Hitze auf dieser Insel war drückender als auf Java, während die Kälte wesentlich schlimmer als dort war. Abgesehen von der Hitze, die unsere Haut versengte und aufriß, bildeten auch die Moskitos und Fliegen eine kaum zu ertragende Plage. Zur Mittagspause mußten wir uns unter ein Moskitonetz verziehen, um ein wenig Ruhe zu finden.

Der landwirtschaftlich nutzbare Boden war an ebenen Stellen durchschnittlich 15 Zentimeter tief, in niedriggelegenen Gebieten nur wenig mehr. Anders als der mineralhaltige vulkanische Boden Javas war er nicht bröckelig. Die Tatsache, daß man nur an den Wasserläufen und in den Bergen Steine fand, bewies anschaulich, daß das Tal des Wai Apo nicht durch Ablagerungen des Flußes entstanden ist, sondern durch unterirdischen Druck nach oben. Wenn wir in der Nähe der Baracken Brunnen bohrten, stieß der Bohrer immer auf eine Schicht Sand mit Korallen- oder Muschelablagerungen.

Unser extrem begrenztes Wissen über Burus natürliche Bedingungen löste besonders unter denen, die Bauern waren oder landwirtschaftliches Gespür hatten, Depressionen aus. Ja, dies war wirklich ein Neuanfang – wir konnten nur vermuten, was die nächsten Jahre bringen würden. Da uns niemand Informationen über das Wetter und die klimatischen Bedingungen zur Verfügung stellte, waren wir auf unsere eigenen Erfahrungen angewiesen. Unsere ersten landwirtschaftlichen Bemühungen in Einheit 3 ähnelten dem Führen eines Bootes ohne Ruder.

Die Trockenheit des Bodens war nahezu entmutigend, dazu hatten wir mit einem Mangel an Werkzeugen und schlechten Transportwegen zwischen den Einheiten und dem Hafen zu leben.

Als Leutnant Eddy Tuswara, der Kommandant von Einheit 3, nach Einheit 1 versetzt wurde, fiel das Kommando über unsere Einheit an Captain Daeng Masiga, der Bildung erkennen ließ, früher Adjutant Sukarnos war und längere Zeit im Ausland verbracht hatte. Ich spürte, daß er bemerkte, daß die Häftlinge nach vier Jahren Internierung ihr Selbstwertgefühl verloren hatten, und da ihm bewußt war, daß dies letztendlich den Entwicklungszielen der Regierung zum Schaden gereichen würde, machte er sich daran, die Moral der Männer wieder aufzubauen.

Die Cassava, die wir pflanzten, trieb keine Wurzeln, und aufgrund der viel zu geringen Niederschläge waren unsere Zuckerrohr-Setzlinge auch nach einem vollen Monat um keine Spur größer geworden, obwohl sie regelmäßig mit Urin gedüngt wurden und ein Experte für Zuckerrohranbau sich um sie kümmerte. Die Verpflegungssituation verschlechterte sich rapide, sowohl in der Qualität als auch in der Quantität. Als wir in Wanayasa eintrafen, hatten Vorräte für unsere Einheit mit dem Boot gebracht werden können, doch nachdem der Wasserstand gefallen war, konnten Boote nur noch bis zum circa vier Kilometer entfernten Transmigranten-Posten gelangen. Selbst unter besten Umständen war der Fußweg dorthin sehr beschwerlich, und er war eine Qual, wenn man zusätzlich noch mit Vorräten beladen war. Die Entfernung von der Landestelle der Einheit zum Lagerhaus betrug nur circa 135 Meter, doch für acht Männer mit jeweils hundert Kilogramm Reis auf dem Rücken war dies ein Weg, der ihnen den Schweiß, den Atem und die Kraft aus dem Körper preßte. Nun aber hatten wir eine Entfernung von vier Kilometern zu bewältigen! Die wenigsten Männer stammten aus ländlichen Gebieten. Die meisten waren Stadtbewohner, die es nicht gewohnt waren, sich bei der Arbeit auf ihre Muskelkraft zu verlassen.

Wir hatten keine andere Wahl, als zu versuchen, den Zustand des vier Kilometer langen Weges zu verbessern, denn er war unsere wirtschaftliche Lebensader. So wurde die „Straßenverbesserung“ zu meinem ersten Auftrag. Wir mußten den Weg nicht nur auf knapp drei Meter verbreitern, sondern aufgrund der zahlreichen Windungen des Flusses, die aus der flachen topographischen Struktur der Ebene resultieren, Brücken über jede Schlinge des Flußbettes bauen, gleichgültig ob Wasser vorhanden war oder nicht. Auch natürliche Barrieren, um die der Weg zuvor herumführte, mußten „korrigiert“ werden. Wir hatten Senken zu füllen, an manchen Stellen Bäume zu fällen und an anderen Stellen Flächen zu roden. Die schlimmsten natürlichen Barrieren, die wir „korrigieren“ mußten, waren sumpfige Stellen, Flußbetten sowie Bambus- und Rattanhaine. Da unser Trupp nur aus sieben Personen bestand und wir alle keine Vorkenntnisse in den geforderten Arbeitsbereichen mitbrachten, nahm die Aufgabe eine ziemlich lange Zeit in Anspruch, obwohl man uns eine Kettensäge zur Verfügung stellte. Dennoch zog ich für meinen Teil die Arbeit in einer kleinen Gruppe vor, denn dort draußen in der Stille des Waldes und der Ebene konnte ich meine Gedanken ohne allzu große Angst vor Repressalien schweifen lassen.

Während ich meinen Aufgaben nachging, waren andere mit der Feldarbeit befaßt. Nach Plan richtete sich die erste Phase unserer landwirtschaftlichen Bemühungen auf das Heranziehen von Feldfrüchten, wozu auch der Anbau von Trockenreis gehörte. Es war ein sehr langsames Unterfangen, Felder in einer Savanne anzulegen, in der ohne Wasser kaum etwas wuchs. Die Umstände wurden dadurch erschwert, daß wir entsetzlichen Notstand an Saatgut hatten. Wir suchten überall nach Nachschub, besonders auf den verlassenen Feldern der einheimischen Bevölkerung. Doch so ziemlich alles, was wir finden konnten, waren Cassavawurzeln – und auch davon gab es nur wenig.

Aufgrund der äußeren Umstände betrieben die Einheimischen nur in geringem Maße Ackerbau. Ihr Hauptnahrungsmittel war Sago, das sie in den Sagopalmsümpfen ernteten. Außerdem jagten sie Rotwild und Wildschweine. Als Halbnomaden verließen sie nach einer gewissen Zeit ihre Dörfer, um anderswo eine neue Heimat aufzubauen. Da Felderwirtschaft für sie keine besondere Rolle spielte, war es schwierig für uns, genügend Saatgut zu erwerben. Selbst um Cassava zu finden, waren weite und langwierige Streifzüge durch Savannen- und Waldgebiete erforderlich.

Als unsere Einheit mit dem Fällen von Bäumen gerade erst begonnen hatte, war es noch unmöglich, Trockenreis anzubauen. Auch Unterkünfte gab es anfangs nicht in ausreichender Zahl. Aufgrund des fallenden Wasserspiegels, schlechter Verwaltung und ineffizienter Transportwege wurden die Nahrungsmittelrationen unserer Einheit rasch kleiner.

Als Lösung des Problems beschloß Captain Daeng Masiga, daß die Vorräte künftig direkt zu unserer Einheit geschafft werden müßten, anstatt erst die Einheiten 1 und 2 zu passieren, doch die einzige Möglichkeit, diesen Plan zu verwirklichen, war die Anlegung einer neuen Straße zwischen Einheit 3 und Airmandidih, dem Bugi-Dorf weiter unten am Wai Apo.

Den anderen Weg hatten wir bis auf einen halben Kilometer an den „Transmigranten-Anleger“ vorangetrieben, doch inzwischen konnten die Boote selbst dorthin nicht mehr gelangen, so daß ihre Anfahrt bereits in Airmandidih beendet war. Der Captain ordnete an, daß wir auf die Fertigstellung des Weges verzichten und uns stattdessen mit voller Kraft dem neuen Projekt zuwenden sollten. Ich wurde mit den Planungen für die neue Straße betraut.

Es war von vornherein klar, daß dies keine einfache Aufgabe war, denn es existierte kein vorgegebener Weg, und die Straße führte durch äußerst rauhes Terrain. Außerdem hatten wir keine geeigneten Werkzeuge. Wir besaßen keinen Kompaß. Auch an Schreibmaterialien war kaum heranzukommen, und wir durften auf keine Landkarten schauen, geschweige denn eine besitzen.

Zum Glück erhielten wir nach einem Treffen des Captains mit einem Leutnant der *Ambon Special Forces* zumindest das Versprechen auf die benötigten

Werkzeuge. Sobald wir diese hätten, versicherte ich, würden wir in der Lage sein, die Straße nach Airmandidih zu bauen.

Ich wählte drei Männer für mein Erkundungsteam aus, und gemeinsam erforschten wir das Tal des Wai Apo mit der Sonne als einzigem Führer. Glücklicherweise hatte einer der Männer einen ausgeprägten Orientierungssinn. Ohne Kennzeichen, die uns den Weg zurück zum Lager wiesen, bestand die große Gefahr, sich in der weiten Grasebene zu verlaufen.

Aufgrund der zahlreichen Windungen des Wai Apo – es gab kaum ein gerades Stück – war die Entfernung, die wir flußabwärts zurücklegten, schwer einzuschätzen. Nirgends war der Fußabdruck eines Einheimischen zu entdecken, der uns als Wegweiser hätte dienen können. Die Einheimischen hielten sich fast ständig am Fluß auf; die Savanne betraten sie nur zum Jagen oder zum Fischen in den dortigen Sümpfen, und bei diesen Aktivitäten hinterließen sie keine nennenswerten Spuren.

Nach zwei Erkundungstagen erreichten wir die Reste eines ehemaligen Hauses, das in Ufernähe zum Wai Apo stand. In unmittelbarer Nachbarschaft entdeckten wir etliche Kokospalmen, zwei Nangkabäume, einen Mangobaum, mehrere Limonenbäume, Kaffeesträucher und auch einige Grabsteine. Das Licht war trüber als im freien Feld, denn es wurde durch das Blattwerk von Bananenstauden, Unterholz und Bambushainen verdunkelt.

Am Ufer des Wai Apo sahen wir uns einer Siedlung gegenüber, wo Frauen Kleider wuschen und in Bambusbehältern Wasser holten. Ich entdeckte einen am Ufer befestigten Einbaum und schickte zwei meiner Männer mit dem Auftrag los, den Fluß zu überqueren und im Dorf zu fragen, ob es von dort einen Verbindungsweg nach Airmandidih gebe. Die beiden hatten noch nie in einem so stark schaukelnden Gefährt gesessen, doch irgendwie schafften sie es, bis nahe ans andere Ufer zu gelangen, wo sie den Einbaum zum Kentern brachten und ins Wasser fielen. Die Frauen schrien auf und rannten weg. Meine Männer folgten ihnen und verschwanden aus unserer Sichtweite im Dorf.

Zwei Stunden lang harrten wir ängstlich aus und warteten auf ihre Rückkehr. Was war ihnen zugestoßen? Warum blieben sie so lange weg? Wir riefen ihre Namen, bis unsere Stimmen heiser waren, und erst als sie endlich am anderen Ufer auftauchten, wich unsere Anspannung. Es stellte sich heraus, daß einer der beiden dort drüben eine Frau umworben hatte.

Die Empfehlung der Dorfbewohner war einfach: Geht geradeaus, bis ihr Airmandidih erreicht. Das klang nett, half uns aber nicht weiter.

Wir schlugen in der Nähe unser Lager auf, indem wir eine einfache Bambushütte mit einem Dach aus Sagopalmblättern errichteten, um von hier aus unsere Erkundungen fortzusetzen. Mehrmals kamen Dorfbewohner zu Besuch, die unter diversen Vorwänden und Ausflüchten um Nahrungsmittel bettelten. Die meisten verstanden ein wenig Indonesisch, doch ihre Sprachkenntnisse waren nur elementar. Sie sträubten sich, *Melinjo* zu essen (den gekochten Samen, den wir uns zubereiteten), und auch von Brotfrucht und Nangka nahmen sie (mit Ausnahme der Samen) Abstand. Ihr Gemüse beschränkte sich auf die nicht verwelkende Blume Amaranth und eine Sumpfwasserwicke namens Kangkung.

Von diesem kleinen Basislager aus erforschten wir unseren Weg durch Tiefland und Dschungel und konnten letztendlich die Verbindung zu Airmandidih herstellen. Irgendwie hatten wir ohne Schuhe, die unsere Füße schützten, den Weg durch weite Flächen Elefantengras und Rattanhaine gefunden, ohne im Labyrinth der *Melaleuca*-Bäume, deren Äste ein Geflecht im Wasser bildeten, verlorenzugehen. Als wir Airmandidih endlich sahen – die Spitzen der Kokospalmen, das Grün der Bananenhaine und die deplaziert wirkenden Felder im Wald –, traten uns vor Freude die Tränen in die Augen. Wir hatten etwas geschafft, was unsere Vorfahren seit Tausenden von Jahren tun mußten.

Die Bugi-Bevölkerung von Airmandidih bestand aus Händlern oder Kindern von Händlern, die von Sulawesi nach Buru gekommen waren. Sie freuten sich über unsere Absicht, eine Straße ins Landesinnere anzulegen. Den Lebensunterhalt verdienten sie mit dem Handel von Landwirtschafts- und Forstprodukten der Einheimischen sowie mit Gembolholz, das sie auf den Markt von Namlea brachten. Es war ihnen klar, daß ihnen eine Straße ins Inselinnere höheren Wohlstand bescheren würde.

Nur drei Tage später konnten wir mit dem Bau der Straße beginnen. Die eingetroffenen Werkzeuge ermöglichten es uns, in nur dreieinhalb Tagen einen knapp zwei Meter breiten und acht Kilometer langen Pfad bis nach Airmandidih anzulegen, wo wir den Erfolg unseres Unternehmens mit einem „Kulturabend" feierten.

Unsere Hoffnung, den Nachschub direkt von der Landestelle zu erhalten, war in Erfüllung gegangen, doch es war wesentlich mühevoller, als wir gedacht hatten, die Nahrungsmittel über eine solche Entfernung zu tragen. Da noch keine Brücken gebaut waren, mußten wir Flüsse und Sümpfe durchwaten oder auf Stegen aus Baumstämmen überqueren. Doch wie schwierig der Transport auch war – unser Nachschub erreichte Einheit 3 fortan in größerem Umfang und besserem Zustand als zuvor.

Kurz nachdem wir im Dezember 1969 begonnen hatten, Straße und Brücken zu verbessern, befahl Major Kusno, der Oberkommandant der Strafkolonie, alle nicht-agrarischen Aktivitäten mit sofortiger Wirkung einzustellen. In gewisser Weise konnte ich seine Entscheidung nachvollziehen: Unsere Einheit 3 war als erste auf Buru eingetroffen, doch von allen Einheiten der Strafkolonie lag sie am weitesten in der Selbstversorgung mit Nahrungsmitteln zurück.

Unmittelbar nach Major Kusnos Befehl mußten wir die Straßenbauarbeiten einstellen und in die Wälder ziehen, um Felder anzulegen. Für meine dortige

Arbeit benutzte ich eine alte amerikanische *Legitimus*-Machete. Die Klinge der 1945 hergestellten Machete war biegsam und scharf, was mir die Arbeit sehr erleichterte. Doch es ist nicht leicht, Bambus- und Rattanhaine zu roden, und häufig genug schnellten die Rohre und Gerten gegen mich zurück, nachdem sie auf den Boden aufgeschlagen waren. Ein Kamerad erlitt durch einen solchen Zwischenfall einen Nasenbeinbruch. Ein anderer Häftling wurde von einem herabstürzenden Ast getroffen und blieb einen Monat lang arbeitsunfähig.

Ich haßte die Arbeit in den Rattanhainen nicht nur wegen der Dornen. In nahezu jeder dritten Gehölzgruppe, die ich rodete, befand sich ein Nest mit schwarzen Schlangen. Auch die wiederholten Versicherungen, daß nur Schlangen mit dreieckigem Kopf giftig seien, konnten mir die Angst nicht nehmen. Es gab viele verschiedene Schlangenarten. Die meisten waren lang und schmal, und am häufigsten begegnete ich einer langsam kriechenden gelben schmalen Schlange mit überdimensionalem Kopf. Wenn sie enthauptet und zum Verzehr gehäutet wurde, blieb nur ein Skelett mit einer dünnen Schicht Fleisch übrig.

Auch zahlreiche Kuskus stöberten wir auf. Dies sind nachtaktive Tiere von der Größe einer ausgewachsenen Katze mit braunem, grauem oder weißem Fell und langen, scharfen Krallen. Ihre großen, runden Augen werden zu Spiegeln, wenn sie Licht reflektieren, und ihre gemächliche Gangart macht sie zu einer leichten Beute. Wenn sie sich auf einem Baum in die Enge getrieben fühlen, bewegen sie sich noch nicht einmal, wenn dieser Baum gefällt wird. Wir haben versucht, die Tiere zu häuten und zu essen, doch lange wußten wir nicht, was wir gegen den faulen Gestank des Kadavers unternehmen sollten. Unser Hunger aber zwang uns zu nehmen, was wir bekommen konnten.

Zwei bis drei Tage nach dem Fällen der Bäume begannen wir mit der Brandrodung. Die Blätter und Zweige der kleinen Bäume, die unter den größeren lagen, waren inzwischen trocken, so daß wir sie als Anfeuerholz nutzen konnten. So war das Feuer leicht zu schüren und als Teppich auszubreiten, bis die Flammen in die Höhe loderten und begleitet von knisterndem Getöse gen Himmel züngelten. Rauch schwärzte den Himmel. Nie zuvor hatte ich so viele Fledermäuse gesehen – sie schwärmten zu Tausenden aus, Welle um Welle, und die Luft war von ihrem Geschrei erfüllt. Es fiel mir schwer zu begreifen, wie hier so viele Tiere Nahrung finden konnten. Mir waren Burus Dschungel bis dahin nahezu leer von tierischen Lauten erschienen.

Als die Felder endlich angelegt waren, pflanzten wir Trockenreis an. Die Setzlinge gediehen gut – fast so gut wie das um sie herum in die Höhe schießende Unkraut.

Ohne vorherige Warnung durch Donner und Blitze setzte in jenem Monat der Regen ein. Ein besonders heftiger Schauer verwandelte die unvollendete Straße nach Airmandidih in einen Verbindungskanal aus Matsch, Abwässern und Sumpfwasser. An manchen Stellen war die Straße nichts anderes als ein riesiges Matschloch, und da wir auf sie angewiesen waren, wurden die Schäden immer schlimmer. Ich war traurig darüber, denn schließlich hatte ich eine Hauptrolle bei ihrem Bau gespielt, und jeder Zentimeter der acht Kilometer langen Verbindung war mit meinen Schweißtropfen getränkt. Doch ich war mir auch darüber klar, daß meine Sentimentalität nutzlos und schierer Luxus war.

Auf Wunsch von Captain Masiga wählte ich einen Namen für die Einheit 3. Ich nannte sie „Wanayasa". Diesen Namen entlieh ich der Sage über den langen Marsch der Armee des Sultans Agung von Mataram, der den Versuch unternahm, die Königliche Holländische Handelsgesellschaft aus ihren Positionen in Batavia zu vertreiben. Wanayasa ist das Dorf südlich von Purwakarta, wo Matarams Armee im frühen 17. Jahrhundert eine erste Nachschubbasis errichtete, bevor sie nach Purwakarta weiterzog und anschließend das Land zwischen Cikampek, Krawang und Bekasi für den Reisanbau vorbereitete, was die Landschlacht um die befestigte Stadt Batavia im Jahre 1629 (wenn ich nicht irre) erst ermöglichte.

Noch im selben Monat erhielten zwei andere Häftlinge und ich die Anweisung, uns zur Einheit 1 zu begeben, um dort ein „Interview" mit Generalstaatsanwalt Sugiharto und einer Gruppe Offizieller, die zu Besuch aus Jakarta kamen, zu führen. Der einzige Grund, dies hier zu erwähnen, besteht darin, daß nach dieser Begegnung Major Kusno nach Wanayasa kam und dort diejenigen, die den Generalstaatsanwalt getroffen hatten, zu einem „Dialog" zu sich rief. Am Ende des Treffens überreichte er mir einen goldenen Füllfederhalter der Marke Pilot, ein Faß Tinte und einen dicken Notizblock. Da mir der Major diese Dinge offiziell übergab, vermutete ich, daß ich die Erlaubnis zu schreiben erhielt. Und tatsächlich – ein beigefügtes und vom Major unterzeichnetes Schreiben räumte mir offiziell wieder das Recht zu schreiben ein.

Seit 1950 waren meine Schriften die einzige Einkommensquelle für meine Familie gewesen. Es war die einzige Arbeit, zu der ich mich wirklich befähigt fühlte. Ab 1965 aber war das einzige, das ich hatte schreiben dürfen, meine Unterschrift auf offiziellen Dokumenten. In jenem Zeitraum war der Denkprozeß, der als Vorspiel des Schreibens dient, in mir paralysiert. Natürlich gab es geistige Aktivitäten, doch ich konnte bloß „reagieren" – und ich wollte viel mehr als nur das.

Schaut mich an, dachte ich. Hier stehe ich nun – mit Papier, Stift, Tinte und offizieller Erlaubnis zu schreiben, und ich fühle mich unfähig, es zu tun. Die Konzentration auf ein Thema fiel mir bei weitem nicht so leicht, wie ich zuvor gedacht hatte. Dann dämmerte mir, daß ich ebenso wie die meisten anderen Häftlinge das Selbstvertrauen verloren hatte. Vier Jahre Internierung und die Unsicherheit über meine Zukunft hatten mir schwere mentale Schäden zugefügt. Ich rang mir die Fragen ab: „Habe ich die Kraft, zu meinen früheren Fähigkeiten zurückzufinden? Oder ist dies das Ende meines Lebens als Schriftsteller? Steht mir nicht länger eine Rolle in dieser Nation zu?"

Eine weitere Reduzierung unserer Nahrungsmittelrationen erschwerte meine „Erholung". Ich konnte meine Gedanken nicht sammeln. Selbst die Erinnerung an den Namen eines meiner Kinder konnte mir eine Woche Nachdenken abnötigen. Hatte ich früher meinen Lebensunterhalt mit Schreiben verdient, so fehlten mir nun die nötigen Fähigkeiten, das zusätzliche Einkommen zu erwerben, das für die Verbesserung meiner Versorgungslage nötig war. Im Gegensatz zu anderen Häftlingen konnte ich mich außerdem nicht überwinden, alle Fleischsorten zu essen, die zu bekommen waren. Dann wurde unser Grundnahrungsmittel Reis durch Reisspreu ersetzt. Durch die schwere Arbeit, bei heftigen Regenschauern neue Felder für den Ackerbau zu roden, hatten mein Körpergewicht und mein allgemeiner Gesundheitszustand abgenommen. Schließlich wurde auch noch unsere Ration Reisspreu beschnitten. Selbst die Qualität wurde schlechter: Wir bekamen nur noch zusammengefegte Reste – bröckeliger Abfall dieses Zeugs, der nicht selten mit Gummiklumpen vom Transportschiff durchsetzt war.

Mein Magen, ohnehin der Schwachpunkt meiner physischen Gesundheit, war angegriffen. Jedesmal, wenn ich etwas aß, mußte ich alsbald hinaus zur Latrine rennen. Während ich mich dort kauernd erleichterte, empfand ich in den Beinen eine solch elende Schwäche, daß ich mich anschließend nur mit Mühe wieder in eine aufrechte Position drücken konnte. Nach über 20 Pfund Gewichtsverlust war ich dünner als jemals zuvor – noch ausgemergelter als zur Zeit der japanischen Besatzung, als ich glaubte, das niedrigstmögliche Gewicht erreicht zu haben.

Ich bin immer stolz darauf gewesen, Indonesier und Staatsbürger Indonesiens zu sein, und ich habe immer im Bewußtsein gelebt, daß auch ich zur Schaffung dieser Nation beigetragen habe. Ich hatte das Recht, stolz auf das zu sein, was wir erreicht hatten. Doch meine Situation warf für mich verschiedene Fragen auf: „Bin ich es nicht länger wert, Indonesier oder indonesischer Staatsbürger zu sein? War mein Beitrag zur Freiheit unserer Nation zu unbedeutend und nur reine Zeitverschwendung? Ist Indonesiens Volk nicht bereit, mich als Mitbürger mit vollen Bürgerrechten anzuerkennen?"

In der Hoffnung, meine Ängste verdrängen zu können und als Medizin zur Behandlung meines geistigen und körperlichen Verfalls zwang ich mich, zu schreiben – eine Viertelstunde pro Tag. Anfangs bewirkte diese Therapie nicht das Geringste. Nur langsam nahm ihre Effektivität zu, und erst allmählich schaffte ich es, wieder Denkarbeit zu leisten. Doch schließlich fand ich durch diese Übung zum Bewußtsein zurück, Indonesier und ein Mensch mit Selbstachtung zu sein, der Werte anerkennt und entsprechend handelt. Ich entdeckte mich selbst als Mensch in all seiner Nacktheit wieder, der frei von Anmaßungen und Ambitionen ist, als eine Kreatur, die nicht machtlos, sondern mit dem Willen ausgestattet ist, seinen Weg in der Geschichte selbst zu definieren. Ich fand zu der Schlußfolgerung, daß der Mensch weitaus wichtiger ist als Anmaßungen und Ambitionen. Der Mensch selbst bestimmt, was aus ihm wird.

Vor dem Einschlafen versuchte ich, mich an Bücher und Geschichten zu erinnern, die ich einst las, doch oft traten mir dabei Bilder vor Augen, die ich zu vergessen versucht hatte. Zum Beispiel sah ich einen Mann mit freiem Oberkörper, der auf den Fersen kauerte und auf den Boden vor dem äußeren Block von Jakartas Gefängnis Cipinang stierte. Wir schrieben das Jahr 1961, und dieser Mann hatte die elf Jahre seit 1950 im Gefängnis verbracht, ohne eine Gerichtsverhandlung bekommen zu haben. Er schien keine Chance auf Freilassung zu besitzen, denn weder Kanzleien noch Einzelpersonen waren motiviert, sich seiner Sache anzunehmen. „Als sie mich verhafteten", erzählte er mir, „war ich jung – in meinen frühen zwanziger Lebensjahren. Schau, was aus mir geworden ist."

Andere Verdächtige, die mit ihm verhaftet und des Raubmordes bezichtigt wurden, waren bereits fünf Jahre zuvor entlassen worden, nur ihn hatte man nicht freigelassen, da er aufgrund eines bürokratischen Versäumnisses überhaupt nicht angeklagt worden war: Sein Name stand nicht in den Unterlagen des Generalstaatsanwaltes, sondern nur in den Listen des Gefängnisses Cipinang.

„Wenn ich entlassen werde, will ich für dich eintreten", versprach ich damals, doch da ich nach meiner Entlassung unter Hausarrest stand, konnte ich mein Versprechen nicht einlösen. Später erfuhr ich, daß er noch im selben Jahr auf freien Fuß gesetzt wurde, doch man hatte ihn nicht etwa in Ehren freigesprochen, sondern einfach mit einem Fußtritt auf die Straße befördert. Welchen Sinn machte seine elfjährige Haftzeit? Würde mir dasselbe widerfahren? Welche Bedeutung hätten alle meine Aufzeichnungen in diesem Fall?

Obwohl bereits über die Hälfte meines Papiers mit Notizen beschrieben war, kam ich auf den Gedanken, die Unterlagen zu vernichten. Alle Worte waren bedeutungslos und bloß ein Mittel gegen persönliche Ängste. Doch als ich mit zitternder Hand die Aufzeichnungen in Brand setzen wollte, hielt mich eine innere Stimme davon ab. Ich sagte mir: „Ungeachtet ihres Wertes sind diese Notizen ein Teil von mir." Und deshalb konnte ich sie nicht vernichten, obwohl ich mit den Inhalten nicht zufrieden war.

Als Leutnant Eddy Tuswara Stellvertretender Kommandant von Einheit 3 wurde, erhielt er die direkte Kontrolle über uns. Er verbot den Anbau sämtlicher Produkte mit Ausnahme von Reis. Nicht einmal Gemüse durften wir produzieren. So lächerlich es klingt, aber so lautete sein Befehl. Selbst unter der Voraussetzung, daß der von uns gepflanzte Reis gut gedieh, würden wir nichts anderes zu essen haben als Reis, bloß Reis!

Die Arbeiten zur Anlegung weiterer Naßreisfelder wurden vorangetrieben. Eine Studie über die hiesige Haltbarkeit von Terrassenfeldern zeigte auf, daß es ein sinnloses Unterfangen war, doch dennoch wurde mir die Ehre zuteil, das erste Naßreisfeld anzulegen, das wir später „Terrasse 1" nannten, obwohl damals noch keine Deichbefestigungen vorhanden waren. Der nie zuvor urbar gemachte Boden war mit Flußwasserteichen und Sandbarrieren durchsetzt, neben denen hohes Elefantengras wuchs. Es gab reichlich Losung von Rotwild. Beim Mähen der Grasflächen fanden wir *Maleo*-Eier oder die Eier anderer Vögel, die wir unverzüglich roh verschlangen.

Unsere erste Aufgabe bestand darin, einen Kanal anzulegen, um Wasser zu den Feldern zu leiten. Diese Aufgabe hatten wir in kurzer Zeit erfüllt. Anschließend hieß es: Roden, Vermessen, Einebnen. Allmählich nahm das erste Naßreisfeld Gestalt an.

Um nicht an Unterernährung zu sterben, begann ich nun auch Ratten und Eidechseneier zu essen. Unsere Einheit hatte von außerhalb Unterstützung in Form von Milchpulver erhalten, doch wir konnten nicht davon ausgehen, daß es sich um eine fortwährende Hilfsmaßnahme handelte. Und tatsächlich – nach der dritten Lieferung traf kein neuer Nachschub mehr ein.

1949 hatte ich eine Geschichte über eine Frau geschrieben, die sich auf der Flucht befand und ihre Kinder mit dem Fleisch herumstreunender Tiere ernährte, zu denen auch Katzen gehörten. Anders wäre ihr Leben nicht zu retten gewesen. Nun war ich selbst auf solche Kost angewiesen. Der Verzehr von Schlangen gehörte zum Alltag. Manche Männer aßen Sagopalmmaden, denen sie zunächst die Köpfe abrissen, um dann nur den proteinhaltigen hinteren Teil ihres Leibes zu verzehren – meistens verschlangen sie diese Tiere roh. Auch Hundefleisch fand den Weg in unsere Mägen. Ein halbes Jahr lang erhielten wir fast überhaupt kein Vitamin C; und wir hatten weder Gemüse noch Obst. Meine Sehkraft nahm ab, und bei der Feldarbeit konnte ich nur mit Mühe Reis pflanzen oder Unkraut jäten. Alles, was sich bewegte, verursachte mir Schwindelgefühle. Besonders schlimm war die Arbeit in den Naßreisfeldern, da ich dort ständig von fließendem Wasser umgeben war. Und Vitamin A? Daran war überhaupt nicht zu denken!

Durch Erniedrigungen, Schläge und Zwangsarbeit wurde unsere Situation noch beängstigender. Als wir eines Tages den Boden zu lockern versuchten (wir benutzten Wasser und unsere nackten Füße, um die Erdklumpen zu Matsch zu stampfen), verprügelten uns die Wächter, denn sie hatten noch nie gesehen, wie Bauern ein Stück Land für die Anpflanzung von Naßreis vorbereiten und glaubten, wir würden Späße treiben. Als ich ein anderes Mal ein Stück Land rodete und nach Anfeuerholz suchte, wurde ich von einem Wächter fast erdrosselt. Und dann war da noch der Tag, an dem der Kommandant der Wachmannschaft mich zu einer „Befragung" in sein Büro zitierte – als ich zu den Baracken zurückkehrte, senkten die Männer meines Arbeitstrupps betreten den Kopf, als sie mein blau geprügeltes und aufgedunsenes Gesicht sahen.

*

Eine gute erste Ernte brachte 1970 Reis auf unseren Speiseplan zurück. Der Reis und die Cassava, an die wir uns inzwischen gewöhnt hatten, bedeuteten eine Verbesserung der Ernährung – zumindest was unsere Aufnahme an Kohlehydraten betraf. Wir waren dankbar, nicht länger bloß auf die gerösteten Stengel der Zuckerpalme, deren Fasern man nach dem Durchkauen ausspucken muß, angewiesen zu sein, und obwohl streng auf die Einhaltung unserer Zwangsarbeit geschaut wurde, konnten sich mitunter einige von uns davonschleichen, um Fische zu fangen.

Unsere Einheit produzierte acht Tonnen Trockenreis. Doch Essen (vor allem wenn es nur Reis gibt) ist nicht das einzige Bedürfnis im Leben des Menschen. Dieses elementarste biologische Bedürfnis befriedigen zu können, bildet noch längst keinen Menschen, sondern es macht ihn zu einer biologischen Kreatur, zu einem Tier. Es müssen zahlreiche andere Erfordernisse erfüllt sein, um menschliche Tiere in zivilisierte Wesen mit gebührender Würde und geziemendem Anstand zu verwandeln. Die Geschichte der Menschheit ist nichts anderes als eine Serie von Versuchen, dieses Ziel zu erreichen. Die Einstellung der Nahrungsmittelversorgung von seiten der Regierung machte mir klar, daß ich nur durch Eigeninitiativen überleben konnte, und ich lernte diese Tatsache zu akzeptieren.

Als ich klein war, lebte in meinem Heimatort eine Frau im Exil. Wenn man dem Gerede der Leute Glauben schenkte, gewährte die holländische Regierung ihr eine Unterstützung von 40 Gulden pro Jahr. Ich weiß nicht, ob es stimmte, doch es war mir damals bewußt, daß ihr Sohn, der mit ihr im Exil lebte, auch von irgend etwas leben mußte, außerdem besaß er ein neues Fahrrad der Marke *Raleigh*, das zu den wenigen seiner Art in unserer Stadt gehörte.

Auch die Nationalisten, die von der damaligen niederländisch-indischen Regierung in die Verbannung nach Digul im holländischen Neuguinea oder in andere Landesteile verbannt wurden, erhielten finanzielle Unterstützung. Wir politischen Häftlinge aber waren in dieser unfruchtbaren Savanne gezwungen, durch Eigeninitiativen zu überleben. Dieser Charakterzug einer ungerechten und unzivilisierten Gesellschaft, der jeder Sinn für humanitäres Verhalten fehlt, muß ins nationale Gedächtnis eingraviert werden.

Die Mitteilung der Behörden, daß wir Gefangenen „auf eigenen Füßen stehen" mußten, hatten wir ohnmächtig akzeptiert, doch als die Obrigkeit kurz darauf anregte, daß wir unsere Familien nachholen sollten, war ich bestürzt. Das Einkommen, das uns für den Kauf von Nahrungsmitteln zur Verfügung stand, reichte nicht einmal aus, den eigenen Magen zu füllen – wie also hätten wir hier eine Familie ernähren sollen?

Damals verlor ich vorübergehend mein Gehör. Ich war taub, litt unter Verfallserscheinungen und verspürte Angst und Panik. Sollte ich nie wieder die Stimmen meiner Kinder hören? Eine Woche später aber verbesserte sich mein Hörvermögen wieder, jedoch nicht bis zu dem Maß, das mir zuvor beschieden war – leise Stimmen konnte ich nicht verstehen. Es blieb mir nichts anderes übrig, als mich stillschweigend damit abzufinden, daß ich nun ein Halbinvalide war. Ich blickte in einen düsteren Zeitabschnitt hinein, dessen Ende ich nicht absehen konnte.

Eine Erinnerung aus jener Zeit: Ein Soldat schnauzt uns beim Morgenappell an. Wir seien lausig, schreit er, und wüßten nicht, was Sauberkeit ist. Unsere Strafe sind fünfzig Liegestütze. Dies wäre unter normalen Umständen kein Problem für mich gewesen. Im Gefängnis Salemba mußte ich morgens immer mindestens fünfundsechzig Liegestütze machen. Hier aber besaßen manche Häftlinge kaum die Kraft, die erforderlich war, um den eigenen Körper vom Boden wegzustemmen. Der jämmerliche Anblick reizte fast zu einem sarkastischen Lachen. Als der Soldat bis fünfzehn gezählt hatte, lagen fast alle Häftlinge kraftlos im Morast des Bodens, und zu diesem Zeitpunkt hatte sich mein Anflug von Heiterkeit längst in Zorn verwandelt. Bei fünfundzwanzig klebte auch ich am Boden fest.

Und was hatten wir an jenem Tag verbrochen? Überhaupt nichts! Der Soldat hatte eine Fäkalienspur entdeckt, die von der Wächterhütte zum Fluß führte. Der Kot war von heller gelber Farbe, was darauf schließen ließ, daß der Verursacher dieser Spur zu viele Süßkartoffeln gegessen hatte. Von uns hatte niemand Süßkartoffeln bekommen. Auch war es uns verboten, nachts ohne Sondererlaubnis nach draußen zu gehen. Damit war klar (uns zumindest), daß unser Garten vor der rechten Zeit zur Ernte geplündert worden war.

Eine weitere Erinnerung aus dem letzten Quartal des Jahres 1970: Der Stellvertretende Kommandant Eddy Tuswara kam zu meiner Hütte, um mir mitzuteilen, daß man ihn nach Java zurückversetzt hatte. Er brachte ein Schreiben von Einheitskommandant Captain Daeng Masiga mit, in dem dieser mich informierte, daß er sich wegen einer Beinverletzung nicht persönlich verabschieden könne, mir aber ein altes Handtuch und eine Unterhose zurücklasse.

Der Captain wollte mich mit diesem Abschiedsgeschenk keinesfalls demütigen. Auf den Naßreisfeldern wurden immer wieder Männer gezwungen, vollkommen nackt zu arbeiten, um ihre verschlissene Kleidung zu schonen. Der Captain ließ auch für andere Häftlinge Unterwäsche zurück. In meiner Situation blieb mir gar nichts anderes übrig, als die Geschenke anzunehmen, denn bei der Abreise aus dem Gefängnis Salemba hatten wir nur zwei Garnituren Kleidung mitnehmen dürfen, und nach zwei bis drei Monaten Arbeit auf den Naßreisfeldern hingen uns die durch Schweiß, Feldwasser und Regen belasteten Kleider nur noch in Fetzen vom Leibe. Erst viel später erfuhr ich, daß die Unterwäsche gar nicht Daeng Masiga gehört hatte, sondern von humanitären Organisationen geliefert worden war.

Der Oberleutnant entschuldigte sich am Tag vor seiner Abreise für die Behandlung, die ich durch ihn erfahren hatte, doch er fügte hinzu: „Ich habe nur meine Pflicht getan.“

Ich folgte ihm aus der Hütte, stieg die Leiter hinab und ging mit ihm an dem im Bau befindlichen großen Entwässerungsgraben entlang. „Nur meine Pflicht getan“, hatte er gesagt. Wie viele Gefangene haben schon unter den Händen von Soldaten gelitten, die nur ihre Pflicht tun?

An Captain Masigas Stelle trat Captain Samingun. Während seiner Amtszeit besuchte ein Filmteam der *State Film Corporation* die Einheit. Die Mannschaft wurde von einem in Deutschland geborenen Kameramann angeführt, der mir vor der Abreise zwei Hemden und eine Cordhose schenkte. Dieses Geschenk bedeutete, das ich mein aus einem Reisspreu-Sack geschnittenes abgetragenes Hemd, das mir mein jüngerer Bruder gegeben hatte, der nach mir in die Verbannung geschickt wurde, endlich wegwerfen konnte.

Ich werde diesen fremden Menschen, der mich überhaupt nicht kannte, nie vergessen. Einst war ich durch sein Heimatland gereist. Auch sein Wille, mir inmitten dieser gottverlassenen Savanne zu helfen, wird mir unvergeßlich bleiben. Er überreichte mir die Geschenke ohne Erwartung einer Gegenleistung und ohne über sein Handeln nachzudenken. Natürlich waren die Kleidungsstücke gebraucht, doch sie waren alles, was er geben konnte. Ungeachtet seiner Motive führten mir die Sachen meine wachsende Abhängigkeit vor Augen, und meine Gedanken wanderten zurück in meine Kindheit, als mitunter ältere Menschen, die kein Einkommen hatten und aus armen Familien stammten, in mein Elternhaus kamen und um Kleidung baten. Und meine Mutter gab ihnen immer, was sie benötigten, und hatte für jeden ein Lächeln übrig. Nun war ich in derselben Situation wie jene älteren Menschen, und ich schämte mich.

Auf den Feldern nutzten auch unsere Hüte rasch ab. Eines Tages war ich gezwungen, den Füllfederhalter, den Major Kusno mir gegeben hatte, gegen einen großen Hut aus geflochtenem Bambus, mit dem sich die Bauern gegen Hitze und Regen schützen, einzutauschen. Der Verlust des Schreibgeräts bedeutete, daß ich nicht mehr schreiben konnte.

Dann geschah etwas Außergewöhnliches: Pater Roovink, ein deutscher Priester aus der Gemeinde Namlea, besuchte Einheit 3 und brachte mir ein Paket Kleidung, das meine Frau geschickt hatte. Damit waren meine Kleidersorgen für den Augenblick behoben. Menschen in Freiheit mögen so etwas als Nebensächlichkeit betrachten, doch für mich war es damals eine Angelegenheit von ungeheurer Bedeutung.

Im Juli 1971 berief Captain Samingun eine „Spezialgruppe“ ein. Wir mußten unsere Baracken verlassen und in die Marantha-Kirche ziehen. Es stellte sich aber heraus, daß die Kirche in einem so desolaten Zustand war, daß wir unsere Unterkünfte neben ihr aufbauen mußten. Ab sofort wurden wir „die Modellgruppe“ genannt und von den anderen Häftlingen getrennt. Wir rodeten und bestellten unsere eigenen Felder und züchteten unsere eigenen Enten und Hühner. Nur zum Appell trafen wir mit den anderen Männern zusammen. Diese Periode der Isolierung währte zwei volle Jahre.

Es war nicht meine erste Phase der Isolation. Zweimal hatte man mich im Gefängnis Salemba in Isolationshaft genommen, jedesmal für länger als einen Monat und aus mir unbekannten Gründen. Auch diesmal wurde uns kein Grund mitgeteilt.

1960/61 war ich ein Jahr lang im Militärgefängnis Salemba und im Gefängnis Cipinang eingekerkert, ohne daß man mir eröffnete, welches Verbrechen ich eigentlich begangen hatte. In diesen Perioden der „unerklärten Isolation“ wuchs meine Achtung vor den uralten Werten der Menschlichkeit und des Humanismus. Ich hatte viel Zeit, über die Prinzipien von Freiheit und Unabhängigkeit nachzudenken, die mir meine Lehrer vor der Indonesischen Revolution von 1945 vermittelt hatten. Obwohl sich meine gegenwärtige Realität in Ton und Klang sehr weit von diesen Prinzipien unterschied, vertiefte sich mein Respekt für sie, und Multatulis Stimme klang mir immer süßer in den Ohren: „*De plicht van een mens is mens te zijn*“ (Es ist die Pflicht des Menschen, Mensch zu sein).

Ohne Schreibgerät brachte ich nichts mehr zu Papier, doch zum Ausgleich lernte ich täglich fünf Minuten Deutsch. Wer weiß, dachte ich, vielleicht bringe ich es einmal so weit, deutsche Texte lesen zu können. Ich versuchte, die Wirklichkeit und die Schwierigkeiten, die man als indonesischer Staatsbürger hatte, zu verdrängen und empfand die Weisheit, die in J. A. Cronins Worten in *Die Schlüssel zum Königreich* steckt: Der Mensch soll nicht zu viel essen, weil „die Tür zum Himmel eng ist“. Cronin schrieb außerdem, daß es trotz vieler Religionen und Glaubensrichtungen „nur eine Art der Gerechtigkeit“ gibt. Meine Vorstellung von Gerechtigkeit machte es mir nur schwerer, meine Situation zu begreifen.

Oberleutnant (später: Captain) Sudjoso Hadisisjowo löste Captain Samingun als Kommandant von Einheit 3 ab. Er war ein kleiner, dünner Mann mit dunkler Haut und dickem Kopf, dessen Haar so schwarz war, daß es nahezu unnatürlich wirkte. Seine Miene war immer finster – entweder um von seinen vorstehenden Zähnen abzulenken oder um einschüchternder zu erscheinen.

Seine Amtsperiode war für mich die schrecklichste von allen, denn ich wurde ständig für irgend etwas bestraft, ohne zu wissen, warum. Eines Tages mußte ich einen Karren zweimal nach Airmandidih und zurück schieben, also insgesamt eine Entfernung von weit über 30 Kilometern zurücklegen. Der neue Kommandant verbot eine von uns gegründete Kooperative, deren Startkapital wir aus den Löhnen finanziert hatten, die uns Gefangenen für den Aufbau weiterer Einheiten flußaufwärts ausbezahlt worden waren. Da die persönlichen Einkünfte äußerst gering waren, hatten wir sie alle zusammengeworfen, um die allgemeine Wohlfahrt der Einheit zu verbessern. Auf dieser Grundlage hatten wir die Kooperative gründen können.

Mit Schließung der Kooperative endete auch die Buchführung über die Mittel der Häftlinge. Zuvor war die finanzielle Situation der Kooperative immer öffentlich bekanntgegeben worden, doch fortan versickerten die Früchte unserer Arbeit spurlos. Das gesamte Inventar der Kooperative wurde zum persönlichen Besitzstand des neuen Kommandanten erklärt.

Gleichgültig, wie er sich kleidete: Er wirkte immer schleimig; ich weiß nicht, ob wegen des ewig finsteren Blickes, der gedrungenen Statur, der dunklen Haut, der gebückten Haltung oder der vorstehenden Zähne. Die schleimige Haltung schien integraler Bestandteil seiner Persönlichkeit zu sein. Kurz nachdem er zum Kommandanten ernannt wurde, gab er die Anweisung aus, ihm jeden Tag drei ausgewachsene Hühner und fünfzehn Eier zu liefern. Ich errechnete, daß wir bei Fortbestand dieser Forderung in weniger als einem Jahr keine Hühner mehr haben würden. Um diesem Problem vorzubeugen, bauten wir mehrere Brutstationen auf, in denen Hühner aus individuellem Besitz die Grundlage für den künftigen Bestand sichern sollten.

Einige Tage nach Einrichtung unserer ersten Brutstation erfuhren wir, daß unser Tribut in Namlea verkauft wurde, um die Brieftasche des Kommandanten zu füllen. Unsere Eier wurden zur Finanzierung seiner Affäre mit der Frau eines Bugi-Händlers aus Kakiair benötigt. Als er später eine Affäre mit einer anderen Frau begann, mußten wir ihn mit genügend Brettern versorgen, damit er seiner Mätresse ein großes Haus bauen konnte.

Dieser Mann war eine Art Krieger aus einer unzivilisierten Zeit, dessen Macht und Autorität auf Angst basierte. Er ging stets allein über die Felder, und überall dort, wo das Gras dicht und hoch wuchs, feuerte er seinen Revolver mindestens zweimal ab. Diejenigen, die in sicherer Entfernung arbeiteten, nahmen die Revolverschüsse als Signal, eine kurze Pause einlegen und rasten zu können.

Schon in den frühen Morgenstunden schnüffelte er in den Baracken herum. Als er eines Tages einige Häftlinge noch schlafend vorfand, bestrafte er sie, indem er sie drei volle Tage lang platt auf ihrem Schlafplatz liegen ließ. Sie durften sich nur bewegen, wenn sie zur Toilette mußten.

Während seiner Amtszeit starben fünf Männer unserer Einheit – mehr als unter anderen Kommandanten. Unter ihm wurde die Nahrungsmittelversorgung beängstigend. Obwohl wir einen Überschuß an Reis erwirtschaftet hatten, erhielten wir pro Kopf täglich nur eine Ration von 140 Gramm. Gleichzeitig aber wurden 84 Tonnen Reis und über 20 Kubikmeter Holzplanken verladen und aus dem Hafen verschifft, ohne daß eine Buchführung Transparenz über diese Aktionen geschaffen hätte. Selbst unsere Spreuvorräte, die wir an die Tiere verfütterten, wurden um Dutzende Tonnen beschnitten. Und alles das zusätzlich zum täglichen Tribut an Hühnern und Eiern, die wir dem Kommandanten zu liefern hatten.

Es war nicht ungewöhnlich, daß unsere Arbeitszeit bis neun Uhr abends verlängert wurde. Mitunter wurde ein Mann, der bereits einen vollen Arbeitstag abgeleistet hatte, dazu verdonnert, von sechs Uhr abends bis sechs Uhr morgens Elefantengras abzuhacken. Nicht selten sah man Männer zu mitternächtlicher Stunde im Wald Bretter sägen. Die einzige Belohnung für diese Strapazen waren kontinuierliche Prügel.

Einmal eskortierte der Kommandant mich und einen Mithäftling über den Wai Apo nach Einheit 2, wo Reporter uns zu einem Interview erwarteten. Ich erwähne dieses Treffen nur, weil ein Reporter (ein Holländer) mir einen Notizblock und einen Kugelschreiber gab. Als ich zu meiner Einheit zurückkehrte, fragte mich der Kommandant, was ich aufgeschrieben hätte. Nach dem Abendappell verbrannte ich deshalb sämtliche Aufzeichnungen, die ich besaß, und ich empfand kein Bedauern darüber. Es war schließlich nicht das erste Mal, daß meine Schriften zerstört wurden.

Es bereitet mir große Mühe, Erinnerungen über diese Zeit zu Papier zu bringen, denn mir treten Geschehnisse vor Augen, die meinen Schlaf stören. Dazu gehört zum Beispiel die letzte Amtshandlung von Captain Sudjoso Hadisisjowo in seiner Rolle als Kommandant unserer Einheit: Es ist Morgenappell, und der Kommandant steht vor der Abreise nach Java. Sein Nachfolger und dessen Stellvertreter stehen steif neben ihm. Von meinem Platz in Reih und Glied aus sehe ich plötzlich an verschiedenen Stellen Rauch aufsteigen. Der scheidende Kommandant hatte die letzte Anweisung gegeben, unsere Hütten auf den Feldern abzubrennen. Ihre Zerstörung bedeutete zugleich die Vernichtung unseres Saatgutes.

Als ich am frühen Abend jenes Tages auf dem Feld arbeitete, sah ich ihn durch die Bambushaine weggehen. Er war allein und verließ Wanayasa für immer. Er schaute nicht zurück und blickte weder nach rechts noch nach links. Er ging fort – geradewegs auf sein Grab zu.

Wir hörten später, daß er an Bauchwassersucht gelitten hatte. Die serösen Flüssigkeiten in seinem Unterleib blähten seinen Bauch auf und führten schließlich zu seinem Tod. Er kehrte nicht lebendig nach Java zurück.

Es geschahen so viele schreckliche Dinge, die ich schildern könnte, doch zum Glück sind auch gute Dinge für die Ewigkeit bestimmt. Wie Dampf steigen sie auf und verflüchtigen sich, bevor sie sich in bleibende Werte verwandeln, die als Leitfaden fürs Leben zur Erde zurückkehren.

Nach Captain Sudjoso Hadisisjowo kam Leutnant Kusnadi. Kurz nach seiner Ankunft verkündete er: „Ich soll zu einem Affen verdammt sein, wenn ich euch ein einziges Korn Reis nehme." Captain Sudjoso hatte etwas ähnliches gesagt, und es stimmte ja auch: Er nahm uns kein einziges Korn Reis, sondern stahl 84 Tonnen. Doch es stellte sich heraus, daß der neue Kommandant zu seinem Wort stand, und allmählich lösten sich die Angst und Anspannung, die unsere Einheit beherrscht hatten.

Im Juli 1973 wurde die „Modellgruppe" aufgelöst. Nach zwei Jahren unerklärter Isolation durften wir zurück zu den anderen Insassen des Gefangenenlagers. Zwei Jahre! Ich dachte darüber nach, zu welchem Schleuderpreis die Freiheit indonesischer Staatsbürger gehandelt wurde.

Die Mitglieder der „Modellgruppe" wurden in die Reis verarbeitende Abteilung der Einheit eingegliedert. Aufgabenbereiche waren das Abladen der gehülsten Reiskörner und das Worfeln der Spreu. Diese Arbeit ließ mir freie Zeit, und so konnte ich mich nach dem Worfeln einer Karrenladung Reis im Warten auf den nächsten Karren hinsetzen und schreiben. Allmählich nahm mein alter Traum wieder Gestalt an, einen Roman über die Epoche des Erwachens eines nationalen Bewußtseins zu schreiben. Ich hielt das, was ich schrieb, bestenfalls für Notizen zu einem ersten Entwurf, doch schon bald waren neun Notizbücher voll.

Eines Morgens wurden meine Aufzeichnungen von den Wächtern konfisziert und dem Kommandanten übergeben. Ich erhielt sie nie zurück. Wie im Falle der Persönlichkeitsrechte schien Indonesien auch kein Copyright zu garantieren.

Im Oktober 1973 erhielten mehrere Häftlinge und ich die Anweisung, uns zur Einheit 4–Savanajaya zu begeben, wo wir mit den Mitgliedern eines psychologischen und psychiatrischen Teams sprachen, das nach Buru entsandt worden war. Anschließend führte unser Weg zur Einheit 2, wo wir General Sumitro trafen. Unter anderem sagte der General an jenem Tag zu mir: „Geh zurück und widme dich deinen Fähigkeiten, solange du auf die Entlassung wartest."

Einen Monat später wurde die gleiche Gruppe von Gefangenen zur Einheit 3 beordert, wo Brigadegeneral Wing Wirjawan uns einen Brief von Präsident Suharto vorlegte. Am 14. November 1973 verließ ich Wanayasa, da ich ins Kommando-Hauptquartier von Einheit 1–Wanapura verlegt wurde. Hinter mir zurück blieben Wanayasas Felder und die Straße nach Airmandidih, die mein

Schweiß bei ihrer Erschließung vier Jahre zuvor getränkt hatte. Genau vier Jahre zuvor.

Nach einer Woche in Wanayasa händigte mir Captain I. M. Sudiraka, der Kommandant von Einheit 3, am 5. März 1976 meine Reisedokumente wieder aus. Ich sollte am nächsten Tag zum Kommando-Hauptquartier zurückkehren.

Am nächsten Tag verließ ich Wanayasa und überquerte die Straße nach Airmandidih. Ich schaute nach rechts, wo die Kirchen, die wir einst gebaut hatten, standen, doch beide waren eingestürzt. Teile von ihnen waren in Hühnerställe umgewandelt worden, und andere Teile hatte man als Feuerholz oder zum Bau anderer Gebäude verwendet. Der buddhistische Tempel und die Moschee, die wir errichtet hatten, standen noch, doch sie waren in jämmerlichem Zustand und nicht mehr in Gebrauch.

Das einzige, was sich hier nicht verändert zu haben schien, waren die Pflanzen, die Häftlinge angebaut hatten, die nun bereits im elften Jahr ihrer Freiheit beraubt waren. Dieselbe Sprachlosigkeit, die mich fünf Tage zuvor ergriffen hatte, überkam mich, als ich mir vor Augen hielt, wie viel Burus politische Häftlinge aufgebaut hatten und wie viel von ihrem Leben zerstört worden war.

Als die Götter zur Erde herabstiegen

In jungen Jahren lehrte man mich, daß die Stellung des Menschen höher als die der Engel sei, da die Menschen aus Erde geschaffen und die Engel Wesen des Feuers seien. Außerdem brachte man mir bei, daß Satan ein Engel sei, der Gott betrogen habe. Als ich Altjavanisch studierte, lernte ich, daß die Stellung des Menschen sogar höher als die der Götter sei, da die Götter nur als Botschafter fungierten. Dennoch gehen die Götter in den Geschichten des Schattenspiels oft weit über die Grenzen ihrer Pflichten hinaus, was ihnen eigentlich verboten ist. Zuweilen ergreifen sie Partei, damit eine bestimmte Person ihre Feinde besiegen kann, und manchmal machen sie sich die Hände schmutzig, indem sie in weltliche Angelegenheiten eingreifen.

In ihrer Rolle als Botschafter steigen die Götter häufig aus ihrem himmlischen Wohnort auf die Erde herab, um Kontakt mit Sterblichen aufzunehmen. Aber das ist nur im Schattenspiel so. Nur dort wandern die Götter zwischen Himmel und Erde. In meinem ganzen Leben hatte ich, ein Mensch des 20. Jahrhunderts, von keinem Menschen gehört, der Besuch von den Göttern erhalten hätte.

Eines Tages ging ich in eines der größeren Sumpfgebiete in der Nähe des Camps, um nach Fischen Ausschau zu halten. Am Rande des Sumpfes stand in einem Gehölz mit mehreren Metern Tiefe wildes Zuckerrohr. Da es schon längere Zeit nicht geregnet hatte, war das Sumpfwasser zurückgewichen, so daß grauer Untergrund das Landschaftsbild beherrschte. In den seichteren Bereichen war dieses matschige Band recht breit, und in einem der Löcher mit stehendem Wasser entdeckte ich zahlreiche *Muria*, eine große Aalart, welche die Gewässer der Ebene des Wai Apo bevölkert.

Als ich anfangen wollte zu fischen, sah ich in einem der stehenden Gewässer etwas Großes, nein, etwas Riesengroßes – einen gigantischen *Muria* mit Zähnen in der Farbe des Goldes. Da ich Küchendienst hatte und für meine Kameraden kochen mußte, stellte ich mir sogleich vor, was für eine üppige Mahlzeit ein Aal dieser Größe bieten würde. Ohne darüber nachzudenken, wo ein so riesengroßer Aal herkommen könnte, öffnete ich das Maul des Fisches und zurrte die Angelschnur um seine Zähne, um ihn zum Lager zu schleppen. Doch was geschah, als ich im Küchengebäude ankam? Ich wachte auf. Alles war nur ein Traum gewesen. Eine ganze Weile saß ich in jener Nacht allein auf meiner Schlafstelle und grübelte über den Traum vom Monster mit den goldenen Zähnen.

Am nächsten Tag erklärte mir ein Mithäftling, daß die Farbe Gold in Träumen ein Symbol für den Tod ist. Diese Information ließ mir meinen Traum noch diffuser erscheinen, doch so seltsam das Geträumte auch gewesen sein mag – schon bald sollte ich erfahren, daß die Wirklichkeit noch seltsamer sein kann und es selbst im 20. Jahrhundert Fälle gibt, in denen die Götter vom Himmel herabsteigen.

Am Morgen des 6. Oktober 1973 war ich bei den Vorbereitungen für das Anpflanzen von Mais damit beschäftigt, draußen im Feld den Boden umzugraben. Genau zu dem Zeitpunkt des Tages, an dem die Sonne so heiß brennt, daß man förmlich spürt, wie sie einem die Kraft aus dem Körper saugt, traf der Befehl ein, daß ich mich im Kommandoposten zu melden hätte. „Los, mit doppelter Eile!" bekam ich zu hören. Und so drückte ich meine Hacke einem Kameraden in die Hand und hastete zum Kommandoposten, wo bereits sechs andere Häftlinge warteten.

Man informierte uns, daß wir nach Einheit 4–Savanajaya zu gehen hätten und wies uns an, genügend Kleidung, Schlafausrüstung und Proviant für mindestens drei Tage mitzunehmen. Nachdem wir unsere Bündel aus den Baracken geholt und im Lagerraum die nötigen Vorräte abgefordert hatten, kehrten wir zum Kommandoposten zurück, um den diensthabenden Offizier zu informieren, daß wir bereit seien. Es dürfte um diese Zeit ein Uhr mittags gewesen sein.

Noch im Unklaren über den Grund der mehr als 20 Kilometer langen Wanderung, die uns bevorstand, bestiegen wir einen großen Einbaum und bewegten uns dicht am Ufer des Wai Apo entlang flußaufwärts.

Nachdem wir das Gebiet von Wanayasa verlassen hatten, überquerten wir den Fluß und legten am anderen Ufer in Wanakarta an. Von hier ging die Reise zu Fuß weiter. Wir wanderten einige hundert Meter vom Fluß weg, bevor wir uns nach rechts wandten, um das vier Kilometer entfernte Wanareja zu erreichen.

In Wanareja bogen wir nach links ab und wanderten auf das Waldgebiet Wai Babi zu, das die Grenze zu Einheit 16–Indrakarya bildete, wo der Weg wieder nach rechts führte. Wir stiegen einen Hang hinauf und auf der anderen Seite wieder hinab und erreichten Indrapura, wo wir eine Mahlzeit zu uns nahmen und versuchten, unsere wenigen Kraftreserven zu sammeln, bevor wir uns wieder auf den Weg machten. Nachdem wir am Morgen Feldarbeit verrichtet hatten, schien unser Gepäck nun mit jedem Schritt schwerer und die Sonne immer heißer zu werden. Für diejenigen von uns, die barfuß liefen, war die Wanderung leichter als für diejenigen, die Schuhe trugen, doch keiner von uns hatte noch einen Tropfen Wasser, um seinen Durst zu löschen.

Hinter Indrapura führte der Weg durch ein Gebiet mit Baumbestand, und als wir ein dichtes Waldgebiet durchquerten, brach bereits die Dunkelheit herein. Keiner von uns kannte den Weg, und erst als wir Einheit 14–Bantalareja erreichten, gab es wieder genauere Informationen, in welche Richtung wir zu gehen hatten.

Den restlichen Weg nach Savanajaya legten wir in finsterer Nacht zurück. Einmal verirrten wir uns und mußten unsere Spuren suchen, um auf den richtigen Weg zurückzufinden, doch schließlich stießen wir auf die wacklige Fußgängerbrücke am Rande von Savanajaya. Nachdem wir uns über einen Damm geschleppt hatten, waren wir endlich am Ziel – oder zumindest am Kommandoposten der Einheit, wo wir rasteten und aßen, bevor man uns ein Lager für die Nacht zuwies.

Es war bereits 23 Uhr, als wir die Unterkunft erreichten, doch noch bevor wir uns die Füße waschen konnten, wurden wir ins Haus des Kommandanten zitiert. Dort teilte man uns in zwei Gruppen ein. Meine Gruppe wurde ins Obergeschoß des Hauses geführt, wo vier Männer in Zivilkleidung saßen, die offenbar auf uns gewartet hatten.

Einer der Männer hatte eine gelbbraune Hautfarbe, und seine schmale Nase und das hagere Gesicht ließen vermuten, daß in seinen Adern arabisches Blut floß. Es war Fuad Hasan, Doktor der Psychologie und Mitglied der Fakultät für Psychologie an der Universitas Indonesia. Hier auf Buru war er Chef eines sogenannten „Interuniversitären Psychologenteams". Er eröffnete das Treffen, indem er uns über den Zweck des Besuchs seines Teams informierte: Man wolle die wahren Gefühle und Gedanken der Gefangenen kennenlernen. Er forderte uns auf, frei über alles zu sprechen und nichts zu verschweigen. „Denn schließlich", sagte er, „handelt es sich nicht um ein Verhör." Die Mitglieder seines Teams waren Vertreter der Universitas Indonesia Jakarta und der Universitas Gajah Mada Yogyakarta.

Sofort nach dieser kurzen Einführung begann das Frage- und Antwortspiel. Hier die gestellten Fragen, so weit sie mir in Erinnerung geblieben sind (FH = Fuad Hasan; PAT = Pramoedya Ananta Toer; TM = Team-Mitglied):

FH: Wie ist es Ihnen ergangen, seit Sie hier sind?
PAT: Gut.

FH: Können Sie schreiben?

PAT: Ja, wenn ich Zeit habe und nicht zu müde bin. Doch im allgemeinen habe ich pro Tag nur eine Viertelstunde Zeit zum Schreiben und fünf Minuten Zeit zum Lesen.

FH: Was schreiben Sie und was lesen Sie?

PAT: Seit kurzem arbeite ich an einem Roman über den ersten Teil unseres Jahrhunderts, über die Periode des Erwachens eines nationalen Bewußtseins – aber als Ära, nicht als Ereignis. Ich besaß die Erlaubnis zu schreiben und hatte bereits über 170 Seiten zu Papier gebracht, doch mein Manuskript wurde konfisziert. Mein Lesestoff besteht aus dem, was in meiner Einheit zur Verfügung steht, und aus allen Büchern, die ich bekommen kann.

FH: Was hielten Sie davon, wenn Ihre Familie nachkäme, um mit Ihnen hier zu leben?

PAT: Bevor ich diese Frage beantworte, möchte ich ausdrücklich unterstreichen, daß ich mit dieser Antwort für mich selbst spreche und für niemanden sonst. Mit diesem Vorbehalt kann ich sagen, daß es mir unmöglich ist, so etwas in Betracht zu ziehen. Erstens geht es meiner Frau nicht gut. Und zweitens – gleichgültig, ob mein Beitrag zur kulturellen Entwicklung dieses Landes gewürdigt wird oder nicht – empfinde ich, daß meine Kinder das Recht haben, aktiven Anteil an der nationalen Kultur zu nehmen. Das wäre ihnen hier nicht möglich.

FH: Auf welche Weise, glauben Sie, läßt sich die Insel Buru am besten entwickeln?

PAT: Das ist eine schwierige Frage, aber ich will ein Beispiel geben. Dilar Darmawan, einer der hiesigen Häftlinge, war Professor für englische Literatur an der Universität Surakarta. Er ist seit acht Jahren hier und hätte in diesem Zeitraum dazu beitragen können, indonesische Gelehrte für englische Literatur auszubilden. Doch was tut er hier? Er gräbt Felder um. Welchen Wert hat seine Arbeit hier im Vergleich zur Ausbildung von, sagen wir, auch nur zwei Gelehrten für englische Literatur, die bei ihm habilitiert hätten? Was mich betrifft, so habe ich das starke Empfinden, daß eine solche Situation dem Land keinen Vorteil bringt.

Was die Entwicklung von Buru anbelangt: Ich sehe das Problem aus der Sichtweise der Gefangenen, welche die Insel entwickeln müssen. Die Regierung sollte endlich aufhören, sich darüber aufzuregen, wie die Gefangenen die Entwicklung der Insel vorantreiben und wieviel Geld für diesen Zweck ausgegeben werden muß. Die Antwort ist einfach: Laßt die politischen Häftlinge frei. Es wäre nicht nur das Einfachste, sondern es würde auch zur Entwicklung eines viel besseren Indonesien beitragen.

TM: Aber Sie müssen die Situation von einem objektiven Standpunkt aus betrachten.

PAT: Nach acht Jahren Gefangenschaft kann ich nur von meinen Erfahrungen als Häftling sprechen. Für mich ist das objektiv. Ich weiß nichts über das, was außerhalb dieser Insel geschehen ist.

TM: Aber Sie wissen, daß Sie wegen der G-30-S (Bewegung 30. September) und der brutalen Ermordung der Generäle hier sind, nicht wahr?

PAT: Meine Antwort ist dieselbe, die ich dem Team gab, das mich zuerst verhörte: Ich weiß nicht das Geringste über jene Ereignisse.

TM: Was denken Sie über G-30-S?

PAT: Offen gesagt: Ich glaube, daß es kaum nötig ist, lange bei diesem Thema zu verweilen. Tatsache ist, daß Indonesiens Geschichte seit Ken Aroks Zeiten im 11. Jahrhundert von Staatsstreichen geprägt war.

TM: Es war kein Putsch, als sich Ken Arok gegen Tunggul Ametung erhob.

PAT: Das stimmt – das Wort „Putsch" gab es damals ja noch nicht."

TM: Ihre Publikationen, die ich las, deuten darauf hin, daß Sie Marxist sind.

PAT: Welche Publikationen sind das?

Das Team-Mitglied beantwortete meine Frage nicht, sondern drehte sich weg und richtete das Wort an andere Häftlinge. Später stellte mir Fuad Hasan weitere Fragen:

FH: Sehen Sie eine juristische Berechtigung für Ihren Aufenthalt hier?

PAT: Ich empfinde, daß ich nicht in Übereinstimmung mit den geltenden Gesetzen behandelt werde. Ich habe niemals einen Prozeß bekommen und bin niemals offiziell verurteilt worden. Ich bin ein Schriftsteller, der unter seinem eigenen Namen schreibt. Wenn ich Fehler mache oder meine Schriften Irrtümer enthalten, dann hat jeder das Recht, dies zu kritisieren, insbesondere die Regierung und ihre Ministerien.

Warum aber sagt man mir nicht, warum ich hier bin? Wenn ich mir etwas habe zuschulden kommen lassen, werde ich die verhängte Strafe akzeptieren. Doch in welcher Weise wurde ich von zu Hause abgeführt und wer waren die Leute, die mich verhafteten? Ich bat darum, meine Bücher und Dokumente zu verschonen. Sie waren zumindest für mich von unschätzbarem Wert. Im Strategischen Reservekommando der Armee, wo ich hingeschafft wurde, sagte ich dem diensthabenden Oberstleutnant noch einmal dasselbe. Es hatte mich nahezu zwanzig Jahre gekostet, diese wertvolle Bibliothek aufzubauen. Ich sagte zu dem Mann: Wenn die Regierung meine Bibliothek will, okay, sie soll sie nehmen – aber sie soll sie nicht zerstören! Ungeachtet aller persönlichen Interessen ist diese Bibliothek auch für die Nation von großem Wert!

Doch was geschah? Sie wurde vollständig zerstört. War dies gut für Indonesien? Ich spreche nicht von der derzeitigen Regierung, sondern von Indonesien.

Auf jeden Fall: Wenn ich eine Schuld auf mich geladen habe, dann soll man mich zu einer gerechten Strafe verurteilen, doch wenn ich keine Schuld auf mich geladen habe, soll man mich gehen lassen. Die Behandlung, die mir widerfährt, hat keine erzieherischen Effekte und wird nicht zur Entwicklung einer besseren Gesellschaft beitragen.

Welchen Sinn hat es, die Prinzipien der Freiheit zu studieren, wenn die persönliche Freiheit nicht garantiert ist? Für die Häftlinge hier bedeuten die Belehrungen über die Prinzipien der Freiheit nur größeres Leid, das aus steigendem Bewußtsein über den Verlust ihrer eigenen Freiheit erwächst.

Ich will eine Geschichte erzählen: Eines Tages beauftragte eine Mutter ihren Sohn, der die Grundschule besuchte, den verschwundenen Vater zu suchen, und so verließ der Junge sein Zuhause und zog von einer Besserungsanstalt zur nächsten, bis er den Vater endlich fand. Ja, sein Vater war politischer Gefangener, und weil der Junge seinen Vater liebte und ihn nicht alleine lassen wollte, blieb er bei ihm im Gefängnis. Einige Zeit später wurde der Vater entlassen, aber der Junge nicht. Irgend jemand hatte ihn als politischen Gefangenen ins Register eingetragen. Und noch schlimmer: Der Junge wurde nach Buru deportiert. Er ist noch hier, in Einheit 3–Wanayasa. Sein Name ist Asmuni.

Nach dieser Geschichte möchte ich nun die Bedeutung von „juristischer Berechtigung" definieren. Ich will ausdrücklich unterstreichen, daß diese Insel kein Fundament für das Wachstum oder die Entwicklung einer besseren indonesischen Gesellschaft ist. Denken Sie nur an diesen Jungen und an die Zahl der Jahre, die er hier ist – und daran, was man ihm angetan hat.

TM: Welche Vorstellung haben Sie von einer besseren Gesellschaft?

PAT: Sie muß demokratisch sein.

TM: Und was ist Ihrer Meinung nach die beste Form der Demokratie? Die Form, die in Indonesien zwischen 1950 und 1957 praktiziert wurde, die Jahre der „Gelenkten Demokratie"?

PAT: Wenn ich von Demokratie spreche, so spreche ich von einer Idee. Deshalb ist schwer zu sagen, welche Form von Demokratie für Indonesien in den 1950er Jahren angemessen gewesen wäre, ohne zuvor die kollektive Natur und Moral der damaligen Menschen und die Herkunft der Machthaber zu analysieren.

Ihre Frage erfordert wissenschaftliche Untersuchungen, und mit den Wissenschaften habe ich mich nie befaßt. Doch ich frage im Gegenzug, wie weit das *Cultuurstelsel* – das Kultivierungssystem, das die holländischen Kolonialbehörden unserem Land aufgestülpt haben – den Charakter und die Werte des indonesischen Volkes geschädigt hat? Welchen Einfluß nahm die Zerstörung des einheimischen Handelsnetzwerks durch fremde Schiffsflotten? Man muß zuerst diese und andere Fragen beantworten, bevor man mit einer Formel für die angemessenste Form von Demokratie für Indonesien daherkommt. Und nur die angemessenste Form ist die beste Form.

Auch die anderen Häftlinge wurden über „juristische Berechtigung" befragt. Fuad Hasan wollte schließlich noch wissen, ob irgend jemand von uns während der Zeit auf Buru eine „spirituelle Läuterung" erfahren habe. Ich enthielt mich einer Antwort, doch zum Schluß sagte ich:

PAT: Ich bitte um Verzeihung, falls ich etwas gesagt haben sollte, das sonderbar oder ungehobelt war. Sollte dies der Fall gewesen sein, so liegt es daran, daß ich schon zu lange ohne Bewegungsfreiheit bin. Ich möchte nur sagen, daß ich jederzeit bereit bin, durch die Beantwortung von Fragen weiterzuhelfen.

An den nächsten beiden Tagen, dem 7. und 8. Oktober, verbrachten meine Mitgefangenen und ich die meiste Zeit mit der Rodung einer großen Grasfläche, die den Wächtern als Fußballplatz dienen sollte. Außerdem hatten wir uns einer Reihe schriftlicher psychologischer Tests zu unterziehen.

Etwa um 10 Uhr des dritten Tages, also am 9. Oktober, landete auf dem Feld, das wir soeben gerodet hatten, ein Hubschrauber aus Namlea. Der wichtigste Passagier war General Sumitro, Chef des Einsatzkommandos für die Wiederherstellung von Sicherheit und Ordnung, das die Regierung nach den Ereignissen von 1965 und 1966 gegründet hatte.

Um circa 13 Uhr wurden ich und mehrere andere Männer zusammengerufen und informiert, daß wir den General treffen sollten. Wir wurden in ein Büro gebracht, wo wir jedoch erfuhren, daß der General und seine Begleiter bereits wieder unterwegs nach Namlea seien. Mehrere anwesende Journalisten versuchten, uns zu interviewen, doch die Offiziere hinderten sie daran. Wir erhielten den Befehl, in unsere Baracke zurückzukehren.

Um 19 Uhr wies man uns an, unsere Sachen zu packen und nach Einheit 1–Wanareja aufzubrechen. Bei Dunkelheit traten wir unsere 20 Kilometer weite Wanderung durch finsteren Wald und Gebüsch an. Um 1 Uhr nachts hatten wir unser Ziel erreicht.

Sehr früh am nächsten Morgen, also am 10. Oktober, hatten wir die Ehre, auf einem Pferdekarren ins zweieinhalb Kilometer entfernte Wanareja zu fahren. Kurz vor unserer Ankunft landete ein Helikopter. Sobald die Passagiere ausgestiegen waren, schraubte sich die Maschine wieder in die Luft und flog davon. Die Passagiere wurden zum Hauptquartier eskortiert. Uns führte man in ein benachbartes Gebäude.

Die erste Person, die uns an diesem Tag aufrief, war der Kommandant des Bataillons Pattimura, Brigadegeneral Wing Wirjawan. Er informierte uns, daß General Sumitro uns später treffen werde und wies uns an, gebührend zu antworten, wenn er uns eine Frage stellte.

„Was bedeutet ‚gebührend'?" fragte ich.

„Die Wahrheit zu sagen", entgegnete er.

Nachdem er den Raum verlassen hatte, trat Brigadegeneral Wadly ein, der Chef der Planungsabteilung der Strafkolonie, die den Namen Bapreru trug (Amt zur Umsetzung der Besiedlung der Insel Buru). Nachdem er mich flüchtig angeschaut hatte, sagte er: „Also, Pram, du siehst besser aus als jemals zuvor."

„Natürlich", erwiderte ich.

Nahezu gleichzeitig hörten wir das Geräusch des zurückkehrenden Hubschraubers. Diesmal brachte er General Sumitro und seine Begleiter. Nur kurze Zeit später wurden wir vor den General gerufen. Der Raum war überfüllt mit Besuchern, zu denen auch einige indonesische Journalisten gehörten, von denen ich zwei persönlich kannte: Mochtar Lubis und Rosihan Anwar. An General Sumitros Seite waren die beiden Brigadegenerale, die schon zuvor mit uns gesprochen hatten, sowie mehrere andere Offiziere von hohem und mittlerem Rang. Auch das interuniversitäre Psychologenteam war anwesend.

Das Treffen begann mit einer endlosen Ansprache von General Sumitro, die in meinen originalen Aufzeichnungen ausführlich beschrieben ist. Kurz gesagt: Nachdem er uns erzählt hatte, wie glücklich er sei, auf Buru zu sein und die Möglichkeit zu einem „direkten Dialog" mit uns zu haben, erklärte er, daß er uns, da wir seit 1965 in „Isolation" seien, einen kurzen historischen und chronologischen Überblick über die nationalen und internationalen Entwicklungen geben werde. Es ist überflüssig zu sagen, daß das von ihm gezeichnete Bild in rosaroten Farben schillerte.

Er räumte ein, daß in der Vergangenheit „einige Fehler gemacht worden seien" und daß einige Personen „zu Unrecht festgenommen und eingesperrt" wurden, doch es sei die Politik der Kommunistischen Partei Indonesiens gewesen, die zu den „Exzessen" geführt habe, womit er auf die Massenmorde anspielte, die sich nach den Ereignissen von 1965 ereignet hatten.

Als das Treffen beendet war, wurden die Häftlinge in zwei Gruppen geteilt, und die Gruppe, in der ich mich befand, wurde in einen anderen Raum geführt, wo wir von Mitgliedern der Presse, dem Psychologenteam und einigen hochrangigen Offizieren interviewt wurden. Mir stellten an jenem Tag die Journalisten Mochtar Lubis (ML), Rosihan Anwar (RA) und Gayus Siagian (GS) sowie der Militäroffizier Generalmajor Kharis Suhud (KS) Fragen.

ML: Also, Pram, haben Sie hier zu Gott gefunden?

PAT: Was sagten Sie?

ML: Oh, ich bemerke, daß Sie schwerhörig sind. Welches Ohr ist betroffen?

PAT: Beide.

ML: Ich werde Ihnen ein Hörgerät kaufen.

PAT: Danke, aber das ist nicht nötig.

ML: Sie sehen fit aus.

PAT: Weil ich hart arbeite. Außerdem habe ich schon im Gefängnis Salemba damit begonnen, regelmäßig Sport zu treiben.

TM: Ist das nicht dasselbe wie körperliche Arbeit?

PAT: Es ist sehr verschieden.

RA: Schreibst du noch, Pram? *[Er sprach mich mit dem vertraulichen holländischen Wort „jij" an.]*

PAT: Ich habe vor einiger Zeit wieder angefangen und ungefähr die Hälfte eines Romans über die Zeit des Erwachens eines nationalen Bewußtseins fertiggestellt.

ML: Also schreiben Sie über die Geschichte. Warum schreiben Sie nicht über die Gegenwart?

PAT: Weil mich die unschönen Dinge, die gegenwärtig geschehen, krank machen. Außerdem könnte es mißinterpretiert werden, wenn ich über die Gegenwart schriebe.

GS: Aber warum sollte man nicht über jene unschönen Dinge schreiben? Warum nicht?

PAT: Es ist meine Entscheidung, über was ich schreibe. Nur ich entscheide, was mich persönlich zufriedenstellt, und in diesem Fall kümmert es mich nicht, ob das jemandem gefällt oder nicht.

RA: Ich denke, du hast recht, Pram. Auch ich habe vor kurzem ein historisches Buch geschrieben: Eines über die Piraten, von denen mir meine Großmutter oft erzählte. Aber es verkaufte sich nicht – vielleicht, weil dein Name nicht drin vorkommt?

TM: Woher beziehen Sie Ihre Materialien?

PAT: Aus den Forschungen, die ich vor meiner Gefangennahme getrieben habe. Doch da alles nur auf meinem Gedächtnis basiert, werden bestimmt noch viele Mängel zu beheben sein.

TM: Wo bekommen Sie Ihr Papier her?

PAT: Ich besitze acht Hühner.

TM: Ich meine: Wie verdienen Sie das Geld?

PAT: Manchmal kauft mir ein Offizier Eier ab.

ML: Schreiben Sie mir eine Liste der Bücher, die Sie benötigen; ich werde Sie Ihnen schicken.

PAT: Danke schön.

ML: Was haben Sie in dieser ganzen Zeit hier gemacht?

PAT: Alles mögliche: Felder bestellt, Metall geschmiedet, Straßen angelegt ...

KS: Ich frage mich, Pram, ob Sie sich noch an mich erinnern? *[Der Generalmajor sprach in einem sehr anmaßenden Tonfall.]*

PAT: Ich bin mir nicht sicher.

KS: Waren Sie nicht damals in Cikampek?

PAT: Doch ...

KS: Wie können Sie mich dann vergessen haben? Ich war im Ersten Bataillon, und Sie waren im Stab des Regiments.

PAT: Das ist richtig. Es tut mir leid, daß ich so zerstreut bin.

KS: Warum schreiben Sie nicht über unsere damaligen Erfahrungen?

PAT: Das habe ich schon. *[Offensichtlich hatte der Mann nicht viele meiner frühen Werke gelesen.]* Einiges davon ist sogar in andere Sprachen übersetzt worden.

Doch lassen Sie mich etwas dazu sagen. Ich möchte Ihnen an dieser Stelle sagen, daß ich ein Überlebender bin, einer von einer ausgewählten Anzahl Seelen. Ich erinnere mich an eine Tafel im Gefängnis Karang Tengah auf der Insel Nusa Kambangan, auf der ich las: „Mit 400 zogen wir aus, nun sind 200 oder mehr tot.

Gestern traf ich in Savanajaya einen Mann, der ebenfalls zu den Überlebenden gehört – wenn man das so sagen kann, denn er ist wegen Hepatitis seit zwei Jahren bettlägerig. Er heißt Isnarto. Nachdem er so lange überlebt hat, möchte ich ihn nicht sterben sehen. Ich bitte um Ihre Hilfe, das Leben des Mannes zu retten.

TM: Das wirft bei mir die Frage auf, wie Sie diese ganze Zeit überlebt haben? Ist dieser Lebensabschnitt für Sie von irgendeinem spirituellen Wert?

PAT: Auch dazu habe ich eine Geschichte: 1949 fühlte ich mich nach zwei Jahren Haft unter den Holländern am Ende aller Hoffnungen und dachte an Selbstmord. Aber da ich eher mystisch als religiös veranlagt bin, rief ich: „Tötet mich, wenn das Leben für mich keinen Sinn hat!"

RA: Was bedeutet das? Daß du eine Art Offenbarung hattest?

PAT: Ja, die hatte ich in der Tat, doch ich verrate nicht welche.

ML: Sie haben Geschichte studiert. Was halten Sie von Gestapu, der Bewegung des 30. September?

PAT: Zur Zeit jener Ereignisse stellte ich Material für eine Enzyklopädie über die Geschichte der Unabhängigkeitsbewegung von 1900 bis 1945 zusammen. Ich arbeitete zu Hause und wußte wenig oder nichts über das, was draußen geschah. Als ich am 13. Oktober 1965 verhaftet wurde, hatte ich bereits über 750 Seiten zusammengestellt.

RA: Das muß eine Tragödie für dich gewesen sein, Pram.

PAT: Ich würde es nicht „Tragödie" nennen.

RA: Warum nicht? Es ist eine Tragödie!

ML: Was sagen Sie aus historischer Perspektive zur Gestapu?

PAT: Vielleicht kann jemand anders diese Frage beantworten. Ich kann es nicht.

Nun wurden Fragen an andere gestellt, bevor man sich wieder an mich wandte.

ML: Was haben Sie in Ihrer Zeit hier gelesen?

PAT: Ich genieße die Lektüre von *America*, einem Magazin, das die Jesuitische Gesellschaft herausgibt.

RA: Liest du Bücher über den Islam?

PAT: Ich lese alles, was interessant ist.

TM: Was denken Sie über die Entwicklung auf Buru?

PAT: Ich denke, daß Buru dem Dschungel zurückgegeben und für hundert Jahre unberührt bleiben sollte.

TM: Warum?

PAT: Weil der Boden zu jung ist. Er hat nicht genügend Mineralien. Dies ist keine vulkanische Insel. Es gibt hier Savannen und weite Grasgebiete, die von kleinen Wäldern durchsetzt sind. Im Vergleich zur Größe der Savannen sind die erschlossenen Gebiete winzig, aber selbst dieser kleine Teil Agrarland wird bereits von Plagen heimgesucht.

TM: Gibt es keine Schädlingsbekämpfungsmittel?

Mit dieser Frage endete das Interview; unsere Pause war vorbei und wir wurden zurück in den anderen Raum gerufen, weil General Sumitro seinen „Dialog" mit uns fortsetzen wollte.

Die so ziemlich einzige bedeutsame Aussage im folgenden „Dialog" General Sumitros war, daß „nun, da wir politische Stabilität erreicht haben, die Situation ruhig genug ist, um eine Resolution über das Problem der politischen Häftlinge zuzulassen. Doch wie sollen wir das Problem mit euch hier auf Buru lösen?" Die Frage war rhetorisch. Dann bot er uns die Wahl zwischen der Rückverschiffung zu unserem Ursprungsort und dem Verbleib auf Buru an. Er mahnte diejenigen, die an eine Rückkehr nach Java dachten, sorgfältig mehrere Faktoren zu bedenken: Politische Stabilität auf Java, die persönliche Sicherheit, soziale und wirtschaftliche Hintergründe. Warnend sagte er: „Erwarten Sie nicht, daß Ihre frühere Arbeit auf Sie wartet. Arbeitslosigkeit ist ein großes Problem auf Java. Transmigration, die Aussiedlung aus Java, ist die Politik der Stunde."

Wir erfuhren weiter, daß wir im Warten auf die „Lösung des Problems“, das wir Häftlinge darstellten, basierend auf unseren Fähigkeiten und Sachkenntnissen „regruppiert“ würden. Dazu sagte der General: „Dieser Schritt wird Ihnen Gelegenheit geben, ihr Denkvermögen wieder zu trainieren und Ihre Gedanken nicht einrosten lassen.“

Dann bat er uns, die Hoffnung nicht aufzugeben. „Hoffnung ist immerhin ein schöner Teil des menschlichen Lebens, und ein Leben ohne Hoffnung ist ein bedeutungsloses Leben. Ich weiß, daß Sie ein mühseliges Leben führen, doch finden Sie sich mit Ihren Leiden ab, solange Sie in dieser ruhigen und friedlichen natürlichen Umgebung warten. Und später, wenn Sie glücklich sind, dann üben Sie auch Vorsicht.“ Dann schaute er mich an und sagte: „Ich habe erfahren, daß Ihre Forschungsmaterialien vernichtet wurden. Ich weiß, daß solche Dokumente für Sie als Schriftsteller eine Quelle des Stolzes sind. Ich bitte Sie deshalb um eine Wunschliste mit den Büchern und Lesestoffen, die Sie benötigen. Ich verspreche, Sie Ihnen zukommen zu lassen. Ich werde Ihnen auch Zeitungen schicken, damit Sie über die äußeren Entwicklungen und Präsident Suhartos wichtige politische Reden informiert sind. Ihnen persönlich, Pram, möchte ich die Grüße Ihrer Freunde übermitteln. Es scheint, daß Sie in der Welt draußen noch viele Freunde haben. Doch wie auch immer“, fügte er hinzu, „denken Sie über die Probleme nach, die Sie hier haben, so daß wir sie bei anderer Gelegenheit diskutieren können.“

Abschließend sagte er an uns alle gewandt: „Bitte teilen Sie das, was ich Ihnen heute erzählt habe, all Ihren hiesigen Freunden und Kameraden mit.“

Nach der Rückkehr nach Wanayasa glaubte ich, daß mein Leben in Gefangenschaft bald wieder in ein normales Leben einmünden würde. Dies war ein Irrtum. Am 13. November besuchte Brigadegeneral Wing Wirjawan unsere Einheit, und zusammen mit einigen anderen Häftlingen wurde ich zu einem Treffen mit ihm ins Hauptquartier beordert.

Bei diesem Treffen wiederholte der Brigadegeneral viel von dem, was uns General Sumitro wenige Wochen zuvor gesagt hatte, doch am Ende seiner langen Ansprache fügte er hinzu: „Ich will nicht lang und breit über diese Angelegenheiten sprechen, weil General Sumitro alles bereits dargelegt hat. Doch da ich ebenso wie Sie weiß, daß unsere Nation reich, fruchtbar und prosperierend ist, will ich Sie daran erinnern, daß Sie dazu erzogen und eingeladen sind, an der Entwicklung dieses Landes mitzuarbeiten.“ Dann erwähnte er, daß er kürzlich in Jakarta vom Präsidenten empfangen worden sei und auf die Frage des Präsidenten: „Wie geht es unseren Brüdern auf der Insel Buru?“ geantwortet habe, daß es seinen „Brüdern“ auf Buru gut gehe.

Dann kündigte er an, daß er Geschenke mitgebracht habe – Gerätschaften für den Ackerbau, die wir dringend benötigten. „Aber sie sind teuer. Seien Sie vorsichtig und benutzen Sie die Geräte angemessen." Zu mir sagte er, daß er einige der erbetenen Bücher mitgebracht habe, und außerdem einen Brief des Präsidenten Suharto. „Obwohl dieser Brief an Sie persönlich adressiert ist", sagte er, „ist er für jeden hier auf Buru gedacht. Betrachten Sie alle diesen Brief als Ansporn. Ich sage Ihnen, daß sich auf dieser Welt selten ein Präsident die Zeit nimmt, Häftlingen wie Ihnen einen Brief zu schreiben. Der Präsident hat mit seiner Aufgabe, die Nation zu regieren, alle Hände voll zu tun, und dennoch nahm er sich die Zeit, Ihnen einen Brief zu schreiben!

Es ist eine große Ehre, die Präsident Suharto Ihnen damit erweist – ein wahres Zeichen seiner Güte."

Der Brief des Präsidenten hatte folgenden Inhalt:

Der Präsident der Republik Indonesien
Jakarta, den 19. November 1973

An: Pramoedya Ananta Toer
Insel Buru
Ich erhielt einen Bericht des Kommandanten für die Wiederherstellung von Sicherheit und Ordnung und Generals der Indonesischen Bewaffneten Streitkräfte über den Zustand von Ihnen allen.
Jeder Mensch kann Fehler machen und irrige Meinungen vertreten, doch als logische Konsequenz müssen darauf folgen: Ehrlichkeit, Mut und die Fähigkeit, zurück auf den wahren und akzeptierten Weg zu finden.
Ich bete darum, daß der Mächtigste und Gütigste Herr Ihnen Schutz und Führung gewährt, auf diesen Weg zurückzufinden.
Amen.
Streben Sie zu Ihm hin und beten Sie um Seine Führung.
Präsident der Republik Indonesien
Suharto
General der Indonesischen Bewaffneten Streitkräfte

Am Abend des 17. November wurde dieselbe Gruppe Häftlinge zu Colonel Sjamsi, dem Kommandanten der Strafkolonie, zitiert und erhielt den Befehl, eine Antwort auf den Brief des Präsidenten zu schreiben. Der Colonel warnte uns jedoch: „Ich werde Ihre Briefe lesen, um zu sehen, ob Sie geläutert sind oder nicht."
Hier ist der Brief, den ich schrieb:

An den Präsidenten der Republik Indonesien
General Suharto

Hochachtungsvoll
Ich war überrascht und bewegt, als ich Ihren Brief erhielt, denn ich hätte mir niemals vorstellen können, daß einem politischen Häftling jemals eine solche Ehre zuteil werden könnte. Ich bringe meinen tiefsten Dank und meinen höchsten Respekt für die wertvolle Zeit und Aufmerksamkeit, die Sie auf mich verwendet haben, zum Ausdruck.
Es liegt unverkennbare Wahrheit in Ihrem Brief vom 10. November 1973, in dem Sie schreiben, daß „jeder Mensch Fehler machen und irrige Meinungen vertreten kann", und daß „darauf eine logische Konsequenz folgen muß".
Ihnen, ehrenwerter Herr Präsident der Republik Indonesien, möchte ich sagen, daß meine Eltern – wie vermutlich die meisten anderen Eltern auch – mich als ihr Kind dazu erzogen haben, nach Wahrheit, Gerechtigkeit, Schönheit und Wissen über unsere Nation und unser Volk zu streben.
Ausgestattet mit dieser Erziehung beschritt ich meinen Weg in die Welt. Der Stempel, den ich hinterlasse, die Spuren meiner Fußstapfen – sie dürfen von jedermann bewertet werden. Aus diesem Grund nahm ich die Worte in Ihrem Brief, mit denen sie mir rieten, nach „Ehrlichkeit, Mut und der Fähigkeit, zurück auf den wahren und akzeptierten Weg zu finden" zu streben, als Aufforderung meiner eigenen Eltern, welche die Botschaft in hoher Achtung hielten, daß die Hochherzigste Seele Fehler ebenso sicher vergeben wird wie die Starken den Schwachen die Hand reichen werden.
Ich sage Ihnen meinen tiefsten Dank für Ihre Gebete an den Mächtigsten Herrn, denn es gibt keinen wahren Schutz und keine wahre Führung außerhalb der Seinen.
Ich werde ewig streben und beten.
Mit tiefster Hochachtung und Grüßen bin ich ...

Politischer Gefangener Nr. 641
Pramoedya Ananta Toer

Und so geschah es, daß selbst noch im 20. Jahrhundert die Götter zur Erde herabstiegen – übrigens: Die Bücher habe ich niemals erhalten.

Die Rückseite des Spiegels

In den vergangenen zwölf Jahren habe ich viel zuviel vom Tod gesehen. In der Besserungsanstalt Tangerang verstrichen Zeiten, in denen täglich zwei bis vier Personen starben. Dasselbe gilt für das Gefängnis Salemba. Die Kraftreserven der Häftlinge waren durch erzwungene und anhaltende Aushungerung erschöpft. Die Folge war akuter Vitaminmangel mit allen dazugehörigen Komplikationen. Selbst stämmige Soldaten wie die Mitglieder einer Elitetruppe, die wegen angeblicher Beteiligung an den Ereignissen des 30. September 1965 festgenommen und ins Gefängnis Salemba geworfen wurden, starben nach nur dreimonatiger Einkerkerung an Vitaminmangel und anderen Entzugserscheinungen.

Aus praktischen Erwägungen muß ich an dieser Stelle zunächst einmal darauf hinweisen, daß die politischen Häftlinge (die *Tapol*, deren Zahl in die Zehntausende ging), die zuerst in Gefängnissen in ganz Indonesien festgehalten und später ins Exil nach Buru transportiert wurden, für ihre Kost während des Aufenthaltes im Gefängnis bezahlen mußten. Hätten wir uns auf die Versorgung durch die Behörden verlassen, so hätte dies unweigerlich bedeutet: Vitaminmangel, Unterernährung, aufgeblähte Bäuche und zerlumpte Kleidung.

Als erste starben vor allem Bauern, die wegen der körperlichen Zwangsarbeit, die wir leisten mußten, größere Nahrungsmittelrationen benötigten, die sie jedoch nicht erhielten. Wenn ihre Familienangehörigen nach einem Hungermonat mit Körben voller gekochter Cassava zu Besuch kommen durften, fielen sie darüber her, bis ihnen die Eingeweide zerbarsten. Auch starke Raucher starben früh. Sie tauschten ihre Rationen gegen ein bißchen Tabak, um ihre Abhängigkeit zu befriedigen, und versuchten ihren Hunger später mit Abfallresten zu stillen. Viele von ihnen starben an Ruhr.

Der Hunger, dem politische Häftlinge zwischen 1965 und 1968 hinter indonesischen Gefängnismauern ausgeliefert waren, raffte mehr Menschen dahin als die japanischen Bajonette, die zwischen 1942 und 1945 in den ländlichen Gebieten tobten.

1966, also im ersten Jahr meiner Haft, erhielt ich Nachricht vom Tod des ersten politischen Häftlings dieser Epoche, der hinter den Gefängnismauern sein Leben verlor. Sein Name war Sugeng. Er hatte sich im Zweiten Weltkrieg als Mitglied des antifaschistischen Untergrunds in den Niederlanden betätigt. Ich lernte ihn als höflichen und stets gut aufgelegten Mann mittleren Alters kennen, der einen für die Menschheit ungeheuer wertvollen Erfahrungsschatz besaß. Und dennoch wurde er zu Tode gefoltert. Seltsam, nicht wahr, daß Menschen selbst noch in unseren Tagen die Folter als Mittel der Überzeugung wählen. Die „Würde des Menschen", die in Schulen, Moscheen, Kirchen und sogar auf Mutters Schoß für heilig erklärt wird, scheint nicht mehr als eine leere Phrase zu sein, die im Hinblick auf die Umstände, in denen sich die indonesischen politischen Gefangenen befinden, vollkommen bedeutungslos ist.

Während ich diese Zeilen zu Papier bringe, muß ich an einen Zwischenfall denken, der sich erst am Tag zuvor ereignete. Als ich um die Mittagszeit unterwegs hinab zum Fluß war, fragte mich ein Freund, ob ich zur Einheit 14 ginge, um die letzte Ehre zu erweisen. „Die letzte Ehre erweisen?" fragte ich bestürzt.

„Ja, für Mulyoso, unseren Mitgefangenen, der gestern Morgen ums Leben gekommen ist."

Es stellte sich heraus, daß Mulyoso, ein Absolvent der Sporthochschule Banyuwangi, beim Frühstück von B., einem jungen Mann aus dem Raum Palmerah in Jakartas Westen, ermordet worden war. Mulyoso war 43 und B. war 27 Jahre alt. B. hatte Mulyoso von hinten mit einem Spatenstiel erschlagen. Anfangs griff das Gerücht um sich, daß B. Mulyoso tötete, weil dieser ihm die Teilnahme am Tischtennisturnier seiner Einheit verweigert habe. Es hieß, daß B. sich für den Dreh- und Angelpunkt seiner Mannschaft hielt und daß Mulyoso ihn in seiner Funktion als Teamchef aus irgendwelchen Gründen ausgeschlossen hätte.

Ich hatte Mulyoso nur entfernt gekannt. Er war ein robuster Kerl, der vielleicht etwas kurz geraten war, untersetzt und kräftig. In seinem Haar machten sich erste Grauschimmer bemerkbar. Gewöhnlich nickten wir uns nur zu, wenn wir uns begegneten. Erst fünf Tage vor seinem Tod hatte ich mich zum ersten Mal mit ihm unterhalten. Das war am 10. Juli 1977, als ich Einheit 4 besuchte, wo er lebte. Ich befand mich auf dem Rückweg von Einheit 14 zu meiner eigenen Einheit und kehrte kurz ein, um meine Freunde Hartoyo und Ruslan zu besuchen. Es war also ein zufälliges Treffen. Ich begegnete ihm in der Andachtshalle. Ich weiß gar nicht so genau, was wir miteinander geredet haben, doch ich sehe ihn noch vor mir, wie er beim Reden Erdnußspreu kaute, während die anderen Männer Erdnüsse sortierten und schälten.

Es ist möglich, daß ich verschiedentlich mit B. gesprochen habe, doch ich kannte ihn nur flüchtig. Eingesperrt hatte man ihn im Alter von 15 Jahren, also als Teenager. In den zwölf Jahren seiner Haft war er erwachsen geworden. Er war ein recht gut aussehender junger Mann und ein stiller Bursche, der sich jedoch aktiv an den sportlichen und künstlerischen Aktivitäten seiner Einheit beteiligte. Er spielte Tischtennis und Fußball, und in den *Ketoprak*-Aufführungen der Einheit übernahm er gerne weibliche Rollen.

Ich konnte nicht so recht glauben, daß B. Mulyoso wegen Verweigerung der Teilnahme an einem Tischtennisturnier ermordet hatte. Dieses Mißtrauen wurde später durch die Information genährt, daß sich B. seit Mitte 1975 auf homosexuelle Beziehungen eingelassen hatte. Er spielte für seine Sexualpartner den Frauenersatz. So war die Tatsache, daß er gerne weibliche Rollen im *Ketoprak* übernahm, kein Zufall. Mulyoso soll versucht haben, B. seine Neigungen auszureden. Außerdem erfuhr ich, daß B. schon zuvor versucht haben sollte, Mulyoso zu erstechen, und ein anderes Mal hätte er sich nachts an dessen Pritsche geschlichen, um ihn zu ersticken, doch er hätte nur ein leeres Moskitonetz vorgefunden.

Doch das war nun Geschichte – am 15. Juli war Mulyoso tot. Stärker als mit ihm befaßten sich meine Gedanken mit B., der zwölf seiner prägenden Jahre im Gefängnis verbracht hatte. Womöglich scheute dieser junge Mann nicht davor zurück, einen vorsätzlichen und kaltblütigen Mord zu begehen, weil er nicht in Freiheit aufgewachsen war. Selbst angesichts des Leichnams seines Opfers hatte er keine Reue gezeigt. Ich fragte mich, was aus diesem kindlichen Mann nach der Entlassung in die freie Welt werden sollte – wenn er überhaupt jemals die Chance erhalten würde, in Freiheit zu leben. Was wird aus einem Menschen, der in einer Welt mit staatlich sanktionierter Ungewißheit und beständigem Autoritätsmißbrauch aufwächst? Wenn B. als Beispiel angeführt werden kann, dann wird aus einem solchen Menschen ein kaltblütiger Killer, ein Mann, der vorsätzlichen Mord nicht scheut.

Der Vorfall sorgte für erhebliches Aufsehen. Die Häftlinge prangerten B. einhellig an, weil er einen Mitgefangenen getötet hatte – einen Menschen, dem dasselbe Schicksal wie ihm selbst beschieden war. Doch wie viele andere Gefangene haben indirekt den Tod von Kameraden verschuldet, weil sie diese wegen eines Ordnungsverstoßes anzeigten, und wie viele Häftlinge wurden ohne jeden Grund von Gefängniswärtern umgebracht?

Tatsache ist, daß der Tod für eine Person, die keine bürgerlichen Rechte besitzt, immer im Hintergrund präsent ist und ihr jede Sekunde des Tages vor den Augen herumtanzt. Wer es will, soll den Tod anschauen, doch er sollte es verstohlen tun. Es ist nicht nötig, ihn herbeizuwinken, denn die Dunkelheit des Todes kommt viel zu rasch von ganz alleine ohne daß es einer Einladung bedarf.

Ich erinnere mich an einen Tag im Jahre 1971, als ich bei der Rückkehr von der Feldarbeit die Einheit 3 besuchte. Ich wollte Suproyo sehen, einen älteren Häftling mit vorzüglicher Ausbildung. Ich hatte nicht vor, lange zu bleiben, doch er hielt mich auf, indem er mir ein Glas mit gesüßtem Wasser anbot. Da ich seit mindestens sechs Monaten nichts Süßes mehr getrunken hatte, war ich ebenso überrascht wie dankbar. Dieses Glas mit gesüßtem Wasser reichte aus, um mir endlich einmal wieder Glanz in die Augen zu treiben.

Nur eine Woche später wurde Suproyo aus seiner Baracke getragen und mit einer Jolle flußabwärts nach Einheit 1 befördert. Er starb, noch bevor das Boot sein Ziel erreichte. Er war ein weiteres Opfer – eines unter zahllosen Gefangenen, die von Paratyphus dahingerafft wurden. Doch er hatte den einen oder die zwei Löffel Zucker, die seine Gesundheit vielleicht gestärkt hätten, bereitwillig seinem Gast angeboten.

Seine Kameraden erzählten, daß er drei Tage vor seinem Tod einen Brief von seiner Familie erhalten hatte, dem ein aktuelles Foto seiner Frau beigefügt war; doch wie intensiv er das Bild auch betrachtete, er konnte darauf nicht die Frau entdecken, die er gekannt hatte. Offenbar hatte sich seine Frau vor der Aufnahme in einem Schönheitssalon zurechtmachen lassen, was für die meisten nachvollziehbar, für eine Person ohne bürgerliche Rechte jedoch absolut unvorstellbar ist.

In Einheit 3, der ich zuerst angehört hatte, kannte jeder Kayun. Der knapp 25jährige Absolvent der Pädagogischen Hochschule Malang gehörte zu den freundlichsten, hilfreichsten und umgänglichsten Männern der gesamten Einheit. Ich gehörte zur ersten Gruppe Häftlinge, die man ins tiefe Innere Burus schickte, um Einheit 3 aufzubauen. Insgesamt waren wir 50 Personen, und die meisten von uns waren ältere Männer, welche die harte körperliche Arbeit, die für den Aufbau eines Lagers nötig ist, nicht mehr leisten konnten. Kayun, einer der jüngeren in der Gruppe, konnte es nicht mit ansehen, wie alte Männer den ganzen Tag schuften mußten, um zu überleben. Um unsere Last zu lindern, brachte er die Reserven seiner jugendlichen Kraft ein. Er plackte sich für manche ab, als seien sie seine eigenen Eltern. Da sein Kalorienverbrauch in keinem Verhältnis zu seiner Kalorienaufnahme bestand, wurde er krank.

Im März 1970 streckte ihn die Malaria nieder. So geschwächt, wie er war, konnte er die gewohnten Arbeiten unmöglich verrichten, und er wurde nun von denselben Männern gepflegt, denen er hatte helfen wollen. Er jammerte im Schlaf und war beschämt und niedergeschlagen, weil die Älteren nun seine Arbeit übernehmen mußten. Obwohl ihn alle ermutigten, schienen ihre Worte ihm nur Hilflosigkeit und Schuldbewußtsein einzuflößen, weil er eine Last für die anderen war.

Eines Tages marschierte der Kommandant von Einheit 3 ins Lazarett und befahl den kranken und hilflosen Männern, um den Appellplatz zu laufen. Als er Kayun einige Zeit später kraftlos auf dem Feld in der Sonne sitzen sah, verprügelte er ihn mit seinem Knüppel. Er prügelte auch auf einen Mann namens Samtiar ein, der am folgenden Tag seinen schweren Verletzungen erlag. Am Abend desselben Tages fand man Kayuns steifen Körper in einer Hütte auf dem Feld. Seine Haut war bläulich angelaufen, der Mund stand schräg offen und war voller Schaum. Die Hütte sah aus wie ein Schlachtfeld. Alles lag wild durcheinander verstreut: Umgestürzte Bambusbehälter mit Saatgut, Kalidünger und Schleifglas aus Flaschen, das zum Schmirgeln der Hackenstile benutzt wurde. Dazwischen lag ein leerer Kanister Insektengift.

Wer jemals ein Huhn gesehen hat, das ätzende Nahrung aufpickte und schluckte, kann sich bildhaft vorstellen, wie das arme Tier schrill gackert und verzweifelt umherflattert, bevor es zuckend zu Boden stürzt und verendet. Genau so ist Kayun gestorben. Aus Scham, den Älteren zur Last zu fallen und unfähig, die Prügel und Beleidigungen des Captains zu ertragen, hatte er den Freitod gewählt. Es war der 11. März 1971. In der Welt draußen, im freien Indonesien, gedachte das Volk der Machtübertragung von Sukarno an Suharto. Armer Kayun. Er hatte wahrscheinlich nicht die Möglichkeit, noch einige Abschiedsworte an seine Mutter zu schreiben.

Alle Gefangenen auf Buru und insbesondere diejenigen aus Surabayas Gefängnissen kannten Tjiptono – wenn nicht persönlich, dann zumindest seinen Namen und seine legendäre Zuvorkommenheit. Zum ersten Mal traf ich ihn in der Gemeinschaftsküche im Hauptquartier, wo ich kurz nach seiner Ankunft lebte. Sein athletischer Körperbau, die maskulinen Gesichtszüge und die schokoladenbraune Haut ließen ihn sowohl gesund als auch besonders männlich erscheinen. Aus seinen Augen schimmerte Selbstvertrauen. Als ich ihm begegnete, sagte ich ihm rundheraus, daß er ein gut aussehender Mann sei. Sein Griff war fest, als er mir die Hand schüttelte.

Als er eine Woche später mit einigen anderen Gefangenen, die in Einheit S einquartiert waren, zum Hauptquartier unterwegs war, ereignete sich ein Zwischenfall. Der Weg führte über die Pontonbrücke, die hinter dem Hauptquartier den Wai Apo überspannte. Es war eigentlich undenkbar, daß dieser Ponton aus leichtem *Pelaka*-Holz sinken könnte, doch offensichtlich überquerten zu viele Männer der Einheit S die Brücke gleichzeitig, so daß sie aus dem Gleichgewicht und in bedrohliche Schräglage kam. Einige Männer gerieten in Panik und sprangen ins Wasser, andere stürzten unfreiwillig in die Fluten, und die Nichtschwimmer kämpften sofort gegen das Ertrinken an. Tjiptono, der ein guter Schwimmer war, stürzte sich ins reißende Wasser, um einen Ertrinkenden zu retten, doch als er ihn gepackt hatte, geriet er in den verzweifelten Würgegriff des anderen und konnte sich nicht mehr befreien. Beide Männer wurden zusammen mit mehreren anderen Unglücklichen von der starken Strömung des Flusses fortgerissen.

Die Glücklichen erreichten das sichere Ufer ein beträchtliches Stück flußabwärts, doch sieben Männer ertranken. Erst am nächsten Tag waren sämtliche Leichen geborgen. Tjiptonos Leichnam steckte in einer Stromschnelle fest – noch immer in der Umarmung des Mannes, den er hatte retten wollen.

Während seiner Haftzeit in Surabaya hatte Tjiptono fast alles verloren, sogar seine Frau, die ihm ewige Treue geschworen hatte. Doch irgendwie hatte er das Spießrutenlaufen durch Ostjavas mörderische Gefängnisse überlebt. Nachdem er alles gegeben hatte, um die Last seiner Kameraden zu lindern, nach der weiten Fahrt über die Javasee und die Banda-See, fand er auf Buru den Tod.

Einer meiner Mitgefangenen sagte, daß der Tod in der Hand des Allmächtigen liege – ich denke, eine natürliche Aussage in einer Situation, in der die Wege des Schicksals unergründlich sind. Doch hier ist nicht die Rede von natürlichen Toden oder Toden durch natürliche Einwirkungen. Darum geht es hier nicht. Hier stehen medizinische, biologische, ökonomische und nicht zuletzt politische Gründe hinter dem Tod von Menschen.

Ich war in meinem Leben sehr oft mit dem Tod konfrontiert. Manche Tode haben mich erschüttert, nachdenklich gemacht und zu tiefgründigen Überlegungen veranlaßt, doch letztendlich habe ich meinen Frieden mit mir geschlossen. Der Tod ist für mich nichts Außergewöhnliches. Er ist kein Gespenst, das mich seit Kindesbeinen jagt, und auch nicht die Folge von bösem Handeln, die in so vielen Kindergeschichten und mündlichen Erzählungen als Grund angeführt wird. Nein, der Tod ist nichts Außergewöhnliches.

Es gibt viele Euphemismen für den Tod. Zu den häufigsten gehört die Redewendung, daß der Verstorbene „an Gottes Seite zurückgekehrt“ sei. Zumindest mir ist niemals klar geworden, warum die Menschen von „Seiner Seite“ sprechen – ungeachtet einer möglichen Antwort denke ich, daß in den Gebeten derjenigen, die vorzuspiegeln versuchen, Gott zu lieben und zu fürchten, stets die Bitte um einen Aufschub oder gar um eine Aufhebung des Rückrufs an Seine Seite enthalten ist.

Es ist nicht der Tod an sich, der diese Gedanken in mir wachruft, sondern es sind die mit ihm verbundenen Dramen und Tragödien. Vielleicht sind solche Gedanken reine Zeitverschwendung, oder vielleicht hat jeder solche Gedanken und weiß sich nicht anders zu helfen, als sie einfach nur zu verdrängen. Ist meine Ansicht falsch – wenn ein Gefangener überhaupt das Recht hat, Ansichten zu vertreten –, daß die bloße Existenz des Todes vortreffliche Denker und Philosophen hervorgebracht hat? Obwohl Gautama Buddha eine mögliche Ausnahme sein könnte, könnte selbst der Mahayana-Buddhismus aus seinen späten Gedanken über den Tod entstanden sein. Oder enthält vielleicht das Tantrayana die Essenz solcher Gedanken? Doch was tue ich? Was für eine Anmaßung, mitten in dieser Trostlosigkeit Gedanken über Gautama Buddha, Mahayana und Tantrayana nachzuhängen.

Doch sicher ist, daß die Toten keine Probleme mehr haben – zumindest für diejenigen, die sich nicht mit dem Tod befassen wollen.

Da Tiere keinen logischen Verstand besitzen, ist es ihnen gleichgültig, ob es ein Leben nach dem Tode gibt. Würden sich Tiere in derselben Weise mit dem Versprechen auf ein Leben nach dem Tode ermutigen wie unsere dem Tod ins Antlitz schauenden Vorfahren, wie würden sie dann mit dem Problem umgehen, auch im nächsten Leben wieder vom Menschen verspeist zu werden.

Der Verstand ist der Schöpfer von Glück und Elend, von Wahrheit und Lüge, von allem außer der Natur selbst. Einem Tier Verstand zu geben, würde bedeuten, es zu vermenschlichen. Ein Tier ohne logischen Verstand kann weder Rechtes noch Unrechtes tun. Ein Tier ist ein Tier. Und doch zeigt die Beobachtung, daß Tiere Informationen sammeln und aus den gesammelten Erfahrungen heraus über eine der Situation angemessene Reaktion „entscheiden".

Und so war es auch 1979, als ein Bulle „entschied", einem Gefangenen mit seinen Hörnern Brust, Lungen und Rücken aufzuschlitzen.

Der Mann hieß Suyadi und war aus Surabayas Gefängnis Kalisosok nach Buru verlegt worden. Er war ein schmächtiger Kerl und Eigenbrötler, der sich lieber allein in einer Feldhütte als in der Gemeinschaftsbaracke aufhielt. Am Tag verrichtete er seine Arbeit auf den Reisfeldern, und auch nachts arbeitete er, indem er Rotwild und Wildschweine von den Feldern verscheuchte.

Suyadi unterschied sich von den meisten anderen Gefangenen durch die Tatsache, daß er einst Mitglied der Nationalistischen Partei Indonesiens – PNI, Partai Nasional Indonesia – gewesen war. Vielleicht zog er sich wegen dieses politischen Hintergrundes von den anderen Häftlingen zurück. Doch wie auch immer, er schien ein Mann zu sein, der einen Freund suchte. Wenn ich nach der Feldarbeit auf dem Rückweg zu den Baracken war, winkte er mir häufig zu und signalisierte mit Handzeichen, daß ich in seine Hütte kommen solle. Er hatte immer irgendeinen Leckerbissen anzubieten, den er trotz der Zwangsarbeit irgendwie hatte beschaffen können: Eine Süßkartoffel, die er an einem verborgenen Platz erntete, einen oder zwei *Muria*-Aale, die er fing und zu einer Suppe kochte, oder ein Stück Durian, das er tief im Dschungel fand. Er war mir recht zugeneigt, doch richtige Freundschaft empfand er für den Bullen der Einheit, dessen Pflege man ihm anvertraut hatte. Jeden Abend nach der Feldarbeit führte er den Bullen über das steile Ufer hinab in das Wasser des Flusses Fisroit, wo er das Tier säuberte und sogar dessen Beine mit Hilfe eines Grasbüschels wusch.

Es war an einem solchen Abend, der sich in nichts von anderen Abenden unterschied, als der Bulle ihm seine Hörner in die Brust bohrte. Schwer verwundet gelang es ihm noch, die Flußböschung hinaufzukriechen, und während er das Loch in seiner Brust verzweifelt mit der Hand zupreßte, stolperte er bis zu der Hütte, die unserer Einheit als Lazarett diente. Dort stürzte er tot zu Boden, ohne auch nur noch ein einziges Wort herausbringen zu können.

Wenn der Bulle Suyadi als Freund betrachtete, dann könnte er auch empfunden haben, daß er – der Bulle – nichts anderes als ein Sklave war, der lange Stunden arbeiten und selbst nachts noch Materialien acht Kilometer weit vom Lager zur Arbeitsstätte transportieren mußte, und selbst wenn er genügend Futter bekam, so durfte er doch nie rasten, auch nicht in der Paarungszeit. Leider hat mein Mitgefangener das Empfinden des Bullen nicht begriffen.

Ein anderer Gefangener verbrachte längere Zeit auf der Strafinsel Nusa Kambangan. Kurz bevor er nach Buru verschifft wurde, machte er beim Angeln einen sonderbaren Fang: Den Roman *Ilona* von Hans Habe. Der Mann nahm das Buch in der Absicht, es zu übersetzen, mit nach Buru. Als ich ihm zum ersten Mal begegnete, hatte er bereits über ein Drittel übersetzt, was eine beachtliche Leistung war, denn schließlich standen ihm weder ein Lexikon noch Hintergrundliteratur zur Verfügung.

Eines Tages kam er zu mir und bat mich um Rat, ob er die Übersetzung weiterführen solle oder nicht. Es fehlten etliche Seiten des Buches, und er vermutete, daß vielleicht sein Angelhaken sie in der Straße von Cilacap herausgerissen hatte. Doch nicht nur diese fehlenden Seiten verursachten ihm Zweifel am Sinn seiner Beschäftigung. Er hatte seine prägenden Jahre in Ungarn verbracht, und in *Ilona* beschreibt Habe dieses Land als Hure unter Europas Nationen. Außerdem porträtiert er alte Menschen als Ansammlung von Seelen, die auf die Exekution warten. Ich gab dem Mann den Rat, die Übersetzung nicht weiterzuführen. Er stimmte mir zu und vertraute mir das zerfetzte Buch an.

Im Gegensatz zu Habe beharre ich auf der Ansicht, daß jeder Mensch, der geboren wird, sein gesamtes Leben in Erwartung des Vollzugs seiner Todesstrafe verbringt. Doch es kommt ganz darauf an, wie und aus welcher Perspektive man den Tod betrachtet.

Burus politische Häftlinge kamen aus nahezu allen Gefängnissen Javas, sie waren die Überlebenden aus vielen vorhergegangenen Todesszenarien. Nein, man kann nicht sagen, daß die Toten still sind. Ihre Energie lebt in verschiedenen Formen und Gestalten weiter, sie manifestiert sich in unterschiedlicher Art und Weise – und zwar besonders durch die Erinnerung und noch stärker durch die Worte derjenigen, die auf Buru dem Tode entronnen sind.

Die Namen der Gefangenen, die auf Buru den Tod fanden, wurden niedergeschrieben. Die Toten wurden zu Notizen mit aus Seife gewonnener Tinte transformiert und tauchen in Sätzen auf, welche Touristen bestürzen, die sonst nur von Indonesiens hochentwickelter Kultur, der bemerkenswerten Zivilisation und der ausgeprägten Freundlichkeit und Höflichkeit der indonesischen Menschen schwärmen. Irgendwann in der Zukunft wird vielleicht jemand über diese Toten schreiben können, ohne daß seine Hände unkontrolliert zu zittern beginnen oder das Papier von Tränen durchweicht wird. Doch das werde nicht ich sein. In der Welt der Toten gibt es so viele Seelen, von deren Existenz ich nichts weiß. Alles, was ich tun kann, ist an die Seelen zu erinnern, deren Namen ich kenne.

Ich weiß, daß der Tod überall ist. Immer wenn ich in die Spiegelscherbe schaue, die ich auf Nusa Kambangan im Abfallhaufen des Gefängnisses Limusbuntu fand, erschrecke ich über meine Haare – wie weiß sie geworden sind ... wie sich Farbe und Fülle verändert haben ... wie Haarbüschel offenbar im verzweifelten Versuch, fruchtbareren Nährboden zu finden, in andere Gebiete gezogen sind. Meine Augenbrauen sind fast verschwunden.

Dann denke ich an meine begrenzten Energiereserven, die ebenfalls geschrumpft sind – ausgesogen aus meinem Körper wie der Schweiß, der von meinen Brauen tropfte und bei der Zwangsarbeit die Äcker der Erde von Buru benetzte.

Mein Spiegel ist ein jämmerlicher Gegenstand: Nicht mehr als eine stumpfe und zerkratzte Scherbe, die aber noch ein Bild festhalten kann – auch wenn sich auf der Rückseite der Tod befindet. Und obwohl sich alle von uns eines Tages auf den Weg zur Rückseite des Spiegels machen werden, ist heute noch der Anreiz zum Leben gegeben, der mich fortwährend anstachelt, vielleicht noch irgend etwas Bedeutendes zu tun, bevor ich sterbe. Chairil Anwar schrieb einst „Nach dem Sinn kommt der Tod“. Ist das wahr? Welche Bedeutung hatte dieser indonesische Dichterpionier für die Menschen seiner Zeit? Wie weit können wir gehen, bevor wir aufhören, an das Leben zu denken?

In Zeiten wie jetzt, wenn ich physisch und psychisch vollkommen erschöpft bin, höre ich Stimmen aus einer unbekannten Quelle mir zuflüstern: Willst du nicht rasten? Wäre es nicht schön, für immer zu rasten? Ja, du, alter Mann! Niemand braucht dich mehr, abgesehen von den Dieben und Ausbeutern. Deine Kinder sind dir fremd, und deine Enkel kennen dich nicht. Die Kinder sind eigenständig aufgewachsen wie die Saat des wilden Grases und ohne darüber nachzudenken, wer es war, der sie zeugte.

Doch der Anreiz zum Leben ist nicht so leicht zum Erlöschen zu bringen. Eine Stimme rebelliert in mir: Schau dich an! Du hast deine Arbeit nicht vollbracht, und was du geleistet hast, ist minderwertig und armselig! Dir mangelt es an Vorstellungskraft! Du mußt leben! Du brauchst mindestens noch dreißig weitere Jahre! Nimm es hin und lerne damit zu leben! Verbessere dich!

Vor einigen Monaten verlud ich Reis auf ein Schiff. Auf einer Holzplanke, die im Winkel von 45 Grad zur Bordwand hinauf führte, wankte ich über die Wasserfläche und schleppte jedesmal 100 Pfund nach oben. Ich glaube, daß ich die Arbeit auch in meinem jetzigen Zustand leisten könnte, obwohl die Müdigkeit, die ich empfinde, in mir große Sorgen entfacht. Welche Belohnung erhalte ich für eine solche Arbeit? Einen Leistenbruch vielleicht, damit meine Beweglichkeit noch stärker eingeschränkt wird?

Ich versuche, auf meinen eigenen Rat zu hören. Du arbeitest zu hart! Reduziere deine Arbeitsleistung! Treibe weniger Kraftsport! Die Hanteln, die du hebst, sind zu schwer! Doch dann spricht die andere Stimme: Kraftsport kann dem Menschen Selbstvertrauen schenken! Körperliche Fitneß läßt selbst eine hoffnungslose Zukunft heller erscheinen!

Solche Gedanken erinnern mich an die Geschichte eines Freundes, der mir von einem japanischen Kriegsverbrecher berichtete, den er im Gefängnis Glodog nur wenige Minuten, bevor er zum Scharfrichter geführt wurde, noch beim Langlauf beobachtet hatte.

Ob noch Hoffnung besteht oder nicht – das wichtigste Kapital des Menschen ist sein Körper, und davon hat er nur einen. Man hat keine andere Wahl, als das einzusetzen, was man besitzt. Andere mögen eines Menschen Kraft stehlen und die Möglichkeiten seines Körpers ausbeuten, doch nur der Besitzer des Körpers selbst spürt die Verluste. Und jene Diebe begreifen nicht, daß jemandes Verluste zugleich die eigenen sind.

Ich empfinde grenzenlose Müdigkeit. Sie klammert sich an mich und läßt keine Zeichen erkennen, ihren Griff lockern zu wollen.

Die Stimmung, die über diesen Aufzeichnungen liegt, klingt so depressiv, weil ich in den letzten beiden Wochen viel von meiner körperlichen Kraft eingebüßt habe. Wie schon oftmals zuvor beginne ich, an meiner Flexibilität und Stärke zu zweifeln. Es gelingt mir noch nicht einmal, aus Bambusstreifen eine funktionierende Rattenfalle zu bauen.

Was mir außerdem schwer auf der Seele lastet, ist die Erkenntnis, daß mein Roman *Mata Pusaran*, den ich eigentlich schon kurz vor der Vollendung wähnte, vollkommen neu überarbeitet werden muß. Warum? Ganz einfach deshalb, weil ich Zugang zu Daten bekam, die verläßlicher sind als diejenigen, die mir vorher zur Verfügung standen. Und ich hatte wirklich zu glauben begonnen, daß ich das Buch bald beenden könnte. „Glaube" ist vermutlich nicht das endgültige Wort. Es gibt kein endgültiges Wort.

Ich spüre, wie das Zwielicht meines Lebens wie ein Strom vor mir her fließt, doch wie bei Amöben ohne klare Grenzen einer Form. Doch der Anreiz zu leben kehrt immer wieder zurück, wieder und wieder, so als sei er die abgespulte Aufnahme der Stimme eines Herrn und Gebieters: Dreißig weitere Jahre, Pram, du brauchst noch dreißig weitere Jahre.

Mann für Mann sind Kameraden fortgegangen, um niemals wiederzukehren. Jeder Abschied erfordert eine neue Rede. Manche schafften es, durch die eigene Hand zu sterben, ganz ohne Unterstützung der Amtsgewalt. Es war nicht nötig, sie zu strangulieren, mit dem Stab Moses niederzuknüppeln oder durch die Dämpfe eines feurigen Pesthauchs zu vernichten. Sie waren freiwillige Opfer. Ungeachtet dessen haben wir so viele andere, die inzwischen wieder zu Staub geworden sind, als Opfer der Habgier von Dieben und Ausbeutern verloren.

Und wir werden müder, älter sowie ignoranter und blinder gegenüber den Geschehnissen draußen in der Welt. Wahrhaftig, sie haben diesen Ort nicht umsonst für uns ausgewählt. Alles, was wir um uns herum sehen, ist ein Kranz von Bergen. Den einzigen Sprung in dieser gigantischen Schale bildet der Wai Apo, doch an der Stelle seines Durchbruchs stehen Häuser von Wachtposten, die mit Maschinengewehren bestückt sind.

Und dennoch ist es schön zu wissen, daß ich nicht den Predigten und „mentalen Leitlinien" zuhören muß, die im Gefängnis Salemba allmorgendlich sofort nach dem Appell auf dem Programm standen. Dort konnte es geschehen, daß ich mich unmittelbar nach der Indoktrination um die sterblichen Überreste eines Mitgefangenen zu kümmern hatte, der einsam gestorben war, oder mit der Familie eines anderen Häftlings verhandeln mußte, die sich weigerte, den Leichnam anzunehmen. Doch so etwas passiert eben, wenn man wenig Vertrauen und wenig Überzeugung besitzt. Selbst für ihren Tod müssen politische Gefangene zahlen. Ja, stolze dreitausend Rupiah für die Verwaltungskosten des Gefängnisses – aber dafür darf die Familie des Toten die Kosten für das Begräbnis tragen.

Tod. Leben. Dreißig weitere Jahre.

Hinter dem Zwielicht zieht eine schöne Nacht herauf – eine, von der die Müden träumen. Vor allen meinen guten Freunden, die sich bereits auf die Rückseite des Spiegels begeben haben, verneige ich mein Haupt. Ich erinnere mich an die Wohltaten, mit der sie die Welt und ihre Freunde freigebig bedacht haben.

Diese Männer haben dazu beigetragen, diesen trockenen Savannenstreifen in eine fruchtbare Schüssel zu verwandeln, an deren Produkten sich die Menschen auf den Molukken freuen können. Ihre Fähigkeiten und Leistungen haben die Häuser ihrer Nachbarn bereichert, und ihre Schweißtropfen, obwohl von stets stechendem Gestank, haben den Familien der Diebe und Ausbeuter hohe Gewinne eingetragen.

Ich erinnere mich an ihre freundlichen und ehrlich gemeinten Grüße. Selbst wenn sie einmal nur vorgespiegelt gewesen sein sollten, ändert dies nichts an meiner Achtung für sie. Denn sie liegen nun in der Erde eines Stückes Land begraben, an das sie niemals gedacht und von dem ihre Lehrer in den Grundschulen niemals berichtet hatten.

Einige, die von uns gingen...

Um 11 Uhr am Morgen des 19. August 1969 nahm eine scheinbar endlose Schlange politischer Gefangener das Innere der Insel Buru in Besitz. Das Gebiet wurde als „leeres Land“ oder „Grenzterritorium“ bezeichnet und lag dort, wo die Tieflandebene der Insel in die Hügel und Berge übergeht. Fünfhundert Gefangene marschierten langsam vorwärts, um die Savanne zu besiedeln, die sich über eine Fläche von 88 000 Hektar ausdehnte. Den Osten und Westen begrenzten die beiden Flüsse Wai Leman und Wai Apo, und im Norden und Süden befanden sich breite Streifen Elefantengras und Dschungel.

Doch das Innere von Buru war keineswegs leer. Eine einheimische Bevölkerung lebte lange vor der Ankunft der politischen Gefangenen auf diesem Stück Erde. Nun waren diese Menschen gezwungen, ihr Land und ihre Häuser aufzugeben. Als die Gefangenen die Savanne in Felder verwandelten, mußten die Einheimischen mit ansehen, wie ihre angestammten Jagdgründe schrumpften. Selbst die ursprünglichen Ortsnamen wurden ihnen gestohlen, so daß auch sie schließlich von „Einheit 10“ sprachen. Was sollten sie anderes tun, nachdem auf ihrem Boden zehn große Baracken errichtet und fünfhundert Gefangene angesiedelt worden waren? Doch am merkwürdigsten erschien ihnen, daß die Neuankömmlinge Zäune bauten und dort Grenzen zogen, wo es niemals zuvor Grenzen gegeben hatte. Die Einheimischen kannten überhaupt kein Wort für „Zaun“ – dieser Begriff war ihrer Kultur vollkommen fremd. Sie erkannten solche von Menschen gezogenen Grenzen für die Rechte der Landnutzung nicht an.

Die politischen Gefangenen und die einheimische Bevölkerung: Zwei unterschiedliche Gemeinschaften, die durch Sprache, Rasse, Religion und Kultur getrennt waren. Doch irgendwie kam es unter dem blauen Himmel der Insel und inmitten des gewaltigen Umbruchs, den die Ankunft der Häftlinge für Burus einheimische Bevölkerung bewirkte, zu Interaktionen zwischen beiden Gruppen. Sechs Monate nach der Ankunft der Gefangenen hätte man die Beziehungen zwischen beiden Gemeinschaften sogar als herzlich bezeichnen können.

Im ersten halben Jahr in Einheit 10 litten die Häftlinge extremen Hunger, und zwar aus dem einfachen Grund, weil die Nahrungsmittelrationen der Regierung bei weitem nicht ausreichten, um einen Mann zu sättigen. Obwohl das Militär freien Kontakt zwischen beiden Gruppen strikt untersagte, bestimmte letztendlich der quälende Hunger das Handeln der Gefangenen.

Oberhaupt des Einheit 10 am nächsten gelegenen Dorfes war ein Mann namens Moni, dessen Haus zum Zentrum eines lebhaften Handels wurde. Die Hemden, Hosen, Brillen und Uhren, welche die Gefangenen in das Haus hinein trugen, kamen in Form von Cassava, Sojabohnen, Kokosnüssen und Tabak wieder heraus.

Schließlich trugen die Verantwortlichen den Erfordernissen Rechnung und gestatteten den Einheimischen den Zutritt zur Einheit. Nicht nur Männer, sondern auch Frauen und Kinder kamen die Gefangenen in ihren Baracken besuchen und ließen sich zuweilen sogar von ihnen zum Essen einladen. So war es nicht überraschend, daß es zwischen beiden Gruppen schon bald auch zu persönlicheren Verflechtungen kam.

Alle politischen Gefangenen waren Männer, die zum Teil schon viele Jahre vom anderen Geschlecht getrennt lebten. Sehr viele sahen in den Zusammenkünften mit den Einheimischen die Möglichkeit oder Gelegenheit für Sex. In später entstehenden Konflikten zwischen Gefangenen und Einheimischen war Sex zwar nicht immer, jedoch überwiegend der Grund für Streitigkeiten. Burus Frauen waren bewegliches Eigentum im Besitz erwachsener Männer, denen das Privileg zustand, mit ihnen zu machen, was sie wollten. Daß eine einheimische Frau sich auf eine sexuelle Beziehung mit einem Gefangenen einließ, war nicht das eigentliche Problem; die Probleme begannen, wenn der Gefangene dem Ehemann oder „Besitzer“ seiner Partnerin keine angemessene Entschädigung gab.

Einzige Quelle für die Bewässerung der Felder von Einheit 10 war der Wai Tina. Da es keinen Damm gab, mußten die Häftlinge einen über drei Kilometer langen Kanal anlegen, um Wasser vom Fluß zu den Feldern zu leiten. Als der Kanal angelegt wurde – oder genauer gesagt am 16. Februar 1971 –, kam einer der Häftlinge abends nicht zu den Baracken zurück. Sein Name war Wahyudin. Er stammte aus Jakarta, wo er in der Zentrale der Bank Indonesia in der Jalan Thamrin gearbeitet hatte.

Die anderen Gefangenen suchten bis 23 Uhr vergeblich nach Wahyudin, und schließlich waren sie gezwungen, dem Kommandanten seine Abwesenheit zu melden – das Fehlen eines Häftlings zu decken, barg beträchtliche Risiken in sich. Am nächsten Morgen wurden die Häftlinge sofort nach dem Appell auf die Suche nach dem Vermißten geschickt. Man fand ihn um circa 8 Uhr; sein Leichnam trieb in der Mitte eines Matschloches, der Kopf war nahezu vom Rumpf abgetrennt.

Die Untersuchung von Wahyudins Tod führte zu folgenden Vermutungen:

Nach getaner Arbeit war Wahyudin am Vorabend angeln gegangen. Die Zahl der Zigarettenkippen an der Angelstelle ließ vermuten, daß ihm zumindest ein anderer Mann Gesellschaft leistete, vermutlich ein Einheimischer. Obwohl Wahyudin ein wenig schüchtern und zurückhaltend war und sich nicht gerne unter andere Leute mischte, schien die Anwesenheit des anderen in ihm offenbar keinen Argwohn zu erregen. Der Angelplatz lag an der Kreuzung zwischen dem Dorf Waitina und den anderen Dörfern in der Nähe von Einheit 10, und die Häftlinge waren daran gewöhnt, hier Einheimischen zu begegnen. Doch irgendwann bei diesem Treffen – vielleicht biß ein Fisch am Köder an und lenkte die Aufmerksamkeit des Häftlings auf die Angel – hieb der Unbekannte seine Machete in Wahyudins entblößten Nacken.

Obwohl alle Einheimischen verhört wurden, konnte Wahyudins Mörder nicht gefunden werden. Ein Mann sagte jedoch, daß er in der Vorwoche einen Fremden gesehen habe, der den nahen Dschungel durchstreifte. Seiner Beschreibung zufolge trug dieser ein Lendentuch und ließ das Haar frei herabhängen, statt es, wie in dieser Gegend üblich, unter einem Kopftuch zu befestigen. Man gab sich schließlich damit zufrieden, daß Wahyudin diesem unbekannten wilden Fremden zum Opfer gefallen war.

Ob „Sex" der Grund für Wahyudins Tod gewesen ist, blieb unklar, doch für eine Weile ließ der Mord die bis dahin unterdrückte Spannung zwischen beiden Gruppen aufbrechen. Die Häftlinge konnten keinem Einheimischen ins Gesicht schauen, ohne zu denken: „War er es?" Argwohn glitzerte in ihren Augen. Es war nun undenkbar für einen Häftling, allein in den Wald zu gehen. Auch war es fortan strikt verboten, sich zum Angeln weit von der Einheit zu entfernen.

Die Einheimischen brachten ihre Gefühle in anderer Weise zum Ausdruck. In Wailo zerstörten sie den großen Bottich, den die Häftlinge hergestellt hatten, um Sago zu stampfen. Dies konnten einige Häftlinge sogar verstehen: Nachdem sie bereits ihre Jagdgründe verloren hatten, konnte es den Einheimischen wohl kaum gefallen, daß sich die Gefangenen nun auch noch an ihrem Hauptnahrungsmittel vergriffen. Öfter sah man nun auch auf in den Dschungel führenden Pfaden gekreuzte Holzstecken: Stumme Zeichen, daß der Zutritt in dieses Gebiet untersagt war.

Der Ostertag am 12. Mai 1972 wurde als Gedenktag und Feiertag begangen; die Häftlinge durften einen Tag lang die Arbeit ruhen lassen. Nach dem morgendlichen Ostergottesdienst beschlossen zwei Männer, Suharman und Sarna, den Tag mit Angeln zu verbringen. Beide stammten aus Ciamis und waren bis ins tiefste Mark hinein kernige Bauern. Ihre kräftigen Körper und die ausgeprägte Muskulatur zeigten deutlich, daß sie genau wußten, wie man ein Stück unerschlossenes Land in ein Füllhorn für den Lebensunterhalt verwandelt. Deshalb überraschte es nicht, daß die anderen Gefangenen diese beiden aufgrund ihrer Erfahrung mit der Planung für das Anlegen der Naßreisfelder betrauten.

Gewöhnlich angelten sie in einem Sumpfgebiet in der Nähe der Reisfelder, unweit der Stelle, an der Wahyudin den Tod gefunden hatte. Da an diesem Tag niemand arbeiten mußte, lag Stille über den Reisfeldern, und jeder, der die Deiche überquerte, hätte sich das Sumpfgebiet und nicht die Felder zum Ziel genommen.

Als die Sonne um 10 Uhr morgens rasch an Höhe gewann, wurde der Himmel vom Schrei eines Mannes zerrissen, der aus der Richtung des Dschungels um Hilfe rief. Ein Häftling namens Kabul, der nur wenige hundert Meter von der Waldgrenze entfernt in einer Hütte rastete, sprang auf und rannte in die Richtung der Schreie. Er fand Sarna lang hingestreckt auf dem Erdboden, mit einer Pfeilspitze im Bauch und am ganzen Leib mit Blut überströmt. Kabul wurde fast ohnmächtig, doch umgehend rief er andere Häftlinge, die in der Nähe waren, und gemeinsam trugen sie Sarna zum Lazaretthaus der Einheit zurück.

„Wo ist Suharman?“ keuchte Sarna. Damit wußten die Männer, daß Sarna nicht alleine gewesen war.

Mehrere Dutzend Männer ergriffen ihre *Parang* und machten sich auf die Suche nach Suharman. Der Kommandant befahl einigen Wächtern, sie zu begleiten. Bluttropfen wiesen dem Aufgebot die Richtung, und bald wurde Suharman gefunden – oder zumindest sein enthaupteter Rumpf. Mehrere Männer hoben die Leiche auf und trugen sie zur Einheit zurück. Die restlichen durchkämmten das Gebiet, und einige folgten den Bluttropfen fast 2½ Kilometer weit, bis die Spur endete. Dennoch suchten sie weiter. Sie durchstreiften die Hügel, den Dschungel und die Sümpfe, doch um 20 Uhr sahen sie sich gezwungen, aufzugeben und zur Einheit zurückzukehren.

Suharmans Rumpf wurde noch am selben Tag beigesetzt. Währenddessen lag Sarna wimmernd im Lazarett. Die mit vier Widerhaken besetzte Pfeilspitze steckte noch immer tief in seinem Unterleib. Da es zu gefährlich war, den Pfeil herauszuziehen, trieb ihn ein Mithäftling so vorsichtig wie möglich weiter nach innen, bis die Widerhaken hinten am Rücken herauskamen. Erst als sie abgebrochen waren, konnte der Pfeil herausgezogen werden. Sarna schrie seine Todesangst heraus, als das Blut aus seinen Wunden strömte. Die „Krankenschwester“ der Einheit, ein anderer Häftling, kümmerte sich um ihn, doch ohne medizinische Ausrüstung war der Mann hilflos. Um 9 Uhr am Morgen des 13. Mai hauchte Sarna sein Leben aus. Er wurde unmittelbar neben Suharman beigesetzt.

Am 6. Dezember 1977 saß der Kommandant von Einheit 10 müßig beim Fischen an einem Teich, den die Gefangenen neben den Reisfeldern angelegt hatten, als ihn der Schrei eines Mannes urplötzlich aus seiner Versonnenheit riß. Als er sich umdrehte, sah er den Häftling Karnudin, der auf ihn zu stürmte und helle Tränen vergoß. Während er krampfhaft versuchte, wieder zu Atem zu kommen, konnte er herauspressen, daß ein Gefangener tot war.

Es hatte Harjo getroffen. Harjo war allseits beliebt gewesen. Seine Haut hatte die Farbe von Edelkastanien, und er hatte dichtes lockiges Haar. Als Sohn eines Bauern hatte er eigentlich in seines Vaters Fußstapfen treten sollen, doch das Schicksal fügte es, daß er sich den Lebensunterhalt als Kurzwarenhändler und kleiner Geldverleiher erwarb.

Sein größter Wunsch war ein Kind, doch obwohl er mehrmals verheiratet war, schenkte ihm keine seiner Frauen einen Erben. Nachdem er zuerst ins Gefängnis und dann ins Exil mußte, fühlte er sich vollkommen allein auf der Welt. Um das Vakuum in seinem Herzen zu füllen, erzählte er seinen Mithäftlingen Geschichten, doch da er äußerst viele Geschichten zu erzählen hatte und nicht immer bereitwillige Zuhörer fand, wurde die ihm unerträgliche Einsamkeit nicht gelindert. So wandte er sich im offensichtlichen Bestreben, seine Fähigkeiten zu beschäftigen, anderen Welten zu: der Bildhauerei und Holzschnitzerei.

Harjo entwickelte sich zu einem begabten Holzschnitzer. Stolz seiner Sammlung war die Holzstatue eines brüllenden Tigers in der würgenden Umklammerung einer Schlange. Seine Arbeiten schenkten ihm persönliche Befriedigung und trugen ihm viel Lob ein. Leider konnten sie seinen viel zu frühen Tod nicht verhindern.

Es war kurz nach Mittag. Der Kommandant trommelte sofort alle anderen Häftlinge, die in der Nähe waren, zusammen und ließ sie in Reihenformation nach Harjos Leiche suchen. Fußspuren führten den Trupp circa 150 Meter flußaufwärts zu der Stelle, wo Harjo mit einer Sichel Unkraut entfernt hatte, das den Lauf des Wassers beeinträchtigte. Dort lag sein lebloser Körper ausgestreckt auf dem Boden. In seiner Brust steckte ein Speer und neben ihm lag die Sichel. Ein Mann, der niemals untätig gewesen war, hatte sein Leben ausgehaucht. Das Blut, das durch seine Adern geflossen war, begann bereits auf der klaffenden Wunde hart zu werden.

Die Nachforschungen brachten ans Tageslicht, daß drei Einheimische (ein Mann namens Mansen und zwei seiner Freunde) seit dem frühen Morgen in der Nähe der Stelle, an der Harjo ermordet wurde, gelauert hatten. Sie versteckten sich im Gebüsch, bis ihr unglückliches Opfer eintraf, das sie mit einem Speerstich begrüßten. Harjo wehrte sich noch und konnte einem der drei den Speer entreißen, doch das Blut, das aus seiner Wunde sickerte, verströmte zugleich die Kraft, die zu seiner Rettung nötig gewesen wäre. Dort, wo er gefunden wurde, starb er einsam inmitten der herzlosen Savanne. Am selben Abend wurde er beigesetzt, und alle Häftlinge von Einheit 10 erschienen zur letzten Ehrenbezeugung.

Mansen und seine beiden Kumpane entkamen in die Hügelwelt von Mount Batabual. Es stellte sich heraus, daß ihre Attacke von langer Hand geplant war. Sie gehörten zu den Einheimischen, die in ihren Revieren keine Fremden dulden wollten – gleichgültig, wer sie waren und wo sie herkamen. Ihre Jagdgründe schrumpften, und es gab Eingriffe in ihre Sago-Produktion.

Harjos Tod war wie der von Wahyudin, Suharman, Sarna und vielen anderen bald vergessen. Sterben war auf Buru nichts Ungewöhnliches, und welchen Unterschied gab es schon zwischen einem Mord durch Einheimische und dem durch Angehörige des Militärs? Und wäre die Ausrottung sämtlicher Gefangener, die auf diesem insularen Fleckchen Erde eingepfercht waren, nicht eine willkommene Nachricht für die Machthaber gewesen? War es nicht das, was sie im Grunde wollten?

Eine zufällige Überschneidung

Ein Mensch und seine Erfahrungen sind unentwirrbar und unerbittlich miteinander verflochten. Ein Mensch ohne Erfahrungen ist ein Mensch ohne Vergangenheit, ein Mensch, der in der unaufhaltsamen Strömung des Lebens gestrandet ist. Man muß danach streben, eine Wiederholung schmerzhafter Erfahrungen zu vermeiden, und man muß an den Erfahrungen festhalten, die sich als vorteilhaft erwiesen haben und sie als Wegweiser für künftige Maßnahmen nutzen.

Seit Gründung der Strafkolonie auf der Insel Buru bis zu ihrer offiziellen Auflösung existierte ein unüberbrückbarer Graben zwischen den politischen Gefangenen und den Befehlshabern. Die einzige Stelle, an der sich beide Gruppen treffen konnten, war die Demarkationslinie zwischen Pflichten und Rechten.

Die Befehlshaber – dazu rechne ich den Kommandanten des Hauptquartiers, die Kommandanten der Einheiten, die dortigen Mitarbeiter, die regulären Soldaten und die Wächter – hatten Positionen inne, die absolute Unterwürfigkeit und Respekt einforderten. Da sie die Sieger waren, besaßen sie das Mandat der Wahrheit, und jedes Wort, das sie sprachen, war eine Vorschrift oder ein Kommando. Als Gefangene waren wir die Verlierer und hatten deshalb unrecht, und es war unsere Pflicht, den Wünschen der Befehlshaber zu entsprechen und ihnen geziemende Achtung entgegenzubringen. Ansonsten waren von Gefangenen gesprochene Worte Instrumente des Widerstands.

In der gesamten Geschichte der Strafkolonie Buru besaßen die Befehlshaber sämtliche Rechte und die Gefangenen sämtliche Pflichten. Die Gefangenen waren dafür verantwortlich, die Bedürfnisse aller autoritären Mitarbeiter der Kolonie sowie der offiziellen Besucher der Regierung zu befriedigen. Die Gefangenen stellten Verpflegung und Unterkünfte zur Verfügung und erfüllten sämtliche Forderungen. Die Kommandanten der Einheiten, die von seiten der Regierung ein Gehalt und regelmäßigen Nachschub an Nahrungsmitteln erhielten, häuften die Last ihrer Lebenshaltungskosten für Hygieneartikel, Zigaretten, Unterhaltung und dergleichen auf die Schultern der Gefangenen. Wenn sie Urlaub machten oder am Ende ihrer Dienstzeit nach Java zurückkehrten, trieben sie zusätzlichen Tribut ein, mit dem sie Geschenke für ihre Angehörigen kauften. Noch nicht enthalten ist in dieser Aufzählung der Wert der Arbeitsleistung von jeweils drei Gefangenen, die in den Gästehäusern der Einheiten als Diener oder Koch arbeiten mußten. Bei einem geschätzten Wert dieser Arbeit von 1 500 Rupiah pro Tag ergibt sich eine Vorstellung über die Höhe der jährlichen „Servicekosten" für jeden einzelnen Einheitskommandanten.

Jede Einheit hatte einen Sicherheitsposten, der mit einem Trupp Wächter besetzt war. Auch für sie hatten die Gefangenen zu sorgen – von der Nahrungsmittelversorgung bis hin zur Zubereitung der Mahlzeiten. Das einzige Nahrungsmittel, das die Gefangenen nicht an die Wächter abführen mußten, war ihr Reis.

Eine besondere Ehre für Einheit 2–Wanareja war die dortige Ansiedlung des Bataillon-Kommandos sowie des Hauptquartiers und der Reservekompanien. Auch auszubildende Kadetten wurden dort stationiert. Die Verantwortung für deren Versorgung lag bei den Gefangenen von Einheit 2, angefangen vom Kochen über Schmiedearbeiten bis hin zur Instandhaltung des Übungsplatzes der Soldaten und der Straße, auf der sie marschierten.

Der Wert der materiellen Güter und Dienstleistungen, den die Autoritäten den Gefangenen abpreßten, ist nicht in Zahlen auszudrücken. Die Habgier der militärischen Belegschaft Burus erstreckte sich über die gesamte Rangbreite von der obersten Ebene bis zum einfachsten Soldaten. Die meisten Konflikte erwuchsen aus Situationen, in denen Gefangene den Forderungen der Soldaten nicht nachkommen wollten. Zu den Beispielen gehören, daß Gefangene, die selbst nicht genug zu essen hatten, ihr Gemüse nicht an Soldaten abtreten wollten; Proteste gegen das Angeln von Soldaten in Teichen von Gefangenen; abschlägiges Verhalten gegen den „Wunsch" von Soldaten, ihnen die mühsam gezüchteten Hähne zu verkaufen; Weigerungen, produziertes Bastelwerk weit unter Preis an Soldaten abzutreten.

Die Habgier der Soldaten und die permanente Zwangsarbeit, die den Gefangenen auferlegt wurde, entwickelten sich zum Katalysator für zwei Zwischenfälle: Einen Mord und einen Fluchtversuch. Die beiden Ereignisse hatten nichts miteinander zu tun, doch ihre zufällige Überschneidung zog tragische Konsequenzen nach sich.

Gewöhnlich zeigen sich Mitte November erste Anzeichen der aufziehenden Regenzeit, doch in der zweiten Woche des Novembers 1974 verfinsterten noch immer keine Wolken den nächtlichen Himmel. Selbst im Dunkel der Nacht glimmerten die Pfade und Fahrwege in Einheit 2 hell im Licht des Mondes.

Nachdem General Sumitro zwölf Monate zuvor die Insel besucht hatte, hatte sich die Aufsicht über die Gefangenen und ihre Aktivitäten ein wenig entspannt. Es war nun leichter für die Gefangenen, sich zwischen den Einheiten zu bewegen. Die Familieneinheit Savanajaya ähnelte abends fast einer kleinen Stadt, die von zahlreichen Gefangenen aus den umliegenden Einheiten besucht wurde. Manche verbrachten auch die Nacht dort.

Auch Wanareja war lebendiger als früher. Abends pflegten die Gefangenen ihre dramatischen und künstlerischen Talente: In Baracke 4 fanden *Gambyong*-Tanzaufführungen statt, anderswo pflegte man die Kunst des *Ketoprak,* und es gab Kurse für Laienschattenspieler und Liebhaber des *Wayang Orang.*

Die Befehlshaber schienen entspannter als jemals zuvor, denn offensichtlich lenkte sie das Zählen ihrer Profite aus dem Holzhandel und anderen Früchten der Zwangsarbeit ein wenig von ihren gefügigen Gefangenen ab.

In den meisten Nächten ging der Häftling aus Baracke 9 von Einheit 2, der für die Pflege der Tiere verantwortlich war, irgendwann nach Mitternacht hinaus, um Futter nachzufüllen, doch in der Nacht des 12. November (oder eher am frühen Morgen des 13. November) entschied er sich, es diesmal nicht zu tun, denn er konnte in der Dunkelheit die verschwommenen Umrisse sich bewegender Gestalten ausmachen – und es war nicht nur ein Paar, sondern überall um seine Baracke herrschte Bewegung. Er bemerkte auch, daß die Tiere nicht im Stall waren; jemand hatte sie hinausgelassen.

Ungefähr um dieselbe Zeit wurde der Barackenchef durch Gewehrschüsse aus dem Schlaf gerissen, die aus der Richtung des Brennofens der Einheit kamen, der gut 200 Meter entfernt war. Der Ofen war Zentrum des Holzhandels der Einheit und zugleich die Stätte, an der sich Soldaten abends zu Glücksspielen trafen. Er stand auf, um sich ein Bild über das Geschehen zu machen, doch als auch er die verdächtigen Umtriebe in der Dunkelheit bemerkte, entschloß er sich, nicht hinauszugehen.

Als der für die Tiere zuständige Mann dem Barackenchef von den verdächtigen Gestalten, die er beobachtet hatte, berichtete und Meldung erstattete, daß der Stall leer sei, folgerten die beiden, daß die mysteriösen Gestalten Soldaten sein mußten, die ihnen die Hühner stahlen. Wenn das der Fall war, so entschieden sie, gab es nichts, was sie tun konnten. Den Barackenchef aber verwirrten auch noch die Schüsse, die er gehört hatte.

Schon früher am Abend – etwa um 22 Uhr – hatten Häftlinge, die in der Hütte an den Reisfeldern von Karsotani schliefen, ebenfalls verdächtige Bewegungen in der Dunkelheit wahrgenommen. Der dortige Barackenchef hatte sofort reagiert, indem er die Wachen vermehrte. Ihm waren Gerüchte über eine mögliche Revolte zu Ohren gekommen, mit der er nichts zu tun haben wollte. Da er gegen einige Männer, für die er verantwortlich war, Mißtrauen hegte, erteilte er ein absolutes Ausgehverbot. Alle bis auf die Wachen wurden zu Bett geschickt.

Am 13. November kurz nach Mitternacht – niemand weiß die genaue Zeit – wurden die Gefangenen von Einheit 2 von ihren Wächtern aus dem Schlaf gerissen und zum Appell hinaus auf den Platz zitiert. Diejenigen, die gerade erst eingeschlafen waren, reagierten schwerfällig, weil sie Mühe hatten, die Augen zu öffnen. Sie registrierten bloß, daß es finstere Nacht war – die Nachtluft vibrierte unter den Geräuschen der Insekten und Frösche – und daß sie hinaus zum Appell getrieben wurden. Der plötzliche Befehl und die Unsicherheit über die Hintergründe ließen ihre Herzen schneller pochen. Die stampfenden Schritte der Männer, die auf gehärtetem Boden zum Appellplatz eilten, vergrößerten ihre Angst noch.

Der Weg zum Platz war mit Gefangenen überfüllt. In der Nähe von St. Johann, der Katholischen Kapelle neben dem Versammlungsfeld, glühte eine Laterne. Je näher die Männer dem Platz kamen, desto rasender pochten ihre Herzen. Von vorn drang der unverkennbare Klang der Stimmen von Soldaten, die schreiend zur Eile antreiben, an ihr Ohr.

Als nächstes hörten sie das dumpfe Geräusch stumpfer Gegenstände – Schlagstöcke, Holzleisten, Rohre –, die auf menschliches Fleisch prallen, und gleich anschließend ertönte das Heulen und Schreien von Menschen, die Schmerzen empfinden. Rasch löste sich die Lethargie der Schläfrigen in der frischen Nacht auf. Alle Augen waren nun weit aufgerissen; brennende Fragen leuchteten aus ihnen.

Die Häftlinge, die sich dem Platz von Westen näherten (also die aus den Baracken 1 bis 7), mußten besonders flink sein, um den Schlägen der Soldaten zu entkommen. Dort hatte ein ganzer Trupp Aufstellung bezogen, und kein Weg führte an ihnen vorbei. Wenn ein Häftling hinfiel, stürzten gleich mehrere Soldaten herbei und prügelten auf ihn ein, bis er sich nicht mehr kleiner machen konnte. Gewehrkolben und Bambusknüppel in der Dicke von Unterarmen wurden von den Soldaten eingesetzt, um den Strom der Gefangenen weiterzutreiben. Diejenigen, die dem Spießrutenlaufen entgangen waren, beeilten sich auf den letzten 50 Metern, zu den Gefangenen zu stoßen, die bereits auf dem Platz versammelt waren.

Draußen vor St. Johann wiederholten sich diese Szenen ein ums andere Mal. Immer neue Gruppen wurden auf das Feld getrieben. Die Luft vibrierte unter den Geräuschen, die Metall und Holz auf Fleisch, zu Boden stürzende menschliche Körper und Schritte in Todesangst rennender Häftlinge verursachen. Da ungeheuer viele Soldaten aufgezogen waren – die Gefangenen waren komplett umringt –, war es kaum möglich, nicht zum Ziel eines Gewehrkolbens oder Bambusstocks zu werden. Die Getroffenen fielen wie Vieh zu Boden.

Nachdem die Insassen aller Baracken zusammengetrieben waren, begannen der Appell und die Züchtigungen. Soldaten streiften herum und teilten Anschnauzereien und Prügel aus. Die Gewehrkolben, Bambusstöcke und Holzleisten erwiesen sich als äußerst effektive Schlaginstrumente. Die Soldaten schienen kein spezielles Ziel zu haben; sie schwangen ihre Waffen wahllos durch die Runde, bis sie splitterten und brachen.

Um 1 Uhr erhielten die Gefangenen den Befehl, die Hände in den Nacken zu legen und auf einem Bein zu stehen. In dieser Haltung wurden sie weiter durchgeprügelt. Sie hatten keinen höheren Stellenwert als Ratten im Rinnstein.

Etwa um 1.30 Uhr traf eine weitere Gruppe Gefangener ein, die aus der Sägemühle kam und zu spät war, weil die Wachen versäumt hatten, sie zu wecken. Jeder Mann dieser Gruppe wurde einzeln durchgeprügelt, und manche blieben bewußtlos liegen, bis die Sonne aufging. Niemand konnte ihnen helfen. Viele wurden für tot gehalten. Immer mehr Gefangene in den Appellreihen begannen umzufallen, weil sie nicht mehr auf einem Bein stehen konnten, während sie geprügelt wurden. Als die Soldaten es müde oder überdrüssig waren, die Gefangenen zu schlagen, legten sie Bambusstäbe und Holzleisten endlich beiseite – indem sie die Schlaggeräte auf die Gefangenen schleuderten. Da menschliches Fleisch nicht genügend Schutz gegen die fliegenden Objekte bot, stürzten noch mehr Gefangene zu Boden. Die Nacht war von Schmerzensschreien erfüllt.

Um 2 Uhr erhielten die Gefangenen den Befehl, die Oberkleider auszuziehen. Wer wegen mangelnder finanzieller Möglichkeiten keine Unterwäsche besaß, mußte nackt in der kühlen Nachtluft stehen. Was in einer anderen Situation komisch gewirkt haben könnte, bot hier keinen Anlaß zur Heiterkeit. Der Tod war gegenwärtig – bereit, eines Mannes Lippen für immer zum Verstummen zu bringen. Es war nicht abzuschätzen, wieviele bereits tot waren.

Dann erhielten die Gefangenen den Befehl, sich mit dem Gesicht nach unten auf den Boden zu legen. Ungefähr um 3 Uhr mußten sie sich umdrehen und himmelwärts blicken. Dann wurden sie angewiesen, zu schlafen. Die Schläge der Soldaten waren vorbei, nicht aber das Schluchzen und Wimmern der Verletzten.

Die Soldaten schleppten vier Maschinengewehre herbei und brachten sie am Rande des Platzes so in Stellung, daß die Mündungen auf die am Boden liegenden Häftlinge gerichtet waren. Die nackten und halbnackten Männer stierten zu den Sternen hinauf, die ihre Fragen aber nicht beantworten konnten.

Dann wurden die Barackenchefs zusammengerufen und zum Hauptquartier des Bataillons gebracht, wo sie eine Gardinenpredigt und Schläge bekamen und sich einem Kreuzverhör mit unverhohlenen Drohungen unterziehen mußten. Die am häufigsten gestellte Frage war: „Wie viele Männer deiner Baracke waren an der Revolte beteiligt?“

Besonders brutal war die Tracht Prügel, die der Chef von Baracke 1 bezog. Mehrere seiner Männer hatten beim Appell gefehlt. Er wurde so schlimm durchgeprügelt, daß er bewußtlos zu Boden stürzte. Sein Kopf schwoll fast auf das

Doppelte seiner normalen Größe an. Erst sechs Monate später konnte der Mann wieder leichte Tätigkeiten verrichten.

Die Bestrafung der Barackenchefs zog sich bis etwa 5 Uhr hin. Als ein Soldat um diese Zeit die Nationalflagge auf Halbmast hißte, fragte ein Beamter des Kommandopostens: „Warum hängt die Flagge auf Halbmast?“

„Es wird wohl jemand gestorben sein“, kam die schüchterne Antwort.

„Richtig. Und einige von euch haben revoltiert und einen unserer Männer getötet, nicht wahr?

Durch diese Bemerkung kam ein erstes Licht in die Ereignisse und das äußerst brutale Vorgehen der Soldaten, doch erst einige Zeit später rundete sich das Bild ab.

Erst als die Barackenchefs zum Platz zurückkehrten, erhielten die liegenden Häftlinge den Befehl aufzustehen. Auf den Leibern der Männer, die stehen konnten, schimmerte naß der Tau, doch viele waren nicht in der Lage, sich zu erheben. Sie waren entweder tot, bewußtlos oder zu kraftlos, um auf die Beine zu kommen. Der säuerliche Geruch von Blut und menschlichen Ausscheidungen lag in der Luft.

Die Wächter machten sich wieder daran, die Reihen der Gefangenen zu umkreisen und begannen erneut, ihrem Zorn mit Faustschlägen, Gewehrkolben und Bambusstöcken Luft zu machen, obwohl ihre Vorgesetzten die Anweisung ausgegeben hatten, daß sie den Platz nicht betreten sollten. Zur Morgendämmerung hagelte es wieder Schläge. Weitere Körper stürzten als stumme Leidensgefährten der hingestreckt liegenden Kameraden zu Boden.

Plötzlich kam ein weiterer Soldat auf das Feld zugerannt. In seinen Händen schwang er eine halbautomatische Feuerwaffe am Lauf, mit der er durch die Reihen der Häftlinge eilte und nach Zielen für seinen Haß suchte. Seine Hiebe streckten mehrere Männer nieder. Einen Augenblick lang schien es, als habe er sich damit genügend Befriedigung verschafft, doch dann rannte er weg, drehte sich in einer gewissen Entfernung um, hob das Gewehr und nahm die Gefangenengruppe ins Visier, doch bevor er feuern konnte, hatten andere Soldaten ihm die Waffe entwunden.

Als die Sonne aufging, kamen die beiden Gefangenen Supriyadi und Eko Tunggono zum Platz gelaufen. Auf die Frage, wo sie gewesen seien, erwiderten sie, daß sie in der Nacht draußen auf den Feldern Reis hatten hamstern wollen. Die Soldaten schenkten ihnen keinen Glauben und machten die beiden zu Sandsäcken. Selbst als sie längst zu Boden gestürzt waren, hielt die Züchtigung noch an. Die Soldaten ließen ihre Bambusstöcke auf die Leiber niedersausen, bis sie zerbarsten und die beiden Opfer bewegungslos am Boden lagen. Alle glaubten, sie seien tot, doch sie waren nur bewußtlos, allerdings für mehrere Tage. Beide konnten sich monatelang nicht aus eigener Kraft bewegen.

Ungefähr um 6 Uhr ergab sich endlich eine Atempause, als Colonel Samsi, der erst kürzlich zum Kommandanten der Strafkolonie ernannt worden war, auf seinem Motorrad ins Lager gefahren kam. Noch bevor er irgend etwas unternahm, kanzelte er die Soldaten ab, weil sie ohne Anweisung gehandelt hätten. Diejenigen, die sich auch jetzt noch an Gefangenen vergriffen, hörten sofort damit auf und traten ein Stück zurück.

„Wie lange sind Sie in der Armee?" schnauzte der Colonel den Bataillons-Kommandanten an. „Kennen Sie nicht die Bedeutung von Disziplin?"

„Ich habe den Befehl gegeben, aufzuhören", verteidigte sich der Mann, „aber sie haben nicht auf mich gehört."

„Sie Idiot!" schrie Colonel Samsi. „Wenn Sie die Gefangenen töten wollen, dann können Sie das in weniger als einer Minute erledigen! Schicken Sie Ihre Männer jetzt vom Platz!"

Damit waren die Qualen vorbei. Nachdem die Soldaten den Platz verlassen hatten, rief Colonel Samsi alle anwesenden Offiziere vom Zugführer aufwärts zu einer Sondersitzung zusammen. Wir erfuhren nicht, was gesprochen wurde.

Mit Sonnenaufgang wurde der Himmel so klar wie am Tage zuvor, doch am Vortag hatten die Männer noch lachen und sarkastische Witze über die Unwägbarkeiten ihres Lebens als Gefangene machen können. Ja, aber das war gestern. Heute, unter der Sonne des neuen Tages, gab es kein Lächeln auf den Lippen und keinen Lichtschein in den Herzen der Männer. Ein falscher Schritt konnte Schmerzen oder Tod bedeuten. Alle litten Schmerzen – außer denen, die nicht zum Appell erschienen waren.

Was trieben diese anderen jetzt, fragten sich die ramponierten Gefangenen. Waren sie in Freiheit? Planten sie weitere Aktionen? Oder waren sie bereits so kalt und still wie die Kameraden, die draußen auf dem Platz lagen? Vielleicht hatten die Geschosse von Soldaten ihre Schädel zertrümmert. Wer hätte sagen können, was sich ereignet hatte? Die Gefangenen, die stehen konnten, blieben auf dem Platz. Ihre Waden zitterten. Selbst der Boden, auf dem sie standen, schien ihr Feind zu sein. Ihre Beine waren wie Stecknadeln, ihre Muskeln wollten aufgeben und ihre Augen blieben starr auf einen Punkt in der Ferne gerichtet – vielleicht auf Ereignisse, die neun Jahre zurücklagen und bei denen so viele andere Kameraden niedergemetzelt wurden.

Um circa 7 Uhr war Colonel Samsis Sitzung beendet, die Kompaniekommandanten konnten gehen. Die Gefangenen wurden zum Kulturgebäude getrieben. Einige Männer mit schweren Verletzungen schleppten sich aus eigener Kraft hin, doch sie taumelten sichtlich. Die Bewußtlosen wurden von den wenigen, die noch eine Spur Kraft besaßen, getragen.

Nachdem alle Häftlinge versammelt waren, beantwortete Colonel Samsi endlich einige der Fragen, die in den Köpfen der Männer herumschwirrten. „Mehrere Gefangene sind geflohen. Das war ein Fehler. Die Regierung kennt jeden Flecken der Insel Buru genau, es gibt keine Verstecke. Sie werden keine Nahrung im Dschungel finden, und die Berge sind kahl. Wenn sie im Dschungel bleiben, werden sie verhungern oder Schlangen zum Opfer fallen, und wenn sie versuchen, sich bei Einheimischen zu verstecken, wird man sie bald entdecken, denn sie sehen anders aus als die hiesigen Menschen. Selbst das Meer um Buru unterscheidet sich von der Javasee. Selbst wenn sie die See erreichen, wird man sie erwischen, denn sie werden nicht wissen, wie sie diese Gewässer befahren müssen. Da es keine Beziehung zwischen dem Mord an einem unserer Soldaten und den geflüchteten Männern gibt, entlasse ich Sie jetzt in Ihre Baracken. Die Verletzten werden medizinisch behandelt. Folgen Sie zur eigenen Sicherheit allen Anweisungen. Wer nachts nach draußen geht, hat ein Licht mitzunehmen. Halten Sie die Anordnungen geflissentlich ein."

Beim Verlassen des Gebäudes sprach niemand ein Wort. Alle Gedanken hingen den Stunden nach, die von Finsternis und Blut, von Schreien und Stöhnen geprägt waren. Es war 10 Uhr morgens, als die Männer in ihre Baracken zurückkehrten. Nicht zum Appell erschienen waren insgesamt 48 Männer.

*

In der folgenden Nacht lag absolute Stille über Einheit 2. Kein Häftling verließ seine Baracke, noch nicht einmal mit Licht, denn draußen verbargen Dunkelheit und Blattwerk Soldaten. Wer kacken mußte, zwang sich, bis zum Morgen zu warten, und wer pinkeln mußte, erledigte das in der Baracke. Erst als die Sonne am nächsten Morgen aufging, spürten die Häftlinge in sich wieder den Puls des Lebens. Vages Lächeln erschien hier und dort auf den Gesichtern, und neue Hoffnungsschimmer glitzerten in manchen Augenpaaren. Doch als die Nacht heraufzog, waren alle in Gedanken wieder beim drohenden Tod.

Um Mitternacht wurden die Männer zum Appell zitiert. Die Gefangenen richteten sich auf eine neue Runde mit Mißhandlungen ein, doch nichts geschah – es erfolgte nur eine Überprüfung ihrer Anzahl.

Am nächsten Morgen begann das Leben erneut durch ihre Adern zu pulsieren, doch anders als noch zwei Tage zuvor war keiner der Männer mehr Herr seiner selbst. Alles, was die Befehlshaber wollten, wurde befolgt. Wenn ein Soldat Hunger auf Huhn verspürte, brauchte er nur einem Häftling zu befehlen, eines zu fangen, zu rupfen und zu kochen. Auch Gemüse, Eier, Fisch und Bastelwerk wurden widerspruchslos ausgehändigt.

Nachdem ihre Mordbestrebungen nur zum Teil von Erfolg gekrönt gewesen waren, versuchten sich die Soldaten nun mit Diebstahl. Und das nicht nur im

Kleinen. Baracke 9 mußte eine Tonne ihrer Bohnenernte an die Reservekompanie abtreten, und die Häftlinge hatten keine Chance, ihre Maisernte einzubringen, da ihnen die Soldaten nur leere Halme übrigließen.

Teilnahmslosigkeit ergriff Besitz von den Gefangenen, denn sie wußten nun mit absoluter Sicherheit, daß ihnen zu jedem Zeitpunkt alles abgenommen werden konnte, einschließlich ihres Lebens. Doch welches Leben hatten sie eigentlich? Durch die Verminderung ihrer Vorräte drohte nun die nächste Hungerwelle.

Am dritten Tag nach den brutalen Züchtigungen durften die Häftlinge wieder auf die Felder, um Reis zu ernten. Am vierten Tag durften sie wieder im Wald arbeiten, allerdings nur mit Erlaubnisschein. Am fünften Tag ging das Leben – wenn man diese Situation so nennen konnte – wieder seinen gewohnten Gang.

Ein Nachwort

Es wird niemals ans Tageslicht kommen, ob der Soldat, der in der Nacht des 12. November 1974 starb, wegen Betrugs im Kartenspiel, aufgrund von Streitereien im Holzhandel oder vielleicht deshalb, weil ein anderer Soldat sein Geld wollte, ermordet wurde. Sicher ist jedoch, daß er nicht von einem politischen Häftling umgebracht wurde.

Nach den Schüssen, die der Chef von Baracke 9 gehört hatte, wurden zwei Soldaten beobachtet, die in Richtung Kommandoposten hasteten. Ihre Kleider waren zerrissen, sie waren mit Matsch verschmutzt und trugen keine Schuhe. Sie schleppten einen toten Soldaten mit sich. Die beiden Soldaten sollen Colonel Samsi informiert haben, daß Häftlinge von Einheit 2 rebelliert und ihren Kameraden erschossen hätten. Der Captain musterte zunächst die schuhlosen Soldaten mit den hochgekrempelten Hosenbeinen und den Gewehren mit Bajonett und inspizierte dann den Leichnam ihres Kameraden. Der Mann war nicht erstochen, sondern mit mehreren Kugeln erschossen worden. Der Captain ließ die beiden Männer deshalb einsperren, und die Leiche des Soldaten wurde nach Namlea gebracht. Was aus den beiden Eingesperrten wurde, ist unbekannt.

Es war ein unglücklicher Zufall, daß diejenigen, welche die Flucht aus der Strafkolonie planten, in der Todesnacht jenes Soldaten flüchteten. Noch unglückseliger waren die Gefangenen, die nichts über den Fluchtplan wußten, aber die Folgen zu tragen hatten.

Später zusammengetragene Informationen erhellten, daß sich die an der Flucht beteiligten Häftlinge um Mitternacht an einem verabredeten Platz im Dschungel getroffen und sich auf den Weg zum Wai Omo gemacht hatten, auf dem sie aus der Strafkolonie entkommen wollten. Sie trugen angespitzte Bambusstöcke als Waffen bei sich, mit denen sie ein Hauptquartier der Reservekompanie angreifen wollten. Unter Ausnutzung des Überraschungseffekts sollten die dortigen Soldaten entwaffnet und getötet werden. Mit den erbeuteten Waffen wollten sie anschließend zum Sturm auf das Hauptquartier des Bataillons anzusetzen.

Unglücklicherweise führte ihr Fluchtweg dicht an dem Ofen vorbei, wo der Soldat ermordet wurde. Als sie die Schüsse und kurz darauf den Befehl zum Appell hörten, geriet die gesamte Koordination ihres Planes aus den Fugen. Dies wurde offensichtlich, als in den nächsten Tagen mehrere Flüchtlinge ins Lager zurückkehrten – nicht gemeinsam, sondern einzeln oder in kleinen Grüppchen –, um sich zu ergeben. Manche versteckten sich allerdings in der Nähe ihrer eigenen Baracken und wagten nicht herauszukommen, weil sie befürchteten, von den Mitgefangenen Prügel zu beziehen.

Das gesamte Bataillon Hassanuddin wurde mobilisiert und auf die Suche nach den restlichen Flüchtlingen geschickt. Hubschrauber suchten aus der Luft nach den Männern und beförderten diejenigen, die erwischt wurden, gleich nach Namlea. Die meisten eingefangenen Flüchtlinge waren geschwächt, weil sie bis zu einer Woche lang nichts gegessen hatten.

Die beiden Häftlinge Basri und Agus Suroto suchten den Fluchtweg über einen kahlen Bergkamm, als sie einen Hubschrauber über sich hörten. Sie rannten los, doch die Soldaten eröffneten das Feuer. Basri wurde ins Bein getroffen und stürzte. Die Soldaten feuerten weiter auf ihn. Bevor er bewußtlos wurde, sah er, wie sein Kamerad sich mit bloßen Händen vor den heranpeitschenden Kugeln zu schützen versuchte. Als er zum nächsten Mal die Augen öffnete, befand er sich in einem Dorf nördlich von Buru. Agus war tot.

Zwei andere Häftlinge, Amat und Jembrang Suwardi, wurden erwischt, als sie auf einem Feld von Einheit 6 Cassava zu stehlen versuchten. Sie wurden vom Wachtpersonal der Einheit aufgegriffen und gefoltert, bis sie am nächsten Tag verstarben. Die Gefangenen von Einheit 6 beerdigten beide.

Sukarjo Sukir, Dalari und Nyamad versuchten, sich in den Bergen zu verstecken und bauten sogar eine Hütte. Eines Tages kam ein vom Weg abgekommener Soldat vorbei, der etwas zu trinken suchte. Als die drei Männer wegrannten, schöpfte der Soldat sofort Mißtrauen und feuerte sein Gewehr auf sie ab. Sukarjo Sukir wurde in den Oberkörper getroffen. Die anderen beiden entkamen, wurden jedoch später in der Nähe von Einheit 10 festgenommen. Als Sukarjo Sukir ins Hauptquartier gebracht wurde, lebte er noch, doch nicht viel später erlag er seinen Verletzungen.

Von 27 der 48 Häftlinge ist bekannt, daß sie gefangen wurden und starben. Die restlichen 21 wurden entweder festgenommen oder stellten sich freiwillig. Anfangs wurden sie in Namlea eingekerkert und später nach Einheit 12–Bhirawa Wanajaya verlegt.

Pramoedya Ananta Toer und seine Frau Maimoenah Thamrin 1955.

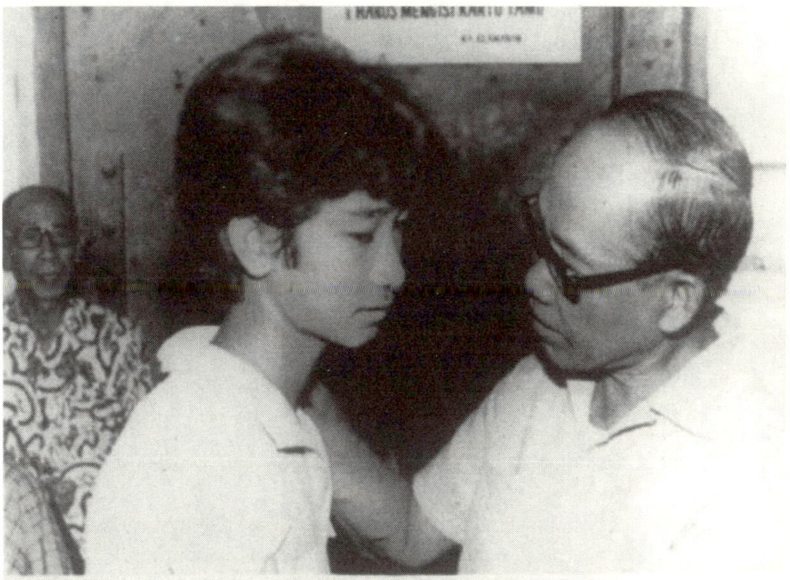

Nach 14 Jahren der Trennung trifft Pram seinen Sohn Yudi. Im Hintergrund Karel Supit, Mitglied der CC PKI, der am selben Tag wie Pram freigelassen wurde.

Die politischen Gefangenen auf Buru müssen sich um den Großteil ihrer Bedürfnisse selbst kümmern. So züchten sie z.B. Enten, um Eier zu erhalten.

Um die Qualität ihrer Nahrung zu verbessern, fischen die Gefangenen im Bach. Mit auf dem Bild ist Hasiym Rachman (dritter von links), Chefredakteur der „Bintang Timur" („Stern des Ostens"), der nach seiner Freilassung zusammen mit Pram und Joesoef Isak den Verlag Hastra Mitra gründet und die auf Buru entstandenen Bücher Prams verlegt.

Zwangsarbeit im Wald: Auf Befehl des Kommandanten müssen die politischen Gefangenen kubikmeterweise Holz machen, das auf dem Markt von Burus Hauptstadt Namlea verkauft wird – der Erlös verschwindet in den Taschen des Kommandanten und dessen Untergebenen.

Nach der Zwangsarbeit im Wald gibt es für die Gefangenen in der Mittagspause nur Knollen, Mais und eßbare Blätter als Ersatz für Reis und Beilagen.

Der Fluß Wai Apu ist der Hauptverbindungsweg zwischen den Gefangenenlagern und der Hauptstadt Namlea. Neben den Erzeugnissen der Zwangsarbeit fließen hier auch die Informationen.

Ein Gottesdienst der buddhistischen Gefangenen.

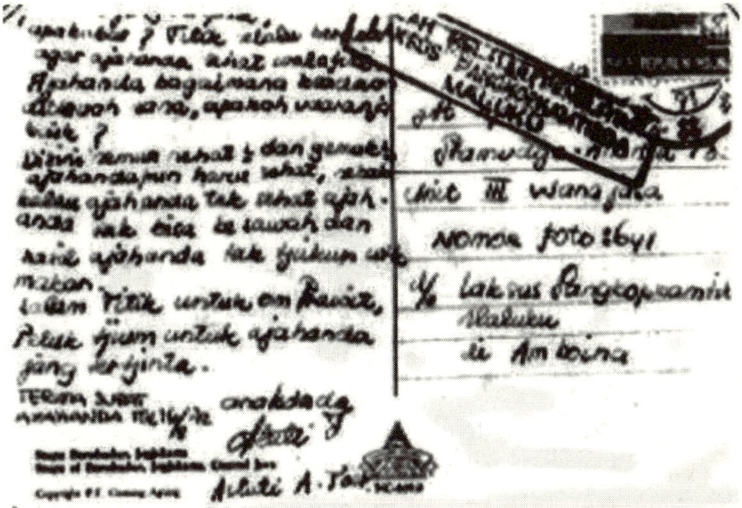

Der Stempel auf der Postkarte, die von einem von Prams Kindern an ihn nach Buru geschickt wurde, zeigt, daß die Karte von Angehörigen des Militärs zensiert wurde.

Der Friedhof für die auf Buru gestorbenen Gefangenen. Wenn eines Tages Familienangehörige hierherkommen, finden sie wenigstens bescheidene Grabsteine vor.

Pram (vorne im weißen Hemd) wird von hochrangigen Offizieren vernommen. Da das Verhör für die Militärs unbefriedigend verlief, wurde Pram nicht wie geplant mit der ersten Gruppe 1977, sondern mit der letzten im Jahr 1979 freigelassen.

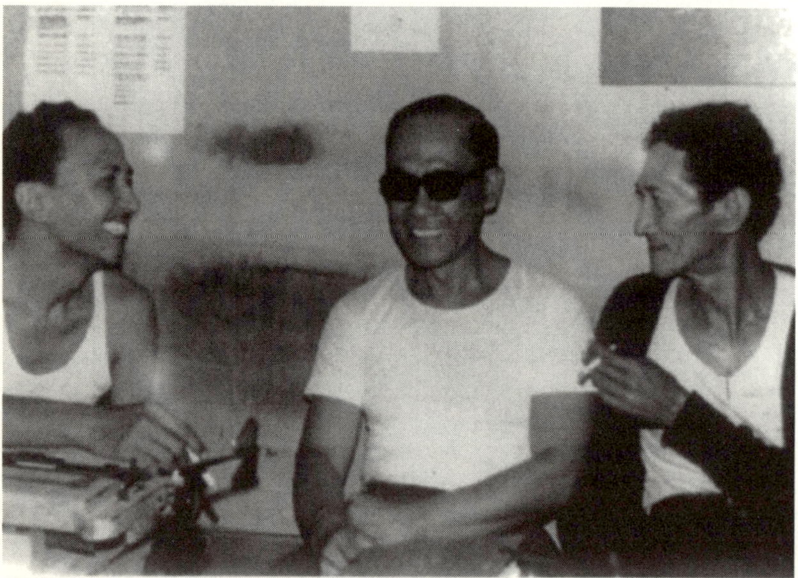

Drei politische Gefangene von Buru. Von links: Basuki Effendi (Regisseur), Pramoedya und Hasyim Rachman (Journalist).

Pramoedya mit seiner Frau und seinen Kindern. Das Foto entstand 1961 nach Prams Entlassung aus dem Cipinang-Gefängnis, wo er wegen seines Buches „Hoakiau di Indonesia“ („Die Chinesen in Indonesien“) einsaß.

Nach 14 Jahren der Trennung von seiner Familie trifft Pram im Dezember 1979 seine Frau vor dem Salamba-Gefängnis in Jakarta wieder.

Pramoedya und Günter Grass. Im Juli 1999 hatte Pram während seines Deutschlandbesuchs zum ersten Mal die Gelegenheit, seinen Kollegen und „Bruder im Geiste" zu treffen.

II
FRAGMENTE MEINES LEBENS

Die Strafkolonie sollte nach ursprünglichem Plan fünfzehn Einheiten umfassen. Bei meiner Ankunft gab es erst drei. Jede hatte zehn Baracken, die zum Teil fünfhundert oder mehr Gefangenen Raum boten. Als wir die restlichen zwölf Einheiten aufgebaut hatten, wurden drei zusätzliche eingerichtet, die sogenannten Einheiten R, S und T. Ihre Baracken faßten „nur" zweihundertfünfzig Gefangene. Noch später wurde die Einheit mit dem Namen Savanajaya errichtet, die für Häftlinge reserviert war, deren Familien sich nachholen ließen. Eine letzte Einheit namens Jiku Kecil wurde für Gefangene gebaut, die von den Befehlshabern als „unkorrigierbar" eingestuft wurden. Diese Einheit war in noch stärkerem Maße als alle anderen ein Todeslager, in dem die Wächter nach Belieben mit den Häftlingen umspringen konnten.

Die Baracken waren wenig mehr als Gestelle aus Baumstämmen, die sowohl als Träger wie auch als Querbalken dienten. Dächer und Wände bestanden aus mehreren Schichten Sagopalmblättern, die Fußböden aus nackter Erde. Wände oder Abtrennungen gab es nicht. Durch die gesamte Länge des weiten, offenen Innenraums zog sich eine lange Strohpritsche, auf der die Gefangenen schliefen. Als Latrine mußten wir für die erste Zeit nach unserem Eintreffen den Fluß benutzen. Anfangs war der Bereich, in dem die Baracken standen, mit Stacheldraht umzäunt, der jedoch nach etwa einem Jahr entfernt wurde.

Für jede Einheit war ein Trupp Soldaten abgestellt. Die Wächterhäuser standen an den strategisch besten Stellen, um unsere fortwährende Beaufsichtigung sicherzustellen.

Zu den anderen Gebäuden einer Einheit gehörten das Haus und das Büro des Kommandanten, ein Lazarett, Moschee und Kirche sowie dort, wo genügend Hindus waren, ein Tempel. Den einzigen anderen Bau, der als Kommunikationszentrum diente, nannten wir „Haus der Künste".

Das Elternhaus, in dem ich aufwuchs, bestand eigentlich aus zwei Häusern, die meine Eltern durch ein abschüssiges Dach verbunden hatten. Die Träger und Querbalken waren aus Teakholz, die Böden und Wände aus Stein. Den Mittelteil des Hauses bildete ein langer Raum, der sich durch dessen gesamte Länge erstreckte; er war in einen Vorderraum, der als Wohnzimmer diente, und einen Hinterraum, in dem der Eßtisch stand, unterteilt.

An den Mittelteil schlossen sich fünf Schlafräume an. Getrennt vom Rest des Hauses lag etwas abseits unsere Küche, die zugleich als Lagerraum diente. Unser Besitz hatte eine Fläche von ungefähr 2 500 m^2.

Für die Verhältnisse meiner Heimatstadt Blora waren wir begütert, doch die materielle Grundlage war auch bitter nötig. Meine Eltern hatten neun Kinder – mir als Erstgeborenem folgten Waluyadi, Koenmaryatoen, Oemi Syafa'atoen, Koesaisah, Koesalah, Soesilo, Soesetyo und Soesanti. Darüber hinaus waren in abwechselnder Folge auch immer mehrere Pflegekinder, Studenten und Verwandte anwesend. Meistens lebten unter unserem Dach circa zwanzig Personen.

Auch drei meiner Brüder wurden verhaftet. Waluyadi, der zweitälteste von uns, arbeitete als Übersetzer der Botschaft der UdSSR, als er im Oktober 1965 abgeführt wurde. Er lebt heute in unserem Elternhaus und leidet als Folge der Mißhandlungen während seiner Haftzeit an einem akuten nervösen Syndrom.

Koesalah, der sechste von uns, wurde in derselben Nacht wie ich festgenommen. Er hatte erst kurz zuvor den Magisterabschluß für russische Sprache und Literatur an der Universität Lumumba erworben und lebte in Jakarta, um die Arbeiten an seiner Dissertation abzuschließen. Heute arbeitet er als freiberuflicher Übersetzer. Neben seinen fließenden russischen Sprachkenntnissen beherrscht er Englisch, Deutsch und Holländisch, und er kann französische, spanische, javanische und altjavanische Texte verstehen.

Unser siebter, Soesilo, erwarb an der russischen Universität von Lomonosov seinen Studienabschluß für Wirtschaft und internationale Handelsbeziehungen. Anschließend fand er Arbeit in Deutschland. Dort war er auch noch Anfang der 1970er Jahre, als Indonesiens Außenminister Adam Malik das Land besuchte. Malik appellierte an alle indonesischen Gelehrten, deren Fähigkeiten für die nationale Entwicklung benötigt wurden, in ihr Heimatland zurückzukehren, um am Aufbau mitzuwirken. Soesilo folgte dem Aufruf, doch sobald er auf Jakartas Flughafen Kemayoran aus dem Flugzeug stieg, wurde er festgenommen und ins Gefängnis geworfen. Heute erwirbt er seinen Lebensunterhalt mit der Führung eines kleinen *Warung* für tägliche Haushaltsgüter, der gerade einmal 2 x 2 Meter mißt.

Ebenso wie ich wurden auch meine drei Brüder niemals über den Grund ihrer Verhaftung informiert und auch nie vor Gericht angeklagt.

Manchmal habe ich das Gefühl, daß meinem Schicksal Not und Bedrängnis vorgegeben sind. Ich kann nicht behaupten, in meinem Leben jemals vollkommene Zufriedenheit verspürt zu haben. Als kleiner Junge hatte ich meinen Eltern zu helfen, und als meine Mutter starb, trat ich in die Verantwortung für meine jüngeren Geschwister. Dann kämpfte ich als Soldat für die Freiheit dieses Landes, doch seit der Unabhängigkeit erfuhr ich wesentlich mehr Unterdrückung als Freiheit.

Nur indem ich schreibe, kann ich die persönlichen Enttäuschungen meines Lebens verdrängen. Wenn ich nicht schreiben kann, verspüre ich Angst, fühle mich unpäßlich und werde leicht aufbrausend, obwohl ich meine Emotionen gewöhnlich kontrollieren kann.

Natürlich geschieht es zuweilen, daß mein Temperament durchgeht und ich mich gegen Menschen wende, welche die Prinzipien von Recht und Gerechtigkeit nicht stützen. Diese Haltung verdanke ich einerseits der politischen Erziehung, die meine Eltern mir in jungen Jahren gaben, sowie andererseits meinem Ehrgeiz, zum Aufbau einer modernen demokratischen Nation beizutragen. Es ist traurig, daß die Nation, die, anders als ich erträumte, zu einer primitiven und faschistischen Gesellschaft geworden ist, die vom Militarismus beherrscht wird.

Ich danke dem allmächtigen Herrn für die Frau, die er mir zur Seite stellte. In zweiter Ehe habe ich eine Partnerin, mit der ich alle Fährnisse bestehen kann. Immer waren wir in der Lage, etwaige Unstimmigkeiten in sensibler und verträglicher Weise beizulegen. Ihre Kraft hat meine ergänzt. Vielleicht war es das Wissen, daß sie auch ohne mich überleben konnte, das mir die zusätzliche Lebenskraft gab, die ich benötigte, um die Jahre auf Buru zu überstehen.

Ja, das Wissen um das relative Wohlergehen meiner Familie half mir, mein geistiges Gleichgewicht zu bewahren – zusätzlich zu meiner eigenen Entschlossenheit, nicht zu zerbrechen. Ich hatte meine eigene Logik, gegen den verruchten Machtmißbrauch der Regierung zu protestieren, und ich wandte sie bei jeder Gelegenheit an – besonders bei Begegnungen mit Journalisten und erst recht, wenn hochrangige Offiziere oder Regierungsbeamte mich zu sich zitierten und bemüht waren, mich lächerlich zu machen.

Als mein Vater 1950 ernsthaft erkrankte, versprach ich ihm, mich um die Renovierung unseres Hauses, das im Laufe der Jahre heruntergekommen war, zu kümmern. Nach seinem Tod stand ich zu meinem Versprechen und gab dem Haus ein neues und moderneres Aussehen. Doch die Jahre verstrichen. Ich war im Gefängnis, und der Lauf der Zeit forderte seinen Tribut. Heute ist mein Elternhaus, dieses Fragment meines Lebens, im selben armseligen Zustand wie damals, bevor mein Vater starb. Ist es nicht verwunderlich, welchen Aufwand es erfordert, sein Haus in gutem Zustand zu erhalten, während andererseits so leicht alle Mühen zunichte gemacht werden können?

P.A.T. 1998

Nur ein Glied in der Kette

Ein holländisches Sprichwort lautet „*De appel valt niet ver van de boom*". Das deutsche Äquivalent lautet: „Der Apfel fällt nicht weit vom Stamm". Im Javanischen sagt man sinngemäß: „*Kacang ora ninggalake lanjarane*" – „Grüne Bohnen kommen von ihrer Stange nicht los". Dies bedeutet, daß sich ein Kind nicht sehr von seinen Eltern unterscheidet. Lange bevor Mendel geboren wurde und das Geheimnis der Chromosomen entdeckt wurde, hatten agrarische Gesellschaften genetische Theorien über die Abstammung entwickelt, die auf den Mysterien des Blutes basierten.

Seit uralten Zeiten vermuteten primitive Völkerschaften das Geheimnis der Abstammung im Blut, doch sie drückten es in einfacher Weise aus, wie die Beispiele des Apfels und der Bohnen verdeutlichen, die für die Bande zwischen den Generationen stehen, die wiederum Glieder einer endlosen Kette sind. Doch auch „menschlichere" Worte wurden geprägt: „Kultur", „Zivilisation", „Tradition".

Es geht also darum, daß jede Person das Glied einer Kette ist, die den Menschen mit den jeweils jüngst geborenen Angehörigen der menschlichen Spezies verbindet. Da diese Beziehung im Gegensatz zu anderen zwischenmenschlichen Beziehungen rein biologisch ist, werden die Mysterien durch rationale Gedanken, Gefühle oder Intellekt niemals zu erklären sein.

In der biologischen Kette bin ich das Glied zwischen meinen Eltern und meinen Kindern. Diese Tatsache ist unwiderruflich und unumstößlich – im Gegensatz etwa zu einer sozialen Verbindung, die beispielsweise durch einen Bruch mit der Tradition durchschnitten werden kann. Mir wurde jedoch die Möglichkeit genommen, mit meinen Kindern in ihren jungen und jugendlichen Jahren zu kommunizieren. In meiner jetzigen Situation kann ich also die Rolle, die ein Vater für seine Kinder spielen sollte, nicht erfüllen. Da ich nicht bei ihnen sein kann, werden andere Menschen ihnen von mir erzählen und dabei ihre Geschichten, Interpretationen und Vorurteile einbringen. Auf diese Weise erhalten sie zwangsläufig ein verwischtes Bild von ihrem Vater. Noch stärker verwischt wird die Beziehung zwischen ihnen und ihren Großeltern, die meiner Vorgeneration angehörten.

Es ist die Pflicht eines jeden Elternteils, solche Informationslücken zu schließen – also die Glieder miteinander zu verbinden. Jede Bohne muß ihre Stange, jeder Apfel seinen Baum kennen. Erst dieses Wissen vermittelt die Fähigkeit, sich selbst einzuschätzen und zu bewerten, wo man im Vergleich zu den Eltern steht und ob man in der Abfolge der genetischen Entwicklung auf der Seite des Fortschritts oder des Verfalls steht. Ist das Kind klüger oder dümmer als die Eltern?

Toer ist der Name meines Vaters, des Begründers der Familie Toer. Ein sonderbarer Name, nicht im geringsten „javanisch". Als der Name in den 50er Jahren durch meine ersten Publikationen landesweit bekannt wurde, regte er zu vielen Spekulationen über seine Herkunft an – besonders in den Kreisen derer, die wußten, daß sein Träger ein ethnischer Javaner war. Doch in den 20er und 30er Jahren war dieser Name ein vertrauter Begriff im sozialen und politischen Leben der kleinen Stadt Blora.

In einem Gespräch mit einem polnischen Maler erfuhr ich 1956 in Kanton, daß „*toer*" in seiner Sprache „Kuh" bedeutet. Im Deutschen findet man je nach Aussprache zu den Bedeutungen „einfältiger Mensch (Tor)" oder „Pforte (Tür)". Im Javanischen bedeutet das Wort etwas ganz anderes. Doch welche Bedeutung es in welcher Sprache auch immer haben mag – ich werde diesen Namen bis zu meinem Tode mit Stolz tragen, denn es ist nicht nur der Name eines bestimmten Familiengründers, sondern auch der des Begründers einer Tradition. Zum ersten Mal erschien der Name 1923, das ein Jahr der Eskalation für die indonesische nationalistische Bewegung war. Nur ein Jahr früher hatte mein Geburtsland zu einem offiziellen politischen Namen gefunden: Indonesia.

Damals erklärte ein 26 Jahre junger Mann, der die *Kweekschool* in Yogyakarta absolviert hatte und als Lehrer an der *Hollandsch Inlandsche School* (HIS, holländische Mittelschule) in Rembang arbeitete, daß er den kolonialen Staatsdienst quittieren und „Nichtkooperation" üben wolle – so bezeichneten die Nationalisten die Taktik, nicht mit der holländischen Kolonialverwaltung zu kooperieren, weder direkt noch indirekt.

Dieser junge Mann mit athletischem Körperbau war ein Junge vom Land und hatte sich mit seiner Erklärung gegen ein feudalistisches System gewandt. Der leidenschaftliche Nationalist, der einfache Weisen auf der Violine spielen konnte und die javanische Kultur liebte, war mein Vater. Er war 1897 geboren, und zwar als Sohn eines Mannes, der den Lebensunterhalt zuerst durch Arbeit in der Moschee von Ploso Klanten und später in der Moschee von Ngadiluwih bei Kediri verdiente.

1923 heiratete der junge Mann meine Mutter, eine Absolventin der HIS Rembang, die früher seine Schülerin gewesen war. Die 1908 geborene Frau war die Tochter von Haji Ibrahim, einem prominenten religiösen Führer, der religiöser Berater des Regenten von Rembang war. Ihr Name war Saidah, und zum Zeitpunkt ihrer Hochzeit war sie fünfzehn Jahre alt.

Obwohl beide einen ähnlichen religiösen Hintergrund hatten, waren die Ehepartner recht unterschiedlich. Die körperliche Abhärtung meines Vaters drückte sich auch in seinen Meinungen und Verhaltensweisen aus, doch am stärksten respektierte ich an ihm die Geduld, mit der er Entscheidungen traf und die Fähigkeit, mit allen daraus erwachsenden Konsequenzen zu leben. Er war ein liberaler Denker, der seinen religiösen Pflichten nur die notwendigste Aufmerksamkeit schenkte und ein Mann, der den Feudalismus haßte und die javanische Kultur in höchsten Ehren hielt, ohne jemals die Stimme gegen die feudale javanische Kultur zu erheben. Er besaß tiefgreifende Kenntnisse über die javanische Literatur und war Aktivist, Schriftsteller und Komponist. Unter anderem übersetzte er den Text unserer Nationalhymne *Indonesia Raya* ins Holländische und schrieb die Zeilen zu dem ehemals populären Lied *Petruk, Gareng en Semar*. Noch heute bewundere ich die Breite des Spektrums der Interessen und Talente meines Vaters.

Meine Mutter, die aus einer der „besseren" Familien Rembangs stammte, wuchs in einem sehr religiösen Umfeld auf. Ihre Familie lebte in einem alten Gebäude der Ostindienarmee, das an der südwestlichen Ecke des Stadtplatzes stand. Als Kind entdeckte ich dort oft kleine Schätze, beispielsweise Scherben mit arabischen Schriftzügen, die von Porzellan stammten, das mein Großvater von seinen Reisen in die arabische Welt mitgebracht hatte. Auf der linken Vorderseite des Gebäudes stand ein Gebetshaus, obwohl sich die Große Moschee der Stadt am gegenüberliegenden Rand des Platzes befand. Ihr Elternhaus war ein beeindruckendes Bauwerk: Die Wände waren aus Stein, das Grundstück maß circa 4.000 Quadratmeter, und der gesamte Komplex war von einer zwei Meter hohen Mauer umgeben. Es bedarf keiner besonderen Erwähnung, daß diese Familie wohlhabend war.

Meine Mutter hatte eine westliche Ausbildung erhalten. Ihre Eltern heuerten sogar Privatlehrer an, die zu ihr nach Hause kamen. Sie wußte wenig über die javanische Kultur und konnte die javanische Schrift nicht lesen. Körperliche Arbeit war sie nicht gewohnt, denn sie war wie eine feudale Prinzessin aufgewachsen und hatte nie den Boden wischen oder kochen müssen. Sie war ein zerbrechliches Kind. Ihr Vater hatte nach ihrer Geburt eine Kuh gekauft, um das Kind mit der benötigten Menge Milch versorgen zu können. Dennoch blieb sie auch als erwachsene Frau eine zierliche Person.

1923 zogen meine Eltern von Rembang nach Blora, wo sich mein Vater unverzüglich an die Reorganisation des örtlichen Zweigs der javanischen nationalistischen Organisation Budi Utomo machte. Als die Organisation eine Schule eröffnete, übernahm er das Amt des Direktors.

Im selben Jahr wurde in Yogyakarta ein Attentat auf den holländischen Generalgouverneur verübt. Die geworfenen Granaten explodierten nicht, doch sie führten zur Abschiebung politischer Dissidenten ins Gefängnis Digul in Irian Jaya. Die wachsende nationalistische Bewegung veränderte das Leben auf Java.

Im Geiste jener Zeit hoffte mein Vater, die Budi Utomo „revolutionieren" und das Institut in eine nationalistische Schule verwandeln zu können, doch es gelang ihm nicht, die Mutterorganisation von seinen Plänen zu überzeugen. So nickte er fortan bei jedem Austritt eines Mitglieds, das sich einer radikaleren Organisation anschließen wollte, stillschweigend Zustimmung.

Ich bin mir nicht sicher, wie der Riß zwischen meinem Vater und seinen bürokratischen Vorgesetzten in der Zentrale von Budi Utomo entstand, doch wegen des statischen Zustands der Zweigorganisation in Blora wurde das Budi Utomo-Institut, für das mein Vater arbeitete, zu einer fast autonomen Ausbildungsstätte.

Ich wurde am 6. Februar 1925 geboren, und mein Vater, der ein nahezu mystisches Gespür für Wörter hatte, nannte mich Pramoedya. Den revolutionären Geist jener Zeit widerspiegelnd, leitete er den Namen von dem Satz „*Yang Pertama di Medan*" ab – „der Erste auf dem Schlachtfeld".

Als Kind unterlag ich dem Einfluß vieler älterer Verwandter: Tanten, Onkel, Großeltern. Sie alle hatten ihren eigenen Hintergrund und repräsentierten besondere soziale Gruppen. Meinen Großvater väterlicherseits kannte ich nicht, doch an meines Vaters Mutter kann ich mich erinnern: eine große Frau mit mißgestalteten Zähnen, deren rundliches Gesicht typisch javanisch wirkte. Obwohl sie eine Zeitlang bei uns wohnte, übte sie keinen bleibenden Einfluß auf mein Leben aus.

Meinen Großvater mütterlicherseits, den ich bereits erwähnte, kannte ich etwas besser. Er war ein großer, hagerer Mann mit gerader Nase und bleicher Hautfarbe, in dessen Adern vielleicht noch ein wenig arabisches oder indisches Blut floß. Im Alter zog er sich eine Krankheit zu, die ihn taub machte und lähmte. Ich weiß nicht, wie alt er war, als er starb, doch ich erinnere mich, daß er dreimal die Pilgerfahrt nach Mekka unternommen hatte. Auch weiß ich nicht, welche Krankheit ihn befiel, doch meine Mutter erzählte mir, daß ihr Vater früher Blutegel in einem Glas gezüchtet und sie mitunter an verschiedenen Stellen seines Körpers angesetzt habe.

Wie damals üblich, ging Haji Ibrahim, der Vater meiner Mutter, mehrere „Probeehen" ein, bevor er eine sozial gleichgestellte Frau heiratete. Die Probefrauen wurden summarisch geschieden und weggeschickt; ihre Kinder blieben zurück. Zu den Frauen, die er verstieß, gehörte auch meine Großmutter, die Mutter meiner Mutter. Ich habe ihren richtigen Namen nicht kennengelernt, doch sie war eine zierliche Person, die mit ihrer kleinen Nase, den recht engen Augen und der gelblichen Hautfarbe entfernte chinesische Züge trug. Sie war die „Blume eines Dorfes“, als mein Großvater sie zum ersten Mal sah. Wie meine Großmutter väterlicherseits hatte sie keine formale Ausbildung erhalten, doch sie war eine Person mit außergewöhnlicher Energie, die einen besonderen Platz in meinem Leben einnimmt. Sie war eine fröhliche Person, aber auch geduldig, optimistisch und arbeitsam. Als sie nach der Geburt eines Kindes für meinen Großvater von weiteren Pflichten im Palast dieses Mannes entbunden wurde, stürzte sie sich sofort in ein Leben, das aus fortwährender Arbeit bestand. Sie verkaufte Waren aus zweiter Hand. Immer trug sie eine bunte Mischung sonderbarer Gegenstände in einem großen Korb auf ihrem Rücken herum. Nie bat sie meine Eltern um Hilfe. Aus diesem Grund glaube ich, daß sie niemals ein richtiges Gespräch mit meinem Vater, ihrem Schwiegersohn, führte. Das einzige, was ich sie jemals zu ihm sagen hörte, war *Ndoro*, die sehr höfliche javanische Anredeform. Wenn sie zu uns kam, schaute sie zuerst nach ihren Enkeln, denen sie immer etwas vom Markt mitbrachte.

In zweiter Ehe war sie mit einem Mann verheiratet, der nichts zuwege brachte. Zuerst versuchte er seinen Lebensunterhalt als wandernder Hühnersuppenverkäufer zu verdienen, danach probierte er es mit Hühnersatay. Dann mühte er sich auf einem Reisfeld ab, das den Dorfbeamten zur Nutznießung gegeben wurde. Das einzige, was er gut zu können schien, war *keinen* Profit zu erzielen. Ihr Haus am Rande von Blora war nicht viel mehr als eine Hütte, deren Wände mit Kuhdung verkleistert waren.

Meine Mutter war das einzige Kind meiner Großmutter. Doch immer, wenn meine Großmutter von der Mutter meines Vaters oder der Stiefmutter meiner Mutter, also der Frau ihres ersten Mannes, sprach, verwendete sie das höfliche Wort *Ndoro*. Sie war die Frau, der ich, abgesehen von meiner Mutter, die größte Verehrung entgegenbrachte.

Selbst als ihr Ehemann starb, wollte sie nicht bei uns leben. Nur ein einziges Mal ließ sie sich überreden, einige Tage zu bleiben, weil sie an einer Magenkrankheit litt und ihre Enkel sie pflegen wollten. Als sie nach Hause zurückkehrte, starb sie auf der Straße vor ihrem Haus. Sie hatte uns nicht zur Last fallen wollen.

1926 unternahm die Kommunistische Partei Indonesiens, die 1923 ihren früheren Namen „Kommunistische Partei Ostindiens“ abgelegt hatte und damit als erste Organisation die Bezeichnung „Indonesien“ in ihren Namen aufnahm, eine Rebellion gegen die Kolonialverwaltung. Die Rebellion scheiterte kläglich und löste Massenverhaftungen durch die niederländischen Behörden aus – es spielte keine Rolle, welcher politischen Färbung oder religiösen Richtung die festgenommenen Revolutionäre angehörten. Zahlreiche andere Nationalisten wurden überwacht; zu ihnen gehörte auch mein Vater, der keinen Schritt unternehmen konnte, ohne daß ihm jemand folgte.

In Bandung änderten 1927 die Führer des *Indonesische Studieclub* (zu ihnen gehörte auch Sukarno, der künftige Präsident des Landes) den Namen der Organisation in Partai Nasionalis Indonesia (PNI, Nationalistische Partei Indonesiens). Nur kurz darauf schrieb sich mein Vater als Mitglied ein und wurde zum Vorsitzenden der kommunalen Organisation gewählt.

Verschiedene Leute erzählten mir – und ich spreche hier nicht von Onkeln oder Tanten –, daß mein Vater ein mitreißender Redner war, ein Löwe auf dem Podest. Er warb in der gesamten Umgebung für Stimmen und trat nicht nur im damals herrschenden Geist der Unabhängigkeit vor die Massen, sondern auch in Befolgung von Sukarnos Doktrin der Massenaktion: Ein Führer darf nicht nur vor seinem eigenen Anhang sprechen, sondern er muß auch die Konfrontation mit dem Anhang und den Führern seiner Gegner suchen.

Die Funktion an seiner Arbeitsstelle fand mein Vater immer untragbarer. Obwohl er Nationalist und Revolutionär war, mußte er in einem konservativen „unrevolutionären" Institut arbeiten. Er hatte das Gefühl, zwei Boote zur gleichen Zeit rudern zu müssen. Um das Jahr 1930 faßte er den Beschluß, eines der beiden Boote treiben zu lassen, um das revolutionärere mit ganzer Kraft steuern zu können. Er begann, das Budi Utomo-Institut zu revolutionieren, indem er das Curriculum der Regierung über Bord warf und es durch einen Lehrplan mit nationalistischer Orientierung ersetzte, den er selbst entwickelte. Die Geschichtsstunden gründeten sich nun nicht mehr auf Werke wie *Die Geschichte der Niederlande* oder *Die Geschichte von Niederländisch-Indien*, sondern sie drehten sich um die Geschichte des indonesischen Volkes. Er ließ seinen Bruder, meinen Onkel Imam Barsah, lebensgroße Porträts historischer Gestalten malen, die er als Helden im Kampf gegen die Holländer betrachtete, und er schrieb Lieder über diese Menschen, die er seinen Schülern beibrachte.

In der Schulverwaltung erwiesen sich meines Vaters Versuche, revolutionäre Glut zu entfachen, als ebenso effektiv wie das Bemühen, einen nassen Faden aufrecht hinzustellen.

Auf nationaler Ebene bereiteten repressive Maßnahmen der Kolonialverwaltung der frühen „linken Phase" der nationalistischen Periode ein Ende, und selbst die religionsnahen nationalistischen Gruppierungen, deren Politik wohl kaum als linksgerichtet bezeichnet werden konnte, sahen sich fortan durch die kolonialen Herrscher in ihrer Autorität beschnitten.

Die einzigen Bastionen, welche die linksgerichteten Nationalisten halten konnten, waren ihre Ausbildungsstätten, doch die Regierung versuchte, nun auch diese zu zerschlagen. Mit einer Keule namens *Verordnung gegen nicht genehmigte Schulen* sollten alle Privatschulen, die sich nicht an das offizielle Curriculum der Regierung hielten (auch diejenigen, die wie die meines Vaters keine Geldmittel der Regierung erhielten), geschlossen werden.

Regierungsbeamte konfiszierten die Schulbücher des Instituts, die mein Vater zusammengestellt und in Semarang hatte drucken lassen. Außerdem schnitten sie die Stromversorgung des Gebäudes ab, so daß für die Abendkurse zur Ausmerzung des Analphabetentums und zur Lehrerausbildung das nötige Licht fehlte. Dieses Vorgehen zerstörte die finanziellen Beziehungen, die mein Vater zwischen Institut, lokalen Geschäften und Sparkassen entwickelt hatte, so daß er gezwungen war, persönliche Bürgschaften auszustellen. Verschlimmernd wirkte sich aus, daß die Bewegung zur Selbstversorgung des Landes zusammenbrach, die nach dem Vorbild der indischen *Swadeshi*-Bewegung ausgerichtet war und vorübergehend die lokale Textil- und Kunstgewerbeproduktion stimuliert hatte. Als Konsequenz sahen meine Eltern (als führende Vertreter der Organisation) düstere und schwerere Zeiten heraufziehen.

In einer traditionellen javanischen Familie spielt der Mann die Hauptrolle – in guten wie in schlechten Zeiten, im Glück und im Unglück. Die Frau darf in der Statistenrolle seinen Aufführungen zuschauen, jedoch nicht handelnd eingreifen. Sie hat die Pflicht, seine Kinder zu gebären und sich um die Lasten zu kümmern, die in einem familiären Haushalt anfallen. Ein feudales javanisches Sprichwort lautet *Suarga nunut, neraka katut* – es bedeutet, daß die Frau unausweichlich an das Schicksal des Mannes gebunden ist: In guten Zeiten kann sie mit ihm zum Himmel auffahren, in schlechten Zeiten muß sie ihm in die Hölle folgen.

Doch meine Mutter, eine gefügige javanische Frau, hatte nicht nur die Konsequenzen des schrumpfenden Glücks meines Vaters mitzutragen. Nachdem sie mich geboren hatte, brachte sie ungefähr alle zwei Jahre ein Kind zur Welt. Der Haushalt vergrößerte sich in der Regel außerdem um einige Geschwister meines Vaters sowie mehrere Neffen und Nichten. Fast immer waren auch einige Pflegekinder zugegen, deren Eltern sie vorübergehend meinen Eltern anvertraut hatten, um sie von ihnen erziehen und ernähren zu lassen, da sie selbst dazu nicht in der Lage waren. Bis zu neunzehn hungrige Mäuler hatte meine Mutter zu stopfen – ganz zu schweigen von der Hilfe, die sie zahlreichen Verwandten angedeihen ließ. Die feudale Prinzessin, die nicht zur Arbeit erzogen war, gerne las und schrieb und davon geträumt hatte, ihre Ausbildung an der *Van Deventer School* für junge Frauen in Semarang fortzusetzen, war nun dafür verantwortlich, einen großen Haushalt zu führen.

Trotz aller Verpflichtungen, die von der Ernährung der ihr anvertrauten Kinder über die Pflege des Gartens bis zum Hacken der Beete reichten, fand sie noch Zeit, sich der nationalistischen Frauenbewegung zu widmen, Zeitungen und Bücher zu lesen und die religiösen Gebete einzuhalten. Meine Mutter besaß die Gabe der weisen Voraussicht. Stand ihr zusätzliches Geld zur Verfügung, so kaufte sie Porzellanwaren, die schließlich einen großen Schrank füllten. Sie vermietete das Porzellan an Leute, die etwas zu feiern hatten. Für den gleichen Zweck kaufte sie Pumplampen, und sie lernte zusätzlich nähen. Niemals sah man sie untätig. Ihre körperliche Belastbarkeit schien keine Grenzen zu kennen.

Ein Literaturkritiker warf mir einmal vor, daß ich in meinen autobiographischen Schriften der Mutterfigur zu wenig Beachtung schenke. Tatsache ist, daß ich beide Elternteile nicht genügend herausstellte, denn dies hätte ein größeres Maß an Objektivität erfordert, als ich besaß. Deshalb sage ich hier ausdrücklich, daß mich meine Eltern in meinen jungen Jahren entscheidend geprägt haben und daß ihre Standpunkte, ihr Auftreten und ihre Ideale zu einem Teil meiner eigenen Person geworden sind.

Obwohl ich seit frühester Zeit wußte, daß meine Eltern aufgrund unterschiedlicher Ansichten in beständigem Konflikt leben mußten, sah ich sie niemals streiten, weder physisch noch verbal. Drei Jahre nach dem Tod meines Vaters fand ich ein Notizbuch, das meine Eltern gemeinsam geführt hatten. An einer Stelle warf meine Mutter meinem Vater vor, daß er seine Familie vernachlässige. Vater antwortete auf ihre Kritik mit einem Gedicht, in dem er javanische Wörter in lateinischen Buchstaben schrieb und das javanische Versmaß verwendete; er argumentierte, daß er alles getan habe, was in der Macht eines Mannes liege, doch leider seien die Ergebnisse seiner Anstrengungen nicht zu beeinflussen.

*

Die *Verordnung gegen nicht genehmigte Schulen*, die zur Schließung des Instituts von Budi Utomo führte, stellte eine ernste Herausforderung für meinen Vater dar. Die Schließung der Schule bescherte den Lehrern die Probleme des Hungers und einer unsicheren Zukunft. Mehrere Mitglieder des *Volksraad* (besonders aus den Reihen der Nationalisten) legten heftige Proteste gegen die Verordnung ein, und schließlich lockerte Generalgouverneur de Jonge die strengen Bedingungen des Dekrets. Es durften wieder Privatschulen eröffnet werden, doch unterrichten durften nur Lehrer mit beurkundetem Diplom. Die nationalistischen Schulen, dieses Saatbeet der Unabhängigkeitsbewegung, waren jedoch für Lehrer, die der Oberschicht angehörten, keine attraktive Adresse. Die Lehrer an nationalistischen Schulen sahen sich als Freiheitskämpfer: Unterrichten war nicht nur ein Job, sondern es war eine Mission; es war nicht nur eine feste Einnahmequelle, sondern auch ein freiwilliger Beitrag.

Fortdauernde Proteste veranlaßten de Jonge, seine Haltung noch weiter zu lockern: Die korrigierte Verordnung gestattete auch Lehrern ohne Diplom das Unterrichten, doch sie mußten Steuern zahlen. Darauf folgte die nächste Protestwelle. Wovon sollten private Schullehrer, die im Durchschnitt nicht über zehn Rupiah pro Monat verdienten, Steuern zahlen? Als Lehrkraft hatten sie sich angemessen zu kleiden, und sie mußten auch mehr Toilettenartikel kaufen als beispielsweise ein Eisenbahnkuli, der keine Steuern zahlen mußte und mehr als ein Privatschullehrer verdiente. De Jonge lenkte ein letztes Mal ein und nahm die Verordnung zurück.

Mein Vater eröffnete seine Schule als unabhängiges Institut – nicht als Held, sondern als gewöhnlicher Lehrer. Wenn er morgens das Haus verließ, trug er ein selbst gefertigtes Kopftuch, ein weißes langärmliges Hemd und einen Batiksarong. Er ging barfuß. Mit der linken Hand hob er den Sarong ein wenig an, die rechte ließ er baumeln. So schritt er auf vornehme Weise davon, den Körper kerzengerade aufgerichtet und den Blick geradeaus gewandt, ohne nach rechts oder links zu schauen.

Der Tonfall von meines Vaters Stimme, der Glanz seiner Augen und die Sicherheit seiner Bewegungen signalisierten Autorität, doch solche Nichtigkeiten konnten die Macht der ostindischen Kolonialverwaltung nicht beeinträchtigen. Als die Schule ihre Pforten wieder öffnete, war die Zahl der Schüler um zwei Drittel geringer als früher, und die meisten der Zurückgekehrten konnten entweder keine Schulgebühren zahlen, verweigerten diese oder entrichteten reduzierte Beträge. Doch obwohl die Behörden die Nachricht verbreiteten, daß die Absolventen nichtstaatlicher Institute keine Arbeit im Staatsdienst finden könnten, besuchten auch einige Schüler aus der Oberschicht Vaters Institut.

Mais ersetzte Reis als Grundnahrungsmittel unserer Familie, doch weder Vater noch Mutter waren bereit, sich dem Druck zu beugen. Mein Vater blieb dem Eid treu, den er und andere nationalistische Kollegen einige Monate zuvor geleistet hatten, als sie mit der rot-weißen Fahne in der Hand ihre Loyalität zur Nationalflagge gelobten.

Nein, mein Vater war niemand, der leicht aufgab. Jeden Tag ging er zur Schule, um seine siebte Klasse zu unterrichten, während auf den Bänken der anderen Klassen so viele Lücken waren wie im Gebiß eines alten Mannes.

Die verschlechterte Situation unserer Familie fand ihren Ausdruck in verminderten Aktivitäten und nachlassender Zirkulation von Materialien in unserem Haus. Bis dahin war es das Produktionszentrum für alle möglichen Formulare, Flugblätter und Unterrichtsmaterialien gewesen. Anfangs hatten wir mit einer altmodischen manuellen Presse gearbeitet, doch da wir damit nicht rasch genug drucken konnten, erwarben wir eine moderne Presse und eine Matrize. Beide Maschinen waren zuvor den ganzen Abend in Betrieb, und überall standen große Körbe mit Papier. Darüber hinaus besaßen wir sieben Schreibmaschinen, die aus zweiter Hand stammten, aber noch in gutem Zustand waren. Eine Europäerin brachte unseren Leuten den Umgang mit den Druckmaschinen bei, und mein Vater stellte einen hauptberuflichen Typisten aus Semarang ein, der ihnen Schreibmaschinenunterricht gab.

Im Haus standen Reihen langer Tische und Stühle für den Kindergarten. In einem Lagerraum befand sich ein komplettes *Gamelan*-Orchester, das wir zu besonderen Anlässen kostenfrei verliehen. Draußen war Metall und Holz aufgehäuft – Rohmaterial für die geplante Schmiede- und Holzverarbeitungsschule. In einem anderen Lagerraum befanden sich Hacken, die für eine ebenfalls geplante Schule für Landwirtschaft und Handel bestimmt waren. Solche Dinge besaß meine Familie – doch wir hatten kein Grammophon, das damals in den „besseren" Häusern von Blora nicht fehlen durfte. Meine häufigen Klagen darüber stießen bei meiner Mutter auf taube Ohren.

Mein Vater zahlte oder unterstützte sämtliche Aktivitäten im Haus. Als das Schicksal nun eine Wende zum Schlechteren nahm, begann sich die Ausstattung allmählich aufzulösen. Erst war die Druckmaschine weg, und bald waren auch sämtliche Schreibmaschinen verschwunden. Den einzigen Beweis, daß wir eine Druckerei betrieben hatten, lieferten zwei Walzen, die jetzt nutzlos waren. Die Körbe für Papier waren nun leer. Draußen standen keine Fahrräder von Schülern mehr, und die Tische und Stühle für den Kindergarten gerieten in Verfall. Selbst der Vorrat an Hacken löste sich auf. Meine Mutter gab sie den Bauern, die uns aufsuchten.

Generalgouverneur de Jonge ließ öffentliche Versammlungen verbieten und verwandelte Ostindien in ein gigantisches Gefängnis. Die Unabhängigkeitsbewegung aber ließ sich nicht einschüchtern und ging in den Untergrund. Man veranstaltete nun Partys und Feste, um einander zu begegnen und drängende Fragen zu diskutieren. Andere suchten beim Ausbaggern von Wasserläufen oder Angeln Gelegenheit zum Austausch.

Mit den verminderten Aktivitäten wurde es still in unserem Haus. Mein Vater schien nur noch morgens, bevor er zur Schule ging, und mittags, wenn er zum Essen kam, zu Hause zu sein. Seine gesamte Freizeit verbrachte er bei irgendwelchen Freunden – ich vermutete, beim Glücksspiel. Ich konnte nicht in Erfahrung bringen, was dies mit Generalgouverneur de Jonges Erlaß zu tun hatte, doch es steigerte meine Abneigung gegen diesen Mann.

Die finanziellen Sorgen unserer Familie wuchsen, als sich ein „Freund" aus dem Staub machte, für dessen Darlehen mein Vater gebürgt hatte. Nun schuldete er der Bank einen beträchtlichen Geldbetrag.

Vater entfremdete sich immer stärker von der Familie. Wenn er zu Hause war, saß er bloß wortlos in seinem Sessel und qualmte eine mit Nelken versetzte Kretek-Zigarette nach der anderen. Und wenn er etwas sagte, dann war es bestenfalls die Anweisung, ihm ein Stück glimmende Kohle aus der Küche zu holen, weil das Benzin seines Feuerzeuges oder der Feuerstein verbraucht waren. Irgendwann erhob er sich aus seiner stummen Träumerei, um die Kleidung zu wechseln und zu verschwinden. Immer seltener verbrachte er die gesamte Nacht zu Hause.

*

1936 kehrte Generalgouverneur de Jonge nach Holland zurück, und sein Amt übernahm Tjarda van Starkenborgh-Stachouwer. Da sein Vorgänger der nationalistischen Linken in effektiver Weise den Teppich unter den Füßen weggezogen hatte, konnte der neue Generalgouverneur es sich leisten, die Zügel etwas schleifen zu lassen, doch die nationalistischen politischen Parteien waren durch ihre Furcht vor sofortiger Auflösung so gelähmt, daß sie aus dem Wechsel keinen Vorteil ziehen konnten. Infolgedessen glitt die Unabhängigkeitsbewegung in eine Phase der extremen Depression.

In diesem mittleren Kapitel der nationalistischen indonesischen Geschichte nahmen die Nationalisten schließlich das Ziel in Angriff, ihre wenige verbliebene Kraft zu konsolidieren. Ihre Anstrengungen führten zur Fusion politischer Parteien und nationalistischer Organisationen, aus denen die *Partai Indonesia Raya* (Parindra, Partei für Groß-Indonesien) hervorging.

Unter dem Banner der Parindra fand die nationalistische Bewegung zu der Form zurück, die zu Anfang des Jahrhunderts populär gewesen war: Sie war eher eine „soziale" als eine „politische" Bewegung (jedoch eine landesweite!), in der die Menschen ihre Energie darauf verwendeten, einander unter die Arme zu greifen, Selbsthilfegruppen zu bilden, Spar- und Darlehenskassen zu gründen und Geldmittel für diverse gute Zwecke zu sammeln – etwa für die Errichtung eines gemeinnützigen Gebäudes, die Gründung einer Druckerei und dergleichen mehr. Niemand schien den Mut aufzubringen, die Augen zu öffnen und der Macht der holländischen Kolonialregierung in Indonesien ins Gesicht zu schauen.

Mein Vater, der den Verfall der nationalistischen Linken noch immer nicht überwunden hatte, vermochte für diese Wende der Ereignisse nur wenig Enthusiasmus aufzubringen, und so beschloß er, seine nationalistischen Aktivitäten vorübergehend auf das Klassenzimmer zu beschränken.

Er weigerte sich, in seiner Schule die von der Regierung zugelassenen Lehrbücher zu benutzen, und statt seinen Schülern die holländischen Lieder beizubringen, die in jenen Büchern vorgegeben waren, lehrte er sie Lieder, die er oder andere indonesische Liedermacher komponiert hatten. In seinem Klassenzimmer riß er die Poster, welche die Regierung für den Geschichtsunterricht verschickte, von den Wänden und vernichtete sie, denn die überdimensionalen Bilder zeigten Europäer in vorteilhaftem Licht und ließen die einheimische Bevölkerung primitiv erscheinen. Als die Bambuswände der Schule durch Teakbretter ersetzt wurden, ließ er Landkarten auf die Wände malen, die Java mit seinen Verwaltungseinheiten, Indonesien und alle Kontinente zeigten. Er weigerte sich, an seiner Schule die holländischen Feiertage feiern zu lassen und untersagte das Hissen der niederländischen Flagge.

Wahrscheinlich aus diesen Gründen erwuchsen meinem Vater weitere Probleme: Eines Abends geschah etwas Ungewöhnliches – mein Vater verließ das Haus nicht. Er saß in seinem Sessel in sicherer Distanz zur permanent spritzenden Pumplampe, so als warte er auf etwas. Und dann erschienen drei Besucher – Mitglieder des Direktoriums von Budi Utomo –, die rasch mit meinem Vater eine angeregte und von Gelächter erfüllte Unterhaltung aufnahmen. Nach einer Weile aber wurde die Unterhaltung plötzlich ernst, als einer der Besucher mitteilte: „Wir sind gekommen, *Mijnheer* Toer, um über die Schule zu sprechen."

Mein Vater erwiderte auf Javanisch: „Nach all diesen Jahren, in denen mir niemand bei der Lösung der Probleme der Schule geholfen hat, nehmen Sie sich heute aus heiterem Himmel die Zeit, herzukommen. Was also ist los?" Je ernster das Gespräch wurde, desto mehr wich das Javanische dem Indonesischen und Holländischen. Einer der Männer erklärte, daß eine Kommission gebildet worden sei, die sich um die Verwaltung des Budi Utomo-Instituts kümmern werde, und „daß wir mehrere Beschwerden von seiten des Lehrkörpers erhalten haben, die darauf anspielen, daß Sie den Bedürfnissen anderer Lehrer ungenügende Aufmerksamkeit schenken und daß Sie die Schulgebühren von Studenten zum Glücksspiel verwenden würden."

Es folgte eine lange Pause, bevor mein Vater erwiderte: „Nun denn, erzählen Sie mir auch den Rest."

„Sowohl die Kommission als auch die Lehrer hoffen, daß Sie Ihr Amt im Interesse der Schule freiwillig niederlegen."

Es hatte den Anschein, als wollte Budi Utomo der Kolonialregierung gefällig sein, indem sie die Schule meines Vaters zurück in ihren früheren Status versetzte und das von der Regierung bewilligte Curriculum wieder akzeptierte, das vor der Politisierung der Schule den Lehrplan bestimmt hatte. Einer der Männer gab zu verstehen, daß die Regierung der Schule in diesem Falle vielleicht eine Unterstützung zahlen werde.

„In wessen Auftrag wurde die Kommission gegründet?" wollte mein Vater wissen. Er sprach so eindringlich, als stehe er vor einem öffentlichen Forum. Dann machte er eine Pause, um auf die Antwort zu warten. Als diese nicht erfolgte, fragte er: „Und wer gab der Kommission die Befugnis, sich in die internen Angelegenheiten des Instituts einzumischen? Der Stellvertretende Distriktoffizier? Oder hat sich Budi Utomo wieder in Blora niedergelassen?" Wieder machte er eine Pause, doch erneut blieb es still. „Wer bat mich, die Schule zu führen? Wer unterzeichnete den Vertrag mit mir? Waren Sie es nicht selbst? Erinnern Sie sich daran, daß die Organisation mir, ohne daß ich es verlangte, ein höheres Gehalt versprach, als ich im Regierungsdienst hätte verdienen können ... plus alle zwei Jahre eine Erhöhung? Wollen Sie wissen, wie hoch mein Monatsgehalt heute ist? Seit ich Direktor dieser Schule bin, hat die Organisation keines ihrer Versprechen mir gegenüber eingehalten. Sie können die Bücher des Schatzmeisters gerne persönlich kontrollieren. Budi Utomo existiert hier nicht als Organisation, wo also kommt das Geld für die Schule her? Nicht ein einziger Sen ist auf dem Spieltisch verlorengegangen. Wenn Sie meinen Vertrag anschauen, dann werden Sie sehen, daß das Gehalt, daß ich in den letzten zehn Jahren hätte bekommen sollen, den Geldwert des Schulgebäudes und des Grundstücks übersteigt. Sie können sicher sein: Wenn ich diese Angelegenheit vor Gericht bringe, wird man mir unweigerlich Recht geben. Selbst mit allem, was sich in der Schule befindet, wird die Summe nicht ausreichen, um mich auszuzahlen. Wenn ich ein habgieriger Mensch wäre, könnte ich diese Sache rasch zu meinem Vorteil erledigen. Und wie lauten die Beschwerden der Lehrer? Bei unseren wöchentlichen Treffen, die wir freitags abhalten, hat jeder die Gelegenheit, mit mir zu sprechen. Ihre Beschuldigungen sind falsch und diejenigen, die sie vorbringen, sind Verräter. Am guten Ruf der Schule wollen sie teilhaben, doch in schlechten Zeiten ...“

Als Folge dieses Gesprächs erschienen am nächsten Morgen mehrere Lehrer nicht zur Arbeit. Da nur vier Lehrkräfte übrigblieben, mußte mein Vater die Schule schließen, bis neue Lehrer gefunden waren. Doch selbst als dies geschehen war, konnte sich die Qualität des Unterrichts nicht mehr an derjenigen der Hollandsche Inlandsche School messen. Mein Vater konnte seine Depressionen und seine Enttäuschung nicht überwinden.

*

In diesem Kapitel der nationalistischen Bewegung beschnitt auch meine Mutter ihre Aktivitäten außer Haus. Da sie nicht bei bester Gesundheit war, verbrachte sie mehr Zeit mit Lesen, doch nie vergaß sie, sich um die Belange ihrer Kinder zu kümmern. Nur noch selten setzte sie sich an die Nähmaschine der Marke Singer, die ihr Stolz und ihre Freude gewesen war – nun wartete die Maschine stumm auf sie.

Ungefähr zu jener Zeit zogen die Schwester meines Vaters, ihr Mann, der seit dem kommunistischen Aufstand von 1926 im Untergrund gelebt hatte, und ihre Kinder ins Haus meiner Eltern. Chronische Tuberkulose hatte den Mann bereits so geschwächt, daß der Doktor ihm kaum noch ein Jahr zu leben gab. Und die Zahl der Münder, die meine Mutter zu ernähren hatte, war wieder größer geworden.

Vor dem Hintergrund aller Schwierigkeiten, unter denen unser Haushalt litt, rückte ich meiner Mutter Schritt um Schritt näher und damit immer weiter von meinem Vater fort. Dessen einziges Interesse am Familienleben äußerte sich in gelegentlicher Beteiligung an der Gartenarbeit.

Das Jahr 1937 brachte Spannungen und verschärfte Sicherheitsmaßnahmen. Die Heirat von Prinzessin Juliana der Niederlande und Prinz Bernhard, einem Schweizer Geschäftsmann, der einem deutschen Adelshaus entstammte, stand bevor. Die Prinzessin war achtundzwanzig Jahre alt, der Prinz sechsundzwanzig. Die Javaner, die eine Schwäche für Zahlendeutung haben, sagten voraus, daß das Paar keine männlichen Erben haben werde und nur Mädchen als Nachkommen zeugen könne. Anläßlich der bevorstehenden Hochzeit wurden auch in Indonesien große Feierlichkeiten geplant, und mein Vater sah sich vor neue Probleme gestellt.

Die Regierung erklärte, daß alle Schulen verbindlich an den Zeremonien teilzunehmen hätten, doch mein Vater weigerte sich, die holländische Nationalhymne „Wilhelmus" zu singen, die holländische Trikolore zu schwenken und bei der Parade mitzumarschieren. Es folgten lange Verhandlungen zwischen Vater und den lokalen Behörden. Vater ließ sich in der Frage der Hymne und der Flaggen nicht erweichen, und schließlich lenkte der stellvertretende Distriktoffizier ein. Die Schule mußte „Wilhelmus" nicht singen und auch die Flaggen nicht schwenken, doch dafür mußten die Schüler an der Parade teilnehmen und die Symbole der königlichen Heirat zeigen.

Die Lehrer, die malen und Holz bearbeiten konnten, wurden mobilisiert, und am Tag der Parade erschienen die Studenten der Schule meines Vaters mit einem großen Porträt der Prinzessin und des Prinzen – Seite an Seite auf einer stilisierten Howitzerkanone, deren Mündung der Stamm eines Papayabaumes war. Dies sollte symbolisieren, daß die Heirat inmitten von Kriegsvorbereitungen geschlossen wurde.

Die Abordnung unserer Schule war von langen Reihen Flaggen schwenkender Schüler umschlossen, doch unsere Hände blieben leer. Die anderen sangen ihre einstudierten Lieder, doch wir blieben stumm. Wir erhielten keinen Applaus. Dennoch sprach man uns einen dritten Preis zu.

Ich war stolz auf Vater, denn er hatte einen ehrenvollen Sieg errungen. Zumindest für den Augenblick war er mein Held, und ich vergaß, wie er sich seiner Familie und insbesondere Mutter gegenüber verhielt. Wahrscheinlich spürte er nichts von meinem Stolz auf seine Person, denn seine Enttäuschung hielt ihn auch jetzt gefangen.

Die sich verändernde Situation im Land entstand aus den Ereignissen im fernen Europa. Nach einer erfolgreichen Demonstration seiner Waffen in Spanien, wo General Franco die demokratischen Kräfte zerschlagen hatte, rüstete Deutschland auf. Mit Mussolini als Kronprinz herrschte der Faschismus nun in Italien, Deutschland und Spanien.

Die einfachen Bürger von Blora begegneten der deutschen Stärke mit Ehrfurcht. Sie sympathisierten mit deutschen Produkten, die sie kannten, respektierten und liebten. Nun schnitten sie die Bilder von nationalsozialistischen

Paraden aus den Titelseiten der Zeitungen, um sie an die Bambuswände ihrer Hütten zu kleben. Die in Reih und Glied marschierenden deutschen Soldaten, die hohe Stiefel und Hakenkreuze zur Schau stellten, waren ein beeindruckender Anblick, und ihre Stahlhelme wirkten so furchteinflößend wie die Dinge, die in holländischen Fabriken produziert wurden. Die Menschen mußten sich die Namen neuer Waffen einprägen – Torpedo, Panzer, Panzerwagen, Seemine, Landmine, Fernlenkgeschoß –, die niemals in einem Schattenspiel genannt worden waren. Der Ozean schluckte Schiffe aller Nationen, die zur Beute von den Torpedos der Unterseeboote wurden. „Was ist ein Blitzkrieg?" fragten die Menschen. „Und was ist Anschluß?" Sie ignorierten die russische Invasion Finnlands und vergaßen Holland gänzlich. Im Ansturm der Hakenkreuze tragenden Soldaten fielen Deutschlands Nachbarn innerhalb weniger Tage. Tschechoslowakei, Österreich, Ungarn, Polen – nun wußte man, was Blitzkrieg war. Mein Vater mühte sich nach Kräften, diese Entwicklungen den Schülern seiner siebten Klasse zu erklären.

Die französische Maginotlinie wurde in der Propagandapresse als unüberwindbare Bastion für die deutschen Truppen gefeiert, doch die Deutschen starteten keinen Frontalangriff, sondern umgingen die Linie, und Frankreich fiel. Holland verteidigte sich nur drei Tage lang gegen den deutschen Blitzkrieg. Belgien fiel binnen einer Woche.

Die niederländisch-indischen Kolonialbehörden inhaftierten Deutsche und Europäer, die mit den Deutschen sympathisierten – besonders die Anhänger der nationalsozialistischen Bewegung. Jeden Tag brachten die Zeitungen Bilder von Hitler, Himmler und von Ribbentrop. Dann griff Italien Abessinien an, und auch dieses Land fiel. In Asien stand Japan auf, und bald war die Achse Berlin-Rom-Tokio wie die Klaue eines Adlers, der die Welt in festem Griff hielt. In Niederländisch-Indien bekundeten die Führer der Parindra Sympathie zu Japan, und in Nachahmung der Japaner wählten die Jugendlichen jener Partei die aufgehende Sonne zu einem ihrer Symbole. Auch den Hitlergruß übernahmen sie. Die Behörden wurden immer nervöser.

In der internationalen Welt wurde der Ruf nach einer antifaschistischen Front laut – politische Überzeugungen oder der Zustand eines Landes seien sekundär. Die teuflische Berlin-Rom-Tokio-Achse sei eine Bedrohung für die gesamte Menschheit, der man sich widersetzen müsse. Außerhalb Asiens erklärten die kommunistischen und liberal-demokratischen Länder ihren Beitritt. In Asien begannen die Amerikaner, auf den Philippinen eine antifaschistische Front zu errichten. In Malaya und Burma folgten die Briten diesem Beispiel, indem sie *ihre* „kolonialen Kinder" mit Waffen ausstatteten und sie in moderner Kriegsführung ausbildeten. Die Franzosen taten dasselbe in Indochina. Und das alles im Namen des Kampfes gegen Japan. Nur in Niederländisch-Indien zögerten die Kolonialherren, da sie die Befürchtung hegten, daß eine bewaffnete indonesische Bevölkerung sich gegen die eigenen Herren erheben könnte.

Nach der Gründung antifaschistischer Fronten in anderen Ländern forderten Parindra und die ihr nahestehenden Organisationen die Regierung auf, ihnen Waffen zu geben. Eine Bürgerwehr sei von höchster Bedeutung, doch die Regierung ignoriere diese Tatsache. Dann schlug Parindra eine andere Taktik ein, um an Waffen zu kommen: Die Partei forderte ein eigenes Parlament für Indonesien, doch der Forderung wurde nicht stattgegeben. Die Sympathie, welche die Führer der Parindra für Deutschland und Japan geäußert hatten, verschärften das Mißtrauen der Regierung gegen diese Organisation.

Im zaghaften Versuch, die Voraussetzungen für die Bildung einer antifaschistischen Front zu schaffen, begannen die Kolonialbehörden, ihre Fühler zu den nationalistischen, linksgerichteten und kommunistischen Untergrundbewegungen auszustrecken, doch sie machten keine Versprechen auf Waffen. Da die Behörden ihren eigenen Untertanen stark mißtrauten, setzten sie ihre Hoffnungen auf die kolonialen Bastionen Indochina, Philippinen und Singapur.

Ungefähr zu jener Zeit geschah etwas Bemerkenswertes: Die Regierung bot Vater an, an der staatlichen *Hollandsch Inlandsche School* zu unterrichten. Vater diskutierte das Angebot mit Mutter und seinen Kollegen. Für mich, der ich die Bedeutung einer „antifaschistischen Front" nicht erfaßte, war es ein welterschütterndes Ereignis. Vater und seine Familie hatten Staatsbeamte nie akzeptiert. Sie verachteten jeden, der in der niederländisch-indischen Armee gedient hatte, und rümpften über alle die Nase, die sich in den Dienst der kolonialen Polizeikräfte stellten. Und nun wurde Vater gefragt, ob er in den Staatsdienst eintreten wolle. Der Mann, den ich als Inbegriff der Männlichkeit ansah und respektierte, der sich voll und ganz der Sache der nationalen Unabhängigkeit verschrieben hatte, der von seinen Freunden geschätzt und seinen Feinden gefürchtet wurde, den die lokalen Verwaltungsbeamten wie die Pest mieden – ihm bot man eine Position im Staatsdienst an, und zwar in derselben Regierungseinheit, die er vor sechzehn Jahren als „Unkooperativer" verlassen hatte.

Da ich vollkommen sicher war, daß er ablehnen würde, war mein Vertrauen in die Überzeugungen meines Vaters tief erschüttert, als er zusagte. Das war nicht der Mann, auf den ich stolz war. Er war nicht anders und nicht besser als alle anderen auch. Meine Enttäuschung über ihn und meine Ansicht, daß er ein wankelmütiger Idealist sei, blieben für längere Zeit bestehen und änderten sich erst, nachdem ich selbst begonnen hatte, die Geschichte der Unabhängigkeitsbewegung zu studieren.

Als Lehrer an der HIS bezog Vater das Sechsfache seines Gehaltes am Budi Utomo-Institut, an dem er auch weiterhin die oberen Klassen unterrichtete. Aufgrund meiner Unkenntnis der Geschichte betrachtete ich ihn nicht länger als meinen Vater. Ich schämte mich ungemein vor Freunden, Nachbarn und allen, die ich kannte oder die mich kannten. Ich haßte ihn. Ich verlor meinen Respekt vor ihm. Wenn dies sein wahrer Charakter war, warum hatte er dann nicht schon viel eher aufgehört, die Kooperation zu verweigern? Dann hätte Mutter wenigstens nicht so ein hartes Leben führen müssen.

Ich verabscheute meinen Vater, und nichts, was er damals sagte, konnte meine Meinung ändern. Ich war erst vierzehn und besuchte die siebte Klasse, und ich hatte innere Kämpfe und Haßgefühle auszuhalten, die ich vor niemandem enthüllen konnte. Ich gelobte, mich dem Einfluß meines Vaters zu entziehen. Damals leistete ich zum ersten Mal den Schwur, meine eigene Persönlichkeit zu entwickeln.

Die Schlange, die Japans Militär war, vermochte den Frosch China nicht vollständig zu verschlingen, und so machte sie sich auf den Weg nach Süden. Zwei britische Kriegsschiffe, die *Repulse* und die *Prince of Wales*, waren frühe Opfer. Als die Japaner Pearl Harbour angriffen, erfolgte nur wenige Stunden später die Kriegserklärung der Allierten, zu denen auch Niederländisch-Indien gehörte.

Der Reihe nach fielen die kolonialen Bastionen an die Japaner. Die ABCD-Front, die aus amerikanischen, britischen, chinesischen und holländischen Streitkräften bestand, zerbrach. Die Briten zogen sich sofort aus der Allianz zurück. Warum auch nicht? Sie hatten keinen Grund mehr, ihre Kolonien zu verteidigen: Malaya und Singapur waren verloren.

Als Singapur eingenommen wurde, wußte jeder, daß es nur noch eine Frage der Zeit war, bis auch Niederländisch-Indien fallen würde: Die Ölfelder Sumatras und Kalimantans würden zu Japans ersten Zielen gehören. Die Seeschlacht in der Javasee sollte zum letzten Aufbäumen der niederländisch-indischen Regierung werden.

Zu Beginn der Besatzungszeit übernahmen Angehörige des japanischen Militärs das Budi Utomo-Institut, und ab sofort hatten die Schüler japanisch zu lernen. Ich weiß wenig darüber, welche Aktivitäten mein Vater zur Zeit der japanischen Besatzung betrieb, doch ich erinnere mich noch gut an eine bestimmte Begebenheit: Als die Japaner anordneten, sämtliche Kris und andere zeremonielle Stichwaffen abzuliefern, beauftragte mein Vater mich, seinen persönlich Kris – unser Familienerbstück – in das Büro des Stellvertretenden Subdistriktoffiziers zu bringen. Dort sah ich einen Raum, der mit Krisen überfüllt war.

„Dieser ist von den Toers", sagte ich und hielt dem Offizier Vaters Kris entgegen. Der Mann wagte es nicht, ihn zu berühren. Er sah mich an und murmelte hastig: „Bring ihn dahin zurück, wo er herkommt."

Nach dem Tod meiner Mutter und meinem Umzug nach Jakarta wurde mit der Zeit nahezu alles, was in meinem Elternhaus materiellen Wert hatte, verkauft: Die Porzellansammlung meiner Mutter, die Familienbibliothek und selbst die

Notizen und Papiere meines Vaters, die als Packpapier verscherbelt wurden. Aus einem Artikel einer Tageszeitung aus Semarang erfuhr ich, daß mein Vater unter allen Studenten, die in der Residenz Pati Japanisch lernten, den zweitbesten Abschluß erzielt hatte. Damals war er sechsundvierzig.

Etwa um dieselbe Zeit schrieb er mir in einem Brief, daß er nicht beabsichtige, noch einmal zu heiraten – seine Ehe mit meiner Mutter sei mit einem Versprechen verknüpft gewesen, das beide Parteien freiwillig geleistet hätten: Ungeachtet dessen, wer von beiden zuerst sterbe, solle der zurückbleibende Partner nicht wieder heiraten, es sei denn, der verstorbene Partner habe noch seine ausdrückliche Einwilligung erteilt. Er war ein wunderlicher Kauz, mein Vater ...

Doch nie begegnete er anderen Menschen mit Respektlosigkeit, und niemals verletzte er bewußt jemandes persönliche Rechte. Wenn er eine Schwäche hatte, dann war es sein Hang zum Glücksspiel. Anderen verzieh er gemachte Fehler großmütig, und er war stets bereit, in der Not zu helfen. In seinem Haus zog er zahlreiche Kinder anderer Leute auf, die er außerdem unterrichtete und zum Schulabschluß führte. Er stellte einem Mann, der in Not war, kostenlos ein Haus zur Verfügung, und einem anderen gab er einen Reisspeicher, ohne etwas dafür zu verlangen. Und ebenfalls ohne einen Gedanken an Erstattung zu verschwenden, stellte er einem Bekannten Geldmittel zur Verfügung, damit dieser eine Werkstatt eröffnen und die benötigten Werkzeuge kaufen konnte. Er gab vielen Leuten Geld, die ein Geschäft eröffnen wollten. Und nicht zuletzt bildete er eine große Anzahl potentieller Nationalisten aus. Doch mein Stolz auf ihn wird mehr als durch alles andere durch die Tatsache genährt, daß er ein Nationalist war, der sich mit Herz und Seele der Unabhängigkeitsbewegung verschrieb.

Er starb im Juni 1950, also in einer Zeit des Friedens und nur kurz nachdem sein Vaterland unabhängig und frei geworden war. Er hatte Java niemals verlassen, und es war ihm nicht vergönnt, den Geschmack der nationalen Unabhängigkeit, für die er so lange gekämpft hatte, auszukosten. Ich schrieb über die letzte Phase seines Lebens in meiner Novelle *Mensch für Mensch*. Als ich einst im Ausland eine Universität besuchte, an der Indonesisch gelehrt wurde, bat mich ein Assistent des Dozenten am Fremdspracheninstitut, einige Seiten aus diesem Buch auf ein Tonband zu sprechen. Als ich die Passagen las, die er aufgenommen haben wollte, begann ich zu weinen. Das war 1960, zehn Jahre nach Vaters Tod.

In einem anderen Brief schrieb er folgende Worte, die mir tief ins Bewußtsein drangen: „Du bist unter deinen Geschwistern der Älteste, und damit fällt dir die Aufgabe zu, die Kraft unserer Familie aufrechtzuerhalten."

Ich sehe über mir zwei Kettenglieder, die ich nicht in allen Einzelheiten kenne. Unter mir sind zwei weitere Glieder, die ich ebenfalls nicht kenne – oder besser gesagt, die ich noch nicht näher kennenlernen konnte, obwohl sie wahrscheinlich ein wenig von mir wissen.

Bin ich das Glied, das diejenigen über mir mit denjenigen unter mir verbindet? Ich weiß es nicht. Doch kann ein Apfel weit vom Stamm fallen? Können Bohnen sich von ihrer Stange lösen? Sagt ihr es mir. Ich habe getan, was ich tun konnte.

Blumen für Mutter

Eine Frau kann viele, wenige oder keine Kinder gebären, doch ein Kind kann nur eine Mutter haben. Selbst wenn ein Kind seine Mutter niemals kennenlernt, ist dies eine unumstößliche Tatsache. Ein Kind, das seine Mutter nicht kennt, muß auch nicht unbedingt etwas über die Qualitäten der Frau erfahren, die es einst unter dem Herzen trug. Ich las einmal, daß für Hawaiianer nicht diejenige die Mutter ist, die ein Kind zur Welt bringt, sondern die, die sich um das Kind kümmert und es großzieht. Aus streng soziologischer Perspektive ist gegen diese Ansicht nichts einzuwenden, doch sie zieht nicht in Betracht, daß zwischen Mutter und Kind biologische, psychologische und vielleicht sogar mystische Beziehungen bestehen.

Außerdem las ich irgendwo, daß sich ein Mann niemals sicher sein kann, ob ein Kind tatsächlich sein eigenes ist, während die Frau dies ganz genau weiß.

In früheren Zeiten sahen Menschen ein mystisches Band zwischen Mutter und Kind, doch diese Ansicht ist wohl das Produkt eines Zeitalters, in dem noch keine Logik regierte. Die indonesischen Geschichten von *Malim Kundang* und *Dampo Awang* sind Vermächtnisse aus jener Zeit. Andere Geschichten aus antiker Zeit wie Griechenlands *König Ödipus*, Javas *Prabu Watu Gunung* oder Sundas *Sangkuriang* erzählen ebenfalls von Beziehungen zwischen Mutter und Kind, die weit über das übliche Maß hinausgehen.

Im langen Verlauf der Zeit haben die Beziehungen von Müttern zu ihren Söhnen und von Söhnen zu ihren Müttern zahlreiche Geschichten geboren, die alle zugleich Produkt und Überbau der sozialen Basis des Lebens sind. Ich bilde da keine Ausnahme. Meine Beziehung zu meiner Mutter war wesentlich enger als die zu meinem Vater oder zu meinen Geschwistern.

Als ich aufwuchs, kannte ich den Namen meiner Mutter nicht. Erst als sie starb und ich die Inschrift auf dem Holzpfahl las, der ihr Grab markierte, erfuhr ich, daß sie Saidah hieß. Was für ein Schicksal hatten die Frauen jener Zeit zu tragen: Nach der Heirat verlor eine Frau nicht nur sich selbst, sondern auch ihren Namen. Immer, wenn ich in Gedanken bei ihr bin und ganz besonders wenn ich versuche zu schreiben, ist sie nebelhaft in Vaters Schatten präsent. Wer weiß, womöglich lastet der zweigesichtige Ödipus-Komplex des Sohnes, der die Mutter liebt und den Vater haßt, auf meinem Unterbewußtsein. Doch auch wenn Mutter im Schatten meines Vaters steht, war sie die zentrale Figur meiner Kindheit. Deshalb will ich über sie schreiben. Ich werde Blumen für sie sammeln. Und auch wenn ich die Blumen ungeschickt auswähle und schlechtes Gespür für ihr Arrangement erkennen lasse, sollen die folgenden Aufzeichnungen das Bukett sein, das ich ihr zu Füßen lege.

Meine Mutter war selbst nach indonesischen Maßstäben eine zierliche Frau, doch für die Männergenerationen vor meiner Zeit repräsentierte sie das körperliche und sexuelle Idealbild. Sie ähnelte ihrer Mutter, meiner Großmutter, deren Namen ich niemals erfuhr. Beide Frauen besaßen bewundernswerte körperliche Energie – immer waren sie mit irgendeiner Arbeit beschäftigt und selten sah man sie rasten, doch es bestanden auch Unterschiede zwischen ihnen. Meine Großmutter war robust, meine Mutter eher zerbrechlich.

Ihre Gesichtszüge ähnelten sich sehr, obwohl es auch hier Unterschiede gab. Meine Großmutter hatte eine markante Gesichtsfarbe, die durch das konstante Lächeln auf ihren Lippen und den hellen Glanz ihrer Augen noch hervorgehoben wurde. Meine Mutter hingegen hatte traurige Augen, und sie schaute eher furchtsam in die Welt. Ihre Gesichtszüge wurden von einer dunklen Schattierung überlagert, und winzige Punkte, die an weiße, nicht aufbrechende Pickel erinnerten, beeinträchtigten ihren Teint. Im Vergleich wirkte meine Großmutter jünger.

Als meine Mutter mir einmal von der Vergangenheit erzählte, sagte sie beiläufig: „Als ich mit dir schwanger war, träumte ich, daß ein alter Mann zu mir kam und mir ein kleines Messer gab.“ Der Tonfall ihrer Stimme kann nur am Beispiel eines unglücklichen Javaners, der keinen materiellen Wohlstand besitzt und Träume als integralen Bestandteil des Lebens betrachtet, verdeutlicht werden. Für solche Javaner sind Träume das Omen der unabänderlichen Zukunft einer Person. Ein Messer symbolisiert Schärfe, doch ungeachtet dessen, wie Mutter ihr Traumbild deutete, hatte es unzweifelhaft starken Einfluß auf ihre Ansicht über meine künftige Rolle im Leben und meinen Platz in der Welt.

Ihre Geschichten entfachten in mir, dem kleinen und leicht zu beeindrukkenden javanischen Knaben, ein Gefühl der Aussichtslosigkeit und Vergeblichkeit, doch angesichts der Natur des javanischen Denkens, das nicht ohne weiteres zu einer objektiven Weltsicht befähigt, kann ich Mutter dafür keine Schuld zuweisen. Sie war Repräsentantin ihrer Generation, welche die moderne Zivilisation und fortschrittliche Gedanken erst zu entdecken begann. Sie orientierte sich an der alten javanischen Weltanschauung, die von Armut geprägt war, was die Hinwendung zu größerer Objektivität sehr erschwerte – vor allem, was materiellen Wohlstand betraf.

Aus diesen Gründen spielte in meiner Kindheit der Aberglaube eine wichtige und bestimmende Rolle. Der Aberglaube bestimmt die Einstellung eines Menschen zum Leben. Selbst wenn der Verstand eines Menschen rasiermesserscharf ist, wird ihn der Aberglaube kontrollieren, solange er nicht die Fähigkeit oder Bereitschaft entwickelt, sich der materiellen Welt objektiv zu nähern.

Ich rüge nicht, daß Mutter den Worten einer alten Händlerin, die gewebte Sarongs verkaufte und nebenbei aus der Hand las, Glauben schenkte, als diese meine Hand ergriff, die Handfläche musterte und orakelte: „Du bist eine Blume, mein Junge. Eine sonderbare Blume, die von der einen Hälfte des Volkes geliebt und von der anderen verachtet sein wird." In Mutters Welt und Denkgefüge mußte unweigerlich auch diese Weissagung als Hinweis auf die Zukunft ihres Sohnes gelten.

Als wir eines Tages einen älteren Bekannten besuchten, bat mich jener Freund meiner Mutter, eine meiner Fußsohlen sehen zu dürfen. Da der Mann nicht im Rufe stand, ein *Dukun* zu sein, war seine Bitte recht ungewöhnlich, doch ich zeigte ihm meine Sohle, und er betrachtete sie sorgfältig. „Oh, oh, was für eine Fußsohle", verkündete er. „Es ist klar, daß du niemals ein hohes Amt bekleiden wirst!"

Ich weiß nicht, ob seine Prophezeiung Mutter beunruhigte. Mich jedenfalls störte sie nicht, denn nach meiner damaligen Denkweise hatte ich längst beschlossen, keinesfalls eine gehobene Verwaltungsposition anzustreben. Auch Mutter selbst hatte einmal die Bemerkung geäußert, daß es ihr nicht gefallen würde, wenn eines ihrer Kinder in die Verwaltung oder den höheren Staatsdienst ginge. Als Frau eines glühenden Nationalisten lehnte sie alles „Koloniale" ab.

Als ich das sechste Schuljahr besuchte, ernteten wir Mais auf einem Feld am anderen Ufer des Lusi. Als die anderen Kinder und ich uns in einer Pause um sie scharten, fragte Mutter, was ich einmal werden wolle, wenn ich erwachsen sei.

„Bauer", erwiderte ich spontan.

„Du bist nicht dazu gemacht, ein Bauer zu sein", entgegnete sie unverzüglich, „denn dazu bist du zu faul. Du bist ein Mensch, der frei sein muß." Und auf Englisch fügte sie hinzu, bevor sie mir die Bedeutung des ausländischen Satzes erläuterte: „An all around person!"

Mutter las gerne. Sie verstand Javanisch in lateinischer Schrift sowie Malaiisch und Holländisch. Sie informierte sich in den Tageszeitungen von Surabaya und Semarang und blätterte gerne in Büchern und Magazinen, die wir erhielten. (Als Schulleiter erhielt mein Vater viele Publikationen kostenlos.) Wenn sie abends im Kreise ihrer Kinder saß oder sich hinlegte, um ihr Jüngstes zu stillen, bastelte sie aus dem, was sie gelesen hatte, Geschichten für uns. Sie war eine ausgezeichnete Erzählerin, die uns leicht in ihren Bann ziehen konnte. Mehrere

Abende lang erzählte sie uns die Geschichten von *Angling Darmo* und ihrem Lieblingshelden *Amir Hamzah*, doch auch die vielen Geschichten, die das Verlagshaus Balai Pustaka publizierte, sowie westliche Erzählungen oder Märchen kamen nicht zu kurz.

Ab meinem fünften Schuljahr begann sie, mir von zeitgenössischen nationalistischen Gestalten zu berichten. Zum Beispiel erzählte sie mir die Lebensgeschichten von progressiven Frauen wie S. K. Trimurti und Rasuna Said, die sie bewunderte. Feurig sprach sie von Gandhi und der indischen nationalistischen Bewegung, und häufig flocht sie in ihre Geschichten Exzerpte von Sven Hedin, Marco Polo oder Pinkertons Mysterien ein. Doch obwohl in Vaters hervorragender Bibliothek auch die javanischen Klassiker *Pustaka Raja Jarwa* und *Pustaka Raja Purwa* standen, erzählte sie uns die darin enthaltenen Geschichten nie.

Ihre Geschichten und schönen Phantasien stimulierten unsere Vorstellungskraft und nährten in unseren jungen Seelen den Traum, eine bessere und perfektere Welt aufzubauen.

Nicht selten unterbrach Mutter eine Geschichte mit einem Lied. Obwohl sie gerne sang, war ihr Repertoire nicht besonders groß. Die meisten Lieder, die sie kannte, waren nicht javanisch, sondern malaiisch. Zu ihren Lieblingsstücken gehörte „Sang Bangau". Dann und wann trällerte sie auch ein holländisches Lied, das sie auf der Schule gelernt hatte, doch lieber sang sie die nationalistischen Weisen oder Melodien, die aus der Feder meines Vaters stammten.

Aus mir unbekannten Gründen erzählte sie uns nur wenig über ihre eigene Kindheit und ging fast nie ins Detail, wenn die Rede auf ihren Vater, ihre Mutter oder ihre Stiefmutter kam. Eine Stahltür schien sie von ihnen zu trennen. Obwohl sie in wohlhabenden Verhältnissen aufgewachsen war, sprach sie niemals von materiellem Reichtum. Sie berichtete uns von Bekannten, die eine Schule in Europa besucht hatten, und eines Tages sagte sie mit deutlicher Entschiedenheit zu mir, so als wolle sie ihre Geschichte über indonesische Studenten in Europa mit einem Nachwort versehen: „Eines Tages mußt auch du in Europa studieren, bis du einen Doktorgrad erworben hast."

In unserer Stadt lebte ein gut situierter Herr, dessen Name mir entfallen ist, doch ich besuchte ihn mit Mutter mehrmals in seinem Haus und brachte ihm zweimal Speisen, die Mutter für ihn zubereitet hatte. Am besten in Erinnerung haften geblieben ist mir sein großer Schäferhund. In Gruppen versammelten wir Kinder uns draußen vor dem Haustor, um einen Blick auf diesen größten Hund, den wir jemals gesehen hatten, zu erhaschen. Die andere lebendige Erinnerung an diesen Mann ist verbunden mit dem Unheil, das seine Familie traf: Kurz nachdem sein Sohn die Ausbildung an der Technischen Hochschule Bandung abgeschlossen hatte, wurde der Junge am Bahnhof Bandung von einer Lokomotive erfaßt und getötet. Als meine Mutter von ihrem Kondolenzbesuch zurückkehrte, sagte sie: „Selbst ein so aufgeweckter Junge kann verunglücken, wenn er nicht aufpaßt, was er tut." Diese Worte haben mir immer klar in den Ohren geklungen.

Meine Mutter erzählte von Ärzten, Rechtsanwälten und Ingenieuren, die sich aktiv an der nationalistischen Bewegung beteiligten, doch merkwürdigerweise erwähnte sie nie Aktivisten aus dem Bereich der Geisteswissenschaften. Versuchte sie mir damit etwas zu sagen? Erst Jahre später, als ich selbst Vater von erwachsen werdenden Kindern war, begriff ich, warum Mutter es für nötig befand, mir diese Geschichten zu erzählen – nicht nur um auf den Stolz hinzuweisen, den Eltern empfinden, wenn sich ihre Kinder einen Namen in der Geschichte erwerben, sondern auch um sie auf den rechten Weg dorthin zu bringen.

Vielleicht weil sie dazu erzogen war, *nicht* zu arbeiten, erlebte Mutter in ihrem Eheleben eine spirituelle Revolution, die dazu führte, daß sie der Arbeit einen hohen Stellenwert einräumte. Meine Mutter machte alles und jedes: Sie kochte, backte, webte Kleidung und batikte; sie stellte süße Sojasauce und Kokosöl her; sie hackte Erde und grub den Garten um; sie nähte und schneiderte – und alles das abgesehen davon, daß sie ihre Kinder und zahlreiche Pflegekinder großzog. An Vergütung dachte sie nicht. Sie war in der Frauenbewegung aktiv und las Bücher, Zeitungen und Magazine; sie züchtete Hühner, Ziegen, Tauben, Gänse und Enten. Nur wenn ihre Stiefmutter zu Besuch nach Blora kam, sah sie bewußt von körperlicher Arbeit ab.

Wenn die finanziellen Möglichkeiten es erlaubten, unternahm Mutter trotz ihrer vielen Aktivitäten mit uns einen Ausflug in die nähere Umgebung, oder wir fuhren zusammen in die Stadt – Rembang, Kunduran, Semarang –, wo sie uns mit dem städtischen Leben vertraut machte.

Bei einem unserer Ausflüge nach Semarang führte sie uns in das größte Kaufhaus der Stadt, das in japanischem Besitz war und den Namen *Saerah* trug. Hier kaufte sie zahlreiche Haushaltsartikel, die in Japan produziert waren. Dann ging sie mit unserer ganzen Schar in die Kinderabteilung und gab bekannt: „So, sucht euch etwas aus."

Es war ein wundervoller Augenblick für uns Kinder. Noch heute erinnere ich mich an das Gefühl. Doch nicht nur die eigenen Kinder, sondern auch die Pflegekinder durften sich etwas aussuchen. Unsere erste Wahl war natürlich Spielzeug, das wir in unserer Heimatstadt noch nie gesehen hatten, doch auch Kleidungsstücke, Sandalen und japanische Füllfederhalter mit Glasspitze fanden Anklang. Als wir das Kaufhaus verließen, benötigten wir zwei Pferdekarren, um mit unseren Einkäufen zurück zum Gästehaus zu fahren, in dem wir wohnten.

Wenn es in unserer Stadt einen Nachtmarkt gab, ging unser ganzer Haushalt hin – außer Vater, der fast nie mitkam. Mutter nahm sogar das Hilfspersonal mit. Auf dem Markt lud sie uns zum Essen in ein kleines Restaurant ein. Auch das war wundervoll. An den meisten Tagen aber arbeitete Mutter wie ein Pferd. Ich erinnere mich, daß ein Nachbar einst verwundert sagte: „Kann man es glauben: Eine Frau aus einer wohlhabenden Familie und die Ehefrau eines wohlhabenden Mannes schuftet wie eine Bauersfrau?“

Wenn meine Mutter solche Kommentare hörte, achtete sie nicht darauf. Sie übertrug meinem Bruder Prawito und mir die Pflege der Ziegen und ging mit mir zum Viehmarkt, um eine Peitsche, die „gut in der Hand lag“, sowie eine Sichel zum Schneiden des Viehfutters zu kaufen. Fortan zog ich mit der Sichel in der Hand los, um *Petai cina*-Blätter zu schneiden, die unsere Ziegen gerne fraßen, die jedoch in der Nähe unseres Hauses nicht zu finden waren. Je älter ich wurde, desto peinlicher war es mir, wenn mich Freunde – besonders die aus der staatlichen Schule – so auf der Straße sahen. Als ich Mutter von meiner Verlegenheit erzählte, lächelte sie freundlich und zog mich am Arm neben sich auf die Sitzbank. „Aber wofür schämst du dich?“ fragte sie. „Sagtest du nicht einmal, daß du Bauer werden willst? Auf jeden Fall wirst du nicht Beamter werden. Du wirst ein freier Mann sein, der sich selbst versorgt. Ist das nicht gut so? Jede Arbeit, die andere nicht verletzt, ist ehrenhaft. Du bist ein braver Junge. Ich bin sicher, daß deine Freunde weder die Kraft noch die Ausdauer haben, die für die Pflege und Versorgung von Ziegen nötig ist. Frag sie einfach. Ihnen wäre es sicher viel zu peinlich, diese Aufgabe erfüllen zu müssen. Doch ich bin sicher, daß du deine Verlegenheit überwinden kannst, nicht wahr?“

Und so versorgten mein Bruder und ich auch weiterhin die Ziegen. Auf der Suche nach Futter trieben wir sie zum Sportfeld oder zum Friedhof. Auf dem Platz spielten wir mit Bauernkindern, die niemals die Chance erhalten würden, zur Schule zu gehen oder Holländisch zu lernen. Ihnen erzählte ich die Geschichten, die ich von Mutter gehört oder in Büchern gelesen hatte.

Mutters mahnende Worte sind mir immer gegenwärtig geblieben – entweder, weil sie so weich und überzeugt gesprochen worden waren, oder vielleicht auch deshalb, weil sie mir von ihr vorgelebt wurden.

Ich beschrieb Mutter schon in *Geschichten aus Blora* als sanfte und liebenswerte Person, doch sie konnte auch streng sein, und ich glaube, daß von allen Kindern ich es war, der am häufigsten gezwickt wurde oder einen Klaps erhielt. Einmal wäre ich am liebsten weggelaufen, doch dazu fehlte mir letztendlich der Mut.

Eines Tages erschien ein Bettler vor unserem Haus. Es war ein dünner Junge, der ungefähr in meinem Alter war und dessen Beine von Krätze befallen waren. Mutter brachte ihn in die Küche und sagte, er solle sich satt essen. Als er seine Mahlzeit beendet hatte, rief sie ihn zu sich und bot ihm trotz ihrer vielen eigenen Kinder und Pflegekinder an, bei uns zu wohnen: „Du sagtest, daß du keine Eltern mehr hast und nie zur Schule gegangen bist. Wenn du willst, kannst du hierbleiben und mit meinen Kindern studieren und arbeiten. Willst du das?“

Der Junge nickte zustimmend. Mutter wies mich an, ihm einige Kleider zu geben. Die nächsten drei Tage wohnte er bei uns, aß mit uns in der Küche und arbeitete mit uns auf dem Feld hinter dem Haus. Am folgenden Tag war er verschwunden und kehrte nie wieder zurück.

„Dieser Junge", sagte Mutter, „versteht das Mitleid anderer Menschen zu erregen, doch er ist arbeitsscheu. Ich kann nur darum beten, daß die Zukunft für ihn nicht so düster sein möge wie für viele andere, die so sind wie er."

Jedes Jahr zu Lebaran backte Mutter Kuchen und zauberte andere Süßigkeiten auf den Tisch. Wir Kinder wichen ihr bei dieser Arbeit nicht von der Seite, denn wir wollten die Abfallreste ergattern, wenn etwas abbrach oder anbrannte. Sie nähte auch Kebaya-Blusen für Kunden und erhielt für ein Stück aus gutem Tuch zwanzig Sen. Auch für alle Kinder nähte sie neue Sachen. Sie zeigte mir, wie man Stoffe zuschneidet und zusammennäht, und als sie mir auch noch das Stricken beibrachte, konnte ich meine Wollwesten und meine übrige Kleidung selbst herstellen. Doch ich war nicht zufrieden und sagte: „Sie sehen so selbstgemacht aus."

„Du hast sie mit deinen eigenen Händen hergestellt", erwiderte sie mit betontem Lob, „und das kann noch lange nicht jeder."

Ihre Worte erfüllten mich mit Stolz, und fortan störten mich die Kommentare meiner Freunde nicht mehr. Ich warf mich in die Brust und verkündete unverhohlen, daß ich meine Kleider selbst geschneidert hatte. Und meine Mutter hatte recht: Der Spott meiner Kameraden schlug in Bewunderung um.

Mutter hatte zwei weibliche Ziegen, die sie regelmäßig molk. Als eines Abends eines der beiden Tiere zu blöken begann, weil es offenbar Schmerzen verspürte – wahrscheinlich hatte es zu viele *Kara*-Blätter gefressen – zündete Mutter eine Laterne an und ging hinaus zum Stall. Einige Pflegekinder liefen hinter ihr her. Nachdem sie den Zustand der Ziege kurz geprüft hatte, wies sie uns Kinder an, etwas Kokossaft und die Scheide eines Papayablattes zu holen. Sie flößte dem Tier den Saft ein und steckte ihm die Blattscheide als zweckgerichteten Kanal für die Abführung der Körpergase in den Anus. Ihre Maßnahmen retteten die Ziege nicht, sie war am nächsten Morgen tot. Doch es ist nicht der gescheiterte Rettungsversuch, der mir im Gedächtnis haften geblieben ist, sondern Mutters unverzügliche Reaktion und ihr rasches Handeln.

Vater zeigte sehr viel Initiative und kam laufend mit neuen Projekten und Plänen daher, doch Mutter war es, die Standfestigkeit bewies und die Ziele im Auge behielt. Einst kaufte mein Vater einen Kokoshain, doch als er müde wurde, ihn zu pflegen, übernahm Mutter diese Aufgabe. Dasselbe geschah mit einigen Feldern, die mein Vater Bauern abkaufte, die Landübertragungen von seiten der Regierung erhalten hatten. Und wer übernahm die Arbeit und hielt das Gebäude in Schuß, als er einen Reisspeicher errichtet hatte? Natürlich Mutter und wir Kinder.

Ja, was den Fleiß anbetraf, so lagen Welten zwischen Vater und Mutter – zumindest zu Hause. Mein Vater bewies Fleiß und eiserne Disziplin in der Schule. Obwohl Vater Lehrer war, forderten weder er noch Mutter jemals von ihren Kindern gute Noten. Als ich das Klassenziel nicht erreichte, machte ich mich auf eine Standpauke gefaßt, die ich für unvermeidlich hielt, doch keiner von beiden verlor ein Wort darüber.

Mutter spielte nie die Hauslehrerin, doch sie war stets bereit, uns bei Fragen zu helfen. Sie fragte nie: „Was macht die Schule?", doch sie bestand darauf, daß wir lernten. In diesem Punkt gab es keine Zugeständnisse. Doch sie übte niemals Druck auf uns aus, sorgfältiger zu lernen und bessere Noten nach Hause zu bringen. Ich glaube insgeheim, daß ich unter meinen Geschwistern die größte Enttäuschung für meine Eltern war. Ich erinnere mich, daß Mutter einst sagte: „Dein Vater hat so viele Kinder zum Schulabschluß geführt, von denen etliche heute erfolgreiche Erwachsene sind. Was sollen die Leute sagen, wenn seine eigenen Kinder es nicht schaffen? Ich sehe richtig vor mir, wie sie lachen ..." Mir war sofort klar, was sie meinte.

1929 kam ich im Alter von vier Jahren in die Grundschule des Budi Utomo Instituts. Ich wurde früh eingeschult, da Mutter zu Hause viel Arbeit mit den Jüngeren hatte – dies jedenfalls sagte man mir. Wir mußten in der Schule Holländisch lernen, eine fremde Sprache, die wir zu Hause nicht verwendeten. Das galt natürlich auch für meine älteren Klassenkameraden, doch als zum Ende des Schuljahres die Zeugnisse verteilt wurden, war ich der einzige, der nicht versetzt wurde. So also benötigte ich zwei Jahre, um die erste Klasse zu absolvieren. Dasselbe geschah in der zweiten und in der dritten Klasse – nach sechs Schuljahren hatte ich also erst die vierte Klasse erreicht.

Ich weiß nicht, welche Gedanken sich meine Eltern über meine mangelnden Lernfähigkeiten machten, doch nach nur wenigen Tagen im vierten Schuljahr nahm Vater mich plötzlich von der Schule. Ab sofort blieb ich daheim und half Mutter bei der Hausarbeit. Ich war es zufrieden, am Morgen die Böden zu wischen, Brennholz zu spalten und Mais für das Essen zu stoßen. Es machte mir nichts aus, nicht mehr zur Schule zu gehen. Ich bemerkte die Sorgen meiner Eltern nicht und begriff erst viel später, wie besorgt sie um meine Zukunft gewesen sind.

Über unserer Familie waren damals längst düstere Wolken heraufgezogen. Die Reisgarben, die einst den Boden, den Reisspeicher und selbst das Gästezimmer gefüllt hatten, gehörten der Vergangenheit an. Auch von den Kürbissen, die zwischen Trockenzeit und Monsun geerntet wurden, war nichts mehr zu sehen. Und für mich begann eine Zeit der Torturen. Hatte mein Vater bislang die meisten Abende außer Haus verbracht, so war er nun jeden Tag um Punkt fünf Uhr hier, um mich zu unterrichten. Er ließ mich auf einem Stuhl, der ihm gegenüberstand, Platz nehmen und gab mir Stunden in Rechnen, Javanisch, Holländisch, Geographie, Grammatik und anderen Fächern. Häufig kullerten mir gegen Ende der Lektionen Tränen die Wangen hinab. Nicht, daß Vater mich jemals geschlagen hätte – er erhob nie die Hand gegen mich, doch seine scharfe Stimme, sein bestimmendes Auftreten und sein flammender Blick jagten mir größere Angst ein als die Ungeheuer, die ich im Schattenspiel gesehen hatte.

Später erweiterte Vater den Lehrplan um arabische Sprache und Schrift, und samstagsabends erhielt ich Unterricht im javanischen Tanz. Dafür engagierte Vater eigens einen Tanzlehrer. Einige Zeit später aber schaffte er beide Fächer wieder ab. Mutter fragte mich nie direkt, was ich von Vaters Nachhilfeunterricht hielt. Wann immer ich den Platz vor meinem Vater mit Tränen in den Augen verließ, um mir im Baderaum das Gesicht zu waschen oder in der Küche nach einem Bissen zu suchen, senkte sie den Kopf, um mich nicht anschauen zu müssen. Mir war klar, daß sie lieber nicht wissen wollte, was in mir vorging. Doch so schlimm ich jene Stunden auch empfand – nur, wenn ich auf diese Weise mit Vater lernte, konnte ich meine Gedanken auf die Unterrichtsinhalte konzentrieren. Dazu war ich im Klassenraum nie in der Lage gewesen. Schon nach fünf Minuten schweiften dort meine Gedanken fort in Phantasiewelten, die wesentlich spannender und schöner als das richtige Leben waren. Ich war ein Träumer und habe diesen Charakterzug bis heute nicht ablegen können.

Wenn mein Unterricht mit Vater so weit gediehen war, daß er bemerkte, wie ich bereits mit den Tränen kämpfte, stand er mitunter auf und sagte sanft: „Es ist genug für heute. Nimm ein Bad und zieh deine guten Kleider an." Diese Worte bedeuteten immer, daß er einen Spaziergang mit mir unternehmen wollte. Wir spazierten über die Stadtgrenze hinaus oder saßen müßig am Stadtplatz, um die Passanten zu beobachten, während die Sonne langsam hinter Kuppel und Minarett der Moschee verschwand. Vater nutzte diese Stunden, um mir heroische Geschichten und Parabeln aus der javanischen Literatur und Geschichten des Schattentheaters zu erzählen. In solchen Augenblicken war alle Spannung zwischen uns verschwunden, und er war für mich nicht mehr der schrecklichste Mensch auf dieser Welt.

Der private Nachhilfeunterricht endete an einem dunklen Abend. Nur wir beide saßen auf der langen Holzbank vor unserem Haus. Vater sprach zu mir mit langsamer und sonorer Stimme: „Alles ist ein Kampf. Ob du ein Schattenspiel anschaust, einer Geschichte zuhörst oder eine Geschichte liest – es ist alles ein Kampf. Scheue niemals davor zurück, an diesem Kampf teilzunehmen. Denke nicht über Unzulänglichkeiten oder Fehler nach. In diesem Kampf ist der Sieger immer der, der im Recht ist." (Doch nie erklärte er mir, warum die Holländer in den Schlachten gegen uns immer den Sieg davontrugen.)

Nach diesem Abend rief er mich nicht mehr zum Privatunterricht zu sich.

Fast ein Jahr war verstrichen, seit er mit jenen Stunden begonnen hatte. Die Zeit der Torturen war vorbei.

Als Schüler der vierten Klasse trat ich das neue Schuljahr an. Mit Holländisch hatte ich noch immer Mühe – ich konnte das Geschlecht der Substantive nicht unterscheiden und machte deshalb laufend Fehler. Wenn mein Vater Holländisch las oder unterrichtete, mußte er nur äußerst selten zum großen Wörterbuch greifen, das auf dem Tisch bereit lag. Warum aber stellte ich mich so dumm an? Auch in der mir verhaßten Mathematik konnte ich mit den anderen Schülern nicht Schritt halten. Mein Vater hingegen konnte im Kopf mühelos Werte in sechs- und siebenstelliger Höhe addieren, multiplizieren und subtrahieren. Warum war sein Sohn ein solcher Versager?

Ich gelobte Besserung, doch es gelang mir nicht, dem Unterricht konzentriert zu folgen. Im selben Jahr hielten meine Eltern für mich, meine Brüder, die Pflegebrüder und die Kinder einiger Freunde die Beschneidungszeremonie ab. Aus mir unklaren Gründen fiel mir das Lernen fortan leichter, und ich mußte keine Klasse mehr wiederholen.

Als ich mich als Schüler der sechsten Klasse eines Nachmittags auf dem Heimweg befand, holte Vater mich auf der Straße ein. Auf Holländisch sagte er zu mir: „Lerne sorgfältig Holländisch. Wenn du diese Sprache beherrschst, steht dir die Welt offen. Sie ist der Schlüssel für vieles. Mit dieser Sprache wirst du zu allem finden, was du wissen willst."

Leider schenkte ich seinem Rat zu wenig Aufmerksamkeit. Erst viel später begriff ich, wie recht er hatte. Die holländische Sprache, die mir zu Schulzeiten so großes Ungemach bereitet hatte, eröffnete mir später entfernte Welten, die ich für unerreichbar gehalten hatte. Ich werde die Qualen niemals vergessen, die mir diese Sprache in den Unterrichtsstunden der Grundschule bereitete, doch heute blicke ich mit Dank zurück, denn sie wurde mir zum unersetzlichen Werkzeug für meine Fortschritte im Leben.

Etwa sechs Monate später sagte Vater einen anderen bemerkenswerten Satz zu mir: „Ich achte dich mehr für den einen Sen, den du ehrlich verdienst, als für jede Eins, die deine Lehrer dir geben." Natürlich wußte auch er genau, daß niemals eine Eins in meinen Zeugnissen stand, doch im Gegensatz zu seinem Rat über das Studium der holländischen Sprache fiel diese besondere Weisheit auf reichen und fruchtbaren Boden; ich begann fleißig zu arbeiten, und meine Geschwister folgten meinem Beispiel.

Meine Eltern gaben uns kein Taschengeld – bestenfalls erhielten wir zu Lebaran einmal fünf oder zehn Sen. Im Gegensatz zu anderen Kindern, die regelmäßig etwas zugesteckt bekamen, mußten wir unser Geld selbst verdienen. „Das beste, sauberste und ehrenwerteste Essen bekommt ihr zu Hause", pflegte Mutter zu sagen. „Würden wir euch dauernd Geld in die Tasche stecken, so würdet ihr euch letztendlich eurem Zuhause und eurer Familie entfremden."

Wir verdienten unser Geld, indem wir die *Canaga*-Blumen, die rund um unseren Brunnen wuchsen, auf dem Markt verkauften. Außerdem verkauften wir Lauch und Sellerie, die wir in irdenen Töpfen zogen. Mutter half uns dabei, doch sie fragte nie nach dem Einkommen, das wir erzielten.

So nutzten wir unser Erspartes als Investitionskapital: Wir kauften und verkauften Zigaretten, Tabak und Sirupgetränke. Doch schon nach drei Monaten stellten wir das Zigarettengeschäft ein, da unsere älteren männlichen Verwandten laufend Gebrauch von unseren Waren machten, ohne ihre Schulden zu begleichen. Mit unserem verbliebenen Gewinn kauften wir als Grundlage für eine Zucht eine Ziege. Als wir Mutter wenig später mitteilten, auch Rinder züchten zu wollen, ging sie mit uns zum Viehmarkt, wo sie für uns ein weibliches Kalb auswählte – ein stämmiges Tier mit weißem Fell.

Wir gaben das Tier in die Hände eines Bauern, der es großziehen sollte und als Gegenleistung dafür die Milch erhielt. Wir vereinbarten, daß wir die Kälber erhalten sollten, die das Tier zur Welt bringen würde. Als der Bauer das schöne junge Tier zu seinem Dorf trieb, hafteten unsere Augen voller Hoffnung an seinem weißen Fell. Wir wußten nicht, daß wir es zum letzten Mal sahen. Nach der Mißernte jenes Jahres verkaufte der Bauer unser Tier, ohne uns darüber zu informieren.

Da Mutter niemals die Sprache auf unsere verlorene Kuh brachte, raffte ich allen Mut zusammen, um das Thema selbst auf den Tisch zu bringen. Sie kommentierte meine Frage mit den knappen Worten: „Vergiß es. Du und die anderen, ihr könnt arbeiten. Dem Mann ging es viel schlechter als euch."

Nach diesen Worten akzeptierten wir unseren Verlust und dachten nicht weiter darüber nach.

Mit dem Dahinrinnen der Tage gewöhnten wir uns daran, unser Geld selbst zu verdienen. Da meine Eltern in finanziellen Nöten steckten, waren mein Bruder und ich auf jedem Nachtmarkt präsent – doch nicht um zu schauen. Wir rollten unsere Matten vor den Toren des Marktgeländes aus und boten Süßigkeiten und Zigaretten zum Kauf an. Jeder Nachtmarkt machte uns ein wenig reicher. Ich sparte das verdiente Geld, weil ich einen Plan verfolgte, von dem selbst Mutter nichts wußte.

Ein Onkel war aus Neukaledonien zurückgekehrt und hatte ein dickes Buch über Elektrizität mitgebracht. Ich war fasziniert und blätterte es ein ums andere Mal durch.

Ich nahm das Ersparte, kaufte einige Liter Schwefelsäure, dazu Kupfer und Glasbirnen, und stellte eine Batteriezelle her. Als ich fertig war und die Birne tatsächlich aufglühte, wollte mir das Herz vor Freude aus der Brust springen.

Da unser Haus nicht an das Stromnetz angeschlossen war, hatte ich als erster Mensch unser Domizil mit Strom versorgt! Obwohl die Birne nur wenige Sekunden lang glühte, schrie meine Seele den Triumph heraus. Ich hatte es aus eigener Kraft geschafft.

Nun begann ich mich mit galvanischen Anlagen zu befassen, doch da meine Ersparnisse sehr rasch aufgebraucht waren, sah ich mich bald gezwungen, meine Anstrengungen einzustellen. Mutter wußte, womit ich mich befaßte, doch ich hatte nicht den Mut, sie um Geld zu bitten. Meine Eltern – und besonders Mutter – spornten uns immer zur Selbstinitiative an. Nie mischten sie sich in meine Unternehmungen ein; sie ließen mir kaum Unterstützung zukommen, doch sie erteilten mir auch keine Verbote. Als ich im viel fortgeschritteneren Alter begriff, daß „Selbstinitiative" für sie das Maß war, an dem sie die Fähigkeiten und das Durchsetzungsvermögen ihrer Kinder bewerteten, wuchs mein Respekt für sie ins Grenzenlose.

Als ich dreizehn war, begann meine Mutter mir ihre Empfindungen zu enthüllen – wohl weil ich ihr ältestes Kind war, sprach sie zu mir von Gefühlen, die sie viele Jahre verborgen mit sich herumgetragen hatte. Ich erfuhr zum Beispiel, daß sie von der Familie meines Vaters nichts hielt. „Niemand aus meiner Familie ist mir jemals zur Last gefallen", erzählte sie, bevor sie schimpfte, daß die Verwandten meines Vaters nur dazu taugten, Kinder in die Welt zu setzen, um sie dann in die Verantwortung der besser gestellten Familienangehörigen zu entlassen, was allerdings nur dazu führen könne, die gesamte Familie ins Verderben zu reißen. „Sie scheinen irgendwie zu glauben, daß sie das Recht hätten, alle Last auf mich zu laden. Schau nur, was aus mir geworden ist: Ich bin nur noch Haut und Knochen." Ein Blick genügte, um ihr recht zu geben. Sie war damals nicht mehr bei bester Gesundheit.

„Ich habe mich um so viele Kinder zu kümmern, doch sie wollten mir noch mehr anvertrauen – insgesamt sieben. Ich habe mich geweigert. Sie bettelten, daß ich mich ihrer erbarme, doch ich habe standhaft abgelehnt. Ich habe selbst viele Kinder, und ich weiß nicht, wie ich euch allen eine Ausbildung zukommen lassen soll."

Ein anderes Mal sagte sie zu mir: „Du weißt, wie viele Pflegekinder ich großgezogen und durch die Schuljahre geführt habe, doch jetzt, wo sie fort sind, schreiben sie noch nicht einmal einen Dankesbrief. Wahrscheinlich verschwenden sie keinen Gedanken an dich und deine Geschwister." Vor dem Hintergrund der erschöpften Familienfinanzen gewannen ihre Worte noch größere Wahrheit, die mir fortan schwer auf der Seele lastete. „Ich bereue nicht, einem Menschen geholfen zu haben, wenn er nur nützlich für seine Mitmenschen ist. Dein Onkel Moedigdo ist ein gutes Beispiel. Er stand nach dem Schulabschluß sofort auf eigenen Füßen. Doch die anderen? Was ist aus ihnen geworden? Ich habe offenbar keinen Einfluß auf sie ausüben können. Ich habe dir immer gesagt, daß du dich zu einer freien Person entwickeln mußt, die unabhängig ist und ihr Leben in die eigenen Hände nehmen kann." Und mit Nachdruck fügte sie hinzu: „Du mußt dir in allen Lebenslagen selbst zu helfen wissen – du darfst nicht jemandes Sklave sein, aber auch nicht jemandes Sklavenhalter."

Ich hatte damals keine klare Vorstellung, wie Mutter sich meine Zukunft wünschte, doch da ich ihr nahestand und sorgfältig über ihre Worte nachdachte, wußte ich bald, daß ihr häusliches Leben, das nach außen hin so gleichmäßig wirkte, in Wirklichkeit turbulent war und daß sie, deren Freundlichkeit und Güte man pries, in ihrem tiefsten Inneren einen Sturm bändigte. Ich fand erst allmählich zu dieser Überzeugung, und noch viel später realisierte ich, daß sie mir ihre Sorgen nur deshalb anvertraute, um mir dieselben Schwierigkeiten zu ersparen. Sie wollte mich immer nur befähigen, auf meinen eigenen Füßen zu stehen. Nur aus diesem Grund trieb sie mich an, hart zu arbeiten.

Im knospenden Zustand meiner emotionalen Entwicklung war ich von ihren Aussagen so gerührt, daß ich eines Abends eine Notiz für sie zu Papier brachte: „Liebe Mutter, bitte nimm mich von der Schule und lasse mich arbeiten, um dich zu entlasten." Ich schrieb diese Zeilen zu später Stunde, faltete sie vor dem Zubettgehen zusammen und legte sie in das Licht der einzigen Lampe, die noch brannte – es war die auf dem großen Gestell in der Mitte des Hauses.

Um ein Uhr nachts klopfte Vater an die Haustür. Ich sprang aus dem Bett, um zu öffnen. Als mir der Zettel neben der Lampe einfiel, den Vater keinesfalls lesen sollte, lief ich zu dem Gestell und schnappte das Papier in dem Augenblick, als er vorbeiging. Mein Schreiben schien noch so gefaltet zu sein, wie ich es hinterlassen hatte. Ich weiß nicht, ob Mutter es gelesen hat oder nicht – doch mir wurde in diesen Augenblicken klar, daß ich sie von ganzem Herzen liebte. Alle Zweifel, die ich wegen ihrer strengen Vorgaben und ihren Forderungen nach Disziplin und harter Arbeit jemals gehabt hatte, verschwanden spurlos im Nichts. Und ich wußte genau: Wenn niemand sonst auf der Welt sich um diese Person kümmern würde, einen würde es geben – mich, auch wenn ich erst dreizehn war.

In der siebten und letzten Klasse bereitete mir der Unterricht wesentlich weniger Mühe als in den ersten Schuljahren. Irgendwie machte mir das Lernen nun sogar Spaß, und ich dachte auch über Dinge nach, die nicht zum Lehrstoff gehörten.

Mutter freute sich, wenn sie ein offenes Buch in meiner Hand sah – auch wenn es kein Lehrbuch war. Sie schaute mich aus der Entfernung an und stellte mir keine Fragen. Es schien ihr besondere Freude zu bereiten, als ich meinem Aussehen mehr Aufmerksamkeit zu schenken begann: War mein Hemd frisch gebügelt und waren meine Haare ordentlich gekämmt, nachdem ich sie mit Kokosöl zurückgelegt hatte, das mit dem Aroma von Blumen durchsetzt war?

Doch Mutter erzählte uns keine Geschichten mehr, und sie hörte auch nicht zu, als Vater diese Aufgabe übernahm. Sie war gesundheitlich so geschwächt, daß sie die meiste Zeit liegend verbrachte. Als sie eines Tages lang ausgestreckt auf ihrem Bett lag, sagte sie zu mir, daß immer häufiger verstorbene Menschen in ihren Träumen erschienen. Ich hatte in einem javanischen Buch über die Prophezeiung künftiger Geschehnisse gelesen, daß Träume vom Tod ein Anzeichen für den nahenden Tod des Träumenden seien, und je häufiger diese Träume seien, desto näher befinde er sich an der Schwelle des Todes. Auch las ich, daß eine Person, die den Geruch eines Leichnams wahrzunehmen beginnt, nur noch wenige Monate zu leben hat. Diese Lektüre begann mich zu quälen. Hatte Mutter das verdammte Buch auch gelesen? Ich hoffte, nicht.

Mein Abschlußzeugnis der letzten Klasse enthielt mehrere „befriedigend". Das kostbare Stück Papier war vor dem Hintergrund cremefarbener Blumen wunderschön mit dunkelbrauner Schrift bedruckt. Ganz oben thronte ein *Garuda*, auf dessen von Pfeilen durchbohrter Brust die Initialen des Budi Utomo-Instituts standen. Unten prangten die Unterschriften meiner Lehrer. Für mich Vierzehnjährigen war dieses hübsche Stück Papier der Höhepunkt der Glückseligkeit. Als ich Mutter das Zeugnis präsentierte, fühlte ich mich wie im siebten Himmel.

„Und was hast du nun damit vor?" fragte sie.

Ohne zu zögern, erwiderte ich: „Ich möchte Elektrotechnik studieren und Ingenieur werden."

„Das wäre schön", erwiderte sie schwach. Es war offensichtlich, daß sie ihre Kräfte zusammennahm. Wahrscheinlich dachte sie an die Summen, die für die Verwirklichung meines Traumes erforderlich waren.

Zum Ende eines jeden Schuljahres erhielt Vater Informationsmaterialien von privaten Lehrerausbildungsstätten, Berufsschulen und anderen Instituten. In diesem Jahr war die Broschüre einer privaten Mittelschule in Madiun dabei, die Bilder des Schulgebäudes und des Schlafsaals präsentierte. Ich hatte das Gefühl, sie sei ganz speziell für mich geschickt worden, und noch bevor Vater sie anschauen konnte, hielt ich sie Mutter vor die Nase.

„Hier könnte ich doch zur Schule gehen!" rief ich und deutete auf die Bilder.

Mutter drehte den Kopf zur Seite, und da ich unfähig war, sie zu bedrängen, verließ ich unverzüglich ihr Zimmer.

Ich verbrachte eine angenehme Ferienzeit im Austausch mit Klassenkameraden und Freunden, die nahezu ausnahmslos Pläne geschmiedet hatten, Blora zu verlassen. Mir war klar, wie unbedeutend und erfolglos ich mich fühlen würde, wenn ich in Blora zu bleiben hätte. Die einzigen Kameraden, die hierbleiben wollten, waren diejenigen, die keine Möglichkeiten der Weiterbildung hatten. Alle, die weggehen wollten, vertraten feurige Ideen. Diejenigen, die blieben, wirkten verzagt – so als habe ihr Schulabschluß überhaupt keine Bedeutung.

Noch einmal riß ich allen Mut zusammen und trug Mutter mein Anliegen vor, doch sie sagte nur: „Frag Vater." Dies forderte mir eine zusätzliche Portion Willenskraft ab, doch an einem der nächsten Nachmittage – es war gegen fünf und Vater kam nach einer Ruhezeit aus seinem Schlafzimmer – trug ich ihm meine Bitte vor: „Ich möchte gerne weiter zur Schule gehen, Vater – auf die private *MULO*-Schule in Madiun."

Ich schaffte es, ihn anzuschauen und sah, wie Röte sein Gesicht überzog und seine Augen glühten. Seine Worte trafen mich wie ein Blitz aus heiterem Himmel: „Dummkopf! Das könntest du, wenn du schlauer wärst! Du solltest besser noch mal die siebte Klasse wiederholen."

Ich ging weg, ohne ein Wort zu sagen. Was ich empfand, war nicht Ärger, sondern das Bedürfnis nach Vergeltung. Wie konnte er mich in dieser Weise beleidigen und so behandeln, als sei ich nicht sein eigener Sohn? Ich war zutiefst verletzt, rieb die Zähne gegeneinander und atmete schwer und heiß. Ich leistete den Eid, meinen Kindern ein besserer Vater zu sein, sie niemals zu erniedrigen und alles zu tun, damit sie stolz auf sich sein könnten. Mehrere Tage lang trat ich Mutter nicht unter die Augen, denn ich wußte, daß sie Vaters Antwort gehört hatte und seine Worte sie noch mehr schmerzten als mich selbst. Mein Schulabschluß hatte jeglichen Wert verloren.

Ich griff die Worte meines Vaters auf und kehrte zu Beginn des neuen Schuljahrs in das Klassenzimmer zurück, das ich erst vor wenigen Wochen verlassen hatte. Nachdem das Klingelzeichen ertönte, war ich der erste im Klassenraum, und meine Beine zitterten, als ich einen Platz in der hintersten Reihe einnahm. Die anderen Schüler bedachten mich mit befremdeten Blicken. Ich kümmerte mich nicht darum, sondern war bereit, Vaters Fluch zu akzeptieren.

Mein alter Lehrer *Mijnheer* Amir kam herein und begrüßte die Schüler auf Holländisch, bevor er die Namensliste durchging. Wer aufgerufen wurde, mußte aufstehen. Es stellte sich heraus, daß ein Schüler zuviel anwesend war. Als er mich sah, fiel ihm die Zigarette aus den Fingern. Er hob sie auf, legte sie auf die Tischecke, kam zu meinem Sitzplatz, legte mir die Hand auf die Schulter und sagte in fast unhörbarem Ton auf Holländisch: „Junger Mann, was machst du hier? Du hast die Schule abgeschlossen, nicht wahr? Du gehörst hier nicht mehr hin."

Da meine Empfindungen überquollen, sprang ich auf und rannte aus dem Zimmer. Erst auf dem Friedhof blieb ich stehen, warf die Arme um einen Baum und begann zu schluchzen. Auf diesem Totenacker hatte ich meine Ziegen gehütet. Jetzt war ich selbst hier und hatte vielleicht zum ersten Mal in meinem Leben das Gefühl, vollkommen allein auf der Welt zu sein.

Ich ging nie wieder zur Schule zurück. Vater fragte nicht nach den Motiven meines Verhaltens und tadelte mich auch nicht. Im stillen Protest war ich immer am Tor, wenn er aus der Schule nach Hause kam, um sein Fahrrad in Obhut zu nehmen und es zu putzen. Vielleicht sagte er nichts, weil er in seiner Funktion als Erzieher einsah, daß er einen Fehler gemacht hatte. Mich selbst quälte der Schmerz über meinen unbefriedigten Wunsch nach Fortbildung häufig, und selbst in meinen alten Tagen belastet mich die Erinnerung noch. Doch wie groß meine Enttäuschung auch gewesen sein mochte – ich glaube, daß Mutter am meisten darunter litt, mich die Arbeiten eines Gärtners verrichten zu sehen.

Die mittlere Ernte des Jahres 1940 war reichhaltig. Alle Bauern im Großraum Blora äußerten sich begeistert über ihre Erträge. An einem sehr frühen Julimorgen schreckte mich ein Klopfen an meine Zimmertür aus dem Schlaf. Es war Mutter, die mich auf die Beine trieb: „Steh auf und wasch dich! Und dann komm mit!“ Ich schielte zum Wecker: Es war vier Uhr morgens.

Nachdem ich ein Bad genommen hatte, folgte ich Mutter, die mich hinab zur Kaiwangan-Brücke führte, die Bloras vorgelagerte Landwirtschaftsgebiete mit der Stadt verbindet. Schon zu dieser frühen Stunde waren Bauern mit Reisgarben zum Markt unterwegs.

Mutter hielt sie an und kaufte ihnen den Reis ab. Wenn sie sich mit einem Bauern auf einen Preis geeinigt hatte, setzte der Bauer sich mit seiner Ware an den Straßenrand und wartete unter der Plane eines geschlossenen Geschäftes auf unsere Rückkehr. Erst als Mutter die Einkäufe ausreichend erschienen, ließ sie die Bauern den Reis zu uns nach Hause schaffen und in ihr Schlafzimmer bringen. Sie ließ sie nicht in den Reisspeicher schaffen. Es sei schließlich ihr Reis, beharrte sie. Wir wiederholten diese Aktion am folgenden Morgen und an jedem nächsten Morgen bis zum Ende der Erntezeit. Dann warteten wir ab.

Die Wochen verstrichen, und als sich die Regenzeit näherte, meldeten die Bauern Bedarf an Samen für die neue Aussaat an, denn sie hatten den größten Teil ihrer Ernte verkauft und fast den gesamten Rest gegessen. Nun kamen sie zu Mutter, um Saatgut zu erwerben.

Eines Tages rief Mutter mich zu sich. Sie gab mir einen silbernen *Ringgit* im Wert von zweieinhalb Rupiah und beauftragte mich, mir Schuhe und Socken zu kaufen. Ich erwarb ein Paar braune Bata-Lederschuhe mit Gummisohlen für zweieinviertel Rupiah – ich war fünfzehn und besaß zum ersten Mal in meinem Leben ein Paar Schuhe. Das verbliebene Geld reichte, um zwei Paar Socken zu erwerben. Als ich die Anschaffungen nach Hause zurückbrachte, fragte Mutter: „Was willst du nun weiter lernen? Und wo willst du hingehen?“

Ich wußte nicht, was ich erwidern sollte. Ich war mir darüber klar, daß meine weitere Ausbildung zusätzliche Arbeit für sie bedeutete, doch mehr als alles andere wollte ich damals von zu Hause fort. Ich wollte dort nicht mehr zur Last fallen. In Gedanken flog ich nach Borneo und Sumatra.

„Erkundige dich bei deinen Freunden“, empfahl sie mir.

Ich holte Informationen bei Freunden ein, die aus verschiedenen Städten zurückkamen, und entschied mich schließlich für die Radio-Fachschule in Surabaya. Der angebotene Kurs umfaßte nur drei Semester à sechs Monate, nach denen man unverzüglich die Arbeit aufnehmen konnte. Nachdem meine Ziele nun definiert waren, begann Mutter Kontakt zu Freunden aufzunehmen, die in Surabaya lebende Kinder hatten.

Vor meiner Abreise nach Surabaya kaufte Mutter mir eine Armbanduhr. Außerdem gab sie mir zwei Goldringe – der eine trug ein Kettenmotiv und der andere war mit einem geriffelten Rattandesign verziert. Und dann saß ich eines Abends allein im Zug nach Cepu, wo ich nach Surabaya umsteigen mußte. Meine Abreise war mit Mutters stummem Vorwurf an Vater verbunden, und deshalb hatte ich weder um seinen Segen noch um seine Erlaubnis gebeten.

An Surabayas Bahnhof Pasar Turi wartete ein junger Mann mit einem Fahrrad auf mich. Er stopfte meine Habseligkeiten in einen Korb und schob das Rad neben sich her in die Richtung meines neuen Zuhauses. Ich konnte die Schmerzen kaum ertragen, die mir die Blasen in meinen neuen Schuhen bereiteten.

Ich zog in das Haus eines früheren Schülers meines Vaters ein. Es gab noch mehrere andere Untermieter, die alle bei der Verwaltung oder in irgendwelchen Büros arbeiteten und nebenan im Gartenhaus untergekommen waren. Ich bekam einen Raum im hinteren Teil des Gebäudes zugewiesen, wo ein Bücherschrank eine kleine Bibliothek beherbergte, durch die ich mich nach und nach hindurch arbeitete. Doch ich entlieh auch Bücher aus der öffentlichen Bibliothek. Ich begann zu lesen, was mir unter die Finger kam – selbst einige privat publizierte pornographische Schriften und diverse Kriminalromane.

In der Schule bekam ich in Elektronik und Radiotheorie die besten Noten, doch ich fand die Kurse nicht interessant. Die „praktischen Übungen", bei denen ich im Labor mit moderner Ausrüstung arbeitete, waren eine besondere Qual für mich, obwohl mich das Tragen der weißen Arbeitskittel des Instituts mit Stolz erfüllte. Quelle meiner Angst im Laboratorium war die beständige Sorge, versehentlich eine Radioanlage zerstören zu können. Mir stand lebendig vor Augen, welches Leid Mutter für die Ersetzung einer solchen Anlage zu ertragen hätte.

Nur wenige Monate, nachdem ich meine Ausbildung angetreten hatte, schickte Mutter mir ein Fahrrad. Als ich erkennen ließ, daß es bei weitem nicht so gut sei wie die Räder meiner Freunde, schickte sie mir Geld, um ein besseres Rad zu kaufen. Seit damals war ich stolzer Besitzer eines tadellosen Fahrrades. Mutter war glücklich über meine guten Schulnoten, und wenn ich in den Ferien nach Hause kam, behandelte sie mich mit besonderer Zuvorkommenheit. Wir unternahmen zusammen Spaziergänge – nur zu zweit – und besuchten Bekannte, denen sie ihren Sohn stolz vorführte.

Eines Nachts träumte ich in meinem Quartier in Surabaya, daß ich an einem Strand stünde – ich kann nicht sagen, ob morgens oder nachts, doch düstere Wolkenbahnen verfinsterten den Himmel. Der nördliche Horizont war kohlrabenschwarz, und die Wellen der See stürzten aus gigantischen Höhen herab. Plötzlich züngelten dort oben im Norden Feuerbänder in den Himmel. Ein Vulkan brach aus, doch merkwürdigerweise blieb der Ort, an dem ich stand, unbedroht. Dann sah ich Mutter mit meiner kleinen Schwester im Arm auf mich zukommen. Meine jüngste Schwester war schon viel größer als in diesem Traum, doch ich wußte genau, daß sie es war. Ich rief nach ihnen, doch der tosende Wind verschluckte meine Worte, so daß Mutter mich nicht hörte und still den Strand entlang wanderte, ohne meine Gegenwart zu bemerken. Ich rief noch einmal, doch erneut vergeblich. Dann bemerkte ich ein Boot, das Mutter mit meiner kleinen Schwester bestieg. Das Boot trieb von der Küste weg nach Norden, direkt auf den Vulkan und sein in den Himmel speiendes Feuer zu. Ich rannte hinterher und schrie: „Komm zurück, Mutter, komm zurück!" Doch ich hörte nur den donnernden Wind und das Brüllen der am Strand zerbrechenden Wellen. Das Boot trieb unaufhaltsam weiter nach Norden. Vergeblich schrie ich Mutters Namen.

In diesem Augenblick wachte ich auf, und mein Gesicht war tränennaß. Ich blieb liegen und heulte schluchzend bis in den Morgen, doch die Intensität meines Schmerzes wurde dadurch nicht gelindert.

Zu den anderen Untermietern gehörte ein ungefähr zweiunddreißigjähriger Brillenträger namens Saat. Er besaß ein Buch über die Interpretation von Träumen. Als ich ihn nach der Bedeutung meines Traums fragte, erwiderte er: „Deine Mutter wird sehr krank werden und zusammen mit deiner jüngsten Schwester sterben."

Ich schrieb sofort einen besorgten Brief an Mutter, doch es war Vater, der zurückschrieb: „Deine Mutter ist bei guter Gesundheit." Ich schickte einen weiteren Brief, und diesmal antwortete Mutter selbst: „Warum fragst du nach meinem Befinden? Mir geht es gut. Mache dir keine Sorgen um mich." Doch trotz Mutters Versicherung konnte ich mich nicht dessen erwehren, daß mein javanischer Aberglaube ihre Traumbilder von nahestehenden verstorbenen Menschen mit meinem eigenen Traum und Saats Prophezeiung verknüpfte. Und je öfter ich daran dachte, desto besorgter wurde ich.

Die Untermieter bezogen diverse Magazine, zu denen auch das nationalistische Journal *Panyebar Semangat* gehörte, das für die soziale und wirtschaftliche Besserstellung der indonesischen Menschen eintrat. Ein Artikel eröffnete mir, daß Mutter in die Kategorie der „Zwischenhändler" gehörte, die in den Augen des Verfassers keine Gnade fand. Ich mußte dem Artikel recht geben, daß derartige Makler auf Kosten von Bauern, Fischern, Handwerkern und anderen ihren „Vorteil nahmen", doch ich wußte nicht, was ich tun sollte. Ich war mir sicher, daß Mutter darüber wesentlich mehr wußte als der Verfasser und schmiedete mir den Reim, daß sie in die Position einer Zwischenhändlerin gedrängt worden war, weil es keinen anderen Weg für sie gab, das nötige Geld für meine Schulausbildung zu beschaffen. Es war ein Rätsel, dessen Lösung mir nicht leicht fiel.

Zu den anderen Blättern, die im Haus zirkulierten, gehörte das Unterhaltungsmagazin *Terang Bulan*. Es gab auf seinen Seiten nicht viele Artikel, die mein Interesse weckten, doch ein Beitrag über Herawati Latif, die erste indonesische Frau, die eine Universität in den USA besuchte, nahm meine Aufmerksamkeit voll in Anspruch. Die Zeilen und Bilder beschrieben ein Leben, das ich als glücklich und reich interpretierte und in für mich unerreichbarer Ferne wähnte. Ihre Eltern hatten beide einen Hochschulabschluß. Meine Mutter hingegen war zwangsweise zur Zwischenhändlerin geworden. Ich glaubte, daß meine eigene Ausbildung eine schlechte Grundlage darstellte und niemals als Brücke zu den Zielen dienen könne, die jene junge Frau erreicht hatte. Ich sah eine unüberbrückbare Kluft vor mir. Und doch gaben mir jener Artikel und diverse Beiträge aus *Panyebar Semangat* eine Ahnung davon, welches Bild Mutter von meiner Zukunft hatte – und zugleich entwickelte ich das demütige Gefühl, daß ich ihre Erwartungen nicht erfüllen konnte.

In der Hoffnung, Mutter zu schmeicheln, schloß ich mich der Organisation *Blora Bond* an, die aus Studenten aus Blora bestand. Als ich in den Ferien zu Hause war, erhielt ich eine Einladung der Organisation zu einer Veranstaltung in der Piroekoenan-Halle, die ein beliebter Treffpunkt für junge Leute war. Es war die erste persönliche Einladung zu einer Party, die ich in meinem Leben erhielt.

Bevor ich das Haus verließ, verabschiedete ich mich von Mutter, die mich inspizierte – wie war ich angezogen, saßen meine Kleider ordentlich, war mein Haar gekämmt? Sie lächelte, nickte und wies mich an, zu gehen. Ich war nun größer als sie, und mein einst hagerer Körper war durch Boxsport und Radfahren, die ich im Raum Surabaya betrieb, trainiert. Ich erkannte an der Art, in der sie mich ansah, daß sie stolz auf mich war. Als sie mich an jenem Abend entließ, hatte sie begonnen, mich als eigenständigen Menschen zu betrachten.

An der Piroekoenan-Halle stieg ich nur zögernd die Treppe hinauf, nachdem ich zwei frühere Klassenkameraden gesehen hatte, die auf der Straße standen und schauten, wer alles hineinging. Beide waren barfuß, und einer hatte sich sogar einen Sarong um den Kopf gehüllt, um unerkannt zu bleiben. Sie präsentierten mir das Schicksal ehemaliger Kameraden, denen nicht das Glück beschieden war, Blora verlassen zu können. Erst zwei Jahre waren verstrichen – wie unglaublich schnell hatten sich die Unterschiede zwischen vormals Gleichen herausgebildet.

In der Halle fühlte ich mich wie jene beiden, die dort draußen standen und

Blicke nach innen zu erhaschen versuchten. Die meisten der anwesenden jungen Leute hatten in Blora Schulen absolviert, die in wesentlich besserem Ruf als meine standen. Ich fühlte mich unwohl, befremdet und unbedeutend. Während andere mit Musikinstrumenten hantierten, die ich nicht spielen konnte, und dazu sangen und scherzten, saß ich ganz für mich allein in meinen Stuhl gepreßt.

Eine junge Frau, mit der ich zur Schule gegangen war, stand auf und sang „Bengawan Solo". Während sie sang, bewegte sich ihr Körper im Rhythmus der Musik. Ich aber saß steif auf der Stelle und wußte nicht, was ich tun sollte. Ich fühlte mich den anderen unterlegen – besonders denjenigen aus respektableren Schulen, die sich zu einer separaten Clique zusammengeschart hatten und sich demonstrativ von uns absonderten. Während der gesamten Party blieb ich allein. Das Ereignis ermutigte mich nicht, mit neuen Hoffnungen in die Zukunft zu blicken. Ich fand es grauenhaft und erklärte bald darauf meinen Austritt aus der Organisation.

Unter den Studenten war ich derjenige mit der geringsten Taschengeldsumme. Ein Ringgit – also zweieinhalb Rupiah – stand mir im Monat zur Verfügung. Es wurde von mir erwartet, mit diesem Betrag alle meine Bedürfnisse zu bestreiten und natürlich auch die benötigten Lehrbücher und Hefte zu kaufen. Mein Vermieter versuchte, mir eine Nebentätigkeit zu vermitteln, doch seine Bemühungen blieben erfolglos.

Trotz meiner dürftigen Mittel leistete ich mir den Luxus, zweimal pro Woche in den billigsten Lichtspielhäusern der Stadt einen Film anzuschauen. Ich tat es in erster Linie, um mein Wissen über Europa und die Vereinigten Staaten zu erweitern. Oft betrat ich das Kino erst, nachdem die Lichter erloschen waren und der Film begonnen hatte, denn im Dunkeln war die Wahrscheinlichkeit größer, daß der Kartenabreißer nicht bemerkte, daß ich ein zusammengefügtes altes Ticket vorwies. Als es auf die Abschlußprüfung zuging, war ich zur Linderung meiner wachsenden Aufregung fast jeden Abend im Kino. Die größte Angst hatte ich vor den praktischen Übungen und vor allem vor dem Zeichnen, für das ich das Schaubild eines Fernsehers vorbereitet hatte – ein Ding, das zu jener Zeit kaum bekannt war. Ich war unsicher, ob ich die Prüfung bestehen würde.

Zu meinen wöchentlichen Unternehmungen gehörte ein Besuch bei meinem älteren Freund Soedarmadi, der zu den Pflegekindern meiner Eltern gehört hatte, um mit ihm am Spieß gegrillten Fisch zu essen. Er redete auf mich ein, daß ich keine Angst vor der Prüfung haben müsse. „Was passiert denn schon, wenn du durchfällst? Was hat die Schule denn zu bedeuten?" fragte er rhetorisch. „Im Endeffekt ist nur wichtig, daß ein Mensch seinen Beitrag zur Besserstellung seiner Mitmenschen leisten kann."

Ich fand den Rat meines Freundes nicht besonders überzeugend, zumal er, der bereits Ende zwanzig war, in einer Bambushütte mit Erdboden wohnte. Er teilte die Hütte mit einer maduresischen Frau, die er nicht heiraten wollte. Die Hütte war in zwei Räume unterteilt, deren größerer für alles außer Kochen und körperliche Annäherung genutzt wurde. Der kleinere Raum maß nur ein mal zwei Meter. Die einzigen Möbelstücke des Paares waren eine Schlafstätte aus den Leisten gebrauchter Verpackungskisten und eine Seifenkiste mit den wenigen Habseligkeiten.

Eines Abends kramte Soedarmadi ein kleines englisch-holländisches Wörterbuch hervor. „Hier", sagte er, „das ist für dich." Er empfahl mir, englische Sprache und Literatur zu studieren. „Es ist ein absolutes Muß. Mit Holländisch kommst du bis nach Holland, Surinam und Südafrika, aber nicht weiter. Mit Englisch steht dir die gesamte Welt offen – bis in den Himmel und die innersten Tiefen der Erde."

Im Gegensatz zu der heißen Luft, die er gewöhnlich versprühte, enthielten seine Worte diesmal einen Kern Wahrheit.

*

Als die Prüfungen anstanden, bereitete sich das Land auf einen Krieg vor. In ganz Java, Surabaya nicht ausgenommen, wurde auf Abendveranstaltungen Geld gesammelt, um *Spitfire*-Flugzeuge zu kaufen. In Radiosendungen aus Japan wurde die Nationalhymne „*Indonesia Raya*" ausgestrahlt. Mitglieder der Nationalsozialistischen Partei wurden beständig überprüft, und deutsche Staatsbürger wanderten in Internierungslager.

Im theoretischen ersten Teil der Prüfung bekam ich recht gute Noten; mein Schaubild eines Fernsehers wurde mit „gut" bewertet. Nun stand nur noch die praktische Prüfung aus, doch am vorgesehenen Tag wurde sie verschoben. Man schickte uns stattdessen ins Laboratorium. Kaum war das Radio eingeschaltet, erreichte uns durch den Äther die Nachricht aus Jakarta, daß die Vereinigten Staaten und Großbritannien nach einem Überraschungsangriff auf Pearl Harbour in Hawaii Japan den Krieg erklärt hatten. Dieser Nachricht folgte die Erklärung, daß sich auch Niederländisch-Indien der Kriegserklärung gegen Japan angeschlossen hatte. Alle Schüler sprangen von ihren Plätzen auf und rannten aus dem Klassenzimmer, um auf ihren Fahrrädern nach Hause zu eilen.

Als ich meiner Vermieterin die Neuigkeit zurief, wich alle Farbe aus ihrem Gesicht. Sie preßte die Lippen zusammen und begann wimmernd zu weinen. Die Nachbarin schaute von ihrer Veranda herüber und fragte mich, was geschehen sei. Als ich ihr die Nachricht mitteilte, schaltete sie ihr Radio an, das gerade über die Kriegserklärung berichtete. Als das Radio verstummte, hörte ich auch die Nachbarin weinen.

Am nächsten Tag versammelten sich die Schüler erneut zur praktischen Prüfung. Die meisten Aufgaben stellten mich vor Probleme, und im Endeffekt schnitt ich nur mit „befriedigend“ ab, was mir die Möglichkeit versperrte, als Techniker zu arbeiten. „So also ist es“, sagte ich mir und beschloß, sechs weitere Monate zu studieren und ein Diplom im Marconismus zu erwerben, der gerade erst als neue Fachrichtung an unserer Schule angeboten wurde. Mit einer Qualifikation in diesem Fach würde ich leicht Arbeit finden: auf einem Schiff, in einer Station oder bei einer Nachrichtenagentur. Doch angesichts der Kriegserklärung war mir klar, daß ich wohl keine Möglichkeit haben würde, ein weiterführendes Studium im Ausland anzutreten.

Die Kriegsstimmung verdichtete sich. Die Schlagzeilen der Zeitungen und die Radionachrichten berichteten nur noch vom Krieg. Plötzlich schienen die Kriegsgötter überall zu sein: in Europa, in Asien, im Pazifik und in meinem eigenen Leben. Wir warteten in Surabaya auf unsere Diplomzeugnisse – eine Woche, zwei Wochen –, doch der Direktor vertröstete uns nur mit der Aussage, daß sie noch nicht aus Bandung eingetroffen seien. Schließlich teilte er uns mit: „Lassen Sie Ihre Adressen und ein Paßfoto hier. Wir werden Ihnen die Dokumente zusenden.“

Auch wenn ich die praktische Prüfung nur mit „befriedigend“ bestanden hatte: Ich hatte den Abschluß erworben und durfte nach Hause reisen, nach Blora.

Mutter war froh, mich wieder daheim zu haben. Eines Abends bat sie mich, mit ihr spazierenzugehen. Ich wußte nicht, wohin der Spaziergang führen sollte und machte mir auch keine Gedanken. Ich hatte inzwischen ein anderes Bild von meiner kleinen Heimatstadt gewonnen und verspürte nicht mehr viel Interesse für sie. Sie war unbedeutend und tot. Wenn ich einen jungen Mann aus dieser Stadt sah – einen, der in Blora geblieben war –, dann sah ich eine Person ohne Perspektive. Obwohl die Technikerschule soeben erst hinter mir lag, hatte ich das Gefühl, mit weitaus größeren Möglichkeiten gesegnet zu sein.

Ohne daß es mir bewußt war, führten uns unsere Schritte zum Büro des Grünen Kreuzes, das Ratschläge über Lungenerkrankungen erteilte. Draußen informierte Mutter mich, daß sie an Tuberkulose litt. Dann ging sie hinein und wurde von einem Bediensteten in einen Untersuchungsraum geführt. Als sich die Tür hinter ihnen schloß, blieb ich allein auf der hölzernen Bank zurück. An jenem Abend waren keine anderen Patienten zugegen.

Als ich in diesem Warteraum einsam und verlassen unter den Bildern kranker Lungen saß, kamen schauerliche Gedanken und Bilder in mir auf. Mutters Träume fielen mir ein, und auch mein eigener Traum und Saats Prophezeiung standen mir lebendig vor Augen.

Erst auf dem Heimweg wurden mir Mutters Atemschwierigkeiten bewußt, und ich bemerkte, daß sie langsam und gebeugt ging und mir wesentlich kleiner erschien als noch vor wenigen Jahren.

Die einzigen Behandlungsmethoden gegen Tuberkulose waren damals Ruhe, Entspannung und nahrhaftes Essen. Doch wer konnte so einfach die Arbeit ruhen lassen? Die Menschen mit Tuberkulose, die ich kannte, arbeiteten selbst noch weiter, wenn sie Blut spuckten. Ein entfernter Bekannter litt an einer Kombination aus Tuberkulose und Asthma. Jeden Abend nahm er vor der Bettruhe zwei Datura-Samen zu sich, um schlafen zu können. Datura-Samen wirken betäubend und führen in zu hoher Dosis zu Vergiftungen. Eines Morgens wurde der Mann auf einer Bank am Straßenrand ohnmächtig, und es stellte sich heraus, daß er am Vorabend zwei zusätzliche Datura-Samen geschluckt hatte. Nachbarn schleppten ihn nach Hause. Am nächsten Tag erschien er wieder zur Arbeit. Und so drehte sich das Rad, bis er starb.

Als wir zu Hause ankamen, begab sich Mutter sofort ins Bad, um ihre Füße zu waschen, und anschließend zog sie sich in ihr Schlafzimmer zurück; sie ließ sich an jenem Abend nicht wieder sehen. In den folgenden beiden Monaten fehlte ihr die Kraft, zu arbeiten. Ich hatte das Gefühl, daß ihr rascher Gesundheitsverfall von ihrem heftigen Wunsch, ihren Sohn durch die Schule zu schleusen, verursacht wurde. Und dieser Sohn war ich selbst.

Ich wußte, daß ich Mutter verlieren würde. Wenn ich in ihrer Nähe war, versuchte ich, meine Emotionen unter Kontrolle zu halten, um ihre Hoffnungen zu stützen und ihren Unmut nicht auf mich zu ziehen. Doch mit dem rapiden Verfall ihrer Gesundheit wirkte sie täglich älter.

Sie war meine Mutter und die einzige Frau auf der Welt, für die ich grenzenlose Liebe empfand. Sie wurde zum Abbild, an dem ich jede andere Frau, die ich in meinem Leben traf, maß. Sie war eine Frau, die ihren Kindern die Grundlage für ein unabhängiges Leben geben wollte und für dieses noble Ziel bereitwillig und ohne zu klagen ihr eigenes Leben gab. Und ich kann nicht mehr tun, als ihr diese Blumen zu überreichen – sie zu einem Bukett zusammenzustecken und sie ihr bescheiden zu Füßen zu legen.

Tod in Zeiten der Wandels

Es ist der 6. Februar 1942, und ich lebe in Blora. Soeben habe ich eine Postkarte von Soedarmadi erhalten, einem einstigen Pflegesohn meiner Eltern, den ich wiedertraf, als ich die Radio-Fachschule in Surabaya besuchte. Die letzte Zeile seiner kurzen Grußworte lautet: „Und ehre deine Eltern, besonders deine Mutter ..." Nur wenige Tage später vertilgte eine japanische Bombe Soedarmadis Haus vom Erdboden.

Heute ist mein siebzehnter Geburtstag. Ich bin schon fast erwachsen! Doch in meiner Familie werden Geburtstage nicht gefeiert; wer Geburtstag hat, begeht den Tag ohne Fanfaren. Und was gäbe es auch zu feiern? Im hinteren Schlafzimmer unseres Hauses liegt Mutter auf ihrer hölzernen Bettstatt und leidet schlimm an Tuberkulose. Mitunter höre ich ihr leises und sehr schwaches Husten. Auf der vorderen Veranda wiegt meine Großmutter, die Mutter meines Vaters, ein neugeborenes Kind – meine jüngste Schwester. Von Zeit zu Zeit stöhnt auch sie – eine leise, nahezu symbiotische Klage für das neugeborene Kind, dem die Kraft fehlt, einen Laut hervorzubringen.

Was kann ich tun, um die Situation zu ändern? Ich bin siebzehn Jahre alt – das älteste Kind der Familie, doch ohne eigenes Einkommen. Ich finde mich von traurigen Geräuschen umgeben: Mutters Husten, Großmutters Stöhnen. Während ich noch über den Unterschied zwischen diesen Geräuschen sinniere, hebe ich unwillkürlich den Kopf, weil über uns das tosende Dröhnen eines Flugzeuges erklingt. Und Großmutter sagt mit Bestimmtheit: „Dieses Flugzeug muß eine schrecklich schwere Last befördern, sonst wäre es nicht so laut."

Für die Menschen in Blora – also auch für meine Familie – markierte das Geräusch den Beginn des Krieges. Es folgte ein Luftkampf zwischen einem Flugzeug der Alliierten und einem japanischen Bomber. Das Knattern automatischer Geschütze, das die Luft durchschnitt, ließ die gesamte Stadt verstummen. Es war das erste Mal, daß Bloras Menschen diese besondere Stimme des Todes sprechen hörten, und meine Großmutter, die keine kleine Frau war, verkroch sich mit dem Baby im Arm unter der hölzernen Plattform, auf der sie eben noch gesessen hatte.

Es war die einzige Salve, die wir an jenem Tag hörten. Nicht das japanische Flugzeug hatte gefeuert, sondern das der alliierten Streitkräfte. Für die Japaner waren Geschosse wertvolle Gegenstände. Das Röhren der Maschinen verschwand im klaren Mittagshimmel. Am Abend ging die Nachricht rund, daß in Nglobo, einem kleinen Dorf wenige Kilometer südöstlich, ein Geschoß gefunden worden sei. „Es hat die Größe eines Daumens", erzählten sich die Leute, „und es ist dreißig Zentimeter tief in den Boden gedrungen. Rauch kam heraus. Wenn das Ding jemanden getroffen hätte..."

Am Abend traf Vater, der zu jener Zeit selten daheim war, mich beim Ausschachten eines Unterstandes an.

„Vergiß es", spottete er. „Es wird nichts passieren. Wir sind hier sicher." Niemand sprach an jenem Abend von Mutter oder dem Neugeborenen. Die einzigen Gedanken, die in den Köpfen herumspukten, drehten sich um die Ankunft der Japaner und den Krieg.

Westlich der Stadt schlug eine Einheit der holländischen Kolonialarmee ihre Quartiere auf. Abends streiften die Männer dieser Einheit durch die Dörfer und suchten die Felder ab. Sie belästigten niemanden und rührten nichts an, was ihnen nicht gehörte, und nach einigen Tagen brachen sie ihre Zelte ab und verschwanden. Das Camp war plötzlich leer, und niemand wußte, wohin die Männer gezogen waren.

Das städtische Signal für Gefahr aus der Luft – hektisches Schlagen der Bambustrommel – wurde zu einem gewohnten Geräusch. Die Lehrer verloren die Kontrolle über die Schüler, und auch die Autorität der lokalen Regierungsbeamten und Polizei siechte dahin. Zur mächtigsten Instanz der Stadt wurde die Luftüberwachung. Nahezu unaufhörlich dröhnten Flugzeuge über unsere kleine Stadt.

Die örtlichen Polizeibeamten, die sich früher wie kleine Könige aufgeführt hatten, zeigten sich kaum noch auf der Straße, und ihre Säbel und Knüppel, die ehemaligen Symbole des Stolzes und der Macht, waren nicht mehr als unnütze Gewichte, die sie zu schleppen hatten.

Die neuesten Nachrichten der Zeitungen waren stets längst veraltet, und auch die Neuigkeiten, die das Radio des Batikverkäufers verkündete, das an einen Lautsprecher angeschlossen war, der in einem Guavebaum draußen vor dessen Haus hing, waren selten aktuell. Für ein Bild über die aktuelle Situation verließ man sich auf Gerüchte und Geschwätz.

Als ein japanisches Flugzeug über Cepu drei Fallschirme absetzte, ergriffen die Soldaten, die mit der Bewachung der Ölraffinerie betraut waren, unverzüglich die Flucht. Die drei Fallschirme wurden gefunden. An zweien hingen Strohpuppen in der Größe eines Mannes, doch der dritte Fallschirm war verwaist. Was er zur Erde hinab befördert hatte, war verschwunden.

Die größte Angst vor der Ankunft der japanischen Streitkräfte hatten die chinesischen Ladenbesitzer, die vor einigen Jahren begonnen hatten, den Vertrieb japanischer Waren zu boykottieren. Sie hatten sich geschlossen geweigert, das japanische Unternehmen Matahari Grossier, den einzigen Großhändler der Region, zu unterstützen. Ihr Marktanteil war infolgedessen beträchtlich gesunken. Als sie die Preise reduzierten und diverse Waren fast zum Einkaufspreis verschleuderten, stieg die Zahl ihrer Kunden ebenso stark wie die ihrer Ladendiebe.

Ich weiß nicht, was die chinesischen Geschäftsleute gegen dieses spezifische Problem unternahmen, doch es war allgemein bekannt, daß Ladendiebe, die im Matahari auf frischer Tat ertappt wurden, von der japanischen Belegschaft des Geschäftshauses skrupellos verprügelt oder gar gefoltert wurden. Obwohl alle davon sprachen, unternahm die Polizei nichts, um der sadistischen Selbstjustiz ein Ende zu bereiten. Sogar der holländische Assistent des Residenten (der ranghöchste Beamte der Stadt) verlor seine Autorität. Er begab sich eines Tages zum Matahari, um den Berichten nachzugehen, doch der Manager des Warenhauses verweigerte ihm einfach den Zutritt. Als er aus Protest die Hand erhob, verschwand der Japaner und stand kurz darauf in der Uniform eines japanischen Armeekapitäns vor ihm. Der Assistent des Residenten salutierte und verdrückte sich. Danach setzte kein Regierungsbevollmächtigter mehr einen Fuß ins Matahari. Doch als das japanische Militär seine Angriffe im Süden begann, schloß das Matahari seine Pforten, und alle Japaner verließen die Stadt Blora.

Abgesehen von der Luftüberwachung kamen die Räder der Verwaltung zum Stillstand. Alle – ich selbst eingeschlossen – hingen in Gedanken der Prophezeiung aus dem Buch *Jangka Jayabaya* nach, dem die Javaner nahezu göttlichen Stellenwert einräumen. Dort steht geschrieben: „Und eine Rasse gelber Menschen wird über Java für den Zeitraum herrschen, den der Mais für sein Wachstum benötigt." Dreieinhalb Monate, so glaubten wir. Vielleicht fürchteten wir die Japaner aus diesem Grund anfangs nicht so sehr. Ein wesentlich mystischeres Gefühl beherrschte unsere Empfindungen. Wir warteten unruhig auf ihre Ankunft und waren stets auf der Jagd nach den neuesten Nachrichten.

Dann brach der Abend herein, den ich in meiner Kurzgeschichte „Blora" beschrieb. Das heraufziehende Zwielicht des Himmels war von einem roten Farbton überzogen, der mich erschauern ließ. Doch da alle Lichter mit Sacktuch verhüllt waren – eine Maßnahme, die schon Wochen zuvor angeordnet worden war –, blieb die folgende Nacht düster.

Am 2. März 1942 vernahm ich um drei Uhr morgens das Geräusch rollenden Donners, das sich in einer Serie wiederkehrender Donnerschläge um die Stadt legte. Um sechs Uhr morgens brüllte der Donner erneut gegen die Stadt an, und zwar in immer neuen Wellen. Gegen neun kam ein Mann über die zerstörte Straße vor meinem Elternhaus geradelt und rief im Vorbeifahren: „Die

Japaner kommen!“ Sein Ruf trieb alle aus ihren Häusern. Die gesamte Stadtbevölkerung versammelte sich am Straßenrand und harrte der Dinge, die da kommen würden. Vielleicht waren Mutter und meine kleinen Geschwister die einzigen, die drinnen blieben. Auch Großmutter stand mit dem Neugeborenen im Arm auf der Veranda und spähte in die Umgebung. Das plötzliche Brummen sich nähernder Fahrzeuge trieb die Menschen in ihre Häuser zurück. Zwei große Armeelastwagen rumpelten vorbei. Drinnen saßen Soldaten der Kolonialarmee, die Tarnanzüge trugen. Die Fahrzeuge rollten langsam vorbei, um nicht zu sagen zögerlich, und als sie um die Ecke bogen, ließen sie nur eine Staubspur zurück.

Etliche Familien strömten mit ihren flugs zusammengepackten Habseligkeiten aus ihren Häusern, um aus der Stadt zu fliehen, doch das erneute Brummen von Fahrzeugmotoren wischte die Straße im Handumdrehen wieder leer. Zwei weitere Lastwagen tauchten auf, die Anhänger mit Haubitzen zogen. Auf den Anhängern hockten australische Soldaten. Selbst aus der Distanz konnten wir ihre Nationalität erkennen – an der hellgrünen Farbe ihrer Hemden und Hosen sowie an ihren Stahlhelmen. Sie waren jung, sehr jung – wahrscheinlich kaum älter als ich selbst. Als sie vorbeifuhren, bemerkte ich, daß die Beine der Kanoniere mit eisernen Fesseln an die Geschütze gekettet waren. Ich rannte hinaus, als die Fahrzeuge um die Ecke bogen und konnte soeben noch sehen, daß auch die Männer auf den Lastwagen in Ketten lagen.

Ich vermute, daß jeder, der Zeuge dieser Szenen wurde, Sympathie für die jungen Australier empfand. Sie hatten uns nichts Böses getan und ihr Land hatte kein Verbrechen gegen uns begangen. Die Leute vermuteten, daß die Holländer jene Männer ohne Grund und Rücksicht an die Kanonen gekettet hatten.

Dann ertönte der Schrei: „Die Japaner sind in der Stadt!“ Alle rannten hinaus auf die Hauptstraße, denn jeder wollte den Einzug der japanischen Armee mit eigenen Augen erleben. Die Aufregung des Augenblicks ließ alle die Furcht vor einer möglichen Schlacht vergessen.

An der nächsten Kreuzung, die etwa dreihundert Meter entfernt lag, sahen wir einen japanischen Soldaten über den Boden robben, der bei seinen Bewegungen fortwährend nach links und rechts spähte. Wir hatten keine Ahnung, was er tat. Mehrere hundert Meter hinter ihm tauchten Lastwagen auf, die langsam Richtung Süden vorstießen. Der Soldat sprang auf und winkte zurück. Nach diesem Signal erhöhten die Lastwagen ihre Geschwindigkeit, und der Soldat sprang auf den ersten vorbeirollenden Wagen auf. Wir rannten hinter den Fahrzeugen her, und die Japaner begannen Flugblätter zu werfen, um die sich die Menge balgte. Auf der einen Seite waren ein roter Kreis und ein rotes Rechteck abgebildet, welche die japanische und indonesische Nationalflagge symbolisierten. Auf der anderen Seite prangten in schwarzen Lettern die Worte „*Dai Nippon-Indonesia sama-sama*“: Für ein gemeinsames Japan und Indonesien!

Die Soldaten begannen laut die Nationalhymne „Indonesia Raya“ anzustimmen, in die sich wiederholt die Schreie „*Banzai*“ und „*Nippon saudara tua*“ (Japan ist euer älterer Bruder) mischten. Von weitem erkannten wir, daß die Männer auf den Körpern anderer Soldaten saßen oder standen. Nach Überqueren der Kaliwangan-Brücke erhöhten die Fahrzeuge ihre Geschwindigkeit und waren bald außer Sichtweite. Die Menschen liefen mit den Flugblättern nach Hause und riefen „*Nippon saudara tua*“ (Japan ist der ältere Bruder).

Die Ankunft der Japaner weckte in nahezu allen Bürgern neue Hoffnungen – mit Ausnahme derer, die im holländischen Dienst gestanden hatten. Doch es lag ein übler Geruch in der Luft – der Gestank, den die Leichen der gefallenen Soldaten verströmten.

Die schmutzigen, erdfarbenen Uniformen der Soldaten waren zerfetzt und abgetragen, und ihre Hosenbeine reichten nicht bis zu den Knöcheln hinab. Sie trugen Mützen, keine Helme, und auch diese waren verwaschen, verschlissen und geflickt. In den Augen der Stadtbevölkerung sahen diese Burschen unzivilisiert aus. Die Ankunft der Japaner war an jenem Tag das einzige Stadtgespräch. Hatte es bislang geheißen, daß sie aus „Djepoen“ stammten, so kamen sie nun aus „Nippon“ oder „Dai Nippon“. Eine Rasse gelber Menschen, die über Java für den Zeitraum herrschen würde, den der Mais für sein Wachstum benötigt. Und danach würden wir frei sein.

Obwohl Mutter offenkundig Schmerzen litt, hatte sie verfolgen können, was draußen vorging. Meine Großmutter, die das Baby fest umklammerte, konnte nur stammeln: „Gütiger Gott! Erst war es Djepoen, und jetzt ist es Nippon. Doch was ist mit den Holländern?“

Die Holländer schienen Reißaus zu nehmen. Im Süden der Stadt waren Schußsalven zu vernehmen, dann wurde es still. Erst zu *Magrib*, der Zeit des Abendgebets, erreichte uns die Nachricht, daß Bauern jenseits des Flusses Lusi eine Gruppe Polizisten gelyncht hatten – der Rachefeldzug gegen Bedienstete der niederländisch-indischen Regierung hatte begonnen.

In jener Nacht vernahmen wir ein fernes Rumoren. Die Geräusche schreckten mich aus dem Bett, und zusammen mit meinem Bruder Prawito, dem Zweitältesten von uns, lief ich Richtung Stadtzentrum. Unterwegs mußten wir alle Augenblicke Leuten ausweichen, die Waren aus der Stadt schleppten. Je weiter wir uns dem Geschäftszentrum näherten, desto dichter wurde die Menge. Die Geschäfte der chinesischen Händler wurden aufgebrochen, und die enthemmte Menge plünderte alles, was ihr in die Finger fiel.

Vor Toko Tik, einem Geschäft mit großer Glasfront, hatte sich der Eigentümer vor der von innen verschlossenen Eingangstür aufgebaut. Obwohl er nicht bewaffnet war, gelang es ihm, die menschliche Welle aufzuhalten. Niemand versuchte, in sein Geschäft einzudringen, während der unmittelbar rechts nebenan liegende Toko Gladak innerhalb von Minuten ausgeplündert war. Immer mehr

Menschen strömten herbei, und selbst schwere Möbelstücke wurden fortgeschleppt. Die Menge raubte einen Laden nach dem anderen aus und drang in die Warenhäuser sowie schließlich in die Amtsgebäude ein. Das plötzliche Ende der Ausschreitungen war nicht darauf zurückzuführen, daß mehrere Personen, welche die Lagerhäuser für Reis aufgebrochen hatten, unter herabstürzenden Reissäcken zu Tode gequetscht wurden, sondern auf den Einsatz japanischer Soldaten, die das Feuer auf die Plünderer eröffneten.

Nach weniger als einer Woche waren keine Waren mehr im Angebot. Die Läden, die noch existierten, waren geschlossen und verriegelt. An den Wänden verkündeten Plakate, daß die japanische Armee im Dienste der Wiederherstellung von Ordnung und Sicherheit strengste Maßnahmen gegen jeden ergreifen werde, der sich militärischen Kommandos widersetzt.

Der Markt kam zum Erliegen, die Regale waren leer, und das Gespenst des Hungers begann seine Kreise zu ziehen. Es gab keinen Reis, kein Gemüse, keinen Fisch und kein Fleisch. Selbst an Salz war nicht heranzukommen – obwohl jeder wußte, daß im städtischen Lagerhaus noch große Mengen eingelagert waren.

Eines Tages ging ich zum Salzdepot, wo sich bereits eine Menschenmenge versammelt hatte. Offensichtlich hielt nur die Ankündigung, daß Plünderer auf der Stelle erschossen würden, die Menschen davon ab, in das Gebäude einzubrechen. Es herrschte Unruhe – die Meute schien nur darauf zu warten, daß der Aufseher endlich die Tore öffnete.

Ich sah einen großen muskulösen Burschen auf eine Bank springen, um sich über die anderen zu erheben. Er war eine lokale Größe, denn er spielte ausgezeichnet Fußball und tat sich auch als Schauspieler hervor. An jenem Tag trug er ein offenes Jackett, in dessen oberer Tasche ein weißes Tuch steckte, auf dem sich ein roter Kreis befand: das Symbol für die aufgehende Sonne Japans. Er gestikulierte und schrie in die Runde, daß man ihn endlich durchlassen solle, so als habe er eine Gruppe unbeherrschter Fans vor sich. Doch er spielte weder Fußball noch stand er auf der Bühne. Wie alle anderen auch war er wegen Salz hier, und diese Tatsache erkannte die Menge: Im Handumdrehen packte man ihn und zerrte ihn von seinem Platz.

Ich verließ das Depot und schlenderte zum Stadtplatz. Das zentrale Postamt hatte keine Fenster und Türen mehr – es sah aus wie ein zahnloser alter Mann. Der erste Billardsaal der Stadt, wo die Standespersonen ihre Freizeit zu verbringen pflegten, war in ähnlich jämmerlichem Zustand: Müll und Abfall bedeckten den Boden – Hinterlassenschaft der Plünderer.

Die Abfahrt der beiden Lastwagen der Kolonialarmee und der australischen Fahrzeuge stand symbolisch für das Ende der holländischen Herrschaft über mein Volk und mein Land. Die Schüsse am Himmel und im Süden der Stadt hatten ihr Todesröcheln eingeleitet. Mit der Ankunft der Japaner stürzten die Holländer von der Spitze des Berges in eine schlammige Pfütze. Als Junge, der soeben erst die Schule abgeschlossen hatte und die Fährnisse des Lebens noch nicht kannte, nahm auch ich den Tod von Niederländisch-Indien mit Freude auf. Auch die Minderwertigkeitskomplexe, die durch meine schwachen Holländischkenntnisse ausgelöst wurden, verschwanden im Nichts. Ich brauchte mich nun nicht mehr mit jener Sprache zu befassen und mußte nicht mehr unter den Schmähungen der anderen leiden, die mit Worten um sich warfen, die ich nicht verstand.

Ich begann mich zu fragen, ob ich durch die Veränderungen einen Platz in der neuen indonesischen Gesellschaft finden würde. Konnten nach Ausmerzung der holländischen Sprache nun auch Schüler aus Dorfschulen in einflußreichere Positionen innerhalb der Gesellschaft gelangen? Würde ich im Wettstreit um diese Positionen bestehen können? Womit hatte ich mich zu wappnen? Erst viel später fand ich zu dem Gedanken, daß die Niederlage der Holländer für mich den Verlust des Zugangs zu einer geschriebenen Welt der zivilisierten Werte bedeutete. Das Autoritätsvakuum beseitigte die sozialen Unterschiede. Es wurde nicht mehr nach „Oberschicht" und „breiter Masse" unterschieden, und es gab keine Polizei. Und es gab weder Hüter von Recht und Ordnung noch Diplome. Es gab nur Menschen auf der Suche nach Nahrung.

„Schaut ihn euch an!" flüsterten die Leute schadenfroh, wenn sie einen Absolventen der *Algemene Middelbare School*, des höchsten Lehrinstituts der Residenz, von Tür zu Tür ziehen sahen, um Sojasauce, *Krupuk* und Garnelenpaste zu verkaufen. Vor der Ankunft der Japaner wäre so etwas undenkbar gewesen.

Hinter vorgehaltener Hand lästerten die Leute auch über die Irritationen ehemaliger Zivilbeamter, die ihre Autorität und ihr Gehalt eingebüßt hatten. Was sollte ich tun? Ich wußte es nicht. Der Sturz der niederländisch-indischen Regierung hatte auch einen Kollaps der sozialen Maßstäbe zur Folge. Ein einziger Tag hatte das gewohnte Leben wie durch die Hand eines Hexenmeisters grundsätzlich verändert. Alle Geschäfte, Büros und Schulen waren geschlossen. Die Kinder hatten frei und waren sich selbst überlassen. Doch alle Menschen standen vor demselben Problem: die nächste Mahlzeit zu beschaffen.

Das Gefühl der Unsicherheit wich dem der Angst, als japanische Soldaten zu dritt oder viert durch die Stadt patroullierten und den Leuten alles wegnahmen, was ihnen gefiel: Ringe, Armbanduhren, Taschenuhren, Armreifen und Halsbänder. Niemand wollte mehr etwas mit den Eindringlingen zu tun haben, und schon ihr bloßer Anblick ließ die Leute erschauern. Ihre schmutzigen Kleider waren verfilzter und zerfetzter als die Lumpen von Bauern, und sie rochen auch widerwärtiger – doch sie waren die Sieger, und niemand wagte es, sich ihnen zu widersetzen.

Schon bald gesellten sich zu den Diebstählen immer häufiger werdende Fälle von Vergewaltigungen. Die Soldaten nahmen keine Rücksicht darauf, ob Frauen minderjährig, verheiratet oder alt waren. Wie auf ein Kommando hin begannen die Frauen unserer Stadt ihre reine Haut mit Ruß zu schwärzen und auf jegliche Form der Hervorhebung weiblicher Reize zu verzichten.

Ein Bild: Eine holländische Familie klettert neben unserem Haus den Hang vom Flußufer zur Straße hinauf. Die Haut des Vaters ist rot verbrannt und er trägt keine europäische, sondern traditionelle javanische Kleidung. Seine Frau und die Kinder sind ähnlich ausstaffiert. Alle sind barfuß. Die Augen der Nachbarn folgen der Familie eingedenk der Verzweiflung und Furcht, die sie verspüren muß, mit Sympathie, doch niemand wagt es, den Leuten ein Versteck anzubieten. Diese Menschen gehen auf der Hauptstraße langsam nach Norden, bis sie dem Blick entschwunden sind. Und dann marschiert die japanische Armee über dieselbe Straße – eine furchterregende Macht, die unbezwingbar erscheint.

Eine Erinnerung: Die drückende Stille, die sich über die Stadt legt, als die Japaner Leute festzunehmen beginnen, die auf öffentlichen Plätzen angetroffen werden. Sie befehlen den Leuten, mit gekreuzten Beinen in der Lotoshaltung auf dem nackten Fußboden zu sitzen. Viele, die den Befehl aus irgendeinem Grund nicht befolgen können, werden verhaftet und beschuldigt, Angehörige der niederländisch-indischen Armee zu sein.

Als ein japanischer Soldat, der eine Frau vergewaltigt hatte, auf dem Stadtplatz vor den Augen der Öffentlichkeit hingerichtet wurde, sank die Zahl dieser Übergriffe, und auch die Ängste der Bevölkerung nahmen ab. Um die Bevölkerung davon zu überzeugen, daß sie für Recht und Ordnung sorgen würden, verhafteten die Japaner exemplarisch einen auf den Molukken geborenen Waldaufseher, den sie an eine Strebe der Kaliwangan-Brücke fesselten, welche die Stadt mit den außen liegenden Gebieten verknüpfte und deshalb ein Verkehrsknotenpunkt für Bauern, Holzverkäufer und Händler war. Viele verabscheuten diesen Mann, da er immer Zeuge war, wenn sie draußen heimlich Holz schlugen, um Holzkohle zu brennen oder die Scheite in der Stadt zu verkaufen. Die Japaner nutzten diese Gefühle aus, indem sie diejenigen, die über die Brücke gingen, dazu zwangen, dem hilflosen Mann Gewalt anzutun. Anfangs spuckte man ihn nur an, doch dann wurde er mit Gürteln geschlagen und schließlich wurden die Passanten genötigt, dem Armen das Fleisch in Streifen von den Knochen zu schneiden.

Diese Erfahrung öffnete den Menschen mehr als jede andere die Augen für das, was ihnen die Zukunft bescheren würde. Auch unsere Familie versank immer tiefer in Schwierigkeiten. Vater hatte kein Einkommen und Mutter zeigte keine Anzeichen einer Genesung. Da etwas geschehen mußte, versuchten Prawito und ich uns im Handel. Doch der Markt war nahezu tot. Nur wenige versuchten, etwas zu verkaufen, und die meisten von ihnen waren wie wir selbst blutige Anfänger mit wenig oder überhaupt keiner Erfahrung. Während der Geldwert sackte und die Warenpreise in die Höhe schnellten, hielten sich die erfahrenen Händler im Hintergrund, um in Ruhe den Lauf der Geschehnisse abzuwarten.

Wir handelten mit Waren, die wir Leuten abkauften, die nicht wußten, was sie mit ihnen anfangen sollten, und wir hatten tatsächlich genügend Kundschaft, so daß wir uns schon bald als erfahrene Gebrauchtwarenhändler fühlten. Mit unseren kleinen Geschäften konnten wir unsere Familie über Wasser halten, und einmal hatten wir sogar genügend Geld, um Medizin und Kleidung zu kaufen. Doch just in dem Augenblick, als wir ein wenig Kapital für weitere Unternehmungen angehäuft hatten, stahl ein japanischer Soldat Vaters neues Fahrrad, das wir gegen Ratenzahlung erworben hatten. Kurz darauf entwendete ein anderer japanischer Soldat mein eigenes Rad. Jegliche Sympathie, die ich einmal für die Japaner gehegt haben mochte, verwandelte sich in Mißtrauen und Antipathie.

Als sich die älteren und erfahreneren Händler wieder auf dem Markt betätigten, begann unsere Einkommensquelle zu versiegen, denn unser Angebot schmolz zusammen, da immer weniger Dinge zu erwerben waren. Die meisten Menschen in Bloras Umgebung hatten inzwischen alles verkauft, was sie nicht dringend benötigten. Also sahen wir uns gezwungen, in benachbarten Städten nach Waren zu suchen. Mein Bruder und ich radelten bis nach Cepu, doch die einzigen Waren, die wir erstehen konnten, waren Garn, Bom-Zigaretten und Tabak. Als wir die Nachricht erhielten, daß in Pati Nelken im Angebot seien, radelten wir auch dorthin.

Bevor wir vom Markt nach Hause gingen, suchten wir immer nach einigen Leckereien für unsere kleineren Geschwister und nach Eiern, welche die Jüngeren für Mutter kochen mußten. Mutter hatte sehr wenig Appetit. Immer wenn ich ihr Zimmer betrat und sah, wie wenig sie von ihrem Essen angerührt hatte, versuchte ich sie zu überreden, noch etwas zu sich zu nehmen, doch sie wehrte mein Bemühen stets mit Gegenfragen ab: „Hast du selbst schon gegessen? Und die anderen auch?“ Die Tuberkulose war in unserem Gebiet weit verbreitet. Nachbarn und Freunde waren betroffen. In mindestens jedem fünften Haushalt litt jemand an der Krankheit, die der Fluch unserer kleinen Stadt war und nicht nur Mutter, sondern auch unsere neugeborene Schwester zu einem verfrühten Tod verurteilte. Da Mutter nicht in der Lage war, das Kind zu stillen, kauften wir für beide Kuhmilch. Wir opferten das Geld gerne, denn wir hingen an beiden.

Da Vater nur selten zu Hause war, verlegten wir Mutter in sein Zimmer, wo weniger Durchzug herrschte. Doch ihr Gesundheitszustand verschlechterte sich.

Faktisch war ich nun der älteste Mann und Hüter unserer Familie, und so schlief ich nachts auf zwei Stühlen vor Mutters Zimmertür. Wenn sie hustete, stand ich auf und schaute nach ihr. Doch immer ergriff sie als erste das Wort: „Du schläfst noch nicht? Es ist spät. Du solltest längst im Bett sein." Und wenn ich zögerte, drängte sie mich sanft: „Geh jetzt schlafen... Du mußt morgen arbeiten."

Wenn ich zum Markt ging oder etwas nach Hause bringen konnte, verspürte ich auch bei den Nachtwachen noch Befriedigung und Freude daran, etwas für meine Eltern, die sieben Brüder und Schwestern, Großmutter und die alte Nyi Kin, die uns im Haushalt half, tun zu können.

Schon als Junge hatte ich mich meinen Eltern gegenüber verpflichtet gefühlt, und nun, da ich bald erwachsen war, leistete ich den Eid, meine Schuld so gut wie möglich und nach besten Kräften zu begleichen – doch das Leben, das Mutter mir geschenkt hatte, konnte ich nicht erstatten. Ihre Krankheit wollte nicht weichen. Ich war nicht neidisch auf die Jugendlichen meines Alters, die keine Sorgen und keine Verantwortung zu tragen hatten. Ich war siebzehn und mein Bruder gerade fünfzehn, doch wir baten niemanden um Hilfe.

Eines Morgens gegen zehn kam mein Bruder Koesalah, der drittälteste von uns, zu mir auf den Markt und berichtete: „Mutter bittet dich, für heute mit dem Verkaufen Schluß zu machen und nach Hause zu kommen." Gemeinsam packten wir meine Waren ein, rollten die Matten zusammen und gingen heim. Ich fand Mutter in sehr ernstem Zustand vor. Sofort beauftragte ich meinen Bruder, Telegramme an die Großeltern in Rembang und Ngadiluwih zu schikken, und ich schickte die anderen Geschwister hinaus, um nach Vater zu suchen. Ich selbst holte den Arzt, obwohl ich nicht wußte, wie ich ihn bezahlen sollte.

Noch am selben Abend traf die Stiefmutter meiner Mutter aus Rembang ein und begann zu meinem argen Verdruß, uns herumzukommandieren. Ich mußte für Mutter ein Bett in meinem Zimmer bauen. Der Arzt verabreichte Mutter und dem Baby irgendwelche Spritzen und ging wieder nach Hause.

Ich arbeitete an dem Bett für Mutter. Mit dem Hammer in der Hand schlug ich im Bewußtsein, daß der Krach sie störte, gegen das Holz. Am liebsten hätte ich die Anweisung meiner Stiefgroßmutter zurückgewiesen, doch ich wußte nicht, wie. Sie war gekommen und hatte ohne zu grüßen sofort meine Aufgabe übernommen, sich um Mutter zu kümmern. Ich weinte, während ich arbeitete. Wie konnte ich jener Frau klar machen, daß ich sie unter diesen Umständen nicht hier haben wollte? Da ich es nicht wußte, hämmerte und klopfte ich heftig herum, und die Arbeit macht mich nur noch mißmutiger.

Meine Stiefgroßmutter kam in mein Zimmer, begutachtete meine Arbeit und nörgelte mit lauter, ärgerlicher Stimme herum. Ich wollte nicht hören, was sie zu sagen hatte. Ich erinnerte mich an den Tag meiner Grundschulzeit, an dem ich die Wände meines Zimmers mit Postern amerikanischer Filmstars dekorierte und sie mir barsch befohlen hatte, sie wieder abzureißen, da Gott einem Haus mit solchen Bildern an den Wänden Seinen Segen nicht erteilen würde. Nach der Grundschule hatte sie Mutter vorgeschlagen, mich auf ein muslimisches Internat zu schicken. Ich kannte niemanden aus einer *Madrasah*, der mir als Vorbild hätte dienen können. Wollte sie eine Person aus mir machen, zu der niemand aufschaut? Und nun war sie erneut hier, stand in meinem Zimmer und tadelte mich verärgert. Ohne ein Wort zu erwidern, warf ich den Hammer hin und ließ sie stehen.

Ich stürmte aus dem Haus und stampfte die Straße hinab bis zu einer Werkstatt, wo ich auf einer Bank Platz nahm, um meinen Ärger verpuffen zu lassen. Zwei Stunden verharrte ich dort schweigend. Als gegen fünf Uhr die ersten Anzeichen der Dämmerung aufzogen, kam eine meiner Schwestern angelaufen: „Mutter will, daß du nach Hause kommst!" Ich sprang auf und lief zurück. Meine Schwester konnte nicht mit mir Schritt halten.

Zu Hause ging ich direkt in Mutters abgedunkelten Raum. Im schwindenden Licht, das durch die Fensterleisten fiel, konnte ich erkennen, daß Mutter totenstill war. Ihre Arme waren gekreuzt und ruhten auf ihrer Brust. Die Augen waren geschlossen, doch ein schwaches Lächeln schien auf ihren Lippen zu liegen.

„Mutter", flüsterte ich. Doch sie drehte sich weder zu mir um noch öffnete sie die Augen.

Insgeheim verfluchte ich die Stiefgroßmutter und auch den Arzt, die keine Andeutung gegeben hatten, daß Mutter bereits so nahe an der Schwelle des Todes gestanden hatte. Meine Brüder und Schwestern weinten, und draußen hörte ich bereits die ersten Nachbarn eintreffen. Doch ich blieb im Schlafzimmer, weil ich mit Mutter allein sein wollte.

Tuberkulosekranke scheiden Bakterien aus Mund und Nase aus, doch ich war sicher, daß Mutter mich nicht mit denselben Bakterien töten würde, die ihr Leben dahingerafft hatten. Ich warf die Arme um ihren kalten Leib und küßte ihre Stirn, als plötzlich jemand meinen Namen sprach. Ich ließ Mutters Körper los, drehte mich um und sah, daß ich nicht allein im Zimmer war. In der dunklen Ecke des Zimmers stand die alte, stets gütig wirkende Frau, die wir Mbok Slamet nannten und die immer als erste kam, wenn jemand in der Nachbarschaft Beistand benötigte.

„Danke, Mbok", murmelte ich, als ich begriff, daß sie in Mutters letzten Minuten bei ihr gewesen war. „Hat sie noch um etwas gebeten?"

„Nein."

Mutter war ohne letzten Wunsch von uns gegangen, sie hatte ihre Kinder bereitwillig in ihre eigenen Leben entlassen. Mutter, wie sehr hattest du zu leiden. Mutter, meine liebe Mutter ...

„Du solltest nun hinausgehen", empfahl Mbok Slamet mir, „denn du hast viele Dinge zu erledigen."

Endlich kam auch Vater nach Hause, doch da er mir nichts zu sagen zu haben schien, hatte auch ich ihm nichts zu sagen. Er sah nervös aus und wußte nicht, was er tun sollte. Ich wußte, daß er kein Geld hatte, keinen einzigen Sen. Prawito und ich würden die Einkäufe tätigen müssen: Öl, Reis, Salz, Gewürze und Stoff für Mutters Leichentuch.

Auch meine richtige Großmutter, Vaters Mutter, war anwesend und wiegte das Neugeborene, das den Namen Soesanti erhalten hatte, in den Armen. „Gütiger Gott“, betete sie, „Du hast die Mutter dieses Kindes heim in Dein Reich geholt. Bitte gib das Leben, das du genommen hast, an dieses Kind zurück.“ Doch das Baby starb nur wenige Minuten später, so als habe es sich entschlossen, bei Mutter zu bleiben. Ich betrachtete den Tod von Mutter und Soesanti auch als Erlösung von ihren Leiden, was mir ein wenig von meiner Verzweiflung nahm, doch ich bedauerte, in den letzten Augenblicken ihres Lebens nicht an Mutters Seite gewesen zu sein.

Unser Haus war in jener Nacht hell erleuchtet. Wir räumten die Möbel zur Seite und rollten Matten aus. Es kamen viele Besucher; etliche blieben die ganze Nacht bei uns und halfen uns bis zum Zeitpunkt der Beisetzung.

Am Morgen kam Mbok Slamet, um Mutters Leichnam zu waschen. Sie rief mich und die Kinder zu sich und sagte, daß wir unter die Bank kriechen sollten, auf der Mutters Körper gewaschen wurde. Ich weigerte mich und gebot auch den Geschwistern, sich zu weigern. Dann bat sie mich als ältestes Kind der Familie, ihr beim Waschen meiner Mutter zu helfen: Während sie die Reinigung vornahm, sollte ich mit einer Kelle Wasser auf den Leichnam schöpfen. Auch dies wies ich zurück. Ich konnte es einfach nicht über mich bringen. Und so erledigte sie die gesamte Arbeit alleine.

Als sie fertig war, bat ich Mbok Slamet um Mutters Kleider, um sie zu verbrennen oder in den Fluß zu werfen, doch diesmal kam die Ablehnung von ihrer Seite. „Nein, das wäre nicht richtig. Ich werde die Sachen im Fluß waschen. Wenn Wasser über sie rinnt, sind sie wieder rein.“ Ich weiß nicht, wie alle nötigen Vorbereitungen für Mutters Begräbnis getroffen wurden – ich wußte nur, daß sie bezahlt werden mußten.

Und so wurde Mutter an einem Morgen im Mai 1942 auf dem Nordfriedhof der Stadt zusammen mit Soesanti beigesetzt. Als alle nach Hause gegangen waren, knieten mein Bruder und ich nieder und senkten die Köpfe. Ich hatte mir nicht vorstellen können, daß ein solcher Ort aus Erde einmal die letzte Ruhestätte eines Menschen sein würde, den ich bewunderte und liebte. Mutter starb im Alter von vierunddreißig Jahren. Sie war genau doppelt so alt wie ich und hinterließ sieben Kinder. „Sei nicht enttäuscht, daß wir in deinen letzten Tagen nicht mehr für dich tun konnten“, flehte ich.

Mein Bruder und ich verließen den Friedhof und gingen über die Hauptstraße nach Hause. Mbok Slamet brachte Mutters Kleider. Sie waren bereits gewaschen, getrocknet und säuberlich zusammengelegt.

„Siehst du, wie sauber sie sind? Es ist nichts Unreines an ihnen."

„Bitte behalte sie", sagte ich zu der alten Frau. Sie nickte. Als sie fortging, drückte sie das Bündel fest gegen ihre Brust.

In unserer Küche, die sich in einem geräumigen Nebengebäude befand, hatten sich viele Frauen versammelt, um das dritte Mahl für das Glaubensbekenntnis *Tahlil* zu kochen, das wir am Abend sprechen mußten. Auf der hölzernen Plattform saßen alte Frauen, die ich nur vom Sehen kannte und mit denen ich noch nie ein Wort gewechselt hatte. Ich war dankbar, daß sie gekommen waren, um unsere Trauer zu teilen und ging ins Haus zu Mutters Schrank, um ihre restlichen Kleider zu verteilen, doch mit größter Bestürzung mußte ich feststellen, daß alle schönen Batik-Kains, die sie mit eigenen Händen hergestellt hatte, verschwunden waren. Im Wissen, daß Mutter sie nicht verkauft hatte, schöpfte ich Verdacht und öffnete die Türen des Schranks und der Vitrine. Auch viele unserer Porzellanteller waren weg. Als ich die Kiste aufschloß, in der sich unser Besteck befand, flüsterte jemand hinter mir: „Überläßt du es mir?"

Ich weiß nicht mehr, wer diese Frau war, doch als ich sagte: „Nimm es", packte sie unverzüglich alles ein.

Mutter hinterließ sehr wenig Schmuck, und was übrigblieb, hatte keinen großen Wert, obwohl auch Gegenstände aus Gold darunter waren. Ich begriff, daß sie den Schmuck nicht verpfändet hatte, um ihren Töchtern etwas hinterlassen zu können.

Es gab so viele Dinge zu erledigen, daß wir eine volle Woche lang nirgends hingingen, auch nicht zum Markt. Als wir dorthin zurückkehrten, mußten mein Bruder und ich feststellen, daß ein anderer Händler unseren Platz mit Beschlag belegt hatte. Außerdem hatten wir nicht mehr genügend Geld, um unseren Warennachschub zu ergänzen. Der verbliebene Betrag reichte gerade für die Familieneinkäufe eines Monats. Zum Glück für uns alle hatten die Schulen wieder geöffnet, so daß Vater wieder zu unterrichten begann.

Nach Mutters Tod schlief ich einige Nächte auf einer Matte draußen vor dem Haus. Ich streckte mich in der frischen Luft aus und schlief bis in den Morgen. Beim Aufwachen war mein Körper mit einem dünnen Taufilm überzogen. In den meisten der zehn Nächte, die ich draußen verbrachte, leisteten mir zwei Jugendliche meines Alters Gesellschaft. Auf dem Rücken liegend sah ich den Mond hinter rasch dahinziehenden Wolken treiben, während Karmin Kenceng, einer der beiden, javanische Lieder sang, die er bei *Ketoprak*-Aufführungen erlernt hatte. Ich vermute, daß Karmin und sein Freund mich aufmuntern wollten, indem sie ihre Solidarität bewiesen, doch die Leere und das Vakuum in meiner Seele wollten nicht weichen.

Der am Himmel entlang treibende Mond und die javanischen Weisen weckten zärtliche Erinnerungen in mir, doch zugleich auch das Bedauern, daß Mutter ihre Kinder nicht als selbständige Erwachsene in Positionen erleben konnte, die ihr unsere Dankbarkeit für die Arbeit, die sie für uns geleistet hatte, gezeigt hätten.

Eines Abends eröffneten mir meine beiden Kameraden, daß sie am nächsten Morgen nach Sumatra aufbrechen würden, um in Palembang nach Arbeit zu suchen. Nachdem sie sich formell verabschiedet hatten, versprachen sie, mir noch eine Nacht Gesellschaft zu leisten. Am nächsten Tag wollten sie ein fernes Ziel ansteuern, über das sie nichts wußten und das sie nie zuvor besucht hatten. Ich fragte nicht nach, woher sie die Mittel für eine solche lange Reise hätten. Vielleicht hofften sie insgeheim, daß ich ihnen zur Unterstützung noch einen kleinen Betrag zusteckte. Doch genau dazu war ich nicht in der Lage. Ich hatte nur noch unser Haushaltsgeld. Am nächsten Tag schaute Karmin noch einmal vorbei, um Lebewohl zu sagen. Wir reichten uns die Hände, bevor er aufbrach. Ich sah ihn nie wieder.

Der Reihe nach verließen auch meine ehemaligen Klassenkameraden die Stadt. Es gab nur wenige Möglichkeiten, sich in Blora den Lebensunterhalt zu verdienen. Der trockene Boden machte die Landwirtschaft zu einem kargen Geschäft, eine nennenswerte Industrie gab es nicht, und kunsthandwerkliche Produkte wurden durch importierte Güter ersetzt. Für längere Zeit stand meine Heimatstadt im Ruf, eine Quelle der Prostituierten für die großen Städte zu sein. Sollte ich gehen oder bleiben? Wenn ich blieb, wäre mir dann nicht dasselbe Schicksal beschieden wie anderen, die nicht fortgegangen waren? Würde ich wie einer von ihnen zu einem unfähigen Spieler verkommen, der an Tuberkulose litt? Oder wäre die Holzbearbeitung der Bereich, in dem ich wie andere Freunde landen würde?

Nach der Abreise Karmins und seines Freundes fühlte ich mich einsam und beschämt. Mit siebzehn galt ich als erwachsen. Ich sollte eine Arbeit haben und allmählich ein eigenes Leben begründen, doch mir fehlten die Mittel, und es gab wenig Möglichkeiten, die Stadt zu verlassen. Ich machte mir Sorgen um die beiden, die nahezu ohne Geld in der Tasche aufgebrochen waren, doch zugleich beneidete ich ihre starke Willenskraft.

Es war nicht zu erwarten, daß ich durch Unterricht in Blora genügend verdienen könnte, um ein Leben zu fristen. Im Zentrum gab es eine kleine Radio-Reparaturwerkstatt, deren Besitzer ich nach Arbeit fragte, doch ich sah selbst, daß es nur wenig oder überhaupt keine Arbeit gab. In Blora gab es wahrscheinlich kaum mehr als ein halbes Dutzend Radios.

In der holländischen Kolonialzeit hatte die Armut unsere Stadt im festen Griff gehalten. Jetzt, unter japanischer Verwaltung, kämpfte die Armut mit dem Chaos. Es war zwar eine kleine Heimindustrie entstanden, doch es gab keine Käufer für ihre Produkte. Der Reihe nach ertranken die Betreiber in einem Meer von Schulden. Die einzige ständige Einnahmequelle des Gebiets war die Teakholz-Plantage, und einige Leute, die sich auf das Risiko einließen, verdienten auf dem Schwarzmarkt Geld mit Holzverkauf.

Die noch vor wenigen Monaten für unbezwingbar gehaltene niederländisch-indische Regierung war im Sturm des Krieges innerhalb weniger Tage zusammengebrochen – genau zu einer Zeit, als unser Familieneinkommen einen Tiefpunkt erreicht hatte. Diese Wende ließ mich erkennen, wie flüchtig alles in der realen Welt sein kann. Unsere Lehrer hatten aus den Geschichtsbüchern über den Aufstieg und Fall von Nationen zitiert. Auch das *Wayang*-Theater erzählte von Beispielen. „Der König ist tot. Lang lebe der König!“ Ich hatte begriffen, daß das Leben ein beständig zum Meer hin fließender Fluß ist, der nie zu seiner Quelle zurückströmt und daß die Seele des Menschen nur ein einziges Mal darauf hinabtreibt.

Selbst ein guter Name wird einmal verschwinden, wenn man keine bleibenden Werte hinterläßt, denn was sich als gut oder auch sehr gut erweist, ist nicht zwingend bleibend. Was Mutter uns hinterlassen hatte, waren ihre Geschichten und die moralische Haltung, die sie als Mutter und Ehefrau sowie als Erzieherin und Hüterin ihrer Kinder unter Beweis gestellt hatte.

Meine kleine Heimatstadt schien mir nichts zu bieten zu haben. Wenn ich Vater und meine Geschwister betrachtete, entdeckte ich kein Spiegelbild meiner selbst. Im Umgang mit den Schwierigkeiten, die Mutters Tod nach sich zog, hatten für mich die Familienbande stark an Heiligkeit eingebüßt – besonders als ich erleben mußte, daß keines der ehemaligen Pflegekinder meiner Eltern erschien, um uns das Beileid auszusprechen.

Mutters Tod hatte mich gelehrt, daß Blutbande ewig sein können, doch daß auch Freundschaften mit ehemals fremden Menschen zu starken Bindungen führen können. Diese Einsicht steigerte mein Bedauern darüber, daß meine Freundschaft mit Karmin Kenceng nur kurz gewesen war. Sie ließ mich auch Vater objektiver betrachten. Meine Wertschätzung für ihn blieb hoch, doch mich schreckte sein Auftreten nicht mehr. Ich hatte sein Verhalten – und auch das vieler anderer um mich herum – als unbefriedigend empfunden.

Ich fühlte mich alleine gelassen. Die jüngsten Erfahrungen hatten mir vermittelt, daß mir niemand eine helfende Hand reichen würde. Mit siebzehn war ich gezwungen, meine Familie zu verlassen und auf eigenen Füßen zu stehen.

Die Überschneidung zweier Ereignisse – das Aufbrechen der holländischen Löwenpranke, die Indonesien in festem Griff gehalten hatte, und Mutters Tod – waren zum Ausgangspunkt für mein abnehmendes Vertrauen in den Menschen, seine Absichten und Unternehmungen geworden.

Mutter hätte an ihren letzten Lebenstagen nicht soviel allein sein dürfen. Die Menschen, denen sie geholfen hatte, hätten vorbeikommen und mit ihr sprechen müssen. Das Gefühl, daß ihr Unrecht geschehen war, nährte in mir den

Wunsch nach Vergeltung – eine Emotion, die ich erst nach langen und schweren Kämpfen zu kontrollieren lernte. Als ich bemerkte, welchen Schaden dieses Verlangen anrichten kann, versprach ich bei mir, es nicht in meinem Herzen zu nähren, denn ich wollte nicht wie die anderen sein – obwohl ich wußte, daß es nicht immer möglich ist, einem solchen Versprechen treu zu bleiben.

An einem Juniabend versammelte sich die Familie an Mutters Grab. Eines der Kinder las das Totengedicht *Surat Yasin*, und wir alle streuten Blumen, die wir auf dem Markt gekauft hatten, auf Mutters Grab aus. Zwei meiner Geschwister begannen zu weinen. Sie waren viel zu klein, um ihre Mutter und alle Hoffnung, sie jemals wiederzusehen, zu verlieren. Dann kamen auch mir die Tränen, und alsbald heulten alle. Hinter meinen Tränen versprach ich, ein besserer und nützlicherer Mensch zu werden als alle die, die Mutter meiner Auffassung nach unfair und ungerecht behandelt hatten.

Neben vielen anderen Dingen war Mutter ein Symbol für Hingabe, Aufopferung und Leidensfähigkeit, doch man hat es niemals angemessen gewürdigt. Großmutter – Mutters leibliche Mutter – weinte nicht, doch ihre Augen waren gerötet, denn sie rieb sie mit ihrem Handrücken. Als ihr dennoch einige Tränen über die Wangen rollten, glaubte ich zu spüren, daß es weniger aufgrund des Verlustes ihrer Tochter geschah als wegen ihrer unglücklichen Enkel, denen sie nicht helfen konnte.

Bevor ich den Friedhof verließ, nahm ich von Mutter Abschied. Mein Bruder und ich sollten am nächsten Tag nach Jakarta abreisen, und ich würde die Pilgerfahrt zu ihr nicht sehr oft unternehmen können.

*

Am nächsten Morgen verabschiedeten wir uns noch vor Sonnenaufgang von Vater und schlugen den Weg zum Bahnhof ein, um den Lokalzug nach Cepu zu nehmen. Unser Waggon war voller Fischverkäufer aus Rembang und Gemüsehändler aus Blora. Ich konnte ihre Fröhlichkeit und ihr Gelächter nicht teilen, obwohl ich selbst noch vor wenigen Wochen als Händler in andere Städte gefahren war. Schweigend starrte ich aus dem Fenster in die Dunkelheit des Nordens hinein.

Nur ungefähr zwei Meilen von meinem Sitzplatz entfernt befand sich das stumme Grab meiner Mutter. Eine kleine Frangipani hatte begonnen, Wurzeln zu schlagen. Ich weiß nicht, wer den Baum pflanzte – vielleicht Großmutter, die ihre Tochter vor der heißen Nachmittagssonne schützen wollte.

Ich trug meine braunen Lederschuhe – das erste Paar, das ich jemals besessen hatte und das ich trug, als ich Blora verließ, um in Surabaya zu studieren. Ich mußte daran denken, wie Mutter mir das Geld für die Schuhe gab. Nun trug ich sie auf dem Weg zu einer Stadt, die ich nicht kannte und von der ich nur wußte, was ich über sie gelesen hatte. Ich war froh, Blora zu verlassen und bereit, das Unbekannte zu entdecken und nie empfundene Gefühle zu spüren. Würde ich jemals zurückkehren? Ich wußte es nicht. Ich wußte nur, daß ich mich dem Griff meiner Geburtsstadt entwand. Mein Bruder und ich waren nicht die ersten, die aus Blora fortgingen. Laufend verließen Menschen die Stadt; wir waren nur zwei zusätzliche Namen auf einer langen Liste. Doch wir mußten aufbrechen, um Raum zum Leben zu finden.

Die Leute sagten, daß der Himmel und alles darunter dem Menschen gehörten. Ich fragte mich, ob das stimmte. Mein Bruder und ich waren allein. Nur die Erinnerung an unsere verstorbene Mutter diente uns als Stütze und Wegbegleiter.

Ich erinnere mich an die Geschichte eines Jungen, der beim Verlassen seines Dorfes von seiner Familie bis zur Dorfgrenze begleitet wurde. Von dort machte er sich alleine auf den Weg in die Stadt, um dort die Lehrerschule zu besuchen. Er wußte in diesem Augenblick nicht, daß seine Abreise nicht nur die Trennung von Freunden und Verwandten bedeutete, sondern auch den Abschied von gewohnten Denkweisen, Sitten, Institutionen und Traditionen. Das Verlassen des Dorfes bedeutet den Aufbruch in die moderne Welt – in ein Land, dessen Bewohner von ihrem Ursprungsort entwurzelt werden.

Als kleiner Junge nahmen meine Eltern mich einst zu einem Besuch von Großmutters Haus in Rembang mit. In der Stadt wurde ich gehänselt, ein Kürbis vom Lande zu sein. Die Stichelei tat mir damals sehr weh. Hatte ich in Jakarta ähnliche Sticheleien zu erwarten? Ich wußte es nicht. Als der Lokalzug Cepu erreichte, begannen sich meine Bande zu Blora zu lösen und abzufallen. Ich empfand das Gefühl von Freiheit. Am Bahnhof warnte man uns, daß die Weiterreise beschwerlich werde: Zahlreiche Brücken und Gleisstränge mußten repariert werden. Doch es führte kein Weg zurück. Der Ruf des Abenteuers war stärker und einladender. Ich war guten Mutes und bereit, mich allem zu stellen, als der Expresszug aus dem Bahnhof rollte und mich fortbrachte.

In Diensten der Japaner

(Ein Brief für Rina)

Liebe Rina,

stelle dir einen jungen Mann von siebzehn Jahren vor, der durch regelmäßigen Sport körperlich fit ist und seine besten Kleidungsstücke trägt – ein weißes Hemd und eine lange weiße Hose. Er betritt ein Gebäude an der Straße *Jalan Pos Utara*, das früher das Büro der Nachrichtenagentur Aneta beherbergte und nun das Stammhaus des neuen japanischen Nachrichtendienstes Domei ist. Auf seinem Weg durch das Gebäude sind seine Augen starr geradeaus gerichtet. Das imposante Dach des großen Sendeturmes bemerkt er nicht, und auch von den vergoldeten *Kanji*-Schriftzeichen, die an den Fensterscheiben prangen, scheint er keine Notiz zu nehmen.

Er wird von einem Angestellten in Empfang genommen und bekommt einen Sitzplatz zugewiesen, bevor der andere seinen Vorgesetzten informiert. Man schreibt das Jahr 1942, und der junge Mann, ein Student der Schule Taman Siswa, ist niemand anderes als ich.

Der Empfangsraum ist sehr klein und bietet nur wenigen Möbelstücken Platz. Im Warten darauf, bald hereingerufen zu werden, versuche ich meine Nervosität im Zaum zu halten und grübele über meine ungewisse Zukunft nach. Ein Japaner kommt ins Zimmer, der nicht größer ist als ich selbst und ein kurzärmeliges weißes Hemd sowie eine weiße Hose trägt. Ich stehe auf, um ihn zu begrüßen, und nachdem wir einander die Hände geschüttelt haben, bedeutet er mir mit einer Handbewegung, wieder Platz zu nehmen. Er spricht mich in englischer Sprache an, doch da ich erst seit zwei Wochen Englisch lerne, bringe ich nur „yes“ und „no“ heraus. Der Mann heißt Matano und ist Chef des Domei-Nachrichtendienstes für Java. Er wirkt höflich, freundlich und gebildet. Er hat nicht Platz genommen und geht noch einmal ins Nachbarzimmer zurück. Ich kann nicht sehen, was dort vor sich geht, da eine Wand meinen Blick versperrt. Ich höre das klackende Geräusch von Schreibmaschinen und schätze, daß nebenan mindestens fünf Geräte in Betrieb sind.

Matano kehrt in den Empfangsraum zurück, und hinter ihm bringt ein Bürogehilfe eine Schreibmaschine, die er vor mich auf den Tisch stellt. Der Domei-Chef gibt mir den Auftrag, einen indonesischen und anschließend einen englischen Text abzutippen. Ich hatte erst vor drei Wochen den Umgang mit einer Schreibmaschine gelernt und seitdem Tag und Nacht auf der Maschine meiner Schule geübt, mit der Telegramme geschrieben wurden. Als ich eine Geschwindigkeit von zweihundert Zeichen pro Minute nachweise, habe ich den Test bestanden.

Matano nickt und gratuliert mir, und plötzlich bin ich als Typist von Domei eingestellt. Ich bin fast noch ein Knabe, doch nun trete ich meine erste richtige Arbeitsstelle an.

*

An meinem ersten Arbeitstag bekam ich Schreibtisch, Stuhl und Schreibmaschine zugewiesen. Zuerst hatte ich kurze Nachrichten auf Matritzenpapier zu tippen. Ich wußte, wie man es machte, denn daheim hatte ich jahrelang mit Vaters Matritzenpapier gearbeitet. Niemand mußte mir zeigen, wie man die Korrekturflüssigkeit benutzte oder das Kohlepapier einlegte.

Ich gewöhnte mich rasch an die Arbeit, und schon bald waren die Nachrichten ein Teil meines Lebens. Durch die kontinuierliche Praxis erreichte ich nur zwei Monate später zweihundertachtzig Anschläge pro Minute – damit war ich der schnellste Typist des Büros. Allmählich lernte ich die wachsende Zahl der Mitarbeiter kennen und verkehrte vertraulich mit einigen der bekanntesten damaligen Journalisten. Die Menschen waren das, was ein Buchtitel besagte: „Meine Studentenzeit". Ich lauschte ihren Gesprächen und lachte über ihre Scherze. Merkwürdigerweise schienen sie nie vom Pazifikkrieg zu sprechen, der das Hauptthema der Seiten war, die ich zu tippen hatte.

Das Anfangsgehalt für minderjährige Mitarbeiter wie mich betrug beachtliche dreißig Rupiah. Vom ersten Geld kaufte ich mir ein neues Hemd und ein Paar Schuhe, ich zahlte die Studiengebühren und kaufte Bücher, und ich lud meinen Bruder einige Male zum Essen ein.

Ich bekam die Stelle bei Domei durch die Vermittlung meines Onkels Moedigdo, Vaters jüngsten Bruder, der in einer anderen Abteilung dieser Agentur englische Kurznachrichten zusammenfaßte. Einige Wochen nach Mutters Tod hatte er aus Jakarta nachgefragt, ob Vater nicht meine Großmutter zu ihm in die Hauptstadt schicken wolle. Vater aber hatte bereits andere Pläne gefaßt und schickte statt dessen Prawito und mich. Ich war siebzehn, mein Bruder fünfzehn.

Die Fahrt nach Jakarta war ein Abenteuer für mich. Es war die längste Reise, die ich jemals unternommen hatte, und sie war anstrengend, weil sie sich mit der japanischen Invasion Javas überschnitt. Als wir endlich am Bahnhof ankamen, mieteten wir einen Pferdekarren und fuhren direkt zu dem Wohnheimkomplex, in dem Onkel Moedigdo wohnen sollte. Das Gebäude mit dem stolzen Namen „*Soli Deo Honor*" befand sich in Jalan Kadiman unmittelbar über der Mittelschule Taman Siswa. Hier trafen wir zahlreiche junge Leute – manche meißelten Skulpturen, andere spielten Violine und Gitarre, wieder andere malten oder lasen –, doch keinen Onkel Moedigdo. Wir erfuhren, daß er nach Kepu gezogen war, das wir uns sofort zum Ziel nahmen.

Onkels Haus stand günstig gelegen an einer dreifachen Straßenverzweigung und schien neu zu sein. Es sah sauber und adrett aus: die Außenwände und Veranda waren nicht verziert, und auch die Innenwände waren kahl, so daß es modern und irgendwie hygienisch wirkte. Auch die Möbel schienen neu zu sein, doch die Küche war gähnend leer: keine Kessel, keine Töpfe, keine Pfannen – nur ein offener Herd. Doch Onkel Moedigdo war Junggeselle, und dies war sein erstes Haus. Ich war sicher, daß wir uns hier wohlfühlen würden.

Als er mich und meinen Bruder bei der Rückkehr in seinem Haus antraf, redete er mich in der niedrigen Sprachebene *Ngoko* an, was ihm die feudale javanische Sprachtradition einräumte. Statt in der eigentlich angemessenen hohen Sprachebene *Kromo*, in der man sozial Höhergestellte anreden muß, antwortete ich ebenfalls in *Ngoko*, woraufhin er sofort ins Indonesische wechselte, das fortan die Sprache blieb, in der wir uns verständigten.

Onkel Moedigdo war ein fleißiger Mensch, der sogar zu Hause bis tief in die Nacht arbeitete. Er brachte uns *Kuntow* bei (eine Art Selbstverteidigung) und lehrte uns Englisch.

Mein Bruder und ich kochten, bügelten und hielten das Haus in Ordnung – zusätzlich zu unseren Studien an der Schule Taman Siswa, an der wir uns einschrieben.

Zu den Habseligkeiten, die ich mitgebracht hatte, gehörten ein Gleichrichter und andere Radioteile. Da ich in Blora nicht alle Teile auftreiben konnte, die ich zur Konstruktion eines Radios benötigte, hatte ich in Jakarta nach den fehlenden Dingen suchen wollen, doch da die Japaner Radioersatzteile zu verbotenem Material erklärten, mußte ich die Gegenstände vernichten und aufhören, an Radios herumzubasteln. Da ich in der Schule Radiotechnologie gelernt hatte, wußte ich nun nicht, was ich tun sollte.

Abends marschierten Kinder hinter dem Haus auf und sangen Kriegslieder. Sie tarnten ihre Körper mit Blattwerk, schwangen Holzgewehre und schrien in Nachahmung der Japaner wild gestikulierend herum.

Am frühen Morgen strömten massenweise Händler vorbei, die ihre Waren mit Stimmen und Wörtern anpriesen, die meinen Ohren fremd waren. Ich fand es schockierend, Frauen in knappen Kleidern zu sehen, die ihr Haar nicht zu einem *Konde* gebunden hatten und in Holzsandalen über die Asphaltstraße zum Nangka-Markt schlurften. Ebenso überrascht war ich durch die Tatsache, daß Männer und Frauen überall mit einer Ungezwungenheit und Offenheit ihre Meinung verkündeten, die ich niemals zuvor erlebt hatte. Ich zog die Schlußfolgerung, daß Jakartas Menschen im Gegensatz zur Bevölkerung Zentral- und Ostjavas eine offene, freundliche und heitere Mentalität besaßen.

Da mein Onkel kein Radio hatte, lauschte ich durch das offene Fenster den Klängen des Apparates im Nachbarhaus, der ständig eingeschaltet war. Zuerst war mir schleierhaft, warum der Nachbar nie den Kanal verstellte, doch dann erfuhr ich, daß nach Ankunft der Japaner (und bis zu ihrer Vertreibung) nur noch eine einzige Radiostation senden durfte und alle privaten Radios versiegelt und ihre Frequenzbänder auf diese Station fixiert werden mußten. Für die Druckmedien war die Situation noch ärger. Die Japaner hatten fast alle Zeitungen verboten. Erst nach Kriegsende sollte sich das Spektrum wieder vergrößern.

Da Onkel Moedigdo leider auch keine Bibliothek besaß, verwendete ich einen großen Teil der Freizeit auf die Beobachtung meiner Umwelt: Händler, Käufer auf dem Weg zum Markt, die hin und her fahrenden Becak sowie die Ziegenherden, die auf der Suche nach Futter die gesamte Nachbarschaft durchstreiften und selbst vor kaputten Schuhen und Sandalen nicht zurückschreckten. (Zwei Ziegen hatten nur drei Beine. Jemand erzählte mir, daß die Herde einem Araber gehöre, der immer, wenn ihm der Sinn nach Ziegen-Satay stünde, einem der Tiere einen Hinterlauf abschneiden würde. Der Mann, der mir das erzählte, scherzte offenbar, doch ich begann mich zu wundern, als ich eines Tages eine weitere dreibeinige Ziege sah.)

Die Umgebung, in der ich wohnte, unterschied sich grundlegend von allem, was ich bis dahin kennengelernt hatte. Alles war neu und bemerkenswert. Ohne mir dessen recht bewußt zu sein, begann ich den Einfluß meiner javanischen Erziehung abzustreifen – auch im Sprachverhalten: Innerhalb nur einer Woche verlor ich meinen breiten javanischen Akzent. Ich begann mich als Indonesier zu fühlen, nicht mehr als Javaner; als richtiger Indonesier mit indonesischem Empfinden.

Ich schrieb mich für Kurse ein und besuchte Veranstaltungen, die in der Vorderhalle von *Soli Deo Honor* abgehalten wurden. Als das Japanische Militärkommando Taman Siswa eine offizielle Lizenz erteilte, wurde die Halle zur inoffiziellen Stätte der unteren Klassen. Ich wurde in den zweiten Jahrgang eingestuft.

Besonders zwei Lehrer mochte ich sehr. Der eine war ein älterer Herr namens Mara Soetan, mein Indonesischlehrer. Er gehörte einer anderen Generation, wenn nicht gar einem anderen Jahrhundert an. Er war klein und hager, und die Brille auf seiner Nase wirkte viel zu groß und schwer. Ihm fehlten mehrere Zähne, und er setzte seine Schritte nur zögernd. Doch er erzählte gerne aus seinem Leben, über seine Erfahrungen als Lehrer und über das, was er „Klebreis"-Polemiken nannte. Dieser Mann hatte die Gabe, historische Gestalten bildhaft zum Leben zu erwecken und eine engagierte Art, uns von Berichten zu erzählen, die er in Zeitungen und Magazinen gelesen hatte. Er weckte unser Interesse für Platon und Aristoteles und verstand es, uns auf die Bücher, die er empfahl, neugierig zu machen.

Der andere, den ich in hohen Ehren hielt, war mein Geschichtslehrer Daramwidjaja, der früher Redakteur der Zeitung *Asia Raya* gewesen war. Der große, schlanke Mann hatte immer ein Lächeln und eine Geschichte auf den Lippen. Er unterrichtete mit leuchtenden Augen und wild gestikulierenden Handbewegungen, so als seien die historischen Zusammenhänge, von denen er berichtete, Begebenheiten aus seinem eigenen Leben. Aufgrund seiner Unterrichtsgestaltung schienen die antiken Königreiche Singasari, Dhaha und Majapahit benachbarte Städte zu sein, aus denen erst gestern meine Großeltern eingetroffen waren. Historische Ereignisse, die ich in der Grundschule auswendig lernen mußte, wurden lebendig und weckten in mir den Wunsch, mehr darüber zu erfahren.

Unter dem Einfluß dieser beiden Lehrer machte ich mich jeden Sonntagmorgen auf zur Bibliothek, die heute das Nationalmuseum ist, um in alten Büchern herumzustöbern. Obwohl meine Holländischkenntnisse nur rudimentär waren, wurden sie zum Schlüssel, der mir ein tieferes Verständnis eröffnete.

Außerhalb der Mauern meines Zuhauses und meiner Schule wurde der fortschreitende Verfall unseres Staates mit der Ausweitung der japanischen Okkupation immer klarer ersichtlich. Nahrungsmittel waren immer schwieriger zu bekommen und teurer als jemals zuvor, denn Läden, Straßenbuden und Märkte waren nahezu leer.

Die steigenden Preise zwangen uns, aus dem schönen neuen Haus in eine preiswertere Unterkunft zu ziehen. Wir verkauften den Großteil der Einrichtung und zogen in ein Bambushaus in eines der dörflich wirkenden innerstädtischen Viertel, die in Jakarta *Kampung* heißen. Unsere einzige Lichtquelle war eine 25-Watt-Birne.

Die Menschen wurden von Tag zu Tag schmaler, und ich bildete keine Ausnahme, doch aufgrund meiner neu gewonnenen Freiheit und wegen des Wunsches, voranzukommen, war dies kein großes Hindernis für mich. Damals also begann ich in eben diesem Geiste für Domei zu arbeiten.

Meine Verbindung mit der Agentur und meine Arbeit waren für mich so spannend und mitreißend wie ein Urlaub in einem neuen, exotischen Land. Wenn ich Fragen hatte, wurde ich wie ein Gleichberechtigter behandelt. So bekam ich Zugang zu sehr vielen Informationen, die ich von Freunden und Lehrern oder aus Büchern niemals erhalten hätte.

Als Student hatte ich eine verkürzte Arbeitszeit und mußte erst nachmittags ins Büro kommen. Ich fühlte mich umsorgt wie ein kleiner Prinz. Ich machte erste literarische Gehversuche mit Beiträgen über Inhalte, von denen ich etwas zu verstehen glaubte, doch sie wurden mir von den Redakteuren stets mit mildem Lächeln zurückgegeben. Weit davon entfernt, resigniert aufzugeben, begann ich, Beiträge für eine Schülerzeitung von Taman Siswa zu schreiben, die ich selbst herausgab und im Büro tippen durfte.

Im vierten Monat bei Domei ging ich am Tag nach der Gehaltszahlung zu Matano, dem Direktor der Agentur, um die Erlaubnis für den Kauf einiger Wörterbücher zu erbitten. Für den Kauf holländischer Publikationen benötigte man damals die Bewilligung einer Regierungsagentur, und ich hatte einen Antrag in indonesischer Sprache vorbereitet.

Als ich an Matanos Tisch trat, unterbrach er seine Arbeit, legte den Rotstift zur Seite und las mein Schreiben. Dann schaute er mich an und fragte: „Hast du auch genug Geld, um die Bücher zu kaufen?“

„Ich denke ja“, erwiderte ich.

Er unterzeichnete den Brief, brachte sein Siegel an und schrieb flüchtig mit golden-roter Tinte einige japanische Schriftzeichen auf das Papier.

Es stellte sich heraus, daß mein Gehalt die Kosten für die Bücher nicht deckte, so daß ich einen gewissen Betrag hinzufügen mußte, den ich durch den Verkauf eines Ringes bestritt, den Mutter mir einst geschenkt hatte. Als ich an jenem Abend mit den wundervollen Wörterbüchern im Arm nach Hause ging, fühlte ich mich als feschester und wichtigster Bursche der Welt. Je mehr ich las, desto mehr realisierte ich, wie wenig ich eigentlich wußte und wie viel mehr ich deshalb noch lesen mußte. Leider war die Zahl der Lesematerialien beschränkt. Die einzigen mir zugänglichen Bücher waren die, die ich im staatlichen Druckhaus *Balai Pustaka* und im *Secondhand*-Buchladen *Indonesia Sekarang* kaufte sowie die Werke in der Sammlung der Museumsbibliothek.

Wenn ich zum Buchladen von *Balai Pustaka* ging, kam ich am *Concordia Building* vorbei, das später vorübergehend als Parlamentsgebäude diente. Damals aber ertönten aus dessen mit Stäben verriegelten Fenstern das Gekicher und die spitzen Schreie von Frauen, die von japanischen Soldaten besucht wurden. Und wenn ich in der Bibliothek des Museums las, hörte ich gezwungenermaßen das Rasseln von Ketten und das Stöhnen von Häftlingen, die rechts nebenan im Hauptquartier der Militärpolizei gefoltert wurden. Bei jedem gellenden Schmerzensschrei fuhren die Köpfe der Leser in die Höhe; wir schauten uns bestürzt an und versanken wieder in unsere Lektüren, bis das letzte „Oh, Gott!" verklungen war.

Das Leben war eine Arena voller Attraktionen. Ein Nebenschauplatz war für mich der Markt für Waren aus zweiter Hand, auf dem ich Stunden verbrachte und sehnsüchtig nach Dingen wie Motoren, Drahtzangen, Schraubenschlüsseln, Lötmaterialien und anderen Werkzeugen schielte, auf die ich erst vor wenigen Monaten hatte verzichten müssen, als mein Traum, Radiotechniker zu werden, zerstoben war.

Zu Beginn des neuen akademischen Jahres, das ich als stolzer Schüler der dritten Stufe von Taman Siswa begann, lösten die Japaner das Institut auf. Damals wußte ich noch nicht, daß die zweite Stufe der Mittelschule die höchste Ebene meiner schulischen Ausbildung bleiben würde.

Während der japanischen Besatzungszeit war Indonesien – der Name war nach dem Zerfall Niederländisch-Indiens mittlerweile offiziell – in einer Weise geteilt, die keinerlei Ambitionen vermuten ließ, eine politische Einheit zu schmieden. Java und Madura bildeten eine separate administrative Einheit, die der japanischen Armee unterstand. Sumatra, Bali und andere Inseln hingegen wurden wie eigenständige Staaten behandelt und waren der japanischen Marine unterstellt.

Die japanischen Soldaten ähnelten den Karikaturen, die einst in den holländischen Zeitungen abgebildet waren: Sie hatten große Zähne, darunter viele aus Gold, waren schäbig gekleidet und statt zu sprechen schrien sie, wobei sie gewöhnlich ihr Bajonett auf die Person richteten, die sie anschrien. Außerdem verströmten viele einen fürchterlichen Körpergeruch, den man bereits aus fünf Metern Entfernung wahrnahm. Nach einiger Zeit verbesserten sich das äußere Erscheinungsbild und der Geruch der Japaner, doch das war nicht anders zu erwarten, denn die erste Welle, die Java erreichte und verließ, bestand aus Frontsoldaten, welche die Insel zu sichern hatten, während mit der nächsten Welle gebildetere Männer eintrafen, die zur Besatzungsarmee gehörten.

Im Gegensatz zu vielen japanischen Angestellten anderer Agenturen war mein Chef Matano Zivilist, was an seinem Dienstabzeichen mit der Kirschblüte, das er an Mütze oder Brust trug, ersichtlich war. Er erwies sich als höflicher Mensch, während die japanischen Neuankömmlinge – Soldaten wie „Kirschblüten" – sonst im allgemeinen habsüchtig, korrupt und ungehobelt waren. Die Japaner waren nicht vom Flair der Autorität umhaucht, das vor dem Krieg die Europäer umgeben hatte. Die indonesische Bevölkerung hatte keine Achtung vor ihnen, sondern schiere Angst, die auf die häufigen Mißhandlungen durch Soldaten zurückzuführen war.

Die Japaner betrachteten die Indonesier nicht nur als minderwertige Rasse, sondern eher noch als eine Herde Vieh, mit der sie umspringen konnten, wie es ihnen beliebte. Sie selbst fühlten sich als Herrenrasse, und an den Schulen, an denen japanische Geschichte unterrichtet wurde, lernten die Schüler, daß Hirohito ein Abkömmling der Sonnengöttin Amaterasu sei.

Während sich die Disziplin der Japaner allmählich verbesserte, verschlechterte sich die Nahrungsmittelversorgung. Anfangs hatten die Bauern nur einen gewissen Prozentsatz ihrer Ernte an das Militär abtreten müssen, doch schon bald wurden auch ihre Arbeitskraft eingefordert und ihre Freiheit geraubt: Viele Menschen wurden als *Romusha* (Zwangsarbeiter) von ihren Familien getrennt, um ohne Entschädigung Befestigungsanlagen zu errichten und fern der Heimat mit dem Himmel als einzigem Zeugen zu sterben. Nach dem Krieg erfuhr ich, daß mindestens vier Millionen javanische Bauern als *Romusha* ums Leben gekommen waren – als Futter für die militaristischen Nachkommen der Sonnengöttin. Vier Millionen! Die Städte quollen über vor Männern, die im verzweifelten Versuch, dem Tod zu entrinnen, aus ihren Dörfern flohen.

Batavia, das bei meiner Ankunft noch sauber und ordentlich wirkte, war nun ein Müllhaufen aus ungenießbarem Abfall – alles Genießbare, egal in welcher Form und welchem Zustand, fand unausweichlich den Weg in einen hungrigen Mund und leeren Magen.

Da die Japaner die Unterstützung der unterworfenen Völker benötigten, um ihren Krieg zu gewinnen, versuchten sie, die Nationalisten, die religiösen Führer und die Oberschicht unter ihrer Vorherrschaft zu vereinen. (Als erste Maßnahme hatten sie nach ihrer Landung auf Java versucht, die Kommunisten auszurotten.) Auf lokaler Ebene überwachten sie durch Nachbarschafts-Sicherheitseinheiten namens *Toonarigumi* alle öffentlichen Aktivitäten. Frauen wurden in die Organisation *Fujinkai* eingegliedert und die Jugendlichen mußten sich bei der *Seinendan*, dem lokalen Zweig der *Keibodan*-Polizei, registrieren lassen. Alle Autorität und alle Entscheidungsbefugnisse lagen in Händen des japanischen Militärs.

Im Büro verbrachte ich meine Tage mit dem Tippen von Berichten über die Aktivitäten der Bevölkerung und ihre Dienste in den genannten Überwachungsorganisationen, die sie zum Zwecke des Sieges im „Großostasiatischen Krieg" verrichten mußten.

Fette Überschriften verkündeten japanische Siege zu Lande und zur See. Über die Leinwand flimmerten Bilder von japanischen Siegen und japanischer Überlegenheit, gleichgültig ob es sich um Sportübertragungen oder Lustspiele handelte. Der Rundfunk strahlte unablässig japanische und indonesische Militärlieder aus. Doch auf Javas Feldern, Straßen und Kreuzungen häuften sich die Leichen von Menschen, die von Grippe und Ruhr dahingerafft wurden. Verbesserte japanische Disziplin und Ordnung bedeutete für die Indonesier Hunger und bittere Armut.

Nachdem ich mich an meine Arbeit für Domei gewöhnt hatte, begann ich, die großen Redaktionsbüros der Agentur zu durchstreifen. Auf den Tischen der Redakteure sah ich begehrenswerte Lexika, und an der Wand entdeckte ich hinter einem Schreibtisch einen Regalschrank mit Türen aus Holz und Glas, in dessen Fächern eindrucksvolle Bücher standen: *Winkler Prins Encyclopedia*, *Encyclopaedia Britannica*, ein amerikanisches *Who´s Who*, drei britische Atlanten und die grün eingebundene Sammlung *Adat Recht*, die das traditionelle indonesische Recht enthielt.

Als ich einem Kollegen eines Tages eine Frage stellte, die er nicht beantworten konnte, deutete er auf den imposanten Schrank und sagte, ich solle im Lexikon nachschlagen. Ohne weiter um Erlaubnis zu bitten, öffnete ich die Schranktür. Sie knirschte so laut, daß ich sicher war, alle Blicke auf mich zu ziehen. Ich blinzelte nach hinten – Matano saß ungerührt an seinem Schreibtisch. Ich suchte nach dem entsprechenden Band und trug ihn zu meinem Arbeitsplatz. Ich hatte zum ersten Mal ein solches Buch in Händen und entdeckte nun, was eine Enzyklopädie ist: ein großes Lexikon für sämtliche Zwecke. Ich war verblüfft über das gewaltige Wissen der Europäer und beschämt über mein eigenes dürftiges Wissen. Ab sofort borgte ich mir die Bände der *Winkler Prins Encyclopedia*, nur um in ihnen zu lesen. Sie wurden meine Lehrer. Im stillen Gebet dankte ich meinen Eltern dafür, daß sie mich in eine Schule geschickt hatten, in der Holländisch unterrichtet wurde. Obwohl ich die Sprache bei weitem nicht fließend beherrschte, konnte ich Entdeckungsreisen in Gebiete unternehmen, von denen ich zuvor nur hatte träumen können. Die Bücher korrigierten meine Meinung über die Holländer. Die Leere, die ich außerhalb des Büros empfunden hatte, wurde gelindert. Die Welt erschien mir nicht mehr so klein wie zuvor, und außerdem erkannte ich, wie schön sie sein konnte. Ich träumte davon, eigene Enzyklopädien zu besitzen. Welch ein Traum! Wie unmöglich! Mit meinem Monatsgehalt konnte ich noch nicht einmal einen einzigen Band bezahlen.

*

Ein Jahr verstrich und weitere sechs Monate zogen ins Land. Man schrieb das Jahr 1944 oder 2604 Sumera auf dem japanischen Kalender. Eines Tages bemerkte ich einen Aushang an der Wand: Die Agentur suchte zwei Stenographen für eine weitere Ausbildung. Rasch war in der Belegschaft eine erfolgreiche Bewerberin gefunden: Hasnah Sutan Diatas, eine junge *Minangkabau*-Frau und Absolventin der mittleren Handelsschule. Als die andere Lücke nach einer Woche noch nicht gefüllt war, rief Matano mich in sein Büro und bot mir die Stelle an. Ich willigte ohne zu zögern ein.

Der Kurs fand in einem Nebenflügel des früheren *Volksraad* statt, dem Gebäude des Volkskongresses, dessen Name in Chuoo Sangi-in umgewandelt worden war. Der Klassenraum war sehr schön. Oft ertappte ich mich dabei, daß ich die Fensterläden und Querbalken aus Teakholz anstarrte, deren Färbung so reich und tief wirkte. Auch die Raumgestaltung mit den lackierten Teakwänden gefiel mir gut. An einer Wand stapelten sich vom Fußboden bis zur Decke auf Regalbrettern voluminöse Bücher, die ich nicht anzurühren wagte. Auch die Möbelstücke waren kunstfertig gestaltet, und in meinen Augen wirkte selbst der Kühlschrank schön.

Am ersten Unterrichtstag sprach Sukarno, Indonesiens künftiger Präsident, zu uns. Zunächst redete er vom dringenden Bedarf an Kursen wie diesem, an dessen Anfang wir standen, denn man müsse auf die Regierungsverwaltung für Java und Madura vorbereitet sein. Dann gab er uns eine Lehrstunde über ein Thema, das ich nicht erwartet hatte: Politik. Es war sein einziger Besuch bei uns, doch der künftige Vizepräsident Adam Malik unterrichtete im Gesamtverlauf des Kurses zweimal wöchentlich Wirtschaftskunde.

Unser Stenographielehrer hieß Karundeng. Er war ein begabter Lehrer, den ich nie vergessen werde. Er befand sich damals bereits im fortgeschrittenen Alter, doch er brachte uns das stenographische Blindschreiben bei. Wenn er einen Text las, den wir mitschreiben mußten, öffneten und schlossen sich seine Lippen, sie drückten sich zusammen und dehnten sich aus, doch niemand ließ sich durch seine Mundbewegungen oder die vergilbten Zähne ablenken. Wir lauschten auf seine Stimme. Er sprach äußerst klar, und jedes Wort ging so reibungslos zum nächsten über, daß alle zusammen wie eine schöne Perlenkette wirkten. Eine Kurzgeschichte von Usmar Ismail, die ich bereits dreimal gelesen hatte, gewann aus seinem Mund gesprochen plötzlich eine nicht vermutete Schönheit.

Der Kurs nahm einen reibungslosen Verlauf. Im siebten Monat begann die praxisbezogene Ausbildung. Unsere Arbeitsstätte war uns vertraut: Es war die Plenarhalle des Chuoo Sangi-in, die wir oft besuchten, wenn der Rat tagte. Der Raum war in Ebenen unterteilt. Die untere Ebene, auf der die Repräsentanten saßen, schien sich im Zustand der Renovierung zu befinden – doch dort hatten die Abgeordneten in engen Reihen aus Teakholzstühlen zu sitzen.

Auf der oberen Ebene befand sich auf der einen Seite des Raumes ein großer Stuhl, auf dem Saikoo Sikikan, der Generalgouverneur der japanischen Besatzungsarmee, Platz genommen hatte. Auf der anderen Seite stand auf derselben Ebene ein Stuhl, auf dem der Sitzungspräsident Sukarno saß.

An meinem ersten Praxistag trug ich eine schwarz gestreifte Wollhose. Ich hatte sie aus zweiter Hand erworben und ändern lassen. Der frühere Besitzer war vermutlich ein Europäer. Mein weißes Hemd war aus einem ehemaligen Tischtuch geschneidert. Dazu trug ich Schuhe aus Ziegenleder mit Gummisohlen, die jeden Augenblick ihre Pflicht verweigern konnten. In der hinteren Hosentasche hatte ich einige Blätter fünfzehn Zentimeter breites Papier, und aus meiner Hemdtasche ragten sechs gespitzte Bleistifte hervor.

Zu meiner eigenen Überraschung war ich überhaupt nicht nervös, als ich zur unteren Ebene schritt und vorn im Saal meinen Platz einnahm. Ich hatte weder Herzklopfen noch Pulsjagen, denn ich war mir sicher, daß alles seine Ordnung haben würde. Zu beiden Seiten des ein bis zwei Meter breiten Ganges waren die Stühle der Abgeordneten. Vorn gelangten meine Mitstudenten und ich zu einem Tisch, an dem vier klobige Stühle standen, die im selben Stil wie diejenigen der Abgeordneten gearbeitet waren. Bevor ich Platz nahm, wandte ich mich nach links Saikoo Sikikan zu, der in strammer Haltung vor seinem Stuhl stand, und verbeugte mich nach japanischer Art. Dann ging ich einige Schritte am Tisch entlang zurück und blickte in die Richtung des Sitzungspräsidenten Sukarno. Ich verbeugte mich erneut, drehte mich nach rechts um und ging zu meinem Arbeitsplatz.

Ich gab mir für diese kleine Zeremonie alle erdenkliche Mühe, denn sie kennzeichnete schließlich den Beginn meiner neuen Karriere – ein Ereignis, das nicht wiederkehren würde. An diesem ersten Tag arbeiteten jeweils vier Studenten zehn Minuten lang, bevor sie nach dem Rotationsprinzip abgelöst wurden. Nach der Ablösung gingen wir zurück ins Klassenzimmer, wo wir das Stenogramm in lateinische Buchstaben übertragen und auf die nächste Schicht warten mußten. Nach zwei Monaten waren alle Studenten de facto Hilfskräfte des Chuoo Sangi-in.

Im neunten Monat unseres Kurses erhielten Hasnah Sutan Diatas und ich das Angebot, außerhalb des Lehrplans stenographische Arbeit für Muhamad Yamin, den bekannten Dichter, Redner und Politiker, zu leisten, der im Gebäude *Kaimin Bunka Shidoosho* eine vierteilige Vorlesung über den javanischen Prinzen und Rebellen Diponegoro hielt. Die Lesung umfaßte insgesamt acht Stunden. Es war ein hartes Stück Arbeit, jeweils zwei Stunden lang konzentriert zu stenographieren, doch einige Zeit nach der Vorlesung wurde das Buch *Diponegoro* publiziert.

Ich erhielt ein Freiexemplar, doch wesentlich wichtiger war für mich, daß ich im Alter von neunzehn Jahren zur Publikation eines Buches beigetragen hatte. Von meinem Honorar in Höhe von dreißig Rupiah kaufte ich mir ein weißes und ein hellblaues Hemd.

Ich betrachtete *Diponegoro* als meine Diplomarbeit: Nun war ich ein voll ausgebildeter Stenograph. Ich fühlte mich gut und hatte Hoffnung und Selbstvertrauen. Bei der Abschlußprüfung erreichten Hasnah und ich eine Geschwindigkeit von hundertachtzig Silben pro Minute und bestanden mit der Note „gut".

Mit dem Diplom in der Tasche kehrten wir zu Domei zurück. Als Absolventin der Mittleren Handelsschule bekam Hasnah sofort einen Tisch im Redaktionsbüro zugewiesen, während ich ohne jegliche Gehaltserhöhung meine Arbeit als Typist wieder aufnahm.

Da mir ein beruflicher Aufstieg verwehrt schien, begann sich Frust über meine Arbeit für Domei aufzubauen. Andererseits schienen Domeis Verantwortliche Frust über mein niedriges Schulbildungsniveau und meine mangelnden Fremdsprachenkenntnisse zu entwickeln. Zu weiteren Unzufriedenheiten führte eine zusätzliche Aufgabe, die man mir übertrug: Stenographie-Unterricht für Auszubildende der Agentur. Nicht, daß ich zu viele Schüler gehabt hätte – doch nicht einer von ihnen war imstande, einen korrekten indonesischen Satz zu schreiben.

Dann wurde ich mit einer neuen Aufgabe betraut: Ich sollte eine detaillierte Chronologie des Chinesisch-Japanischen Krieges vorbereiten. Noch bevor ich diese Arbeit fertigstellen konnte, wurde das Projekt eingestellt. Man versetzte mich in die Registratur, und alsbald fand ich mich im Archiv wieder, wo ich meine Tage mit der Durchsicht von Zeitungen verbrachte, deren Artikel ich klassifizieren, ausschneiden und in die Ordner heften mußte, die zu Hunderten die Regale des Archivs füllten. Nachdem ich die Arbeit gut beherrschte, begann sie mich rasch zu langweilen. Zum Glück erhielt ich bald den Auftrag, einem älteren Journalisten Arbeiten abzunehmen, was sich als lehrreiche Erfahrung für Interviewtechniken entpuppte.

Mein Verlangen nach einem besseren Schulabschluß führte mich zu dem Entschluß, mich am Islamischen Institut einzuschreiben, das in *Jalan Gongdangdia* neu eröffnet hatte. Ich trug mich für Kurse in Philosophie und Soziologie ein. Die Studiengebühren betrugen 25 Rupiah pro Kurs, und um sie bezahlen zu können, mußte ich die Hemden, die ich nach dem Stenographieren der *Diponegoro*-Vorlesung erwerben konnte, wieder verkaufen. Den Rest verdiente ich durch das Stenographieren einer Vorlesung Yamins über die historische Gestalt Gajah Mada.

Da der Soziologiedozent nie zu den Vorlesungen erschien, schrieb ich mich für Arabisch ein. Doch ich berichte nur von meiner Zeit an dieser Schule, weil sich als Folge einer dortigen Erfahrung eine Veränderung in meinem Denken ergab.

Eines Tages kam der Erste Sekretär der Schule zu mir und fragte: „Sie sind Stenograph, nicht wahr?“

„Ja“, erwiderte ich.

„Dann stenographieren Sie für mich gleich die Radiosendung über Wohnungsfragen!“ ordnete er an, als sei ich sein persönlicher Sekretär.

Es waren weniger seine Worte als der Ton, in dem er sie sprach, der mich veranlaßte, der Schule mit einem gehörigen Kloß Verdruß im Hals den Rücken zu kehren. „Was ist aus dir geworden?“ fragte ich mich. Unabsichtlich oder auch nicht, hatte der Mann mir klar gemacht, daß ein Stenograph bloß ein kleiner Techniker war, nur wenig mehr als ein spezialisierter Knecht – und das hatte ich nie werden wollen. Die Berufsausbildung und der Status eines guten Stenographen hatten mich offenbar an den Beginn einer Karriere im Sklavendienst geführt.

Erstmals realisierte ich, daß sich etwas in mir gegen das System sträubte, das mich in eine Position gebracht hatte, in der ich nicht sein wollte. Mir wurden mein Verlangen nach Freiheit und der Wunsch bewußt, nur das tun zu wollen, was mir behagte – ohne mich den Anordnungen anderer unterwerfen zu müssen und ohne meinen Widerwillen, mich den Forderungen anderer zu beugen, schlucken zu müssen.

Eine Veränderung ging in mir vor: Ich wurde zum Individualisten. Zwar war Jakarta vielleicht die geeignete Stadt für mich, doch ich war nicht (oder zumindest noch nicht) die geeignete Person für Jakarta. Ich empfand nur Frustration und unkanalisierte Energie. Und eines wurde mir klar: Wenn ich meinen Verstand läutern und Pläne für mein künftiges Leben formulieren wollte, so mußte ich fort von hier.

Ich überreichte meinem Vorgesetzten ein Kündigungsschreiben, doch ich erhielt keine Antwort. Deshalb sandte ich ein anderes Schreiben an Matano, aber auch dieses blieb unbeantwortet. Ich wußte, daß ich in Domeis moralischer Schuld stand, nach Abschluß des Stenographiekurses noch mindestens ein volles Jahr für die Agentur zu arbeiten, doch sie behinderte meine Vorstellungen. Es handelte sich um eine Schuld, die ich nicht länger begleichen wollte. Noch einmal sandte ich ein Schreiben an meinen Vorgesetzten, doch erneut traf keine Antwort ein.

Während der Besatzungszeit war das unerlaubte Verlassen eines japanischen Dienstes gleichbedeutend mit der Enthauptung durch ein Samuraischwert – und das nicht nur im übertragenen Sinn. Da ich befürchtete, daß mir genau dies widerfahren könnte, wenn ich in Jakarta blieb, verließ ich die Stadt ohne ein offizielles Dokument der Domei und reiste quer durch Java nach Blora.

Von meiner Heimatstadt fuhr ich nach Kediri und weiter nach Ngadiluwih, von wo ich südwärts in Richtung auf das abgelegene Dorf Tunjung wanderte. Dort bezog ich das Haus meiner verstorbenen Tante, Vaters jüngster Schwester, und meines Onkels, der früher das Amt des Dorfvorstehers bekleidet hatte und ebenfalls vor kurzem gestorben war. Wie Mutter hatten auch diese beiden mehrere kleine Kinder hinterlassen. Nachts wachte ich über den Schlaf der Kleinen, die zusammengerollt nebeneinander auf der Bambusbank lagen und Säcke als Decken benutzten.

Die Armut vor meinen Augen überraschte mich nicht. Auf der Fahrt durch Java hatte ich Menschen gesehen, die Kleider aus Sackleinen und dünne Gummischuhe trugen. Selbst in Banyuwangi, das Überschüsse in der Reisproduktion erzielte, trugen Menschen Sarongs aus geflochtenem Bambus. Wo auch immer sie hingingen, stets trugen sie eine Rolle aus Bambus um den Leib. Doch hier in Tunjung sah ich meine eigenen Verwandten, Vettern und Cousinen so.

Hinter dem Haus waren ein Kokospalmenhain und ein Fischteich, und es waren auch noch Werkzeuge zur Gewinnung von Palmzucker vorhanden. Die Eruptionen des Vulkans Kelud bescherten dem leicht sandigen Boden der Region Fruchtbarkeit. Meine Verwandten lebten in einer Gegend, die Nahrungsmittel im Überfluß bot. Doch warum litten sie so bittere Not? Ich konnte die Schuld nur den Japanern zuschreiben.

Es war ein stilles und friedliches Dorf. Niemand hier wußte, daß ich von meiner Arbeit für einen japanischen Dienst fortgelaufen war. Abgesehen von gelegentlichen Besuchen in den Nachbardörfern Kandat und Paré verbrachte ich die meiste Zeit in Tunjung, wo ich genügend Muße hatte, über meine Erfahrungen in den dreieinhalb Jahren der japanischen Besatzungszeit nachzudenken.

Ich konnte mich nicht dagegen wehren, eine gewisse Bewunderung für die Japaner zu empfinden, die Südostasiens jahrhundertelanger Ankettung an Frankreich, England und Holland ein Ende bereitet hatten. Als sei es wirklich eine himmlische Macht, hatte *Dai Nippon Teikoku*, das Große Japanische Kaiserreich, mit einem einzigen Atemhauch die Vergangenheit weggeblasen. Mit eigenen Augen hatte ich gesehen, wie Würde, Autorität und Respekt, die westlichen Menschen in meinem Heimatland zugebilligt wurden, in nur einem Augenblick verschwanden. Wie viele meiner Mitbürger hatte ich anfangs große Hoffnungen auf die Befreiung vom Joch des Kolonialismus gelegt, die unser „großer Bruder" uns verkündete, doch wie bei vielen anderen schlugen meine positiven Erwartungen bald in Abscheu um, als ich gewahrte, erfaßte und begriff, daß Japan nichts anderes als eine neue Kolonialmacht war, die sich als noch habgieriger und unmenschlicher erwies als die früheren. Im Chuoo Sangi-in hatte ich persönlich die japanischen Versprechungen auf Freiheit „zu einem späteren Zeitpunkt" stenographiert – dieser Zeitpunkt würde offensichtlich lange auf sich warten lassen.

Schon bevor ich mich von Domei absetzte, hatten die Nachrichten trotz der ständigen Glorifizierung grandioser japanischer Siege nicht verbergen können, daß Japan unter wachsenden Druck geriet. Im Pazifik drangen Alliierte Streitkräfte auf die Solomonen und die Philippinen vor, und in Indonesien wurden die Zentren der Ölproduktion auf Kalimantan und Sumatra zu Zielen amerikanischer B-29-Bomber. Mehrfach waren Maschinen dieses Typs schon über Jakarta aufgetaucht, doch die japanischen Luftabwehrgeschütze waren nicht stark genug, um sie vom Himmel zu holen. In Ostjava begannen die Alliierten bereits, die Transportsysteme aus den Fugen zu hebeln, und in vielen Zügen, die zwischen Malang, Kediri und Surabaya verkehrten, waren von Granaten zerfetzte Menschenleiber die einzige Fracht.

Der Hunger trieb die Menschen umher; Bauernaufstände in Westjava und der Aufstand der Militärorganisation *Peta* in Ostjava waren nur zwei Zeichen der um sich greifenden Unruhen. In Westpapua, Nordsulawesi und Aceh hatten Erhebungen gegen die Japaner zu Siegen der Rebellen geführt, doch auf Java verfolgten und jagten die Japaner noch immer jeden, den sie als Feind betrachteten.

Jeder Mensch mit ein wenig Spürsinn konnte erkennen, daß Japan in die Defensive gedrängt war und die Alliierten die Initiative übernommen hatten. Japans Front war zu breit und seine Kampfeinheiten waren über zu große geographische Distanzen verstreut. Das japanische Militär hatte sich überschätzt. Die japanische Kriegsverwaltung berief die indonesische Jugend in die Verbände *Heiho* und *Peta*, die sie als Zivilabwehr und Militäreinheit gegründet hatten; doch auch dieser Schritt enthüllte nur den Beweis, daß Japans einheimischer Nachschub an Soldaten schrumpfte. Die Todesstrafe für die *Peta*-Soldaten, die in Blitar revoltiert hatten, machte deutlich, daß Japan nicht geneigt war, Vertrauen in eine indonesische Armee zu setzen. Jeder spürte, daß Japans Militär eines Tages zusammenbrechen würde, doch nur wenige rechneten damit, daß es so schnell geschehen würde.

Am 23. August 1945 verbreitete sich in Tunjung wie ein Lauffeuer die Nachricht, daß Soldaten von der Front zurückkehrten, und jeder sei mit einem Sack Reis bestückt. Sie seien entwaffnet worden und hätten Anweisung erhalten, nicht mehr zu ihren Einheiten zurückzukehren.

Ich hastete zu Fuß nach Ngadiluwih, wo ich erfuhr, daß Indonesien nun frei war. In Kediri äußerte sich diese Nachricht in unzähligen rot-weißen Flaggen, die über der Stadt im Wind flatterten. Als ich die indonesische Nationalflagge sah, mußte ich wieder an das Versprechen denken, das die Japaner im Chuoo Sangi-in gegeben hatten. Doch dann erfuhr ich, daß die neu gewonnene Freiheit kein Geschenk Japans war, sondern daß Sukarno und Hatta bereits am 17. August die Unabhängigkeit erklärt hatten.

Ich fuhr nach Surabaya. Zugpassagiere erzählten mir, daß die alliierten Streitkräfte seit der Unabhängigkeitserklärung ihre Angriffe auf Züge eingestellt hatten. Surabaya war vollkommen ruhig. Es schien sich nichts verändert zu haben – mit Ausnahme der überall wehenden rot-weißen Flaggen. Ich setzte die Reise nach Blora fort, wo ich mir in der Piroekoenan-Halle ein Stück über Japans Unterdrückung von Indonesien ansah, die am Tag der Unabhängigkeitserklärung endete. In der Halle überkam mich das Gefühl, von der Welt abgeschnitten zu sein. Es gab weder Zeitungen noch Radio. Auch in meiner Heimatstadt schien sich also nichts verändert zu haben. Da ich mehr über diesen neuen Zustand der Unabhängigkeit erfahren mußte, packte ich einige Kleidungsstücke zusammen und beeilte mich, nach Jakarta zurückzukehren – in eine Zukunft, die ebenso unsicher war wie an jenem Tag, an dem ich zum ersten Mal den Fuß in das Gebäude der Domei setzte.

Zum Besseren oder zum Schlechteren

(Ein Brief an Anggraini)

Heute, am 13. Juli 1975, erhielt ich deine Briefsendung – oder besser gesagt, deine Postkarte, denn die Behörden erlauben dir ja keine anderen Sendungen –, die du am 19. März 1975 in Jakarta abgeschickt hast. Danke für deine Geburtstagswünsche. Und empfange meine Gebete, daß dir ein langes Leben und fortwährende Kraft beschieden sein mögen.

Du wirst wissen wollen, was ich zu deinem ersten Brief und deinen Ausführungen über die Beziehung zwischen einem Kind und seiner Stiefmutter zu sagen habe. Ich glaube zunächst einmal, daß es in der Natur der Dinge liegt, wenn eine Stiefmutter ihre Stieftochter weniger liebt als die eigenen Kinder oder sie sogar ablehnt – und dasselbe gilt natürlich umgekehrt. Doch ich glaube außerdem, daß man diesen Naturinstinkt durch Bildung überwinden kann. Menschen können lernen, *nicht* ablehnend zu sein – nicht nur deine Stiefmutter, sondern auch du selbst.

Ich will an dieser Stelle betonen, daß es nicht wahr ist, daß deine Stiefmutter meine Ehe mit deiner Mutter zerstörte. Wenn du das glaubst, hast du unrecht, und wenn du irgend jemandem diese oder eine andere Erklärung geglaubt hast, so mußt du sie aus der Erinnerung verbannen. Die einzige Wahrheit ist, daß deine Mutter nie vollkommen glücklich und nie vollauf mit mir zufrieden war. Umgekehrt gilt diese Aussage auch für mich. Als ich damals aus unserem Haus an der Straße *Kebon Jahé Kober* auszog, bin ich zu deinem Großvater gegangen und habe deine Mutter in gebührender Demut zurück in seine Hände gegeben. Ich händigte deinem Großvater einen Brief aus, in dem ich die Gründe für meine Entscheidung auseinanderlegte. Die Inhalte eines Briefes verändern sich ebensowenig wie die zu Papier gebrachten Worte und Bedeutungen. Du kannst den

Brief gerne studieren, wenn deine Mutter ihn für wert genug erachtete, aufbewahrt zu werden.

Du bist jetzt zweiundzwanzig und deshalb alt genug, um die Natur unserer Probleme zu verstehen. Doch laß mich zurückblicken und von Beginn an erzählen.

Nachdem ich aufgehört hatte, für den japanischen Nachrichtendienst Domei zu arbeiten, verließ ich Jakarta, reiste durch Java und verbrachte einige Zeit in der Nähe von Kediri, Ostjava. Als ich von der Unabhängigkeitserklärung erfuhr, kehrte ich unverzüglich nach Jakarta zurück und schloß mich der indonesisch-republikanischen Organisation *Badan Keamanan Rakyat* an, für die ich als Presseoffizier arbeitete. In dieser Funktion sah ich deine Mutter 1946 zum ersten Mal. Ich war in Cikampek außerhalb von Jakarta stationiert, und deine Mutter kam zum Camp, um für die diensthabenden Männer zu singen. Als ich sie beobachtete, wie sie auf der offenen *Pendopo* des Büros des Distriktvorstehers sang, gefiel mir an ihr vor allem ihr stämmiger Körperbau. Sie wirkte solide, hatte eine schöne Körperhaltung und strahlte Selbstsicherheit aus. Ich hingegen, ein junger Leutnant der Indonesischen Armee, war blaß und hager wie eine Holzleiste. Ich litt damals schon seit zwei Monaten an einer Magenkrankheit und war nicht in der Lage, pro Mahlzeit mehr als einige Löffel Reis zu essen. Außerdem war ich schüchtern und nervös, was erklären mag, daß ich zum Kettenraucher wurde.

Ich hatte mich noch nicht von den physischen und psychischen Schäden aus der Zeit der japanischen Besatzung erholt, und ich träumte von einer starken, gesunden und tapferen Frau. Deine Mutter, die groß und keck war – ganz anders als meine Mutter, die eine kleine, zierliche und fahl aussehende Frau war –, entsprach diesen Vorstellungen.

Als ich sie damals zum ersten Mal sah, besaß ich nicht den Mut, mich ihr vorzustellen, doch in der Folgezeit dachte ich oft an ihr rundes Gesicht und die großen Augen. In den holländischsprachigen Magazinen sah ich die Bilder amerikanischer und europäischer Filmstars, deren Augen immer groß waren – anders als indonesische Augen, als die Augen meiner Eltern. Schon als Kind stufte ich große Augen als ästhetisch ein. Die mongoliden Züge meiner eigenen Rasse gefielen mir weniger gut. Es waren die Augen deiner Mutter und der darin verborgene Hinweis auf gemischtes Blut, die mich bezauberten, während sie selbst, die von Menschen mit engen Augen umgeben war, sie gerne hinter einer Brille mit Klarglas versteckte.

Einige Monate verstrichen, bis ich entdeckte, daß deine Mutter in einem Wohnkomplex ganz in der Nähe meiner eigenen Unterkunft wohnte und sich zuweilen sogar an einem nahen Brunnen wusch. Cikampek war nicht an das städtische Wasserleitungssystem Jakartas angeschlossen, so daß in der Trockenzeit das Wasser knapp war. Es war an diesem Brunnen, daß ich ihr zum zweiten Mal begegnete, doch auch diesmal brachte ich nicht den Mut auf, mich vorzustellen.

Am 21. Juli 1947 wurde ich von der holländischen Militärpolizei verhaftet und in Jakartas Gefängnis Bukitduri gesperrt, weil ich politische Dokumente mit anti-holländischen Inhalten bei mir trug. Im Verlauf des nächsten Jahres hatte ich sehr wenig Kontakt mit der Außenwelt, doch ab Ende 1948 gestattete die holländische Verwaltung den politischen Häftlingen, Besuch zu empfangen – doch nur Frauen durften kommen, keine Männer. Und so begannen junge Frauen, die mit der Sache der Republik sympathisierten, die politischen Gefangenen in den Gefängnissen des holländisch besetzten Jakarta zu besuchen. Ich gehörte zu den glücklichen Nutznießern ihrer wohlwollenden Haltung. Insgesamt besuchten mich elf Frauen, und eine davon war deine Mutter. Du kannst dir sicher die Freude vorstellen, die mich durchströmte, als ich sie sah. Ihr Gesicht hatte ich nicht vergessen, doch ihren Namen erfuhr ich erst jetzt: Arfah Iljas.

Fortan erschien sie jede Woche, und schließlich machte ich ihr einen Heiratsantrag unter der Bedingung, daß „sie mich lehren müsse, sie zu lieben". Meine Worte ärgerten sie, doch mir war nichts Besseres eingefallen. Ich kannte die Bedeutung von Liebe zwischen Mann und Frau noch nicht. Weder in meinem Elternhaus noch bei den Nachbarn war ich damit in Berührung gekommen. Ich kannte Liebe nur aus Büchern, doch ich wußte ehrlich gesagt schon damals, als ich um deine Mutter zu werben begann, daß es nicht wahre Liebe war, was ich für sie empfand. Vielleicht war es meine Schweigsamkeit, die sie schließlich bewog, meinen Antrag anzunehmen, und seit jenem Sonntag brachte sie immer ein kleines Geschenk mit: Leckerbissen, Zigaretten, Schreibpapier. Ich schrieb recht viel in meiner Zeit in Bukitduri. Wie du weißt, entstand dort auch das Buch „Spiel mit dem Leben".

Nach den Renville-Verhandlungen zwischen Repräsentanten der indonesischen Republikaner und den Holländern wurden die politischen Gefangenen nach und nach entlassen. Ich gehörte in Jakarta zu den letzten neun Personen, die auf freien Fuß gesetzt wurden. Dies geschah am 12. Dezember 1949. Bei unserer Entlassung wurden wir vom Repräsentanten des Komitees für politische Opfer empfangen.

Da ich kein Dach über dem Kopf hatte, brachte man mich in einem Warenlager des Komitees in der *Jalan Pegangsaan Timur* unter. Als ich deine Mutter an jenem Abend anrief, klang sie sehr glücklich und wollte kaum glauben, daß ich frei war. Sie lud mich umgehend zu sich nach Hause ein, um mich ihren Eltern vorzustellen.

Ich war an diesem Tag nicht nur glücklich, sondern ekstatisch, denn es gab nun keinen Zweifel mehr daran, daß Holland die Souveränität der Republik

Indonesien anerkannte. Und ich war zuversichtlich. Ich war ein junger Nationalist, 24 Jahre alt, dessen literarische Werke in der freien Welt zu zirkulieren begannen. Für jede Kurzgeschichte, die ich schrieb, erhielt ich ein Honorar von 75 Gulden – genügend Geld, um fünf gute Hemden auf einmal zu kaufen. Schon bevor ich freigelassen wurde, hatte deine Mutter meine Honorare verwaltet und gespart, damit wir uns nach der Hochzeit die nötigen Möbel kaufen konnten.

Ich war ein junger Mann mit verheißungsvoller Zukunft – zumindest glaubte ich das. Ich hielt meine Energie zu schreiben für unerschöpflich, und indem ich schrieb, verminderte sich nicht nur der Druck meiner persönlichen Erinnerungen, seelischen Belastungen und nie ausgesprochenen Schmerzen, sondern auch Träume, die bislang durch mein mangelndes Selbstvertrauen unterdrückt geblieben waren, wurden freigesetzt.

Damit habe ich dir meine größte Schwäche verraten: Mein Minderwertigkeitskomplex und der Mangel an Selbstvertrauen steckten so tief in meinem Inneren, daß ich glaubte, niemals aus diesem Abgrund der Hemmungen herauszufinden. Ich war die sprichwörtliche Schnecke, die sich immer, wenn sie etwas Fremdes oder Sonderbares sieht, sofort in ihr Schneckenhaus zurückzieht. Doch damals hatte ich Grund zu glauben, daß sich mein Leben zu ändern begann. Die Menschen lasen meine Werke. Und als meine frühere Zurückhaltung aufbrach, begann ich mich als neuer Mensch zu fühlen, der seine Zukunft in die eigenen Hände nimmt. Dennoch zögerte ich, als der Fahrer des Komitees seinen Wagen vor der schmalen Gasse *Kebon Jahé Kober*, die zum Haus deiner Mutter führte, zum Stehen brachte. Ich stieg aus und starrte eine schier endlose Zeit in die Gasse hinein. Von der breiten Straße aus, wo der Wagen stand, wirkte sie abstoßend. Am anderen Ende der Gasse hockte ein etwa zwölfjähriger Junge mit entblößtem Hinterteil über dem Abwassergraben und entleerte seine Gedärme.

„Wollen Sie, daß ich warte?" erkundigte der Fahrer.

„Nein, vielen Dank."

Als der Wagen davonrumpelte, betrat ich die Gasse. Der Junge war ein Symbol für die gesamte Gasse und den Abwassergraben, neben dem sich die Mauer des europäischen Friedhofs befand. Ich war solchen Schmutz nicht gewöhnt. Was für ein Leben mochten die hier wohnenden Menschen führen, das sie davon abhielt, etwas gegen den jämmerlichen Zustand ihrer Umgebung zu unternehmen? Welche Weltsicht besaßen sie? Ich hatte keine Antwort auf meine Fragen. Diese Welt war vollkommen neu für mich.

Es gelang mir nur mit Mühe, mir nicht die Nase zuzuhalten. Ich ging zum Ende der Gasse, bog ab und sah kurz vor der nächsten Ecke das kleine Haus, in dem deine Mutter lebte. Nebenan befand sich ein *Warung*, in dem die Leute den täglichen Bedarf für ihren Haushalt einkaufen konnten. Vor dem Haus stand ein behelfsmäßiger Bau, der als Veranda diente. Ich war über den Zustand meiner Umgebung entsetzt, denn ich hatte nicht damit gerechnet, daß deine Mutter in einem solchen Umfeld wohnen könnte.

Sie begrüßte mich herzlich, und ich erwiderte ihre Freundlichkeiten. Nach zweieinhalb Jahren Gefängnis und Zwangsarbeit besuchte ich deine Mutter zum ersten Mal als freier Mensch. Sie stellte mich deinem Großvater vor. Er war ein höflicher und zurückhaltender Mann von hoher Statur, der gesund wirkte und dessen Haar bereits Spuren von Silber aufwies. Dann traf ich deine Großmutter. Sie war groß, schien einen ausgeprägten Knochenbau zu besitzen und hatte genau wie deine Mutter ein rundes Gesicht. Es herrschte eine Atmosphäre des Willkommens und der Offenheit. Haus und Mobiliar ließen erkennen, daß die Familie nicht wohlhabend war, doch da ich gelernt hatte, niemals auf Armut herabzublicken und keine Angst davor hatte, selbst arm zu sein, konnte ich meine Gedanken an den Abwassergraben und die gräßliche Umgebung rasch verdrängen. Es waren erst wenige Stunden verstrichen, seit ich das Gefängnis verlassen hatte. Nun war ich in der freien Welt unter freien Menschen.

Drei Tage später wohnte ich im Haus deiner Mutter. Deine Großeltern hatten nichts gegen meine Gegenwart einzuwenden, doch sie legten uns nahe, rasch zu heiraten. Ich hatte keine Einwände, denn schon in den ersten wenigen Tagen in Freiheit hatte ich genug Geld erhalten, um die Hochzeitszeremonie bezahlen zu können, und auch eine goldene Halskette hatte ich bereits erworben.

Dank der Fürsprache von Dr. G. J. Resink, einem „progressiven" Holländer, der die indonesische Unabhängigkeit unterstützte und mich ermutigte, im Gefängnis zu schreiben, befanden sich die Manuskripte, die in Bukitduri entstanden waren, in den Händen mehrerer Verleger.

Kurz vor unserer Hochzeit besuchte ich die Büroräume von *Merdeka*, wo ich einen der Redakteure traf – auf der Mittelschule hatte er zu meinen Lehrern gehört. Unverzüglich trat er auf mich zu und sagte: „Herzlichen Glückwunsch für den ersten Preis!"

„Was für ein erster Preis?" wollte ich wissen, denn mir war nicht klar, wovon er sprach. Er eröffnete mir, daß mein Manuskript für „Spiel mit dem Leben" in einem von dem regierungsnahen Verlagshaus Balai Pustaka geförderten Literaturwettbewerb den ersten Preis erhalten hatte.

Ich wußte nicht, was ich sagen sollte. Ich hatte Professor Resink – oder Han, wie seine Freunde ihn nannten – nach dem Schicksal dieses Manuskripts gefragt und erfahren, daß er es schon vor geraumer Zeit an H. B. Jassin, Indonesiens bekanntesten Literaturredakteur, weitergegeben habe, doch als ich bei Jassin nach dem Manuskript forschte, zuckte er nur die Achseln und gab vor, nichts darüber zu wissen. Deshalb ging ich davon aus, daß es verloren war.

„Ich habe Wettbewerbe nie gemocht und nie an einem solchen teilgenommen", gestand ich meinem früheren Lehrer.

„Dennoch müssen Sie bei Balai Pustaka vorbeischauen", erwiderte er.

Einige Tage später ging ich zu Balai Pustaka und lernte dort Schriftsteller kennen, deren Namen ich aus meinem Lesestoff im Gefängnis kannte. Nun saß ich ihnen von Angesicht zu Angesicht gegenüber und mußte feststellen, daß sie keine Götter waren. Ich war überrascht, wie ungezwungen ich mich mit ihnen unterhalten konnte. Wie durch einen geheimen Zauber waren meine Minderwertigkeitsgefühle verschwunden. Ich war in ihre Mitte getreten, und sie begrüßten mich als Freund und Gleichrangigen.

Ich erfuhr, daß ich den ersten Preis im Romanwettbewerb von Balai Pustaka erhalten hatte. H. B. Jassin hatte nur vorgegeben, nichts über den Verbleib des Manuskripts zu wissen. In Wirklichkeit hatte er es höchstpersönlich in meinem Namen eingereicht, mir dies jedoch verschwiegen, weil mich die Nachricht überraschen sollte.

In gewisser Weise fühlte ich mich jedoch ein wenig erniedrigt, so als habe sich mein Selbstrespekt verringert – nicht durch die Teilnahme an einem Wettbewerb, sondern weil dieser Wettbewerb von Balai Pustaka gefördert wurde, denn das dem Staat gehörende Verlagshaus stand damals noch unter holländischer Kontrolle und nicht unter derjenigen der neuen Regierung der Republik Indonesien.

Der Geldpreis betrug tausend Gulden. Es war die größte Summe Geld, die ich jemals besessen hatte.

Am Freitag, dem 13. Januar 1950, wurden deine Mutter und ich getraut. Als ich deine Mutter kennenlernte, arbeitete sie als Telefonistin im zentralen Telefonamt von Gambir und wurde „Kooperateurin" genannt, weil sie für die Kolonialverwaltung arbeitete. Kurz vor unserer Heirat wurde sie von dieser Amtsstelle in das Zentralbüro des Staatspalastes versetzt, um dort am Schaltbrett zu arbeiten. Als wir verheiratet waren, fragte ich sie, ob sie ihre Arbeit nicht aufgeben und sich nur noch um den Haushalt kümmern wolle. Sie stimmte unter der Bedingung, daß ich selbst zuvor eine Arbeitsstelle fände, zu. Ich begann nach einer Stelle zu suchen und erhielt zahlreiche Angebote, doch die Monatsgehälter waren in der Regel nicht höher als das Honorar für eine Kurzgeschichte.

Obwohl deine Mutter und ich bereits vor der Heirat eine dunkle Ahnung von unseren jeweiligen Unzulänglichkeiten hatten, wurden unsere persönlichen Charakterfehler erst danach ersichtlich. Ich konnte keine Anweisungen geben oder entgegennehmen, und sie neigte zum Schmollen. Wenn es etwas zwischen uns zu diskutieren gab, ging sie den Problemen aus dem Weg und floh in den Schoß ihrer Eltern. Eine Heirat ist nicht nur eine Angelegenheit der Liebe, sondern auch ein gesetzliches Band mit Verpflichtungen. Wenn Ehemann und Ehefrau ihren Pflichten nach besten Fähigkeiten nachkommen, so wird alles in Ordnung sein. Heirat ist eine noble und respektable Angelegenheit. Und ich hatte mir vor langer Zeit geschworen, daß ich ein besserer Ehemann als mein Vater sein wollte und „sein müsse".

Zu meinen anderen Fehlern gehörte, daß ich meine Frau ständig mit meiner Mutter verglich und Mutters Eigenschaften als höchsten Maßstab ansetzte. Leider besaß deine Mutter diese Eigenschaften nicht. Ihr Bildungsniveau und ihre individuellen Fähigkeiten standen beträchtlich hinter meinen zurück. Deine Mutter besaß keine höhere Schulbildung. Doch es war nicht richtig, daß ich sie mit Mutter verglich. Ich hatte sie vor der Heirat nicht gründlich kennengelernt, doch sie war meine Ehefrau und Gehilfin, die ich aus freiem Willen auserkoren hatte.

Ich nahm ein Stellenangebot von Balai Pustaka als Redakteur für moderne indonesische Literatur an. Das war ein klangvoller und beeindruckender Titel, doch ich hatte im Grunde kaum eine Vorstellung davon, was „moderne Literatur" eigentlich war. Ich hatte nur wenige Klassiker der Weltliteratur gelesen, und sorgfältig studiert hatte ich sie bestimmt nicht.

Der 1. Mai 1950 war mein erster Arbeitstag. Als ich abends nach Hause kam, händigte man mir, noch bevor ich von meinen ersten Erlebnissen berichten konnte, ein Telegramm aus: Mein Vater lag im Sterben. Nachdem ich mir von Han Geld geliehen hatte, brachen deine Mutter und ich nach Zentraljava auf.

In Blora hatte ich alles zu erledigen, was mit dem Tod eines nahen Menschen zu tun hat. Es war mein letzter Dienst für Vater, und ich denke, daß ich alles tat, was ich tun konnte. Mein Unwille gegen ihn, der sich aufgrund seines Verhaltens meiner Mutter gegenüber entwickelt hatte, war vergessen.

Vater starb nur fünf Monate nach meiner Entlassung aus dem Gefängnis. Alles ging so schnell. Ich war verheiratet, und deine Mutter und ich versuchten, ein eigenes Leben zu beginnen. Doch nun standen meine Geschwister vor mir, die zum Teil noch Kinder waren und das baufällige Haus unserer Familie bewohnten. Meine Schwester Koenmariatoen litt an Tuberkulose.

Als wir nach Jakarta zurückkehrten, war ich übler Stimmung und verbittert. Hoffnung und Stolz, die ich nach der Entlassung aus dem Gefängnis verspürt hatte, waren verflogen, und ich war einmal mehr ein Mensch ohne Selbstvertrauen, der leicht in Depressionen verfällt.

Die Wirtschaft unserer jungen Nation durchfuhr schwierige Gewässer, und da der Geldwert rasch fiel, brachen wieder schwere Zeiten an. Deine Mutter und ich stritten häufig, und ich lag mindestens zweimal im Monat krank im Bett. Das Gehalt, das Balai Pustaka mir zahlte, fiel kaum ins Gewicht, und Beiträge, die ich publizierte, brachten mir bestenfalls ein Drittel dessen ein, was ich während der Zeit im Gefängnis empfangen hatte. Mehrere Verleger interpretierten meine Artikel als unverlangte Beiträge, für die sie nicht zahlen mußten. Ich arbeitete Tag und Nacht. Ein Schriftstellerkollege warnte mich, daß es meiner Karriere schaden würde, doch ich schlug seine Warnung in den Wind. Ich arbeitete wie ein Wahnsinniger, wie ein Lava speiender Vulkan. Ein anderer Autor sagte zu mir: „Pram, du schreibst nicht mehr, du scheißt!" Es kümmerte mich nicht. Ich wollte nur ein annehmbares Leben für mich und meine Familie.

Die Bücher, die ich zwischen 1945 und 1950 zu Studienzwecken erworben hatte – Geschichte, Philosophie, Wirtschaft und Literatur aus zahlreichen Ländern – blieben unberührt und standen in säuberlichen Reihen im Regal.

Ich wurde reizbar und aufbrausend. Auf der Arbeit geriet ich in den Ruf, launisch zu sein. Ich war mir darüber klar, daß meine Emotionen Auswirkungen auf die Bewertung der Manuskripte bekamen, die ich zu lesen hatte, doch ich hatte keine Kontrolle über mich. Ich trieb dahin wie ein Stück Treibholz auf dem Meer.

Eines Tages erhielt ich die Einladung zur Teilnahme an einer internationalen Friedenskonferenz in Zagreb. Ich wußte nicht, warum mir diese Ehre zuteil wurde. Da ich nicht an der Konferenz teilnehmen konnte, sandte ich einen Beitrag. Als ich einige Zeit später das Konferenzbulletin erhielt, stellte ich verblüfft fest, daß er direkt neben einem Beitrag von Eleanor Roosevelt, der damals berühmtesten Frau der Welt, abgedruckt war.

Noch bevor ich die Bedeutung dieser Ehre richtig verarbeitet hatte, wurde meine Kurzgeschichte „Blora" gleichzeitig in englischer Übersetzung in *Indonesia* und in holländischer Fassung in *Orientie* publiziert. Nur wenig später erschienen eine spanische und eine deutsche Übersetzung.

Vor dem Hintergrund der damals herrschenden Atmosphäre und aufgrund meiner desolaten Stimmung empfand ich keinen Stolz darüber. Im Gegenteil: Ich schöpfte Argwohn. Die Publikation meiner Werke im Ausland war gewiß kein Barometer für die Qualität meiner Arbeit, sondern eher ein Indikator für das Maß der Neugier, welche die internationale Gemeinschaft dem neuen Staat Indonesien entgegenbrachte.

Je mehr Artikel über mich erschienen – selbst im Radio wurde mein Name erwähnt –, desto größer wurde mein Argwohn. Ich fand, daß meine plötzliche Berühmtheit in keinem Verhältnis zu meinem Talent stand. In meinen Augen war Pramoedya Ananta Toer ein sehr junger und unreifer Autor, dessen literarische Karriere erst wenige Monate alt war und der einen solchen Wirbel einfach nicht verdiente.

Nach der 1950 erfolgten Veröffentlichung meines Romans „Die Familie der Partisanen" publizierte der berühmte holländische Literaturwissenschaftler Professor A. Teeuw eine sehr positive Rezension in der Zeitschrift *Nieuwsgier*, doch auch sie konnte mich nicht bewegen, meine wachsame Haltung aufzugeben. Ich gebe zu, daß ich die Artikel über mich und die Rezensionen über meine Bücher ausschnitt und abheftete, doch ich tat es nicht aus Eitelkeit, sondern um mich selbst durch die kritischen Betrachtungen und Bewertungen anderer zu analysieren.

Trotz des wachsenden Erfolges auf meinem schriftstellerischen Weg leistete ich nur die Arbeit eines Tagelöhners:. Ich schrieb nur, um unsere Teller mit Reis zu füllen. Die wirtschaftlichen Zwänge drängten mich in diese Rolle. Ich arbeitete ununterbrochen: Wenn ich mir einen Film anschaute oder zimmerte, wenn ich für mich alleine saß oder aß oder badete – mir schien, sogar wenn ich im Bett lag und träumte. Ich wußte, daß dies meiner Gesundheit nicht zuträglich sein konnte. Auf Fotos aus jener Zeit sehe ich ausgemergelt aus, fast so abgezehrt wie zum Ende der japanischen Besatzungszeit.

Die Schreibmaschine, mein Arbeitsgerät, schien um Gnade zu flehen. Ich hatte sie sechs Monate zuvor für den Gegenwert von drei kurzen Artikeln erworben, doch jetzt hätten selbst dreißig Artikel nicht ausgereicht, um sie zu bezahlen. Häufig mahnte deine Mutter mich mitten in der Nacht, endlich zu Bett zu gehen, doch ich konnte dem Reiz meiner Schreibmaschine nicht widerstehen.

Nach Vaters Tod zogen eine meiner Schwestern und zwei Brüder zu mir nach Jakarta, wo alle drei die Mittel- oder Oberschule besuchten. Ich ermahnte sie: „Alles, was ihr hier bekommt, ist Essen und ein Dach über dem Kopf. Für Schulgebühren, Kleidung und andere Dinge müßt ihr selbst aufkommen." Dennoch waren drei Münder mehr zu sättigen. Außerdem mußte ich Medizin für meine Schwester Koenmariatoen kaufen, die schwer zu bekommen und teuer war. Durch Beziehungen ihres Mannes, der ebenfalls an Tuberkulose litt, schafften wir es schließlich, sie zur Pflege im Sanatorium Ngawen in Salatiga unterzubringen. Doch dann starb ihr Mann, und meine Schwester folgte ihm kurz darauf.

Kurz vor seinem Tod hatte ich Vater versprochen, die Restaurierung unseres Hauses in Blora zu finanzieren, doch aufgrund der galoppierenden Inflation wuchsen auch die geschätzten Kosten für Materialien und Löhne ins Uferlose; sie stiegen um das Zehnfache. Hinzu kam, daß mir die Arbeit bei Balai Pustaka immer unerträglicher wurde, obwohl das Verlagshaus ein zentraler Treffpunkt für indonesische und ausländische Schriftsteller und Künstler war.

Ich schreibe diese Zeilen nicht, um mich zu rechtfertigen, sondern um die Situation zu verdeutlichen, indem ich mein Verhalten mit Kontexten umgebe. Meiner Auffassung zufolge ist ein Wesen, das ohne Verständnis für die es umgebenden Dinge funktionieren kann, entweder ein Gott oder ein Tier.

Doch wie bereits erwähnt: Wegen der Situation, in der wir uns befanden, gerieten deine Mutter und ich oft in Streit. Sie versuchte, Auseinandersetzungen aus dem Weg zu gehen, und ich versuchte sie zu besänftigen und ihre Verstimmung und Unzufriedenheit durch das einzige mir bekannte Mittel zu lindern: Indem ich ihr Geschenke kaufte. Dieser Zyklus wiederholte sich laufend.

Wurzel nahezu jedes Streits waren mein Status und die damit zusammenhängenden Pflichten als Ältester meiner Familie. Ich hatte keine Wahl, denn meine Geschwister brauchten Hilfe und unser Haus sollte erhalten bleiben. Ich betrachtete seine Restaurierung als symbolischen Dank eines Kindes an seine Eltern. In diesem Haus wurden meine Brüder und Schwestern geboren, in diesem Haus taten meine Eltern ihre letzten Atemzüge.

Durch den Druck, der auf mir lastete – die Bürokratie von Balai Pustaka, meine privaten Schwierigkeiten zu Hause, die Ehrenpflicht gegenüber meinen Eltern –, begann mein schwarzes Haar innerhalb von nur anderthalb Jahren zu ergrauen.

Eine Verbesserung der drückenden Atmosphäre kam mit der Geburt unseres ersten Kindes, deiner Schwester Ros. Sie war ein gesundes Baby, das deiner Mutter in fast jeder Hinsicht glich. Um dem Druck zu entkommen, quittierte ich meine Arbeit bei Balai Pustaka und begann für eine Organisation zu arbeiten, die zu einem populären Treffpunkt für junge und alte Schriftsteller wurde. Ungefähr zur selben Zeit veröffentlichte ich zusammen mit mehreren anderen Autoren die sogenannte „Arena-Erklärung", und wir gründeten eine Organisation mit dem Namen „Arena". Zweck beider Aktionen war die Befürwortung und Förderung des universalen Humanismus. Leider wurde ich zum Sekretär der Organisation gewählt – so war sie wegen meiner organisatorischen Inkompetenz von vornherein zum Scheitern verurteilt.

Auf nationaler Ebene verschlechterten sich die wirtschaftlichen, politischen und sozialen Bedingungen. Im Land grassierten Unruhen und ziviler Aufruhr, und die Einheit des Staates war durch Abspaltungsbewegungen bedroht. Verschiedene Arten krimineller Handlungen, die mit den wirtschaftlichen und sozialen Unruhen in Verbindung standen, bedrohten das Leben von Menschen. Regierungsbeamte jagten eigenen Profiten nach, und zahllose Veteranen forderten, daß der Staat ihre für das Land geleisteten Dienste endlich vergüten solle. Ich versuchte mich aus allem herauszuhalten. Alles, was ich wollte – was ich *konnte* –, war: Schreiben. Natürlich publizierte ich nicht alles, was ich schrieb; ich glaube, daß ich mehr vernichtete als veröffentlichte.

1953 wurde unser zweites Kind geboren, deine Schwester Ety. Ich war achtundzwanzig. Im selben Jahr erhielt ich die Einladung der Stiftung für kulturelle Zusammenarbeit zwischen Holland, Indonesien und Surinam *Sticusa* zu einem einjährigen Aufenthalt in den Niederlanden. Dies war eine große Ehre, vor der ich fürchterliche Angst hatte. Ich konnte Holländisch zwar lesen, doch Sprech- und Schreibfähigkeiten in dieser Sprache waren praktisch nicht vorhanden. Ich mußte an Mutters Hoffnungen denken, daß ich eines Tages in Europa studieren würde, und als man mir sagte, daß ich meine Frau und Kinder mitnehmen dürfe, war die Entscheidung getroffen. Auch wenn ich nicht zum Studium nach Europa ging, konnte der Aufenthalt nur positive Auswirkungen haben.

Im Juni brachen wir zu viert – deine Mutter, ich, Ros und Ety – auf der *Johan van Oldenbarneveldt* Richtung Holland auf. An Bord dieses Schiffes hatte ich das Gefühl, in Urlaub zu sein. Nichts störte meine Gedanken. Meine drei Geschwister hatte ich in die Fürsorge deiner lieben und vertrauenswürdigen Großeltern gegeben und versprochen, gelegentliche Artikel zu schicken, um sie zu unterstützen.

Ich war zum ersten Mal auf einem Segelschiff und fand großen Gefallen daran. In den Tagen an Bord dachte ich über die vergangenen drei Jahre meines Lebens nach. Die Einladung nach Europa erschien mir wie eine Aufforderung, positiver über mich selbst zu denken.

Als unser Schiff in Amsterdams *Ij-Polder* einlief, kamen Beamte der holländischen Einreisebehörde an Bord, um die Pässe der Passagiere zu kontrollieren. Wir kramten unsere Pässe heraus – meinen und den deiner Mutter, in den auch die Bilder deiner beiden Schwestern geheftet waren. Als der Beamte den Paß deiner Mutter kontrollierte, stellte er fest, daß sie keinen Stempel für die Einreise nach Holland besaß. Dies zog beträchtliche Aufregung nach sich, doch schließlich durften wir an Land.

Wir bekamen eine Unterkunft in der *Oranje Nassau Laan* in Amsterdam. Als wir in unserem neuen Heim eintrafen, warteten drinnen bereits mehrere führende Mitglieder und der Direktor der *Sticusa*. Ich wußte nicht, wer sie waren und versäumte in meiner Verwirrung auch, danach zu fragen. Warum sollten hohe Herren einen Pramoedya Ananta Toer willkommen heißen? Erst als sie weg waren, erfuhr ich, wer sie waren. Noch heute erröte ich, wenn ich an mein ungeschicktes Verhalten zurückdenke.

Da wir Holland im Sommer erreichten, fiel es uns leichter, uns an das Klima zu gewöhnen. Tagsüber bewegten sich die Temperaturen zwischen sechzehn und achtzehn Grad Celsius. Selbst bei diesen „hohen" Werten machten wir mitunter die Heizung an. In dieser Stadt waren wir wie unwissende Bauerntölpel vom Land. Wir wußten wenig über die europäischen Lebensgewohnheiten, besonders was den Alltag anbelangte. Seit der japanischen Besatzungszeit hatte ich in relativ bescheidenen Verhältnissen gelebt, doch nun war ich in einer Welt, in der die Menschen nicht darüber nachdenken mußten, woher das Geld für die nächste Mahlzeit kam – ein Unterschied, den ich schon beim Betreten des Schiffes gespürt hatte.

Amsterdam präsentierte sich als saubere und hübsche Stadt, die nicht so lärmend und verschmutzt wie Jakarta war. Als sehr angenehm empfand ich, daß deine Mutter sich nun auf sich selbst stützen mußte, da ihre Eltern so weit entfernt waren. Ich muß sie loben, denn sie war nicht im geringsten ängstlich oder zaudernd. Es gefiel mir, wie sie selbständig für die Kinder sorgte, kochte und einkaufte, und ich fand zu der Überzeugung, daß unser Aufenthalt in den Niederlanden zur Verbesserung unseres Ehelebens beitragen würde. Zehntausend Meilen von Jakarta entfernt gab es keine Großmutter, die kochte und die Kinder badete.

Dann wuchs dasselbe alte Problem in mir: Ich empfand Minderwertigkeitskomplexe. Sie befielen mich immer dann, wenn ich Menschen traf, die eine wesentlich bessere Ausbildung als ich erhalten hatten, sowie im Umgang mit Holländern, den ehemaligen Herren und Feinden Indonesiens. Ich wußte nicht, welchen Stellenwert ich bei ihnen hatte und wie ich mit ihnen umgehen sollte. Aus Voreingenommenheit und Argwohn war ich im gesellschaftlichen Umgang so vorsichtig, als ginge ich über Eierschalen. Mein Mißtrauen vertiefte sich, als sich herausstellte, daß die mündlichen Zusagen auf Unterstützung, die *Sticusa* uns in Jakarta gemacht hatte, nicht der Realität entsprachen. Mein Stipendium reichte nicht aus, um unseren Bedarf zu decken. Die wärmere Kleidung, die wir für den Winter brauchten, mußten wir auf Kredit kaufen. Mit den zur Verfügung gestellten Mitteln mußten wir die Miete für unser Haus bestreiten und alle Einkäufe tätigen. Die zugesagte monatliche Unterstützung wurde dadurch um ein Viertel geschmälert. Erschwerend kam hinzu, daß wir das holländische Essen nicht gewohnt waren und deine Mutter indonesisch kochte, wofür wir jedoch mehr Geld aufwenden mußten.

Die meisten älteren Mitglieder der *Sticusa* hatten früher für ihre Regierung in Indonesien als Distriktoffizier, Kontrolleur oder Kabinettsmitglied gearbeitet. Zu ihrer Ehre ist zu sagen, daß sie Indonesien und sein Volk kannten, doch andererseits behandelten sie Indonesier oft schulmeisterhaft. Vielleicht meinten sie es gut, doch mir bereitete es Unbehagen. Nicht jeder schlüpft gerne in die Rolle des Schülers oder stimmt unverzüglich zu, wenn ein Schulmeister etwas vorschlägt.

Ich weiß nicht, ob andere indonesische Stipendiaten dieselben Schwierigkeiten hatten – deine Mutter jedenfalls hatte sie nicht. Ich schien der einzige zu sein, auf dem ein Gefühl der Unterlegenheit lastete, der nicht zufrieden und sorgenfrei agieren konnte. Kurz nach meiner Ankunft in den Niederlanden veranstaltete die *Sticusa* ein Symposium über moderne indonesische Literatur. Es war das erste seiner Art. Ich fühlte mich glücklich, dabei zu sein, doch bedingt durch meine Minderwertigkeitskomplexe wagte ich nicht, mich an der Diskussion zu beteiligen, sondern hörte nur still zu.

Das Symposium war für mich von großer Bedeutung – nicht, weil hier zum ersten Mal führende Gelehrte zu diesem Thema sprachen, und auch nicht, weil ich erstmals von der holländischen Presse interviewt wurde, sondern weil ich zum ersten Mal an einer kulturellen Versammlung im wahren Sinne des Wortes teilnahm. Zum ersten Mal sah ich Menschen ohne Mißhelligkeiten über unterschiedliche Meinungen debattieren, und ich begriff, daß unterschiedliche Meinungen nicht zum Streit führen müssen. Auf diese Weise also suchten kluge Köpfe nach Lösungen! Diese berühmten Persönlichkeiten diskutierten Angelegenheiten, die nicht ihre Person berührten, sondern die sie intellektuell beschäftigten.

Zu den Organisatoren des Symposiums gehörte auch mein Freund Han. Als er nach Indonesien zurückkehrte, begleitete ich ihn zum Flughafen, wo er mich mit dem ehemaligen holländischen Außenminister bekanntmachte. Wenn ich mich nicht irrte, mußte dieser Mann es gewesen sein, der 1948 den Befehl zur sogenannten Zweiten Polizeiaktion erteilte, die zum Tode vieler indonesischer Soldatenkameraden geführt hatte. Als ich ihm an jenem Abend die Hand schüttelte, hatte ich wohl ähnliche Empfindungen wie der Schriftsteller Pierre Do Dinh, als er in Paris den Triumphbogen sah: Dort stand er, das Kind einer Kolonie, und starrte auf das Siegesmonument eines Volkes, das einst sein Land kolonisierte.

Aufgewühlt fuhr ich an jenem Abend vom Flughafen Schiphol nach Hause. Ich fragte mich, warum die Vergangenheit so schwer auf meinen Emotionen lastete. Waren jetzt nicht beide Völker frei? War ich unausgeglichen? Dachte ich unlogisch? Waren meine Gefühle auf den Minderwertigkeitskomplex und eine Mischung aus rassischer und historischer Scham zurückzuführen? Ich sah keine anderen Menschen, die von der Last dieser Probleme gebeugt wurden. Die anderen gingen unbeschwert herum und unterhielten sich frei, so als gebe es diese Lasten überhaupt nicht. Aus objektivem Blickwinkel sah ich mich im Unrecht, doch der Mensch ist im tiefsten Inneren zuweilen so aufgewühlt, daß er rationalen Gedanken nicht folgen kann. Wie konnte ich Ordnung in mein Leben bringen? Auf diese Frage hatte ich keine Antwort.

Wenn ich über solche Dinge nachgrübeln wollte, ging ich alleine in den großen, sorgfältig gepflegten *Vondelpark*, der nicht weit von unserem Haus entfernt war. Einmal führten mich meine Schritte an einem schönen Sommertag dorthin. Überall waren Menschen – viele Paare, doch auch Einzelpersonen wie ich selbst –, die den herrlichen Tag genossen. Ich saß entspannt auf einer Parkbank, als sich eine junge Frau neben mich setzte und ein Gespräch anknüpfte. Ihre Worte und ihr Auftreten wirkten freundlich und vermittelten den Eindruck einer guten Erziehung. Nach und nach kam sie auf die französische Literatur zu sprechen, über die ich wenig wußte. Erfrischend war, daß sie nicht wie ein Schulmeister auftrat; sie verwickelte mich in einen Dialog. Es war ein wichtiges Erlebnis für mich: Die Begegnung vermittelte mir das starke und unvergeßliche Gefühl, daß ich kein kolonialer Untergebener war, sondern daß zwischen Asiaten und Europäern Gleichheit bestand.

Unsere Bekanntschaft entwickelte sich zu einem freundschaftlichen Verhältnis, und als sie mich eines Tages zu sich nach Hause einlud, nahm ich bereitwillig an. Aus unseren Gesprächen und menschlichen Beziehungen gewann ich das Verständnis, daß nicht ich, der Asiate, Grund zur Entwicklung von Komplexen hatte, sondern vielmehr die Europäer, die mit jahrhundertelanger kolonialer Ausbeutung nationale Schuld auf sich geladen hatten. Doch warum zeigte diese Frau, meine neue Freundin, keine Anzeichen derartiger Komplexe?

Aus unseren Unterhaltungen schloß ich, daß jeder Mensch irgendeinen „Komplex“ hat, gleichgültig ob er oder sie ihn kennt oder nicht. Mir wurde klar, daß die stärkste Kraft im Prozeß der Entwicklung eines Menschen die zwischenmenschlichen Beziehungen und die Lehren aus den Begegnungen mit anderen sind, und daß man stets bereit sein muß, seine Beziehungen zu anderen abzuwägen und zu bewerten, da sie ja der eigenen Wahl und freien Entscheidung unterliegen. Ich befand, daß psychologische und historische Lasten zu Quellen der Stärke umgestaltet werden können, statt zu Schwäche zu führen. Leider war dieses neu entdeckte Wissen, das theoretisch so leicht zu begreifen war, nicht so leicht in die Praxis zu übertragen.

Deine Mutter wußte nichts von meiner neuen Bekanntschaft, und ich hielt es auch nicht für nötig, ihr davon zu erzählen. Ich führte ein glückliches Familienleben. Mir stand eine breite Auswahl schöner europäischer Musik zur Verfügung, mit meinem geliebten kleinen Baby Olivetti konnte ich unermüdlich arbeiten und ich konnte mit den Kindern spielen. Ros hatte schon begonnen, Holländisch zu sprechen, und sie hatte viele Freunde, die in Scharen zu Besuch kamen, um bei uns zu spielen. Ety war noch nicht alt genug, um es ihrer Schwester gleichzutun, doch auch sie war ein Quell der Freude für mich. Deine Mutter und ich schauten uns häufig Filme an oder gingen zu Konzerten, und oft unternahmen wir mit unseren beiden Mädchen Spaziergänge. Ich schreibe dies um klarzumachen, daß damals in den Niederlanden zwischen deiner Mutter und mir keine Spannungen bestanden und keine Trennung drohte.

Unsere finanziellen Schwierigkeiten, die zum Teil durch die hohen Kosten für indonesische Mahlzeiten entstanden, konnte ich durch Nebentätigkeiten lindern. Ich stellte Texte für Rundfunksendungen von *Radio Hilversum* zusammen, bereitete schriftliche Materialien für die *Sticusa* auf und übernahm Korrekturarbeiten für indonesische Übersetzungen von holländischen Materialien, die in Indonesien veröffentlicht werden sollten. Außerdem leistete ich redaktionelle Arbeiten für das zweisprachige Journal *De Evenaar–Chatullistiwa*.

Die einzige wirkliche Schwierigkeit, unter der ich litt, war der fortwährende Kampf in mir selbst. Niemand außer mir wußte, was in mir vorging – selbst deine Mutter nicht. Ich betrachtete es als persönliches Problem, das ich alleine lösen mußte. Aus diesem Grund schätzte ich die Verbindung zu jener jungen Frau so sehr, denn sie vermittelte mir Selbstvertrauen. Sie schürte außerdem in mir den Wunsch, zu studieren und mich zu verbessern.

Deine Mutter trug dich damals bereits unter dem Herzen. Es ging auf den Herbst zu, und aus praktischen Erwägungen traten sie und deine Schwestern schon vorzeitig die Heimreise an. Auch andere Indonesier, die damals in Amsterdam lebten, reisten ab. Obwohl ich mich an das Leben im Ausland gewöhnt hatte, war die Zeit nach ihrer Abreise für mich eine einsame Periode. Um die Zeit tot zu schlagen, besuchte ich Vorlesungen, ging zu Theateraufführungen, spazierte durch Museen und unternahm Ausflüge in andere Städte. Alles in allem war ich mit der Entwicklung meiner Einstellung zum Leben zufrieden, doch das Angenehmste war, daß ich an mich zu glauben begonnen hatte.

Der holländische Herbst schien mit seinem Geruch vermodernder Blätter, den kahl werdenden Bäumen, dem frischen Wind und den fallenden Temperaturen positive Auswirkungen auf meine geistige und körperliche Gesundheit zu haben. Ich wurde kräftiger und nahm an Gewicht zu, fühlte mich unbelastet und frei – in Körper und Seele. Ich hielt es noch länger bei der Arbeit aus als zuvor, mitunter bis zu zwanzig Stunden pro Tag. Zu Hause wäre dies nicht möglich gewesen. Doch schließlich war der Zeitpunkt der Abreise gekommen. Am 1. Januar 1954 bestieg ich eine Maschine der KLM und flog nach Indonesien zurück. In streng sozialer Hinsicht betrachtete ich meinen Aufenthalt in den Niederlanden als Mißerfolg, doch in psychologischer Hinsicht hatte er Wunder gewirkt.

*

Jakarta präsentierte sich so, wie ich es sechs Monate zuvor verlassen hatte. Die Armut der Stadt und insbesondere der Gestank des Abwassergrabens in der Nähe unseres Hauses quälten meine Sinne.

Die finanziellen Angelegenheiten schienen so düster und schwer zu beseitigen wie jener Graben dort draußen. Meine Haupteinnahmequelle waren bis zu diesem Zeitpunkt die Tantiemen für meine bei Balai Pustaka erschienenen Bücher gewesen, doch per Dekret hatte das Ministerium für Erziehung und Kultur das literarische Verlagshaus in wenig mehr als eine Druckerei verwandelt, die nur noch für die Belange des Ministeriums arbeitete. Da keine literarischen Titel mehr produziert wurden, flossen auch keine Tantiemen. Zur Verschlechterung der Situation trug bei, daß andere Literaturverlage, die früher ihre Aktivitäten durch Druckaufträge des Staates hatten unterstützen können, wegen des jetzigen Druckmonopols von Balai Pustaka in Not gerieten und ihre Pforten schließen mußten.

Binnen kürzester Zeit war meine finanzielle Lage prekärer als vor dem sechsmonatigen „Urlaub" in Holland. Und es schmerzte mehr als zuvor. Die Niederlande hatten mir die Schönheit einer organisierten Gesellschaft vor Augen geführt, in der die Fähigkeiten einer Person gewürdigt werden und in der jeder nicht nur das Recht, sondern auch die Gelegenheit hat, seinen ehrlichen Lebensunterhalt zu verdienen. Zumindest in dieser Beziehung hatte Indonesien in dreihundertfünfzig Jahren viel zu wenig von Holland gelernt. Entweder waren die Niederlande ein zu schlechter Lehrer oder Indonesien ein zu fauler Student gewesen.

Gelegentlich bekam ich etwas Rückenwind durch Einkünfte aus kurzen Beiträgen, doch insgesamt versank ich in Schulden. Deine Mutter begann mich zu bedrängen, unser Haus in Blora zu verkaufen, doch ich versuchte sie zu überzeugen, daß die Situation nicht auf ewig Bestand haben werde und wir eines Tages unser eigenes Haus bauen könnten. (Ich hatte einige Zeit zuvor bereits irgendwie ein sehr kleines Stück Land erwerben können.) Sie nahm mir meine Worte nicht ab.

Ich weiß nicht, ob es aufgrund meines Aufenthaltes in den Niederlanden geschah, doch es war mir unmöglich, die Schreibarbeit eines Tagelöhners zu leisten. Noch wesentlich unmöglicher war es allerdings, ohne Gehalt oder Lohn Mahlzeiten auf den Tisch zu bringen.

Als meine Schwester Oemi Syafa´atoen in Blora heiratete, fiel mir als Ältestem die Pflicht zu, als ihr rechtlicher Vormund zu fungieren und in die Verantwortung für alle mit der Hochzeit verbundenen Angelegenheiten zu treten. Dies bedeutete eine weitere finanzielle Belastung, doch ich konnte die Ausgaben ausgleichen, da ich die Einladung von Bloras Distrikt-Informationsbüro erhielt, während meines Aufenthaltes eine öffentliche Rede zu halten.

Ich sprach zum ersten Mal zu einem unbekannten Auditorium und war entzückt, als ich weder ängstlich noch nervös auftrat. Gewiß gab es Mängel in meinen Ausführungen, doch zumindest zeigte ich keine Furcht. Ich fühlte mich gestärkt und glaubte nun endlich die Kraft zu besitzen, die mich belastenden Emotionen abzustreifen. Gleichgültig, was andere von meiner Premiere als Redner hielten – ich betrachtete sie als Sieg über mein inneres Selbst.

Und dann wurdest du geboren. Ros hatte Ähnlichkeit mit ihrer Mutter und Ety kam auf mich, doch du hattest ein eigenes Aussehen. Deine Gesichtsform mochte an deine Mutter denken lassen, doch du hattest individuelle Züge. Und was das wichtigste war: Du warst gesund.

Wie du bereits gelesen hast, wurdest du zu einer Zeit geboren, in der ich ernsthafte soziale und wirtschaftliche Probleme durchzustehen hatte und dennoch eine psychische Läuterung durchlebte. Obwohl deine Geburt uns beide glücklich machte, verschlechterte sich mein Eheleben mit deiner Mutter, da sie immer fordernder wurde. Am heftigsten beschwerte sie sich über meine drei Geschwister, die noch immer zur Schule gingen. Sie wollte sie aus dem Haus haben und brachte ihre Forderung zu Papier – ich mußte ihre Aufzeichnungen meiner Schwester Koesaisah, der Ältesten der drei, vorlesen.

Es war für mich ein herzzerreißender Akt, meinen Geschwistern mitzuteilen, daß sie ausziehen mußten. Ich kam mir wie ein Schuft vor. Sie waren noch so jung und unreif. Sie waren Waisenkinder. Was für ein Bruder war ich, der so etwas tat?

Deine Mutter begann herumzunörgeln, daß ich nicht hart genug arbeiten würde: „Dauernd schläfst du! Meine Eltern müssen dich ernähren!“ Als ihre

Kritik dazu überging, mich ins Lächerliche zu ziehen, wurde das Haus zur Hölle für mich. Ich begann, von daheim wegzubleiben, und verbrachte meine Zeit bis in die Nacht hinein bei Freunden. Wenn es keinen Ort gab, wohin ich gehen konnte, saß ich im Park und schlief im Warten auf den späten Abend zuweilen ein. Daß unsere Beziehung einen kritischen Punkt erreicht hatte, wurde spätestens klar, als deine Mutter mich um die Scheidung bat. Als sie das Thema zum ersten Mal ansprach, antwortete ich ihr nicht – immer noch dachte ich an mein Gelübde, ein besserer Ehemann und Vater sein zu müssen als der Mann meiner Mutter. Wie hatte es so weit kommen können? Mein Vater war in dieser Beziehung ein Versager, und nun behauptete meine Frau dasselbe von mir. Doch ich sagte mir auch, daß eine Ehekrise nicht nur das Problem einer einzigen Person ist. Sie betrifft mindestens zwei Personen; und mehr, wenn aus der Verbindung Kinder hervorgegangen sind.

Dann drohte deine Mutter, mich aus dem Haus zu schmeißen. Ich fühlte mich gedemütigt, doch ich unternahm nichts. Noch immer fragte ich mich: „Ist es tatsächlich so weit mit mir gekommen? Ist das alles, was meine Erfahrungen mir eingebracht haben?“ Sollte ich wirklich wie ein Stück Dreck hinaus in diesen Abwassergraben geworfen werden?

Als deine Mutter zum zweiten Mal gebieterisch sagte, daß ich das Haus verlassen solle, war ich zutiefst gekränkt. Mein Stolz und meine Würde waren angetastet. Ihr Verhalten mir gegenüber war nicht mehr das einer Ehefrau zu ihrem Mann. Aber sie war meine Frau. Und sie war deine Mutter, deine leibliche Mutter, die nun ihren gesamten Wert für mich verloren hatte. In meinem Herzen war sie nicht länger meine Frau. Auch wenn unsere Ehe noch nicht offiziell aufgelöst war, war ich nicht mehr der Mann, den sie geheiratet hatte. Ich war nun jemand anders, eine Person mit einer veränderten Haltung. Ich war unfähig, ihr zu vergeben. Nie in meinem Leben hatte mich jemand so sehr beleidigt.

Und dennoch versuchte ich noch einmal, unsere Ehe zu retten, denn ich fühlte mich in großer moralischer Schuld gegenüber meinen Schwiegereltern. Ich bat den Bruder deines Großvaters, Fürsprache für mich einzulegen. Ich hoffte, daß es ihm gelingen könne, den Zorn deiner Mutter zu dämpfen. Ich sagte ihm jedoch, daß ich für alle Zeiten gehen würde, wenn sie mir ein drittes Mal mit Rausschmiß drohen würden. Wie du den vorhergehenden Seiten entnehmen kannst, erfolgte die Verschlechterung unserer Ehe nicht in der Spanne eines Tages. Genau deshalb schreibe ich diese Chronologie für dich auf. Wenn man einen Gesamtprozeß ignoriert, kann man eine bestimmte Haltung leicht für gerechtfertigt erachten und übersehen, daß man in Wirklichkeit eine falsche Schlußfolgerung zieht.

In jenem sehr unsicheren Abschnitt meines Lebens erhielt ich die Einladung des Verlags Gunung Agung, an der Buchwoche im Deca-Park teilzunehmen. Es gab viele Stände auf dieser Messe, an denen junge Autoren standen. Zwei Stände aber wurden von zwei Schwestern geführt; sie hießen Nuraini und Maimoenah Thamrin. Beide Frauen waren offen, attraktiv und freundlich.

Ich will zu keiner Entschuldigung überleiten. Es steht jedem frei, mein Verhalten zu bewerten, auch meinen Kindern. Ich glaube, daß ein Vater bereit sein muß, vor den Stuhl zu treten, auf dem seine Kinder als Richter sitzen. Er muß bereit sein, ihnen die Fakten zu eröffnen, auf deren Grundlage sie ihr Urteil sprechen können. Und deshalb, meine Tochter: Hier bin ich. Hier steht nun dein Vater vor dir.

Da die Beziehung zu deiner Mutter, also unsere Ehe, nicht mehr zu kitten war, zögerte ich nicht, die Bekanntschaft der Geschwister Thamrin zu suchen – besonders die von Maimoenah, der Älteren von beiden. Ich wollte mein Leben nicht länger wegen einer unglücklichen Ehe in Trübsal verbringen. Schließlich habe auch ich ein Recht zu leben, nicht wahr?

Maimoenah Thamrin erlöste mich aus einem Leben voller Ungewißheiten. Mein erster Eindruck von ihr war, daß sie eine sehr schöne Frau war. Ihre Augen waren klar und freundlich. Sie lachte nicht über meine abgewetzte Cordhose, die mir wie ein Handtuch an der Wäscheleine vom Leib hing. Sie fragte, warum ich so dünn und blaß sei. Im Gespräch mit ihr bemerkte ich, daß sie ein Muttermal am Nacken hatte, doch das störte mich nicht im geringsten, und in meinem ganzen späteren Leben hat mich keine Frau mehr so bezaubert wie sie.

Ich versuchte nicht, mein sich entwickelndes Verhältnis zu Maimoenah vor deiner Mutter oder vor ihrer Familie zu verbergen. Wenn du die Artikel über unsere knospende Verbindung liest, die Anfang 1955 in *Buku Kita* und *Kentjana* publiziert wurden, so wird dir klar sein, daß ich mich nicht vor den Augen der Öffentlichkeit versteckte.

Vielleicht sind dir irgendwelche Gerüchte zu Ohren gekommen. Damals waren bestimmt sehr viele Gerüchte im Umlauf. Doch heute bin ich es, der spricht. Ich empfinde keine Schuld für das, was ich tat, denn ich wußte, daß mich die Beziehung zu deiner Mutter aus der Bahn zu werfen drohte. Und ich weiß bis heute: Wenn ich nichts unternommen hätte, wäre ich bald im Brunnen der Selbstzerstörung ertrunken.

Ich kann dir nicht sagen, ob dein Großonkel Matsani versuchte, bei deiner Mutter ein Wort für mich einzulegen – jedenfalls änderte sich nichts an der Situation. Im Gegenteil: Deine Mutter drohte mir zum dritten Mal mit Rausschmiß. Diesmal war mir klar, daß ich gehen mußte.

Ich wandte mich an den Direktor von Gunung Agung und bat ihn um ein Darlehen. Er gab es mir, ohne Fragen zu stellen. Von dem Geld mietete ich ein Haus in Kebayoran Baru. Es war ein schlichtes Haus, doch es war sauber und sorgfältig gepflegt. Dann ging ich zu meinem Schwiegervater und bat um Erlaubnis, mich aus seinem Haus zurückziehen zu dürfen. Ich wollte nicht warten, bis mir ein weiteres Mal der Rausschmiß angedroht wurde.

„Hast du ein Haus gefunden?“ fragte deine Mutter sofort.

„Ja“, erwiderte ich, „in Kebayoran Baru.“

„Dann ist dieses Haus für mich bestimmt.“

Und so trat ich den Vertrag für das Haus an deine Mutter ab und half ihr beim Umzug. Ich erinnere mich noch gut an den Tag, an dem ich mit ihr nach Kebayoran Baru unterwegs war – mit euch Kindern und dem gesamten Mobiliar. Sie mochte mich beleidigt haben; sie mochte mich verletzt haben; sie mochte meine Achtung verloren haben – aber sie war deine Mutter und die meiner anderen Kinder. Sie war nun für mich nicht mehr als eine Frau, mit der ich ein Haus teilte. Sie war nicht länger meine Ehefrau. Deshalb hielt ich meine Beziehung zu Maimoenah Thamrin aufrecht. Eines Morgens forderte mich deine Mutter zum vierten Mal auf, zu verschwinden. Ich ging am gleichen Tag und nahm nur meine Kleider, Bücher, Werkzeuge, Schreibmaschine und ein altes Sparta-Moped mit.

Ich führte deine Mutter zu deinem Großvater, um sie offiziell zurück in seine Hände zu geben. Da ich ihn immer als klugen, freundlichen, bescheidenen und hilfreichen Mann betrachtet hatte, war es ein schwieriger Gang für mich. Es kostete mich Überwindung, zu sagen: „Heute gebe ich dir deine Tochter zurück. Vergib mir, daß ich nicht fähig war, ihr ein guter Ehemann zu sein.“

Nach diesen Worten überreichte ich ihm eine schriftliche Auflistung der Gründe und die übliche Scheidungserklärung, und damit war die Möglichkeit einer Versöhnung zwischen deiner Mutter und mir ausgeschlossen. Als ich an die Güte dachte, mit der er mich immer behandelt hatte, begann ich zu weinen; doch auch durch meine Tränen konnte ich sehen, daß es keinen anderen Weg gab.

„Und die Kinder?“ fragte er.

„Deine Tochter wird nicht zulassen, daß ich sie nehme“, erwiderte ich.

Und damit waren unsere fünf Ehejahre vorüber. Als ich das Haus verließ, schrie deine Mutter mir nach: „Du wirst nie eine Frau finden, die es fünf Jahre lang mit dir aushält!“

Hatte sie recht? War ihre Einschätzung wahr? War ich wirklich ein so schlechter Ehemann? Ich glaube nicht, daß ich das Recht habe, alleine darüber zu befinden. Auch meine Kinder müssen sich äußern, und ganz besonders du.

Als ich deine Mutter verließ, schoß mir flüchtig der Gedanke durch den Kopf: Nun wird sie nie wieder die Chance haben, mein Gesicht zu zerkratzen. Ich lüge dich nicht an, wenn ich sage, daß deine Mutter ihre spitzen Fingernägel sorgfältig pflegte. Du warst so klein, als ich ging – das einzige von drei Kindern aus jener Ehe, das ich nur kurz in den Armen wiegen durfte und mit dem zu spielen ich kaum Gelegenheit hatte. Vielleicht denkst du jetzt an Yudi, mein achtes Kind und deinen jüngsten Halbbruder; er war erst zwei Monate alt, als ich 1965 fortgehen mußte und ihn zum letzten Mal sah. Ich hoffe, daß du anerkennst, wenn ich sage, daß ich dich nicht verlassen wollte – du weißt selbst, daß nach dem *Adat* und dem religiösen Recht Kinder zur Mutter gehören, bis sie volljährig sind.

Erinnerst du dich daran, daß ich nach der Scheidung zum Haus deiner Großeltern kam? Ich kam nicht, um Versöhnung mit deiner Mutter zu suchen, sondern um dich zu sehen.

Mehr habe ich über deine Mutter nicht zu sagen. Du kennst sie besser als ich. Schließlich hat sie dich großgezogen. Doch nimm dir zu Herzen, daß ein Kind seine Eltern kritisch bewerten soll, um die eigenen elterlichen Pflichten später besser erfüllen zu können und klüger zu sein als die vorhergehende Generation.

Ich schrieb diesen Brief an dich bereits vor einigen Monaten, und zwar an meinem fünfzigsten Geburtstag. Du bist nun eine erwachsene Frau und nicht mehr das Baby, das ich vor einundzwanzig Jahren verließ. Du kannst inzwischen selbst beantworten, ob es eine Frau fünf Jahre mit mir aushält. Dieses Jahr werden es zwanzig Jahre sein, die Maimoenah Thamrin an meiner Seite ist, und sie hat mir nicht nur im praktischen Sinne gedient, sondern auch im literarischen. Sie hat mir nie die Tür gewiesen und nie mein Gesicht mit ihren Fingernägeln zerkratzt. Sie hat mich durch die ungeheure Armut der frühen Tage unseres gemeinsamen Lebens begleitet und stand mir in guten wie in schweren Zeiten zur Seite. Sie sorgte für mich, als man mich abführte und von 1960 bis 1961 ins Gefängnis sperrte. Nach meiner Verhaftung 1965 reihte sie sich an fast jedem Besuchstag in die Schlange vor dem Militärgefängnis ein, um mich zu sehen, und heute, im zehnten Jahr meiner Gefangenschaft, sorgt sie noch immer für meine Kinder und tut alles, um mir zu helfen.

Sie hat niemals von Scheidung gesprochen. Im ersten Jahr meiner Gefangenschaft habe ich ihr die Scheidung angeboten, um ihr die Möglichkeit zu geben, wieder zu heiraten, denn sie war noch jung und schön. Doch sie entschied sich dafür, die Frau von Pramoedya Ananta Toer zu bleiben.

Ich schrieb diesen Brief an meinem fünfzigsten Geburtstag – an dem Tag, an dem ich ein halbes Jahrhundert alt wurde – als Zeugnis für meine Kinder, die ihren Vater besser kennenzulernen hoffen. Ich schrieb diese Antwort auf deinen Brief, um sicherzustellen, daß sich die Worte und Inhalte nicht verändern. Ich habe keine Zeit für leeres Geschwätz oder für die Gerüchte, die du hören magst. Zu Gerüchten fügt jeder etwas hinzu, doch wenn sie zu oft wiederholt werden, schwinden sie dahin, bis man nichts mehr von ihnen hört, weil sie uninteressant geworden sind.

Du bist eine kluge junge Frau, die eine höhere Schulbildung erhielt als ihr Vater, und deshalb wirst du befähigt sein, die Wahrheit und die ethischen Werte immer in hohen Ehren zu halten.

Meine abschließenden Worte sind nicht für dich allein bestimmt, sondern für euch alle. Vor zehn Jahren wurde ich gezwungen, Maimoenah Thamrin zu verlassen. Seit damals hat sie die fünf jüngsten Geschwister großgezogen und durch die Schule geführt, ohne jemals ein klagendes Wort zu verlieren. Es gibt nicht viele Frauen wie sie auf dieser Welt. Ich weiß nicht, was die kommenden Jahre bringen werden, sondern nur, wie die Situation in den vergangenen zehn Jahren war. Ist sie etwa eine Frau, die Verachtung verdient? Nein – jeder, der sie kennt, muß ihr Achtung entgegenbringen.

Es wäre mir eine ungeheure Freude, diese Worte zu euch sprechen zu können, doch das ist nicht möglich. Ich kann sie nur zu Papier bringen und weiß noch nicht einmal, ob ihr sie jemals werdet lesen können. Doch wenn ihr sie lest, dann wißt ihr, daß ich Anggrainis Brief erhalten habe und zumindest einmal in meinem Leben Rechenschaft über mein Verhältnis zu ihr abgelegt habe.

Euch allen wünsche ich ewiges Glück, Sicherheit und Wohlstand. In Liebe und aus der Ferne, euer Vater ...

Ein Haus zum Leben

(Ein Brief für Astuti)

Am Sonntag, dem 4. März 1972, händigte man mir einen Umschlag aus, in dem sich ein Brief meiner Tochter Astuti – meines vierten Kindes – befand, deren Rufname Tieknong lautet. Der Brief war mit der Schreibmaschine getippt. Als sie vor sechs Jahren die dritte Klasse besuchte, hatte ich selbst sie im Umgang mit der Maschine unterrichtet. Mit zwei vollen Seiten war es der längste Brief, den ich je von ihr erhalten hatte. Sie schrieb von ihrem Unterricht in der Pharmazeutischen Fachschule und berichtete, daß sie weitermachen wolle. Außerdem erkundigte sie sich, wie es mir gehe, was ich esse und ob ich auf mich aufpasse. Am stärksten rührten mich ihre Worte, daß sie immer noch darauf warte, daß ich nach Hause komme und daß sie sich jeden Tag sage: „Wenn Papa nach Hause kommt, will ich ihn so fest wie möglich an mich drücken, und dann wird meine Sehnsucht endlich vorbei sein."

Ein Brief ist gewöhnlich eine sehr persönliche Angelegenheit – doch hier auf Buru ist er ein allgemeines Besitzstück, das jeder lesen darf, der etwas über die Familie eines Mithäftlings erfahren will. Briefe zirkulieren von Hand zu Hand, von Baracke zu Baracke, und sie reißen die Leser zu Tränen hin. Ich bin nicht der einzige, der sich leicht von einem Brief übermannen läßt.

Ich halte den Brief meines Kindes für das Zeugnis seiner Liebe für den Vater. Doch wie soll ich den Brief meiner Tochter beantworten? Wie soll ich etwas erwidern? Was kann ich anderes tun, als für ihr Wohlergehen zu beten und zu hoffen, daß alle ihre Träume eines Tages in Erfüllung gehen.

Heimlich schreibe ich ihr einen Brief, der wie so viele andere zuvor niemals abgesandt werden wird:

*

Liebe Tieknong,

du wirst dich sicher noch daran erinnern, als du mit deinen Schwestern ins Gefängnis Salemba kamst und dort auf einer Matte auf dem Boden gesessen hast. Welches Jahr war das? 1968? Du hattest die Grundschule noch nicht abgeschlossen. Erinnerst du dich, wie ich dich auf den Schoß nahm, um dir etwas ins Ohr zu flüstern, und wie du zur Erwiderung eifrig genickt hast?

Und nun bist du in der Unterstufe der Pharmazeutischen Fachschule. Meinen Glückwunsch! Du warst in den Prüfungen sehr erfolgreich. Ich hatte auf der Schule nie eine eins oder zwei; du hast also etwas erreicht, was ich nie geschafft habe. Doch aus deinem Brief lese ich heraus, daß du schon weißt, daß gute Noten allein nicht genügen und daß wahrer Erfolg nur durch Ausdauer zu erreichen ist – nicht nur um zu bewahren, was man bereits erreicht hat, sondern auch um weiterzukommen und noch nicht erreichte Ziele zu meistern.

Du schreibst, daß du in der Prüfung vierzig Minuten Zeit hattest und schon nach fünfzehn Minuten fertig warst. Warum solche Hast? Mußte das sein? Wenn man eine Sache hastig hinter sich bringt, arbeitet man mitunter nicht sorgfältig genug, doch zu einem gelehrten Menschen wird nur derjenige, der Sorgfalt an den Tag legt. Es ist gut, wenn man Aufgaben rasch erfüllen kann, doch nur dann, wenn man sie mit genügend Sorgfalt erledigt.

Danke, daß du stolz bist, einen Vater wie mich zu haben. Dein Stolz sagt mir, daß ich es wert bin, dein Vater zu sein, doch offen gesagt weiß ich nicht, ob ich noch behaupten kann, meinen Kindern ein guter Vater zu sein.

Auch schriebst du, daß du einmal berühmt sein möchtest. Das ist fein, doch behalte gut, daß „Ruhm“ für sich allein kein Ziel sein sollte. Ruhm ist eine Art Entschädigung für gut geleistete Arbeit. Wenn du für jemanden etwas tust und diese Person deine Leistung anerkennt, hast du in ihren Augen einen guten Namen. Ruhm ist etwas, das man mit Sorgfalt entwickeln und pflegen muß. Ich will damit sagen, daß Ruhm das Ergebnis harter Arbeit ist und nichts, dem man fieberhaft nachjagen sollte.

Es ist schön, daß du zur stellvertretenden Klassensprecherin gewählt worden bist. Du hast damit die Chance zu lernen, wie man organisiert und wie man innerhalb einer Organisation arbeitet. Ich selbst hatte diese Gelegenheit nicht, und deshalb wurde ich zum Einzelgänger, der sich wenig um das soziale Leben kümmerte. Man könnte sogar sagen, daß ich unsozial war und nicht mit anderen Menschen umgehen konnte.

Dein Lehrer hat vollkommen recht, wenn er sagt, daß du Erfolg haben wirst. In einem freien Indonesien ist Erfolg garantiert, wenn man hart arbeitet und fleißig studiert, aus Erfahrungen anderer zu lernen bereit ist, Ideale pflegt und tapfer und ehrlich ist.

Ich freue mich, daß du dich weiterbilden willst, doch tue es nicht um des

Titels willen, sondern um Wissen und Gelehrtheit zu erlangen und qualifiziert arbeiten zu können. Ein Titel ist noch längst keine Garantie für Qualität, doch Gelehrtheit und Qualität liegen dicht beieinander. Wenn du einen Titel erwerben willst, darf das nicht zwingend bedeuten, daß deine Mutter deine Ausbildung finanzieren muß. Das kannst du selbst in die Hand nehmen. Wer weiterkommen will, muß bereit sein, die Kosten für Werdegang und Fortschritte zu tragen. Erfolg wird aus einem selbst geboren, er ist kein Geschenk, das man von anderen erhält.

Eine Grundlage für Erfolg ist die Gesundheit, und deshalb muß man Sport treiben. Sport fördert die Blutzirkulation, die Voraussetzung für körperliche Gesundheit ist. Doch wenn du Sport treibst, mußt du auf die Ausgewogenheit der Belastung deiner Körperteile achten. Eine Person, die hart arbeitet und dabei nur bestimmte Körperteile belastet, wird unter der Nichtbelastung der anderen Teile leiden. Sport gibt deinem Körper Elan und Flexibilität. Ein steifer Körper ist wie ein morscher Zweig, der im Sturm abbricht. Behalte gut, daß Erfolg bedeutungslos ist, wenn schlechte Gesundheit verhindert, Nutzen aus ihm zu ziehen.

Es gibt eine Verbindung zwischen Sport und Leben. Hirn und Muskelkraft bestimmen den Verlauf des Lebens einer Person. Da Sport den Zustand von Körper und Geist verbessert, führt aktive Teilnahme am Sport zur Pflege und Verbesserung des Zustands der körperlichen und geistigen Gesundheit. Du mußt Sport als Übung für Körper und Geist betrachten.

Im alten Indien glaubten die Menschen, daß die Blutzirkulation den Gesundheitszustand einer Person bestimmt: Schmerzten bestimmte Körperteile, so deshalb, weil darin das Blut schlecht zirkulierte. Für wichtig hielten die alten Inder außerdem richtiges Atmen und Ausgeglichenheit. Aus diesen Auffassungen entstand das Yoga.

Rundum: Wenn ein Körperteil nicht belastet wird, nimmt es ab und verliert an Kraft.

Das Verhältnis zwischen Studium und Sport ist nicht nur für gute Gesundheit und klares Denkvermögen sehr wichtig, sondern auch für die Ausgewogenheit zwischen körperlicher und geistiger Arbeit. Unausgewogenheit zwischen beiden kann zu Krankheiten führen.

Als kleiner Junge sah ich alte Menschen, die so stark gebeugt gingen, daß sie einen Stock benutzen mußten. Diese Menschen hatten in ihrer Jugend offenbar keinen Sport betrieben. Auch Senilität war damals weit verbreitet – die Betroffenen hatten in ihren jungen Jahren ihr Gedächtnis nicht angemessen trainiert. Selbst Menschen in ihren mittleren Jahren waren senil und nicht in der Lage, Ausgewogenheit zu erlangen.

Es gibt sogar Leute, die das Lächeln wie einen Sport üben. Kannst du dir das vorstellen? Ich spreche nicht vom unbewußten Akt des Lächelns. Das ist keine

Übung und kein Sport. Man kann das Lächeln trainieren, wenn man sich müde fühlt und schlafen will. In diesem Fall ist es ein autogenes Training, das die Muskeln und Nerven entspannt. Ein angespannter und nervöser Mensch kann einschlafen, doch er findet nicht richtig zur Ruhe. Um Ruhe zu finden, muß man entspannt sein, und dazu trägt das Lächeln bei. Lächeln beruhigt die Seele und löst angestaute Spannungen auf. Sport kann die Seele von Pessimismus befreien und Menschen in Optimisten verwandeln.

Es tut mir sehr leid, daß du nie Antwort auf die Briefe bekommst, die du mir schreibst. Bitte glaube mir, daß ich sie beantworte – zumindest diejenigen, die ich erhalte. Selbst wenn du mir nicht schreiben würdest, würde ich dir schreiben. Du mußt nur gut im Gedächtnis behalten, daß es Zeiten gibt, in denen Menschen nicht Herr der eigenen Situation sind.

Ich war sehr überrascht, als ich erfuhr, daß du ein Bild von mir bekommen hast. Seit man mich hergebracht hat, bin ich meines Wissens nie fotografiert worden. Jemand muß unbemerkt ein Foto gemacht haben. Und wie kommt es, daß du meine Stimme gehört hast? War es eine Tonbandaufnahme im Radio oder im Fernsehen? Doch wie auch immer, ich freue mich, daß du die Stimme deines Vaters erkannt hast.

Wenn auf dem Bild Häuser zu sehen sind, blickst du wahrscheinlich auf Wanapura, denn dort steht eine Gruppe Stelzenhäuser. Es wäre ein schöner Ort für ein zurückgezogenes Studium, denn die Luft ist klar und und nicht verschmutzt, abgesehen von den Zeiten, in denen Spreu verbrannt oder das trokkene Gebüsch einer Dschungellichtung brandgerodet wird. Zu solchen Zeiten ist die Luft hier schlechter als in Jakarta.

Was Orte fürs Studium anbelangt, so denke ich, daß sich jeder Ort eignet, selbst ein Schuppen. Ich kannte einen Mann, der schwierige Wörter an die Wände seines Schuppens schrieb und sie auswendig lernte, während er dort arbeitete. In europäischen Städten stehen Mitteilungen an Toilettenwänden – man liest sie unwillkürlich. Man braucht nicht unbedingt Bücher, um zu studieren, zu lesen oder zu schreiben. Wenn man weder Bücher noch etwas zu schreiben hat, kann man dennoch studieren, nicht wahr? Man kann andere Menschen beobachten, ihr Handeln verinnerlichen oder ihnen zuhören. Ist das nicht auch studieren? Natürlich kann kein Studienumfang garantieren, daß man Erfolg hat. Studieren bedeutet Wissen anzusammeln, und Erfolg bedeutet, das Wissen anwenden zu können. Eine intelligente Person kann auf der Basis von Wissen und Erfahrung Schlußfolgerungen treffen. Eine resolute Person kann Entscheidungen treffen und diese durchsetzen.

Du darfst über den Verlust deines Vaters nicht weinen. Sei nicht sentimental. Das Wissen, daß dein Vater dich liebt, muß dir genügen. Für mich ist das Wissen, daß du mich liebst, schon mehr als genug. Du studierst nun ohne die Hilfe deines Vaters. Tatsache ist, daß ich dir wahrscheinlich ohnehin kaum helfen könnte, denn du studierst Dinge, von denen ich in der Schule nie etwas gehört habe. Ich weiß eigentlich nichts über dein Studienfach.

Erinnerst du dich an den Tag, als du mir von deinen Plänen, Chemie zu studieren, erzähltest? Ich bestärkte dich, denn auch mich hatte das Fach einst gereizt, doch mir fehlte das erforderliche Wissen. In der sechsten Klasse hatte ich Chemieunterricht. Ich bekam ein Chemiebuch und war fasziniert, doch sobald von Formeln die Rede war, fehlte mir das Verständnis.

Es überrascht mich, daß du noch immer an den Tag denkst, an dem ich abgeholt wurde. Du konntest damals nicht bei mir sein, das wäre zu gefährlich gewesen. Du hast doch gesehen, was mit dem Haus passierte, nicht wahr? Du weißt, wie zertrümmert es aussah. Flußsteine, die an der gegenüberliegenden Baustelle für ein neues Nachbarhaus aufgestapelt waren, prasselten gegen unsere Mauern. Etliche Steine waren so groß, daß kein einzelner Mensch sie geworfen haben konnte – es wurde mit Sicherheit ein Katapult eingesetzt. Deine Mutter war klug genug, dich und deine Geschwister rechtzeitig aus dem Haus zu bringen.

Ein einziger Stein reichte aus, um unsere Vordertür zu zersplittern. Gott sei Dank warst du nicht da, als der Sturm losbrach. Bitte werde nicht sentimental, wenn du an mich denkst. Denke lieber daran, daß ich täglich für deinen Erfolg bete. Doch du mußt auch immer daran denken, daß Erfolg nicht vom Himmel fällt. Erfolg erwächst aus harter Arbeit, Fleiß und beständiger Weiterentwicklung.

Ich erschrak, als ich las, daß du operiert werden mußtest, und ich bin froh, daß alles in Ordnung ist. Ich bin außerdem dankbar, daß deine Mutter ihre Tuberkulose auskurieren konnte. Freunde erzählten mir, daß deine Mutter einmal ohnmächtig wurde, als sie auf dem Weg zu mir ins Gefängnis war, um mir etwas zu essen zu bringen. Sie selbst erwähnte es mit keinem Wort. Erst als sie zur Behandlung ins Krankenhaus mußte, konnte sie nicht mehr umhin, es mir zu erzählen. Sie kam sich vor der Einlieferung verabschieden. Wir durften uns von Angesicht zu Angesicht sehen. Sie begann zu weinen, als ich sagte: „Es wird alles gut werden. Sei stark. Durch Angst wird es nur schlimmer."

Oh, welche Sorgen machte ich mir um ihre und eure Gesundheit. Doch ich glaube fest, daß es auf der Welt noch viele gute Menschen gibt, die bereit sind, ihren Mitmenschen zu helfen, und deshalb muß man lernen, durch eigene gute Taten seine Dankbarkeit zu beweisen.

Du hast recht: Ich bin in den vergangenen Jahren rasch gealtert. Das Gesicht eines Menschen ist immer ein Spiegel seines inneren und äußeren Selbst. Doch vielleicht ist es richtiger, wenn ich sage, daß ich dünn geworden bin, sehr dünn. Ich wiege im Augenblick nur hundertsiebzehn Pfund, zweiundzwanzig Pfund weniger als normal. Deine Sorge um meine Nahrung und Kleidung ist ein Zeichen der Liebe eines Kindes für seinen Vater. Ich schrieb soeben, daß es viele gute Menschen gibt, die bereit sind, ihren Mitmenschen zu helfen. Gleichzeitig glaube ich, daß es nur sehr wenige wirklich verruchte Menschen gibt. Es gibt wesentlich mehr Menschen, die sich aus Unwissenheit nicht mit humanitären Werten befassen.

Deine Mutter wirkt noch sehr jung, und das macht mich glücklich. Eine jugendliche Frau ist ein Bukett der Harmonie. Behalte das gut. Ja, ich denke sehr viel an deine Mutter – vor allem, weil sie sich um so viele junge Kinder kümmern muß. Als ich fortgebracht wurde, gab es nichts mehr, was ich ihr hätte geben können, denn sie zerstörten alles, was wir nach und nach zusammengetragen hatten – auch Dinge aus der Zeit lange vor deiner Geburt. Ich weiß noch gut, unter welchen Mühen wir dich und deine Geschwister großzogen, doch wir schafften es, zu leben. Und dann mußte ich euch zurücklassen – ohne Haus, ohne Geld, ohne alles.

Du schreibst, daß es Mutter und deinen Geschwistern gut geht. Findest du nicht, daß dies ein Spiegel dessen ist, was deine Mutter für euch getan hat, und daß es sich lohnt, ihrer Lebenseinstellung nachzueifern? Ich vertraue deiner Mutter wie eh und je, und ich werde immer an sie glauben.

Ich will dir eine Geschichte erzählen. Sie handelt von deiner Mutter und mir und von unserem Leben kurz vor und nach deiner Geburt.

Ich sah deine Mutter zum ersten Mal im Oktober oder November 1954 auf einer Buchmesse des Verlags Gunung Agung. Sie arbeitete an einem der Stände. Den Job hatte sie bekommen, weil kurz zuvor ein führender Mitarbeiter des Verlags namens Kopetsky ein Haus ihres Vaters Haji Abdillah Thamrin gemietet hatte, das nur zwei Häuser rechts von dem deines Großvaters stand.

Als ich deine Mutter kennenlernte, steckte ich in großen privaten und wirtschaftlichen Schwierigkeiten. Mein Leben war von einer schweren Krise überschattet. Aus irgendeinem Grund trug ich seit meiner Jugend den Gedanken mit mehr herum, daß ich nicht älter als dreißig Jahre werden würde, und auf dieser Vorstellung richtete ich mein Leben ein. Der Gedanke gewann solche Macht über mich, daß ich 1954 im Alter von neunundzwanzig Jahren die Umarmung des Todes förmlich zu spüren glaubte.

Die Begegnung mit deiner Mutter und unser näheres Kennenlernen erfüllte meinen Geist mit neuem Leben. Ich spürte, daß ich mit ihr an meiner Seite würde leben können.

Zum Glück kannte ich ihre Familie noch nicht. Hätte ich in meiner finanziellen Situation geahnt, daß ihr Vater mehrere Häuser besaß, so hätte ich wahrscheinlich aus Angst, für einen Mitgiftjäger gehalten zu werden, nicht um sie geworben. Weißt du, ich besaß damals nichts, noch nicht einmal Hoffnung. Auch um meine Gesundheit stand es nicht zum besten. Doch als ich deine Mutter traf, hatte ich das Gefühl, daß es nur uns beide auf der Welt gab. Es gab keine

Arglist und keine Bedingungen zwischen uns, es war eine einfache und wundervolle Sache ohne Vorspiegelungen.

Für mich war die Tatsache, daß sie mich akzeptierte, wie ich war, ein Wunder. Sie begann erst zu erblühen. Eine schöne und aufgeweckte Frau wie sie, deren Augen glänzten, hatte alle Rechte der Welt, ein bequemes Leben einzufordern, und dennoch akzeptierte sie ausgerechnet mich. Bis heute habe ich nie danach gefragt, wie ihr ein so dünner, bleicher und zerlumpter Kerl gefallen konnte.

Wegen deiner Mutter wußte ich plötzlich, daß ich nicht sterben würde. Ich würde leben und glücklich sein. Es war mehr als nur die sentimentale Auffassung eines verliebten jungen Mannes. Die Welt hatte begonnen, mir ihre anderen, ihre angenehmeren Aspekte zu zeigen. Mein Pessimismus verflog, und Optimismus trat an seine Stelle.

Deine Mutter und ich sprachen nie über „Liebe", wie sie im Film gezeigt wird. Es dauerte nicht lange, bis ich erfuhr, daß die Leute über unser Verhältnis zu reden begannen. (Wie du weißt, war ich damals noch mit meiner ersten Frau verheiratet.) Jemand kam vertraulich zu mir und sagte: „Als anerkannter Schriftsteller mußt du an mehr als nur dich selbst denken. Du stehst in der Öffentlichkeit und solltest kein schlechtes Beispiel geben." Und ein christlicher Priester sagte mahnend: „Ihr Einfluß auf die indonesische Jugend ist beträchtlich; Sie müssen verantwortungsvoll damit umgehen."

Solche Mahnungen waren gut gemeint – auf höfliche Art rieten sie mir, keinen Skandal zu verursachen. Ich war ihnen dankbar, doch ich hatte so meine Zweifel an ihrer Definition von Liebe und Einfluß. Daran hat sich bis heute nichts geändert.

Es waren keine skandalösen Motive, die deine Mutter und mich verbanden. Ich gestand ihr meine Liebe, und auch sie wünschte eine Beziehung – nicht für den Augenblick, sondern für immer. Damit gab sie mir den Glauben an mich selbst zurück, was für einen Schriftsteller gleichbedeutend mit einer neuen Lebensfrist ist. Ein Typist kann vielleicht ohne Glauben an sich selbst existieren, und wahrscheinlich können es auch Menschen mit anderen Berufen – doch für den ungebundenen Geist ist der Glaube an sich selbst unabdingbar.

Deine Mutter und ich beschlossen, uns miteinander zu verbinden und gemeinsam durchs Leben zu schreiten. Bevor ich bei ihrem Vater um ihre Hand anhielt, sprach ich bei ihrer Mutter vor, die mir empfahl, vor dem Gespräch mit ihrem Mann zu seiner ältesten Schwester Hadidjah Thamrin zu gehen.

Hadidjah Thamrin war Witwe und Anfang fünfzig. Als ich sie zum ersten Mal besuchte, wohnte sie in Batutulis Raya. Ich kannte die Gegend gut, denn zur Zeit der japanischen Besatzung hatte ich dort oft zu tun gehabt. Auf der anderen Straßenseite wohnte in nur kurzer Entfernung meine ehemalige Lehrerin Mara Soetan. Frau Thamrins erste Reaktion auf mein Gesuch war: „Warum fragen Sie mich? Ich habe nichts dagegen. Das ist Ihre Sache." Nach näherer Darstellung der Situation aber erklärte sie sich bereit, mit ihren Familienangehörigen zu sprechen. Es verstrichen bange Tage, bis sie mir grünes Licht gab. Nun konnte ich mit *Babé* sprechen, dem „alten Mann".

Dein Großvater empfing mich in seinem gewöhnlichen Aufzug: mit Sarong, kurzärmeligem Hemd, Gebetsmütze und Holzpantinen. Er war groß und stämmig. In seiner Jugend dürfte man ihn als Riesen bezeichnet haben. Er war fast siebzig, als ich zum ersten Mal vor ihm stand, und erbat eine Woche Bedenkzeit.

Seine Antwort erfolgte indirekt: „Mir wurde gesagt, Sie seien ein Freigeist, und außerdem hörte ich, daß Sie von Ihrer ersten Frau nicht geschieden sind und Ihr Schwiegervater hart arbeiten mußte, um Sie zu unterstützen und sogar nach Holland zu schicken."

Ich gab ihm offen Antwort auf seine Fragen, denn er hatte ein Recht auf Erklärungen. Doch ich hegte Zweifel, daß er mein Gesuch annehmen würde. Du kannst dir sicher vorstellen, wie glücklich ich war, als er schließlich einwilligte, mir die Hand seiner Tochter zu geben.

Wegen meiner chronischen Finanznot wurden die Tage bis zu unserer Heirat zu einer Frist mit großer Spannung. Die Probleme verschärften sich, als die Verlagswelt wegen der Politik des Ministers für Erziehung und Kultur vorübergehend die Veröffentlichung sämtlicher Publikationen mit Ausnahme vorbestellter Schulbücher einfror. Nahezu alle Autoren hatten damit ihre Einkommensquelle verloren.

Als ich erfuhr, daß der Schriftsteller Idrus, mit dem ich früher bei Balai Pustaka zusammengearbeitet hatte, nun für Timun Mas tätig war, fuhr ich dorthin und bat ihn um Unterstützung. Er stellte mich dem Direktor des Unternehmens vor. Ich bat um einen Vorschuß für künftige Beiträge und erhielt 3 000 Rupiah.

Mit dem Geld in der Tasche fuhr ich auf dem Moped eines Freundes durch die Stadt, um weitere Mittel aufzutreiben. Ich fuhr zum Christlichen Verlagshaus in Kwitang, wo ich jedoch nicht den Mut aufbrachte, den Direktor um Geld zu bitten. An der Kreuzung vor dem Lichtspielhaus Metropole bog vor mir eine Motorbecak auf die Straße ein. Der Zusammenstoß war unvermeidlich. Ich rammte das Fahrzeug und brachte es samt Insassen zum Umkippen. Auch ich stürzte, konnte mich jedoch fangen und landete mit den Füßen auf der dreirädrigen Becak, deren Motor noch lief.

Durch jemandes Schreie wurde ich aus meiner Benommenheit gerissen: „Tu was! Steh nicht so rum!" Ich stellte das Moped auf den Ständer und schaute nach den Insassen. Es waren eine Frau und ihr Baby, die soeben aus dem nahen Krankenhaus Salemba kamen. Der Fahrer zeterte bereits und forderte eine Entschädigung ein. „Natürlich“, sagte ich zu ihm, „aber erst muß die Frau ins Krankenhaus zurück.“

Das Fahrzeug war nicht stark beschädigt, so daß der Mann die beiden zum Krankenhaus bringen konnte. Ich fuhr hinterher. Die Untersuchung ergab, daß niemand Knochenbrüche oder schwere Verletzungen erlitten hatte. Nachdem ich dem Fahrer 2.000 Rupiah für den Schaden und der Frau mein restliches Geld gegeben hatte, stand ich erneut mit leeren Taschen da.

*

Als der Hochzeitstag näherrückte, half uns Nugroho Notosusanto mit dem Versprechen, zur Feier des Tages den Transport zu übernehmen. Ich hatte Nugroho in seiner Position als Vorsitzender des Studentenausschusses der Fakultät für Literatur an der Universitas Indonesia kennengelernt. Er hatte mich gebeten, bei einem von der Fakultät geförderten Literatursymposium einen Vortrag zu halten.

Ich lebte vorübergehend zur Untermiete bei meinen jüngeren Geschwistern Koesaisah, Koesalah und Soesilo in einer kleinen Hütte, welche die drei vor einigen Monaten nach dem Rausschmiß aus dem Haus meiner ehemaligen Frau gemietet hatten. Sie lag am Rande eines Sumpfgebietes, hatte Wände aus geflochtenem Bambus und war im Grunde eine Bruchbude. Hinter einem niedrigen Damm wurde Sumpfkohl gezogen.

Nugroho besaß eine große Limousine, ein dunkelblaues oder nahezu schwarzes Gefährt. Am Morgen meiner Hochzeit manövrierte er den Wagen irgendwie bis zu unserer Hütte, die in bemerkenswertem Kontrast zu dem stolzen Fahrzeug stand. Neben ihm saß der emporstrebende Autor Ramadhan Kartahadimadja, der unser Trauzeuge werden sollte. Meine drei Geschwister, der Verlobte meiner Schwester und ich zwängten uns auf dem Rücksitz zusammen. So setzte sich die Gesellschaft des Bräutigams, der keinen einzigen Sen in der Tasche trug, in einem einzigen Fahrzeug in Bewegung.

Als wir am Haus deiner Mutter ankamen, sahen wir ihren Vater bereits auf der Straße warten. Als er uns kommen sah, eilte er ins Haus, um uns offiziell zu empfangen.

Die Tische und Stühle auf der Vorderveranda waren zur Seite gestellt worden. Matten bedeckten den Fußboden. Wir nahmen mit gekreuzten Beinen und aufrechten Rücken neben den geladenen Gästen Platz. Direkt vor mir saß der Geistliche, der die Zeremonie leitete. Deine Mutter war nicht zu sehen. Den Vorschriften gemäß sprach ich zuerst das Glaubensbekenntnis. Dann tat deine Mutter ihre Anwesenheit kund, indem ihre Stimme drinnen im Haus erklang. In meiner Aufregung war ich dankbar, daß sie nicht vor mir saß und nur ihre Stimme zu hören war. Doch mit ihrer klaren Antwort auf mein Gebet wurde deine Mutter zu meiner Frau.

Unmittelbar nach der Zeremonie öffnete der Geistliche seine Aktentasche und zog ein Buch mit dem Titel *Hochzeitsglück* heraus, das weise Sprüche für den Weg zum Glück enthielt. Er gab mir eine knappe Vorlesung über das Glück und informierte mich anschließend recht plump über den Preis des Buches. Natürlich wurde von mir erwartet, daß ich es kaufte. Ich saß auf meinem Platz, unter den Augen meines frischgebackenen Schwiegervaters und der Hochzeitsgäste, und kramte in meinen leeren Taschen herum, während mir das Blut ins Gesicht schoß. Alle starrten mich an und warteten. Doch kurz bevor ich das Gesicht verlor und zum Gespött aller wurde, fingerte Ramadhan seine Geldbörse aus der Tasche und reichte sie mir mit den Worten: „Hier, die hast du vorhin liegengelassen."

So konnte ich das Buch bezahlen und einen neuen Lebensabschnitt beginnen.

Den Sitten gemäß waren wir als Neuvermählte zwei Wochen an das Haus gebunden. Da ich kein Geld besaß, war dies eine unangenehme Zeit für mich, denn ich war auf die Großzügigkeit deines Großvaters angewiesen. Zum Glück brachte ein Freund von mir, der Dichter A. S. Dharta, eine englische Ausgabe von Gorkijs *Die Mutter* und fragte nach meinem Interesse, eine indonesische Übersetzung anzufertigen. Die 6 000 Rupiah, die er auf den Tisch zu blättern begann, überzeugten mich, die Arbeit zu übernehmen.

Ein anderer Freund besorgte mir die holländische Übersetzung desselben Buches, und beim Vergleich beider Ausgaben entdeckte ich zahlreiche Unterschiede. In der holländischen Fassung waren Passagen, die in der englischen nicht enthalten waren, und umgekehrt, doch da ich das Honorar bereits angenommen hatte, sah ich mich genötigt, eine indonesische Fassung vorzulegen. Nach der Veröffentlichung wurde sie in einer Rezension in *Indonesia Raya* nicht zu unrecht stark kritisiert. Jahre später mußte ich mich in dieser Sache bei einem Rußlandbesuch den bohrenden Fragen von Studenten der Universität Leningrad stellen.

Deine Mutter machte mich mit Freunden und Verwandten bekannt, und ich sah, daß sie glücklich war – auch wenn ihr Mann nicht mehr in die Ehe einbringen konnte als sich selbst.

*

Als die beiden Wochen verstrichen waren, begab ich mich auf die Suche nach einem Haus und fand in der Nähe der Hütte meiner Geschwister eine ähnliche Unterkunft wie die ihre. Sie war keine zwanzig Quadratmeter groß und stand mitten in einem Hang über einem Reisfeld. Beim ersten heftigen Regen stellten wir fest, daß das Dach ein Sieb war. Das Wasser stürzte in Strömen ins Haus und stand uns im Handumdrehen bis zu den Waden. Deine Mutter geriet in Panik und schrie um Hilfe, doch was konnten wir tun? Beim nächsten Regen geschah dasselbe. Und beim nächsten wieder. Alles, was wir bei Regen tun konnten, war vorsichtiger zu gehen, um keine Wellen zu schlagen.

Ich füllte den Fußboden mehrfach mit Erde auf, doch bei jedem Regen schien er verschluckt zu werden. Später entdeckte ich, daß unser Haus auf einer ehemaligen Senkgrube stand, in der Kalk gelagert worden war.

Wir blieben einige Monate hier wohnen. Trotz unserer armseligen Lebensumstände half mir mein erneuertes Selbstvertrauen, mit mehr Optimismus in die Welt zu schauen, und allmählich verbesserte sich unsere wirtschaftliche Situation.

Bis in jene Tage war ich recht unpolitisch und hatte mich sogar bewußt von Aktivitäten ferngehalten, die man politisch hätte nennen können, doch als ich einen Protest gegen die Verhaftung des Journalisten und Schriftstellers Mochtar Lubis unterzeichnete, klärte mein Freund A. S. Dharta mich auf, daß diese Unterschrift ein politischer Akt war, mit dem ich mich gegen die Autorität der Regierung gestellt hätte.

„Doch ich habe nur getan, was ich für richtig hielt", rechtfertigte ich mich.

„Es spielt keine Rolle, was du dir dabei gedacht hast. Es war ein politischer Akt. Nichts in dieser Welt ist frei von Politik."

Wenn es ein politischer Akt war, so fragte ich mich, wie konnte ich dann mein Handeln mit meiner Überzeugung, daß Politik schmutzig war, in Einklang bringen? Dazu sagte A. S. Dharta: „Alles, was mit Autorität und der Umsetzung von Macht zu tun hat, ist Politik. Es gibt edle Politik und es gibt schmutzige Politik. Nur weil es schmutzige Politik gibt, muß nicht alles Politische schmutzig sein."

Dennoch entdeckte ich bald, daß politische Ansichten und besonders die öffentliche Meinung oft auf allgemeingültigen Vorstellungen basieren, die nicht unbedingt richtig sein müssen.

Wir führten ein glückliches Leben. Natürlich gab es Meinungsverschiedenheiten und Mißhelligkeiten, doch nie gerieten wir in Streit. Deine Mutter kümmerte sich um den Haushalt: Sie hielt den Fußboden sauber, wischte den Staub von den Möbeln, bezog unser Bett, ging barfuß auf dem mit Matsch überzogenen rutschigen Markt einkaufen und begab sich nach der Rückkehr geradewegs zum Brunnen, um sich die Füße mit einer einfachen Bürste zu schrubben. Dann kochte sie, tischte das Essen auf und besorgte anschließend den Abwasch. Erst dann gönnte sie sich vielleicht eine Pause. Zweimal täglich wusch sie Kleider. Wir begannen regelmäßige tägliche Mahlzeiten zu haben, auch wenn es als Beilage zum Reis mitunter nur etwas Salz gab. Doch zumindest hatten wir regelmäßig zu essen.

Anfangs beäugten unsere Nachbarn deine Mutter mit Skepsis. Sie wollten nicht recht glauben, daß eine Frau, die in wesentlich besseren Verhältnissen aufgewachsen war, sich mit so niederen Arbeiten abfinden würde. Doch sie leistete ihre Arbeit, und nach und nach fanden sich Nachbarinnen ein, um beim Kochen oder bei anderen Dingen zu helfen. Irgendwann nahm ein Bursche aus der Nachbarschaft sogar mir die Arbeit ab, Wasser vom Brunnen zu holen.

Deine Mutter war immer emsig und bereit, mit anzupacken, und durch ihre Fürsorge kehrte meine frühere Gesundheit zurück. In ihr fand ich eine Frau, in der ich die Werte meiner Mutter wiedererkannte. Ebenso wie meine Mutter verlangte sie nie etwas von mir, und sie erteilte auch nie Befehle. Sie ließ mir komplette Freiheit.

In unserem Zuhause konnte ich entspannt arbeiten, obwohl die allgegenwärtigen Ratten und Mäuse ihr Bestes gaben, unseren hart erkämpften Frieden zu stören. Um dagegen anzukämpfen, riß ich zuerst die Bambuswände ein und ersetzte sie durch Holzplanken. Danach befestigte ich den Fußboden mit einer zusätzliche Bodenschicht, auf die ich ein Pflaster legte. Außerdem baute ich ein Badezimmer mit Toilette an. Zuvor hatten wir unsere Notdurft in der offenen Rinne, die zum Feld mit dem Sumpfkohl führte, verrichten müssen.

Als wir das Angebot erhielten, ganz in der Nähe unserer ersten Wohnstätte ein leerstehendes Haus zu beziehen, griffen wir zu und zogen um. Wir verbesserten uns, denn unser neues Zuhause hatte Wände aus Holz und Zement, einen Steinfußboden und war mit Elektrizität ausgestattet. Als uns ein Freund leihweise ein Radio überließ, bekam unser Haus sogar Stil. Dennoch veränderte sich deine Mutter nicht, sondern erledigte alle Pflichten, für die sie sich verantwortlich fühlte.

Der Verbesserung unserer Wohnsituation folgte bald eine weitere Verbesserung: Ich ersetzte mein klappriges Sparta-Moped durch eine Ariel und etwas später durch eine BSA. Nun konnte ich mich nach Belieben bewegen.

Und dann war deine Mutter mit dir schwanger. Ich war schrecklich aufgeregt und konnte deine Geburt kaum erwarten. Anfangs wünschte ich mir einen Sohn, doch deine Mutter überzeugte mich, daß es gleichgültig sei, ob das Kind unter ihrem Herzen ein Junge oder ein Mädchen sei.

Am Abend des 7. Juli 1956 spürte deine Mutter die ersten Wehen. Sie bat mich, sie in die Entbindungsklinik nach Sawah Besar zu bringen. Die Station befand sich in einem Gebäude, das einst M. H. Thamrin gehört hatte. Deine Mutter hatte als kleines Mädchen in diesem Haus gelebt.

Sechs Stunden später warst du geboren. Kein Junge, sondern ein Mädchen. Mein viertes Kind und meine vierte Tochter. Ich war selig und dankbar.

Drei Tage später wurden deine Mutter und du zum Haus deines Großvaters gebracht, und weitere fünf Tage später kamt ihr zu mir nach Hause. Deine Ankunft verlieh dem Leben Schimmer und Glanz. Selbst wenn du schriest, klang deine Stimme für mich wie ein Lied aus einer anderen Welt. Als Kind zweier

Eltern, die einander liebten und miteinander glücklich waren, wurdest auch du zu einem glücklichen Kind. Und mehr konnten wir uns nicht wünschen.

Ich selbst hatte das Angebot erhalten, regelmäßige Beiträge für *Star Weekly* zu schreiben. Für jeden Artikel, den das Journal veröffentlichte, erhielt ich ein Honorar, das uns für einen ganzen Monat einfaches Essen sicherte. Auf nationaler Ebene waren die Publikationsaktivitäten wieder aufgenommen worden. Alles schien in bester Ordnung. Die Lebensumstände verbesserten sich.

Im Juli 1956 erhielt ich überraschend Besuch von einem Offiziellen der Botschaft der Volksrepublik China. Er überbrachte mir einen Brief mit der Anfrage, ob ich eine Einladung zu einer Gedenkveranstaltung anläßlich des zwanzigsten Todestages des berühmten chinesischen Schriftstellers Lu Xun annehmen wolle. Zwar kannte ich den Namen des Schriftstellers, doch über seine Lebensgeschichte wußte ich so gut wie nichts. Ich hatte gehört, daß man ihn den chinesischen Gorkij nannte. Das war im Grunde schon alles, was ich wußte, und ich hatte nur eine völlig vage Vorstellung von der Geschichte der chinesischen Literatur.

Deine Mutter versuchte nicht, mir die Reise auszureden, doch aufgrund meines mangelnden Wissens über China zögerte ich, die Einladung anzunehmen. Ich ließ die Entscheidung einige Tage offen und stattete schließlich dem Kulturattaché der chinesischen Botschaft einen Besuch ab. Der Attaché eröffnete mir, daß die Einladung auf Anregung des indonesischen Minister für Erziehung und Kultur, Dr. Prijono, ausgesprochen worden sei. Dann überreichte er mir eine offizielle Einladung in chinesischer Sprache mit beigefügter englischer Übersetzung.

Als ich bei Dr. Prijono vorsprach, erfuhr ich, daß ich als offizieller Repräsentant seines Ministeriums an dem denkwürdigen Ereignis teilnehmen sollte. Anschließend stellte mir das Ministerium ein Schreiben aus, mit dem ich im Paßbüro des Außenministeriums einen Reisepaß beantragen konnte.

Über meine Reise nach China gibt es nicht viel zu berichten. Wesentlich interessanter ist, daß sich der *Star Weekly* nach meiner Rückkehr nach Indonesien weigerte, meinen Artikel über die Reise zu veröffentlichen. Meinen nächsten Beiträgen erging es ebenso. Offenbar stempelte man mich nach meinem Chinabesuch zum Kommunisten ab. Zu jener Zeit begann ich – wie bereits weiter oben angedeutet –, über politische Anschauungen und die Bildung einer öffentlichen Meinung nachzudenken. Ich brauche nicht zu erwähnen, daß ich beunruhigt war, und nicht viel später wurde mein Argwohn bei einem Verlagsbesuch bestätigt, als ein Mitarbeiter zu mir sagte: „So, Sie wenden sich also dem Kommunismus zu!"

Nur aufgrund der öffentlichen Meinung war die Unvoreingenommenheit, die man mir in diesem Haus immer entgegengebracht hatte, plötzlich dahin.

Doch das Leben bleibt wegen einer öffentlichen Meinung nicht stehen, und um zu leben, muß man arbeiten. Einige Türen hatten sich mir verschlossen, doch andere öffneten sich. Ich begann mein Einkommen mit der Vorbereitung von Manuskripten für die Publikation zu verdienen.

*

Im April 1958 brachten wir dir ein Schwesterchen nach Hause: Arina. Doch auch als Mutter zweier Mädchen erledigte meine Frau sorgfältig sämtliche Haushaltspflichten.

Im selben Jahr begannen wir das Haus zu bauen, in dem du deine Kinderjahre verbracht hast. Unsere Pläne sahen vor, das Haus mit Holzpfeilern und Bambuswänden zu errichten, doch als dein Großvater den Bauplatz besuchte, riet er uns davon ab: „Auf lange Sicht wird euch das teurer zu stehen kommen. Solide Wände sind besser." Und auf seinen Rat hin bauten wir das Haus mit soliden, frei stehenden Mauern.

Deine Mutter und ich brachten unsere Arbeit und unser Leben in den Bau dieses Hauses ein. Als es fertig war, fragten wir uns, wie wir es eigentlich geschafft hatten, uns ein so großes Haus zu errichten.

Du warst noch klein, als wir einzogen, doch ich erinnere mich noch gut daran, wie du auf deinen kleinen Händen und Knien herumgekrabbelt bist, um deiner Mutter beim Wischen des Fußbodens zu helfen. Kraft und Geldmittel deiner Eltern waren erschöpft, doch wir hatten unser eigenes Haus. In diesem Haus hat deine Mutter dich großgezogen, und in diesem Haus hast du Lesen und Schreiben gelernt. Wir waren stolz auf das Haus. Es war dort, wo ich dich zum bisher letzten Mal in die Arme schloß, bevor es Steine hagelte und ich fortgebracht wurde. Wir haben das Haus für uns gebaut, nicht für andere. Ich frage mich, wer heute dort wohnt?

III
LEHREN FÜR MEINE KINDER

Obwohl die folgenden Texte als Briefe an meine Kinder konzipiert sind, ist der überwiegende Teil dieses Kapitels als Monolog mit mir selbst entstanden, denn als ich sie schrieb, wußte ich genau, daß ich sie nicht abschicken durfte. Als Häftlinge durften wir bestenfalls Postkarten verschicken, und selbst diese wurden streng zensiert. Wenn ein Brief fertig war, versteckte ich ihn irgendwo. Manche Texte existieren nur deshalb noch, weil ich sie nach Hause schmuggeln konnte.

Ich habe acht Kinder. Pujarosmi, Indriarti und Anggraini stammen aus meiner ersten Ehe, Astuti, Arina, Setyaning Rakyat, Tatiyana und mein einziger Sohn Yudistira aus der zweiten. Ich liebe alle meine Kinder. Nach der Scheidung von meiner ersten Frau besuchte ich meine drei ältesten Töchter so oft es ging, und immer wenn es mir möglich war, brachte ich ihnen ein Taschengeld. Ich bedauere zutiefst, daß ich nur eine winzige Rolle bei ihrer Erziehung spielen konnte. Dasselbe gilt für meine Kinder aus zweiter Ehe. Als einen der größten und schmerzlichsten Verluste im Zusammenhang mit meiner Festnahme und Gefangenschaft betrachte ich die Zerstörung meiner Bibliothek. Es wird mir nicht möglich sein, eine solche Bibliothek noch einmal aufzubauen, und auch die vernichteten Manuskripte werde ich unmöglich nochmals schreiben können. Der andere große Verlust – oder vielleicht ist „Schmerz" das bessere Wort – aber ist der, daß ich meine Kinder nicht erziehen durfte. Da meine Kinder unter Indonesiens „Neuer Ordnung" aufwuchsen, also unter einem militaristischen Regime, in dem Einschüchterungen und Lügen an der Tagesordnung waren, befand ich mich in ständiger Sorge darüber, welche Art von Ausbildung sie erhielten. Obwohl ich mir aufgrund meines schwindenden Erinnerungsvermögens nach den vielen verstrichenen Jahren kaum noch vorstellen konnte, wie meine Kinder aussahen, versuchte ich, die Briefe als eine Art Dialog zu gestalten. Sie mögen als Lehren betrachtet werden, doch mehr noch enthalten sie eine Quintessenz meiner Hoffnungen für sie.

In den Jahren meiner Gefangenschaft hatte ich die beständige Angst, meine Kinder nicht mehr wiederzusehen. Gleichzeitig aber war ich stets darauf vorbereitet, zu sterben, denn ich habe die Grausamkeit des indonesischen Militärs niemals unterschätzt.

Obwohl meine Kinder unter dem Einfluß der Neuen Ordnung aufwuchsen, wollte ich sie nicht nach Buru holen. Ich wollte, daß sie in Freiheit leben. Als Kind leistete ich den Eid, ein besserer Vater als mein eigener Vater zu sein. Leider kann ich nicht behaupten, diesen Eid erfüllt zu haben. Meine größte Hoffnung war immer, daß meine Kinder einmal mehr erreichen würden als ihr Vater. Ich erinnere mich noch genau: Als sie mich vor meiner Deportation nach Buru in den Lebaran-Ferien im Gefängnis Salemba besuchten, bat ich sie, ihr Bestes zu geben, um einmal besser zu werden als ihr Vater.

Jeder Mensch hat seinen eigenen Platz in der Welt, und meiner Meinung nach sollten Kinder nicht in der Schuld ihrer Eltern stehen. Meine Kinder haben mir gegenüber keine Verpflichtungen. Sie sind frei, ihren Lebensweg selbst zu bestimmen, solange sie ihre Entscheidungen verantworten können.

P.A.T. 1998

Wissenschaft, Religion und Hygiene

Lieber Yudi,

es gibt viele Dinge im Leben, die verschwinden und niemals wiederkehren – nicht nur Gegenstände, sondern auch Ideale und die vergangene Zeit. Für mich werden auch die Pandawa-Brüder, die Helden des Mahabharata und des Wayang-Theaters, niemals wiederkehren ... nicht einmal Yudhistira, der älteste der fünf. Diese Welt ist vergangen, und der einzige Yudhistira in meinem Leben bist nun du, mein jüngstes Kind und einziger Sohn.

Du und alle deine Schwestern wurdet in eine freie Welt geboren. Die Kolonialmächte hatten unser Land bei eurer Geburt bereits verlassen. Im Gegensatz zu euren Eltern wurdet ihr als Kinder eines freien Volkes geboren.

Als du und deine Schwestern zur Welt kamt, habt ihr alle sofort zu schreien begonnen. Eure Augen waren weit geöffnet, als habe euch die Eigenartigkeit der Welt schockiert. Eure Hände und Beine fuchtelten durch die Luft, Blut rötete eure Wangen. Dann nuckeltet ihr an der Mutterbrust und hattet für eine Weile Nahrung.

Bei mir war dies nicht so. Natürlich will ich nicht behaupten, Zeuge meiner eigenen Geburt gewesen zu sein, doch ich habe die Geburten meiner acht jüngeren Geschwister erlebt. Als sie zur Welt kamen, waren weder meine Schwestern noch meine Brüder in der Lage, die Augen zu öffnen. Bei einigen blieben sie für eine ganze Woche lang geschlossen.

Die Frau, die in unserer Nachbarschaft die Funktion eines Dukun versah und meiner Mutter als Hebamme zur Seite stand, warnte uns, daß sich neugeborene Babys nicht bewegen dürfen. Mit an den Leib gebundenen Armen und zusammengeschnürten Beinen sahen sie wie Kokons aus. Ich erhielt den Auftrag, ihre Lippen mit Honig zu bestreichen. Als ältestes Kind war es außerdem meine Pflicht, die Nachgeburt zu begraben. Ich reinigte diese, verschloß sie in einem irdenen Gefäß und begrub sie auf der rechten Seite des Hauses. Die Nachgeburt wurde als das ältere Geschwisterteil des Kindes betrachtet. Ich gab auch Blumen und einen Brief in javanischer, arabischer und lateinischer Schrift in das Gefäß. Dies, lehrte man mich, stelle sicher, daß das Kind diese drei Schriften später in schöner Handschrift schreiben könne. Die Beisetzungsstätte des älteren Geschwisterteils wurde mit einem niedrigen Zaun aus geflochtenem Bambus umgeben, und vierzig Tage lang markierte eine Kerze das Grab. Die Kerze wurde aufgestellt, um dem älteren Geschwisterteil den Weg zum Bett des jüngeren und zurück zu seinem Platz zu beleuchten.

Jeden Morgen und Abend kam die Hebamme zu uns nach Hause, um nach Mutter zu sehen und das Baby zu baden und neu einzuschnüren. Vor dem Einschnüren massierte sie dem Kleinen zuweilen die Brust, bis es zu plärren und zu schreien begann. Doch noch immer blieben die Augen des Neugeborenen geschlossen. Mit dem nötigen Zwang wurde das Baby zwei- bis dreimal pro Tag mit Bananenpulver gefüttert, was nicht selten zu Würge- und Hustenanfällen führte.

Diese Dinge werden nicht wiederkehren. Ihr habt solche Erfahrungen als Babys nicht machen müssen, und ich bin mir sicher, daß auch eure Kinder sie nicht erleben müssen.

Meine Kindheit fiel in eine Zeit der Unwissenheit. Meine Geschwister waren mehrere Tage nach der Geburt nicht in der Lage, die Augen zu öffnen, weil damals so gut wie nichts über richtige Ernährung bekannt war. Babys sind schwach, wenn sie zur Welt kommen, und bei uns bestand damals großer Mangel an tierischen und pflanzlichen Proteinen. Selbst noch als Erwachsener hörte ich zuweilen Menschen unken, daß man vom Fleischverzehr Würmer bekommt. Und von Kokosnüssen ebenfalls. Man wurde gemahnt, Nahrungsmittelaufnahme und Schlaf gering zu halten, um einen klaren Geist zu erlangen und Führung vom Himmel zu erhalten. Man mußte regelmäßig fasten und Abstinenz wahren. Als Konsequenz wurden die Javaner von Generation zu Generation dünner, kleiner, schwächer, zerbrechlicher und untauglicher.

In meiner Jugend wahrte auch ich verschiedene Formen der Abstinenz. Für eine Weile – eine oder zwei Wochen – aß ich dann kein Fleisch oder ein andermal ausschließlich Grünzeug. Man vermittelte mir, daß es meine Gedanken schärfen und zu besseren Schulleistungen führen würde. Es gab niemanden, der uns aufgeklärt hätte, daß dies Unfug ist und ganz bestimmt nicht die Intelligenz eines Kindes fördert. Ganz im Gegenteil wird das körperliche Wachstum durch den Mangel an wichtigen Vitaminen gehemmt. Manchmal fastete ich montags und donnerstags, doch in meinem Fall schien alles nicht zu helfen. Auf diese Weise schien Gott den Menschen also nicht klüger zu machen.

Erst später erfuhr ich, daß sich die gescheiten Menschen der westlichen Welt nicht solchen Qualen unterzogen, um Wissen zu erlangen, sondern daß sie klug waren, weil sie konstant und systematisch arbeiteten, übten und studierten. Ich lernte, daß man durch Entspannung, ein Picknick oder ein Spiel zu neuen Kräften finden kann, bevor man wieder die Arbeit oder das Studium aufnimmt. Und noch eines stimmte – ich fand heraus, daß man nicht zu Wissen gelangen kann, wenn man nicht selbst daran arbeitet.

Denn was war mit den Briefen, die ich zusammen mit den Nachgeburten meiner Geschwister in den irdenen Töpfen vergraben hatte? Auch sie waren wertlos, nichts anderes als Müll. Ich habe viele Nachgeburten vergraben, doch wer von meinen Geschwistern lernte in schöner Handschrift die javanische oder arabische Schrift zu schreiben? Niemand! Und was die lateinische Schrift anbelangt: Die meisten von ihnen bevorzugten den Umgang mit der Schreibmaschine.

Ich muß oft lachen, wenn ich an die Erlebnisse in meiner Kindheit denke. Aber so dachte man früher eben. Selbst die alten Menschen waren relativ unwissend – viele hatten kaum größere Kenntnisse als ein Kind. Um die Koranverse besser auswendig lernen zu können, empfahl man uns Kindern, mit der Asche eines heiligen Buches vermischtes Wasser zu trinken. Ob es daran lag, daß ich diesen Ratschlag nie befolgte, daß ich nie besonders gut im Lernen oder Rezitieren der Koranverse war? Niemand von denen, die immer rasch mit einem guten Rat bei der Hand waren, trat in die Verantwortung, wenn sich eine ihrer Empfehlungen als falsch oder fehlerhaft erwies. Sie entschuldigten sich nie, denn sie hatten offenbar nicht einmal das Gefühl, etwas falsch gemacht zu haben.

Wenn die Ansichten, die meine Eltern in meiner Jugendzeit vertraten, richtig gewesen wären, dann hätte es überhaupt keinen Bedarf an Schulen, Gebetshäusern, Lehrbüchern und Druckereien gegeben. Man hätte auch keinen Postdienst gebraucht, um Dokumente durch das Land zu schicken. Es hätte ausgereicht, zu meditieren und zu fasten; dies wäre der sicherste Weg gewesen, ausgezeichnete Sachkenntnisse in den angestrebten Fachbereichen zu erwerben.

Die klügsten Leute der damaligen Zeit oder zumindest diejenigen, die für die klügsten gehalten wurden, waren die *Kiai*, die *Dukun* und die Ärzte. Von jenen religiösen Lehrern und Schamanen will ich nicht viel erzählen, doch von einer Erfahrung mit Ärzten will ich berichten. Vielleicht wirst du fragen: Aber wenn es doch damals Ärzte gab, warum war dann die breite Masse so unwissend?

Bevor es Ärzte gab, besaßen die *Dukun* und *Kiai* die ultimative Autorität. Sie kontrollierten die öffentliche Meinung, und da allgemein anerkannt war, daß sie den Göttern am nächsten standen, war alles, was sie sagten, richtig. Niemand wagte es, am Wahrheitsgehalt ihrer Worte zu zweifeln. Die wenigen Ärzte, die es gab, konnten diese rückständige Weltanschauung nicht verändern.

Als ich das dritte Schuljahr der Grundschule besuchte, mußte ich ins Krankenhaus, um einen eingewachsenen Zehennagel entfernen zu lassen. Ich hatte ungeheure Angst. Unter meinen Freunden war nicht einer – nicht ein einziger –, der nicht daran glaubte, daß die cremefarbene Salbe, die man mir aufgetragen hatte, aus menschlichen Gehirnen hergestellt war. Meine Eltern glaubten natürlich nicht an einen solchen Unfug, denn sonst hätten sie mich nicht zum Krankenhaus geschickt.

Als sich der Arzt anschickte, den infizierten Nagel zu entfernen, wand ich mich und schrie so sehr, daß zwei Erwachsene mich festhalten mußten. Dann sprühte mir jemand eine extrem kalte Flüssigkeit auf den Zeh, und als der Nagel gezogen wurde, spürte ich überhaupt nichts davon. Dies hielt mich nicht davon ab, zu schreien. Mein Zeh wurde verarztet und verbunden, und dann durfte ich nach Hause gehen. Ich humpelte zwar ein paar Tage lang, doch ich litt nicht mehr an Fieber. Die ständigen Schmerzen, die mich gepeinigt hatten, verschwanden allmählich. Wenige Tage später war alles verheilt. Mit dieser Erfahrung war mein Vertrauen in Ärzte geboren.

Als meine Mutter mehrere Monate im Krankenhaus verbringen mußte, besuchte ich sie jeden Abend. Damals schwand meine Furcht vor Ärzten und Krankenhaus allmählich, doch stets beäugte ich die weißgekittelten Mitarbeiter und viele Patienten mit Argwohn, denn sie vermittelten mir ein seltsames Gefühl, als seien sie Fremde aus einer anderen Welt. Es war vielleicht darauf zurückzuführen, daß ich in einem ländlichen Umfeld aufwuchs, wo die Bauern stets schwarze oder andere dunkelfarbige Kleidung trugen.

Mutter teilte in diesem Krankenhaus das Zimmer mit einer Witwe. Wenn man aus dem Fenster schaute, sah man in geringer Entfernung einen großen Friedhof, auf dem Cashewnußbäume wuchsen. Krankheiten und Krankenhaus waren Nachbarn des Todes. Mutter hatte keine Angst vor Ärzten oder ließ sie zumindest nicht erkennen, und auch diese Haltung half mir, meine eigenen Ängste abzubauen. Dennoch brauchte ich eine Weile, um die unbehaglichen Empfindungen zu überwinden, die das Krankenhaus in mir weckte.

Ich erinnere mich an einen bestimmten Abend: Die Sonne ging bereits unter, und ich mußte Mutter in ihrem Krankenhauszimmer, das so dicht am Friedhof lag, allein zurücklassen. Plötzlich hörte ich Gesang. Als ich durch die Tür des ambulanten Behandlungszimmers spähte, erblickte ich drinnen zahlreiche Männer und Frauen in weißer Kleidung, die im Chor sangen. Damals wußte ich nicht, daß sie Christen waren und einen Gottesdienst abhielten. Wer wie ich zufällig vorbeikam, erhielt einen Bogen Papier, der in javanischer Übersetzung mit Gottes Geboten, zugehörigen Erläuterungen sowie Bildern von Engeln und Propheten bedruckt war. Seit damals war für mich jenes Krankenhaus – durch seine Ärzte, Schwestern, Laboranten und Drogisten der internen Apotheke – untrennbar mit meiner Vorstellung vom Christentum verbunden.

Obwohl ich keine „geziemende" religiöse Erziehung erhielt, war meine Familie zumindest nominell muslimisch. Die führenden Persönlichkeiten der Dorfgemeinschaft – *Dukun* und *Kiai* – waren Muslime, die Krankenschwestern und Ärzte hingegen Christen. Die Glaubensunterschiede und abweichenden Standpunkte der Religionen waren für die muslimische Öffentlichkeit Grund genug, den Ärzten mit Ablehnung zu begegnen. Die Ärzte waren nur ein kleiner Tropfen inmitten einer großen muslimischen Mehrheit. Sie besaßen keinen nennenswerten Einfluß; es war der *Dukun*, der die Macht in Händen hielt. Doch Wissen und Wissenschaft, die nicht auf Mantras und Intrigen, sondern auf fundierten Tatsachen basieren, konnten nicht auf ewig zurückgewiesen werden, und so gewann die moderne Medizin in der Öffentlichkeit zunehmend an Vertrauen.

Da waren beispielsweise meine Spielkameraden, Kinder meines Alters. Fast alle von ihnen schleppten aufgrund von Mangelernährung die eine oder andere Erkrankung mit sich herum. Ich rede von Spielkameraden, nicht von Klassenkameraden. Ich spielte mit einfachen Bauernkinder, die nahezu ausnahmslos an Frambösie litten und Geschwüre hatten. Zu gewissen Jahreszeiten hatten die meisten Augenprobleme, und wenn die Zeit des Reispflanzens nahte, grassierte unter ihnen die Malaria. In meiner Familie hatte niemand Frambösiengeschwüre, doch mich erwischte einmal die Malaria. Die meisten Kinder meines Alters hatten Würmer, zumindest Spulwürmer. Natürlich wirkten sich diese kombinierten Erkrankungen negativ auf unser Wachstum aus.

Ich bin sicher, daß du die Auswirkungen der Frambösie nie gesehen hast. Weißt du, wie sie behandelt wurde? Die infizierten Körperteile – gewöhnlich Beine, Mund und Nase – wurden mit Grünspan bestrichen. Die Körper meiner Spielkameraden waren mit grünen Flecken übersät, und wenn die Geschwüre abgeklungen waren, blieb fast immer eine Narbe zurück. Auf den Märkten traf man fast immer zwei bis drei Personen ohne Nasen, die in nasalem Tonfall sprachen. Die Frambösie hatte ihre Nasen zerfressen.

Einmal jährlich kam medizinisches Fachpersonal des öffentlichen Gesundheitsdienstes hinaus in die Dorfschule, um die Frambösie zu bekämpfen. Alle Kinder wurden mit *Salvarsan* geimpft, einer Art Penicillin. Man empfahl uns, in den Tagen vor der Impfung soviel Ziegenfleisch wie möglich zu essen. Im Vertrauen auf die Effektivität der Impfung kratzten die Eltern meiner betroffenen Spielkameraden ihre Ersparnisse zusammen, um ihnen drei Tage lang nur Ziegenfleisch zu essen zu geben. Nachdem die Kinder die *Salvarsan*-Injektion erhalten hatten, begannen die Geschwüre, die sie über Monate oder Jahre gepeinigt hatten, auszutrocknen und zu verkrusten. Wenn die Krusten nach einigen Tagen abfielen, waren meine Kameraden für ihr Leben lang von Narben gezeichnet.

Hatte irgend jemand von deinen Freunden Frambösie? Nein, nicht wahr?

Die Welt, in der du heute lebst, ist wesentlich besser als die zu meiner Jugendzeit.

Aufgrund mangelnden Wissens über richtige Ernährung litten auch viele Menschen unter *Bodok* – dieses javanische Wort bezeichnet das Anfangsstadium einer Krankheit, die der Lepra ähnelt. Sie verbreitete sich vorwiegend durch die direkten Kontakte zwischen Schülern von Gebetsschulen – die zutiefst religiösen *Santri* betrachteten eine *Bodok*-Infektion gar als Zeichen für wahren Glauben. Die Krankheit, welche die Betroffenen Monate oder Jahre lang geißelte, ließ auf ihrem Körper dünne schwarze Narbenstreifen zurück, doch die Befallenen ignorierten sie ebenso wie die Frambösie. Selbst wenn der Gesundheitsdienst nicht in die Schulen kam, begab sich niemand mit solchen Erkrankungen ins Krankenhaus – dorthin ging man nur, wenn man von einem Vorgesetzten hingeschickt wurde oder es durch einen Unfall unumgänglich wurde. Auch zahlreiche Unfälle waren in jenen Tagen auf bloße Unwissenheit zurückzuführen. Besonders in der Erntezeit wurden viele Menschen vom Blitz getroffen. Außerdem wurde fast wöchentlich in hitzigen Streitereien zu scharfen Waffen gegriffen, und nicht selten wurden Menschen dadurch verletzt oder gar getötet. Auch solche Zwischenfälle kann man auf Unwissenheit zurückführen.

Du lebst in einer freien Welt und führst ein glückliches Leben. Als ich ein kleiner Junge war, flößten Eltern ihren Kindern alle möglichen Ängste ein. Man brachte uns bei, alles was mit Polizei, Militär und den Europäern zu tun hatte, zu fürchten. Wenn ein Automobil vorbeifuhr, rannten wir weg und versteckten uns, denn die Alten hatten uns gedroht, daß die Männer in den Autos kleine Kinder entführten. Auch wenn wir das knatternde Geräusch eines Polizeimotorrads der Marke Harley-Davidson hörten – die Maschinen hatten große Seitenwagen –, versteckten wir uns: Wir hatten oft genug gesehen, wie der „Holländer“ (gleichgültig ob er der rothäutigen europäischen oder der dunkelhäutigen einheimischen Rasse angehörte), der die Maschine steuerte, Menschen mißhandelte – besonders die Händler, die ihre Waren außerhalb des Marktes anboten, weil sie kein Geld hatten, um die Standgebühr zu entrichten. Die mit dem Motorrad waren grausam und stets bereit, Prügel auszuteilen. Die Angst unserer Eltern vor ihnen übertrug sich auch auf uns.

Wenn die Feldpolizei mit Waffen in der Hand hinaus zum Schießübungsplatz vor der Stadt zog, wichen Fußgänger und Fahrzeuge so weit zur Seite, wie es eben möglich war – nicht selten bis in den Entwässerungsgraben. Es war, als seien die Männer in der Marschkolonne keine sterblichen Wesen, sondern wesentlich mächtigere Geschöpfe als wir selbst. Auch vor ihnen bekamen wir Angst eingejagt. Wenn ein Kind heulte, mahnten Eltern, still zu sein, weil sonst ein Polizist oder Soldat käme, um es mitzunehmen.

Diese Ängste behinderten die geistige Entfaltung von Kindern. Selbst als Erwachsene verhielten sich viele zaghaft, und manche nahmen ihre Ängste mit bis ins Grab. Solche Fehler waren einzig und allein der Unwissenheit der Erwachsenen anzulasten.

Angst machten uns die Erwachsenen auch mit Aberglauben und bösen Geistern. Sie konnten alle möglichen Geister und Gespenster beim Namen nennen. Wenn du *Die Geschichte des Abdullah* liest, die der Malaie Abdullah bin Abdulkadir Munsyi vor über einem Jahrhundert schrieb, wirst du auf die malaiischen Namen dieser Geister stoßen. Jeder Name steht für ein neues Stückchen Unsinn, das bei vielen Menschen die Lücken in einer fundierten wissenschaftlichen Weltanschauung füllt. Viel zu viele halten selbst als Erwachsene noch an ihrem Aberglauben fest – vor allem an der Schwelle zum Tod. Ich bin davon überzeugt, daß diejenigen, die an solche Dinge glauben, ihr Leben lang in einen Käfig der Angst gepfercht sind, aus dem sich ihr Geist niemals befreien kann. Problematisch ist, daß Menschen, die an böse Geister glauben, stets versuchen, andere Menschen mit ihrer Angst zu infizieren. Aberglaube ist wie eine ansteckende Krankheit. Im Gegensatz zu den Wissenschaften, in denen Erkenntnisse stets durch Beweise abgesichert werden müssen, scheint es im richtigen Leben niemand für nötig zu halten, Beweise für die Existenz von Geistern vorzulegen. Der Glaube an ihre Existenz scheint den Menschen Beweis genug zu sein.

Aus Aberglaube hatten wir Angst im Dunkeln, denn die Dunkelheit war die Domäne der Geister, deren Namen unsere Eltern nannten, um uns einzuschüchtern. Draußen auf dem Feld oder drinnen im Haus fürchteten wir uns, wenn wir allein waren, denn auf solche Gelegenheiten lauerten die Geister angeblich. Jedes unerwartete Geräusch oder Ereignis ließ uns erschauern. In den Koranstunden im Gebetshaus drohte man uns mit den Schrecken und Qualen der Hölle. Unser gesamtes Leben war von Ängsten überschattet, und mit allem schien man uns beibringen zu wollen, daß der Mensch machtlos ist. Die ständige Bedrohung durch nicht greifbare unbekannte Kräfte erfüllte unsere Herzen mit Angst. Zu allem Unglück kam ein Händler aus der Großstadt, um Bilder von Mohammeds geflügeltem Reittier *Borak* sowie Darstellungen der einzelnen Höllenstrafen zu verkaufen. Sie wurden an die Mauern des Gebetshauses geklebt, damit wir sie gut anschauen konnten.

Ich hoffe, daß du dergleichen während deiner Kindheit nicht erleben mußtest. Ich möchte nicht, daß du dich ducken mußt, so wie ich es in meiner Kindheit stets habe tun müssen. Wie der Körper, muß auch die Seele wachsen und gedeihen, doch Angst ist eine Last, die ihre Entwicklung hemmt und lähmt. Die Lehren, die Eltern ihren Kindern mit auf den Weg gaben, als ich ein kleiner Junge war, lähmten deren Seelen und banden sie an immerwährende Finsternis. In anderen Teilen dieser Welt dürfen Kinder in Helligkeit und Heiterkeit leben, durchdrungen von Mut und dem Geist der Freiheit, die ihr unverzichtbares Kapital sind, um zu nützlichen Erwachsenen zu werden.

Du darfst nicht erleben, was ich durchmachen mußte. Nein, das darfst du nicht. Meine Kindheit war sklavisch an Angst, Unwissenheit und Krankheit gebunden. Du bist das Kind eines freien Volkes, ein glückliches Kind. Du mußt darauf achten, in deiner Freiheit und Unabhängigkeit niemals zaghaft und ängstlich zu sein.

Zum Glück mußte ich nicht ständig solch gräßliche Belehrungen über mich ergehen lassen – und denke daran, daß es nicht meine Eltern waren, die mich in diesem Sinne erzogen. Ab der fünften Grundschulklasse bezog ich meine Fortbildung immer stärker durch die Schule und aus Büchern. Ich begann die Aussagen der religiösen Lehrer zu ignorieren, denn ich hatte das Vertrauen in sie verloren. Eines Tages unterrichtete uns der Schullehrer über Bazillen und Bakterien. Am selben Abend erzählte der *Kiai* von einem Teufel namens *Basil*, der in den Mägen der Menschen wohne und durch ein Gebet oder Mantra vertrieben werden könne; er käme jedoch sofort zurück, wenn wir vergäßen, unsere Gebete zu sprechen. Es war das letzte Mal, daß ich den Unterricht dieses Mannes besuchte. Wie andere *Kiai*, die mich in den Lehren des Korans unterwiesen, sprach auch er oft von Sittenlosigkeit und Dingen, die in der Schule nicht angeschnitten wurden.

Im zweiten Schuljahr erzählte uns einst ein Mann namens Haji Sodik von der Hölle und den Höllenstrafen. Selbst als Erwachsener muß ich noch an seine Schilderungen denken. Ich werfe ihm vor, nicht das geringste über die kindliche Seele gewußt und unseren Geist mit Geschichten über Quälereien und Sadismus vergiftet zu haben, die einer gesunden psychischen Entwicklung abträglich waren.

In der Schulbücherei standen Bücher mit Geschichten über böse Geister, die ebenso schädlich wie die Geschichten der Erwachsenen waren. Ich fürchte, daß es heute sogar noch mehr Bücher dieser Art und noch viel mehr Geschichten über Gewalt und Sadismus gibt. Doch derartige Bücher können nur von Menschen geschrieben sein, die ebenso unwissend sind wie die Alten zu meiner Jugendzeit. Führe dir vor Augen, daß du einen solchen Schund nicht lesen darfst – es würde dich nur belasten und unnötige Ängste in dir aufbauen.

Als ich jung war, hatten die Erwachsenen über nahezu alles merkwürdige Ansichten. Sie hatten von ihren Vorfahren den Glauben übernommen, daß Gott beschwatzt, bestochen oder genötigt werden könne, ihre persönlichen Wünsche zu erfüllen. (Und ich fürchte, daß es trotz des aufgeklärteren heutigen Denkens immer noch Menschen gibt, die Seine Macht zu mißbrauchen versuchen, um andere zu ängstigen, zu bestechen und sich einen Vorteil zu verschaffen.) In früheren Zeiten wurde die Macht Gottes in verschiedenen Verkleidungen dargestellt. Manche Völker verteilen die höchste Macht auf zahlreiche Gottheiten. Erst mit der Hinwendung zum Monotheismus wurden diese Götter von ihren Sockeln gezerrt, und die Menschen begannen, verstärkt an den „Einen Gott“ und Seine höchste Macht zu glauben.

Nicht wenige glauben daran, daß übernatürliche Vorgänge in direkter Beziehung zum persönlichen Schicksal eines Menschen stehen. Viele ersehnen für sich unbeschränkte Macht und schrecken vor nichts zurück, um diese Macht zu erreichen. Bei manchen Völkern führten diese Ansätze zur Entwicklung einer Astrologie, die sich auf mystisches Wissen stützt. Als ich jung war, führten alte Menschen astrologische Berechnungen durch, indem sie die Beziehungen zwischen der siebentägigen Woche und der fünftägigen javanischen Woche sowie die Buchstaben in jemandes Namen analysierten, um ihm sein Schicksal für einen bestimmten Tag oder die günstigsten Termine für eine Heirat oder Reise vorherzusagen. Ich bin mir sicher, daß noch heute Javaner an solche Dinge glauben, doch vertraue mir: Solche Leute sind nichts anderes als Puppen aus Fleisch und Blut, denn sie machen ihr Leben von Berechnungen abhängig, deren Richtigkeit nicht zu beweisen ist. Sie sind nicht frei und werden sich nie von ihren mystischen Fesseln befreien können.

Die sogenannten mystischen Kräfte bestimmen die Initiative der Menschen; wer an die mystischen Berechnungen glaubt, wird nichts unternehmen, was diese untersagen, und sich andererseits leichtsinnig auf vage Abenteuer einlassen, die von ihnen sanktioniert sind. Dadurch wird der Persönlichkeit von Menschen bleibender Schaden zugefügt. Menschen, die sich in dieser Weise beeinflussen lassen, werden niemals befähigt sein, unabhängig zu denken und deshalb ihr Leben lang verkümmert sein, da Kreativität nur einer ungebundenen Seele entspringen kann; solche Menschen aber können keinen bedeutenden Beitrag zum Leben oder zur Menschlichkeit leisten.

Wer zu der Erkenntnis gelangt, daß Aberglaube auf mangelndes Wissen zurückzuführen ist, kann die Unwissenheit der anderen ausnutzen, um für sich selbst Macht und Reichtum zu erlangen. In einem Vortrag, den Setiadi Harsono 1964 bei einer Konferenz über javanische Literatur in Yogyakarta hielt, zeigte der Autor in brillanter Weise auf, wie javanische Könige den Aberglauben ausnutzten, um ihre Macht zu erhalten. Der Autor sprach über die Rolle von Nyai Roro Kidul, der Königin der Südlichen See, im Königreich Mataram. Javas Chronik *Babad Tanah Jawi* berichtet, daß Matarams erster Herrscher diese mächtige Königin der Südlichen See geheiratet habe. Nachdem dieser Glaube im Volk allgemein akzeptiert war, konnte der Herrscher seinen Untergebenen nach Belieben so viel Angst einjagen, daß sie alles taten, was er von ihnen verlangte – denn über das Volk und seine Aktivitäten wachten nun als des Herrschers mysteriöse Polizeimacht Nyai Roro Kiduls Kinder.

Auch reiche Leute setzten ähnliche Geschichten in die Welt, um sich selbst noch mehr zu bereichern. Ich erinnere mich an die Geschichte von einem Mann, der den Reichtum angeblich einem übernatürlichen Wesen verdankte; es sei sinnlos, ihm etwas zu stehlen, denn der Dieb werde erleben, daß sich sein Beutestück in Maden verwandele – zufälligerweise war jener Mann Fleischverkäufer.

Schlichte Menschen, die keine Kenntnis von Wissen und Wissenschaft haben und am Aberglauben festhalten, werden zur Beute der Macht des *Dukun*. Ein *Dukun* soll angeblich Gottes Macht zu nutzen wissen, und alle Einfaltspinsel werden auf Geheiß des *Dukuns* nach besten Kräften vermeiden, etwas zu tun, was jener ihnen untersagt, oder etwas zu erwerben, was jener selbst haben will.

Ich bin sicher, daß solche Scharlatanerei auch heute noch an der Tagesordnung ist und daß die Opfer immer nur die Unwissenden sind, die ihre Begierden nicht kontrollieren können oder die auf Wissen und Wissenschaft verzichtet haben, weil sie befürchten, daß ihnen sonst etwas widerfahren könne. Doch du bist das Kind eines freien Volkes. Du hast eine freie Seele und brauchst nicht in die Klauen des *Dukun* zu geraten – weder aus Angst noch aus Begierde, weder aus Unwissenheit noch aus mangelnder Schulbildung.

Zu den gängigen Ratschlägen gehörte damals auch, daß man sich vor übermäßigem Wissen hüten solle, denn Wissen führe zu Unglück und beschere dem Menschen ständige Unzufriedenheit. Später wurde mir klar, daß der Ursprung einer so giftigen Überzeugung einzig und allein in der Gier mancher Menschen wurzeln konnte, über andere herrschen zu wollen.

Als ich klein war, standen Menschen mit Adelstiteln aufgrund ihrer edlen Herkunft in hohem Ansehen. Wer keinen Adelstitel besaß, galt als unbedeutend, selbst wenn er die Hochschule absolviert und herausragende akademische Leistungen erbracht hatte. Die Erwachsenen brachten den Personen mit Adelstiteln Respekt entgegen, selbst wenn diese bloß das Hirn eines Wasserbüffels oder einer Ziege hatten.

Du lebst heute unter völlig anderen Umständen. Wer kein Wissen erwirbt, ist von der Welt abgeschnitten und darf nur nicken oder den Kopf schütteln. Ein Mensch ohne Wissen kann Vorgänge nicht beeinflussen und bei komplexen Zusammenhängen nicht mitreden. Man wird ihm keinen Respekt entgegenbringen.

Die Amerikaner vertreten die Ansicht, daß demjenigen Respekt gebührt, der im Leben Erfolg hat – gleichgültig ob in Wirtschaft, Wissenschaft, Industrie, Militär oder Politik. Die Japaner sind der Meinung, daß Respekt dem gebührt, der viele Freunde hat. Die Javaner waren einst überzeugt, daß dem Respekt entgegenzubringen ist, der Macht über andere ausübt und über deren Leben und Tod entscheiden kann. Wie sieht das indonesische Konzept des Respekts aus? Ich kann es nicht mit Bestimmtheit sagen. Ich für meine Person jedoch vertrete den Standpunkt, daß diejenigen, die ihren Beitrag zur Menschlichkeit leisten – seien sie Amerikaner, Japaner oder Indonesier –, für alle Ewigkeit Respekt verdienen. Vielleicht ist solchen Menschen kein Erfolg beschieden, vielleicht haben sie nicht viele Freunde, vielleicht haben sie nicht die geringste Macht in Händen – doch die Familie der Menschheit wird ihre Leistungen würdigen.

Ohne Wissen kann eine Person nicht zur Menschlichkeit beitragen, und wer die Seele eines Sklaven hat und dem Aberglauben anhängt, wird zu überhaupt keiner Sache einen Beitrag leisten können. Nur eine Person mit einer freien Seele, die sich keinen fruchtlosen Ängsten unterwirft, kann ihren Beitrag zur Verbesserung der Welt leisten – und ich bete darum, mein jüngstes Kind, daß du dich zu einer solchen Person entwickeln mögest.

Das Kastensystem und die Revolution

(Fragmente aus zwei Briefen)

Liebe Et,

vielleicht hat sich noch nie jemand die Zeit genommen, dir von der Indonesischen Revolution zu berichten. Deshalb will ich dir eine Geschichte erzählen. Um sie zu verstehen, mußt du zuerst das hinduistische Kastensystem verstehen. In Indien ist die höchste Kaste die der *Brahmanen*, deren männlichen Angehörigen traditionell die Priesterämter und führenden Positionen übertragen werden. Als zweite Kaste folgt die Kriegerkaste *Satria*, deren männliche Mitglieder traditionell in der Armee dienen. Die dritte Kaste, *Vaisya*, umfaßt die Händler und Geschäftsleute, und der vierten Kaste *Sudra* gehören die Bauern und anderen einfachen Leute an. Am untersten Rand der sozialen Ordnung stehen die *Paria* oder *Harijan*, die „Unberührbaren" oder „Kinder Gottes". In Indonesien hat dieses System eine etwas andere Gestalt, da nach der Entmachtung der einheimischen Geschäftswelt durch den Feudalismus und Kolonialismus die *Vaisya*-Kaste gründlich ausgemerzt wurde.

Indonesiens erster Präsident Sukarno und die ihn umgebenden Ideologen gehörten der *Brahmanen*-Kaste an. Sehr deutlich kam dies beim Verlesen der Unabhängigkeitserklärung zum Ausdruck. Er sprach zögerlich – ein Hinweis darauf, daß seine Beziehungen zum einfachen Volk, den Mitgliedern der *Sudra*-Kaste, bestenfalls locker waren und er sich unsicher oder unfähig fühlte, ihre politische Stärke und Erwartungen einzuschätzen. Vielleicht zitterte seine Stimme auch aus Ungewißheit über die Zukunft, denn angesichts der bevorstehenden Ankunft der Alliierten Streitkräfte, die den Zweiten Weltkrieg für sich entschieden hatten, war unklar, wie sich die japanische Militärbesatzung verhalten und gegen wen sie den Hauptstoß ihrer Waffen richten würde.

Nach der Unabhängigkeitserklärung griff eine Scheinwirklichkeit um sich. Niemand wußte, was geschehen würde. Nur wenige vermuteten, daß Indonesien eine Revolution erleben würde, die sämtliche Land- und Seegebiete erschütterte. Doch den Menschen war klar, daß sich etwas verändern mußte. Die Krise im sozialen, wirtschaftlichen und politischen Leben hatte ihren Höhepunkt erreicht.

Nachdem die britische Armee als Repräsentantin der Alliierten Streitkräfte in Indonesien gelandet war, befreite sie die Europäer aus den japanischen Internierungslagern rund um Jakarta. Die Freiwilligen unter ihnen ließen sich bewaffnen und bildeten Schutztrupps, die Jagd auf indonesische Nationalisten und japanische Soldaten machten. Dies war der Funke, der die oben erwähnte „Krise" in eine richtige Revolution verwandelte. Während sich zuvor die Jugendlichen um Jakarta bewaffnet hatten, um ihre eigene Nachbarschaft zu sichern, gingen nun die *Paria* der Stadt – Leute aus der Gegend des Bezirks Senen – in die Offensive; sie verließen ihre versteckten Stützpunkte und gingen zum Angriff über.

Wie du weißt, bezeichnet „Senen" das Gebiet, das sich mit dem Radius von knapp einem Kilometer um den Markt von Senen erstreckt. Hier wurden die Ernteerträge aus dem Inselinneren gelagert, verteilt und verkauft. In Senen bekam man alles: von Gummiwaren über Reifen bis hin zu Kleidung und Büchern aus zweiter Hand sowie alle anderen denkbaren Gebrauchtwaren. In Senen rollten die Gaukler ihre Matten aus und feilschten um die Aufmerksamkeit des Publikums. Senen war das Zentrum des Straßentheaters und die Heimat von Jakartas *Paria*: Die Heimat der Arbeitslosen, Prostituierten und Taschendiebe. Senen war geprägt von Dreck, Gerüchen und einer unüberschaubaren Menge von Händlern. Nach Senen strömten die Chancenlosen, und in Senen suchten die Flüchtlinge aus den Heerscharen der japanischen Zwangsarbeiter Zuflucht, um ihren Körpern und Seelen während der Erholung von Hunger und Ruhr eine Rast zu gönnen.

So mancher mag erröten, wenn er hört, daß die Indonesische Revolution von den *Paria*, der niedrigsten Schicht des Kastensystems, begonnen wurde – doch so lautet zumindest nach dem, was ich bezeugen kann, die Wahrheit. Die Verlegenen sollten sich die Geschichte von Ken Arok ins Gedächtnis rufen, der im 13. Jahrhundert Javas bedeutendsten historischen Wandel bewirkte, indem er die bestehende hinduistische Weltanschauung in eine bodenständige javanische verwandelte. Sein persönlicher Erfolg bestand darin, daß er sich als geborener *Paria* den Ruf erwarb, Sohn der Hindugötter Brahma, Vishnu und Shiva zu sein. Der Unterschied zum Indonesien des 20. Jahrhunderts besteht darin, daß die *Paria* aus Senen keine führenden Positionen erringen konnten, da diese längst von den Ideologen und Brahmanen des Landes besetzt waren.

Doch leider erwiesen sich die Brahmanen als bei weitem nicht so revolutionär, wie es ihre Ideen verkündeten. Zu jenem Zeitpunkt der Krise wurden sie von den *Satria* weit überflügelt, da diese wieder in die Machtpositionen zurückdrängten, die sie bereits in der kolonialen und vorkolonialen Zeit innegehabt hatten.

Im Verlauf der Geschichte wurden Angehörige der *Satria*-Kaste in Ämter erhoben, um die Interessen derer zu vertreten, die an der Macht waren (wer es auch immer sein mochte), und wo sie in der Machtstruktur des Landes eine Nische für sich selbst entdeckten, begannen sie ihre Positionen auszunutzen, um sich zu bereichern. In Fortsetzung dieser Tradition stieß Indonesiens „Revolution" – lange bevor ihre Ziele erreicht waren – an ihr trauriges verfrühtes Ende.

Während die *Satria* an Macht gewannen, waren die *Brahmanen*, die in der Kolonialzeit die nationalistische Bewegung angeführt hatten und inzwischen den Entwicklungen an der Basis hoffnungslos entfremdet waren, emsig bemüht, Lösungen für die ausufernden Konflikte auszuhandeln. Währenddessen betrieben die *Sudra* die eigene Bewaffnung und Bildung von Kampfeinheiten. Sie verwarfen Angebote der *Brahmanen* auf Verhandlungen und bekräftigten ihre Standpunkte zuweilen mit den Mündungen ihrer Gewehre. Dennoch verfolgten die *Brahmanen* auch weiterhin ihre Strategie des Verhandlungsweges, und als Bestandteil einer endgültigen Lösung begannen sie die *Sudra*-Truppen zu entwaffnen. Sie beharrten darauf, daß Waffen in Händen der *Satria* gebündelt bleiben müßten. Ihr Vorgehen, das Volk zu entwaffnen, und die sich bald darauf anschließenden Rebellionen und Mordzüge gehörten zu den Hauptgründen meines Austritts aus der Armee.

Ich schreibe diese Zeilen nicht als Ausdruck meiner Mißbilligung des Militarismus. Ich habe sogar das Gefühl, daß Indonesiens Weg hin zur Gründung eines freien und unabhängigen Landes ohne militaristische Anleitung schwieriger gewesen wäre. Die militärische Erfahrung gab dem Volk die Fähigkeit, in organisierter Weise zu denken und zu handeln sowie unter allen erdenklichen Bedingungen Entscheidungen zu treffen. Die Schuld am Scheitern der indonesischen *Brahmanen* führe ich hauptsächlich auf ihre mangelnde militärische Erfahrung zurück. Ich will damit nicht andeuten, daß sie sich einer anderen Kaste hätten anschließen sollen, sondern daß man in Notsituationen, in Zeiten der Gefahren und sozialen Krisen, sehr leicht ohne neue Ideen dastehen kann und nicht weiß, wie man aus unbekannten Schlachtfeldern herausfinden kann.

Du darfst nicht glauben, daß ich die Geschichte der bewaffneten Opposition unseres Landes gegen den Kolonialismus geringschätze oder die Anstrengungen der *Brahmanen* und Ideologen zur Sicherstellung unserer Unabhängigkeit nicht ehre. Das Gegenteil ist der Fall. Beiden bringe ich höchsten Respekt entgegen– jedoch nicht, ohne auch ihre Unzulänglichkeiten zu berücksichtigen. Im gleichen Sinne bezeuge ich den *Sudra* meine höchste Achtung, denn sie haben dem Unabhängigkeitskampf den Weg bereitet, indem sie die Basis gelegt und dafür bezahlt haben. Bedauerlich ist, daß Indonesiens drei obere Kasten in der Konfrontation mit den Kolonialmächten unfähig waren, sich für einen vereinten Schlag zusammenzuschließen.

Am Ende war es nicht Indonesiens Militär, das die Holländer aus unserem Land vertrieb, sondern es waren Amerikas finanzielle Interessen, die Holland letztendlich zum Abzug zwangen. Und traurig genug ist eines: Als Indonesien am 29. Dezember 1949 endlich in die Souveränität entlassen wurde, folgte statt einer sozialen Vereinigung des Volkes die soziale Untergliederung in Kasten. Die nationale Freiheit war gewonnen, jedoch zum Preis der Aufgabe der Sehnsüchte, die hinter dem Ideal der Unabhängigkeit gestanden hatten.

Es darf keinesfalls übersehen werden, daß die Indonesische Revolution nur durch einen Bruch zwischen den imperialistischen Mächten, die damals die Welt kontrollierten, ermöglicht wurde. In einfachen Worten: Ein Machtvakuum ließ die Revolution zu. Dies gilt jedoch nicht für das Ende von Sukarnos Herrschaft. Als er 1965 gestürzt wurde, hatte sich eine starke Wettbewerbsmacht erhoben – das multinationale Kapital –, die Indonesien als Quelle für Rohstoffe und billige Arbeitskräfte und als ausgedehnten Markt identifiziert hatte. Dies war der Hebel, der Sukarno aus seinem Amt katapultierte. Die großen *Brahmanen*, die von einem indonesischen Staat mit politischer Souveränität, wirtschaftlicher Unabhängigkeit und kultureller Integrität geträumt hatten, konnten sich den Kräften des multinationalen Kapitals nicht widersetzen.

Vielleicht wird die Geschichte uns eines Tages daran erinnern, daß „Kapital" nicht nur ein Haufen Geld ist. Kapital ist die Energie, die in den vergangenen vier Jahrhunderten das Gesicht der Welt verändert und alle diejenigen, die sich nicht unterwerfen wollten, in Reservate, Dschungelgebiete und Buschland vertrieben hat. Das Kapital hat die Völker und Rassen aller Nationen durch Krieg, Handel, Zerstörung und finanzielle Aufbauhilfen zusammengeschweißt. Es hat die Menschen aus ihren Kokons gescheucht und zwingt sie, als wirtschaftliche Schmetterlinge herumzuflattern.

Halte mich nicht für einen Antikapitalisten. Das bin ich keinesfalls. Mir ist lediglich die Tatsache bewußt, daß das Kapital die Macht besitzt, Veränderungen zu bewirken – was seit dem 16. Jahrhundert nahezu kontinuierlich bewiesen worden ist. Nein, es ist nicht das Kapital, dem ich meine Sympathie verweigere. Es ist der willkürliche Mißbrauch der Macht des Kapitals, den ich verabscheue.

James A. Michener schrieb in seinem Roman *Hawaii*, daß die Könige zu Fall kommen, wenn die Götter ersetzt werden. Als in Indonesien die Götter ersetzt wurden, kamen die *Brahmanen* zu Fall, und die *Satria* ergriffen die Macht. Sie waren es überdrüssig, mit den *Brahmanen* zusammenzuarbeiten und drängten in die bestimmenden Positionen zurück, die sie in den Tagen vor der Unabhängigkeit bekleidet hatten.

Sie wurden zur etablierten Macht, waren die neuen Kinder des Augenblicks und benötigten keine Träume oder Ideologien. Mit der Macht in Händen gehörte ihnen alles mit Ausnahme der Freiheit von Opposition – vielleicht wurden ich und hunderttausend andere gerade deshalb zusammengetrieben und ins Gefängnis geworfen. Vielleicht wurden deshalb Hunderttausende getötet.

Nach meiner Internierung berichteten mir neu eintreffende politische Gefangene, daß die Zahl der Menschen, die in nur wenigen Monaten vom Militär getötet worden waren, bereits diejenige der Opfer des Vietnamkriegs überschritt. Es handelte sich jedoch nicht um Soldaten, die ihr Leben auf dem Schlachtfeld gelassen hatten, sondern um wehrlose Menschen ohne Waffen, die noch nicht einmal die Absicht hatten, sich zu widersetzen. Sie wurden niedergemetzelt wie Ratten im Rinnstein. Es stand geschrieben, daß „Indonesier das sanftmütigste Volk der Welt" sind – wie bestürzt muß die Welt gewesen sein, als sich gerade dieses Volk einer mörderischen Raserei hingab, für die sich in der Geschichte der Menschheit nur wenige Vergleiche anführen lassen.

Wenn die Menschen beteten oder die lokalen Götter zu besänftigen versuchten, wurden diesen traditionell Wasserbüffel, Hühner, Ziegen oder Blumen geopfert. Den neuen multinationalen Göttern aber brachten Indonesiens *Satria* ein schwer zu übertreffendes Menschenopfer dar.

Bei der Niederschrift dieser Sätze kann ich mich nur fragen, wann dieser verwerfliche und blutbefleckte Kreislauf endlich vorbei ist? Wann können wir in unbekannte Gefilde fliegen? Ich fürchte, daß niemand von uns eine Antwort darauf geben kann. Antworten werden wohl erst Generationen liefern können, die heute noch nicht geboren sind.

Von Kindesbeinen an bist du schweigsam und kränkelnd gewesen. Erinnerst du dich an die Augenblicke, in denen wir uns zum letzten Mal sahen? Es war 1968, und wir waren durch Stacheldraht voneinander getrennt. Du sahst an jenem Tag nicht sehr gesund aus, doch weißt du, was ich dachte, als ich dir ins Gesicht blickte? Ich dachte an die ferne Vergangenheit meiner eigenen Kindheit. Du hattest das Gesicht meiner Mutter. Der einzige Unterschied waren die Augen. Die Augen deiner Großmutter waren ziemlich klein und standen eng zusammen, doch deine waren groß, fast so groß wie die deiner Mutter.

Meine Mutter – deine Großmutter – war für mich der Archetypus weiblicher Perfektion und der Standard, an dem ich Frauen immer maß. Sie war keine schöne Frau und leider häufig krank, doch aus ihrem Inneren sprachen Weisheit, Intelligenz und der Mut, dem Leben und dem Tod ins Auge zu blicken.

Da ich Mutter sehr liebte, kann ich ihre Tugenden nicht vollkommen objektiv bewerten, und mit zunehmendem Alter finde ich immer weniger Unzulänglichkeiten an ihr. Es mag durchaus sein, daß andere, die sie als Erwachsene kannten, zahlreiche Fehler und Schwächen an ihr entdeckten, doch sie mögen denken, was sie wollen: Ich als ihr Sohn (und besonders als ihr Erstgeborener) werde von meinen Standpunkten nie abweichen. Sie war meine Lehrerin und die Person, die mich formte und anleitete; sie war der Mensch, der die Fundamente goß, auf denen ich mein Leben bis zum heutigen Tage geführt habe.

Obwohl sie bloß die *Hollandsch Inlandsche School* (die holländische mittlere Grundschule für Indonesier) abschloß, hätte sie aufgrund ihrer inneren Stärken in vielen Bereichen große Leistungen erbringen können – wenn sie ein Mann gewesen wäre. Doch sie lebte in einer anderen Epoche. Sie hatte für neun Kinder zu sorgen, alle Pflichten für ihre Familie und ihren Ehemann zu erfüllen, und sie war gebrechlich und von Krankheit gezeichnet. Die Summe dieser Belastungen untergrub ihre Kraft und trug dazu bei, daß ihr eine viel zu kurze Lebensspanne beschieden war.

Meine Mutter war ein Mensch von unschätzbarem Wert – eine Flamme, die so lodernd brennt, daß sie keine Asche hinterläßt. Für mich war sie eine höchst individuelle Revolutionärin, die nicht nur ihre Kinder gebar, sondern auch deren ethische Leitlinien formulierte, denen sie im Leben folgten. Du darfst deshalb nicht überrascht sein, wenn ich die Indonesische Revolution im Rückblick auf die Vergangenheit in der Gestalt einer Frau sehe – in der Gestalt meiner Mutter, der ich den historischen Titel *Pradnya Paramita* verleihe: Hindugöttin der Allerhöchsten Weisheit.

Die Indonesische Revolution ist nicht nur ein Bindeglied im Prozeß der menschlichen und sozialen Evolution. Sie ist nicht nur die Umstrukturierung von Altem und Abgenutztem, nicht nur ein neuer Impuls oder eine Kehrtwendung, nicht nur die Errichtung neuer Bedingungen auf dem Schutthaufen der Vergangenheit. Die Revolution von 1945 war mehr als das. In höchstem Maße repräsentiert sie Freiheit: die Erschließung eines neuen Raumes im Haus der Menschlichkeit, die Schaffung eines neuen Blocks der menschlichen Entwicklung.

Ich wähle den Begriff „Freiheit", weil das fundamentale Ziel, das hinter der Revolution stand, die Befreiung des indonesischen Volkes aus der Tyrannei der Versklavung und Unterdrückung war, unter der es so lange gelitten hat. Da die Menschheit Werte und Tugenden besitzt und die unverzichtbaren Rechte des Menschen respektiert werden müssen, ist im Haus der Menschlichkeit kein Platz für antihumanitäres Verhalten.

Deine Welt unterscheidet sich beträchtlich von der, in der ich aufgewachsen bin, doch ich bin überzeugt, daß diejenigen, welche die schlimmste Unterdrükkung erlitten haben, die Bedeutung von Humanitarismus am besten verstehen können. Diejenigen, denen alle Rechte genommen waren, kennen die Bedeutung von Selbstachtung am genauesten. Wer von Krankheit bedroht war, weiß den Wert einer guten Gesundheit ganz besonders zu schätzen. Und wer die Bedeutung von Mitmenschlichkeit nicht verstehen kann und für andere keinen Respekt übrig hat – aus welchen Gründen auch immer –, der entlarvt sich als Mensch, der niemals über irgend jemand anderen nachgedacht hat als über sich selbst.

Die Revolution, die zur Geburt des indonesischen Volkes und der indonesischen Nation führte, vertilgte das jahrhundertealte Joch des Kolonialismus und gab Millionen von Erdenbürgern den Selbstrespekt und die Menschenwürde zurück. Sie veränderte die Landkarte der Macht und beeinflußte in gewissem Maße das Denken der Menschen rund um die Welt. Sie veränderte auch die Welt selbst.

Man könnte die Indonesische Revolution als erste Revolution des zwanzigsten Jahrhunderts bezeichnen, zumindest aber als erste Revolution nach dem Zweiten Weltkrieg. Man könnte argumentieren, daß die Vietnamesische Revolution einige Tage früher begann, doch die Indonesische Revolution war die erste, die Einfluß auf die internationale Welt ausübte. Ohne die Indonesische Revolution hätten Indien, Burma und die Philippinen vielleicht einen längeren Weg zur Freiheit beschreiten müssen. Und es war die Indonesische Revolution, die auch in Afrika den Funken der Revolution entfachte – ihr Aufschrei weckte letztendlich alle kolonisierten Völker der Welt und läutete das Ende der europäischen Hegemonie und Dominanz über die Weltgeschichte ein.

Vielleicht konnte es nicht anders sein, denn waren nicht Indonesiens Gewürzinseln der Grund, daß die Europäer die Welt kolonisiert hatten? Es ist nicht vermessen zu sagen, daß Indonesiens Schicksal, im Entkolonialisierungsprozeß in vorderster Reihe zu stehen, vorherbestimmt war.

Im Laufe der Jahre habe ich viele kritische Stimmen über die Resultate der Indonesischen Revolution vernommen, und sie mag auch zurecht kritisiert werden, denn in so mancher Hinsicht sind die ursprünglichen Ziele sehr weit verfehlt worden. Doch man muß sich klar vor Augen führen, daß diese Revolution unmöglich die Träume und Hoffnungen jedes einzelnen Indonesiers erfüllen konnte. Wünsche und Träume der Menschen sind unendlich, doch die Möglichkeiten der Menschheit sind beschränkt.

Nein, es gibt keine Revolution, welche die Hoffnungen aller Menschen erfüllen kann. Manchmal übersehen die Menschen, daß „Resultate" nicht mehr sind als das Produkt von Gedanken und die Realisierung jener Gedanken durch Aktion. Alles andere hängt von Situationen und Bedingungen ab, und vielleicht sogar von *Mahakala*, dem Gott der Zeit. Wenn die Resultate mangelhaft sind, muß man die vorausgehenden Gedanken und Aktionen an den Pranger stellen. Die Untersuchungen werden ans Tageslicht bringen, wo die Irrtümer lagen, und in diesem Fall wird als Oberster Gerichtshof die Geschichte selbst fungieren, denn sie ist unparteiisch. Manche behaupten, sie würde Partei ergreifen, doch dieser Meinung kann ich mich nicht anschließen. In der politischen Geschichte mögen sich Tendenzen auftun, nicht jedoch in der Geschichte an sich.

Es gibt Zeiten in meinem Exil, zu denen ich mich so einsam fühle, daß ich darüber nachzusinnen beginne, wie es wäre, wenn ich als Europäer geboren wäre, der dieselben Rechte wie seine Mitbürger besitzt, anstatt eine Strafe abzusitzen, zu der ich niemals verurteilt worden bin. Diese Gedanken leiten mich immer zurück in die Vergangenheit: Zur Revolution und zu der Frage, wie wir – oder ich – das haben zulassen können? „Warst du denn nicht da, um diesen Dingen Einhalt zu gebieten?" frage ich mich. Reflektiert dieser gegenwärtige Atavismus nicht den mentalen Zustand eines Volkes, das nicht frei ist? Haben die Brandherde der Revolution die Flamme der Freiheit nicht entfachen können? Können wir deshalb die Rechte der anderen nicht respektieren – nur weil sie anders sind als wir?

In früheren Jahrhunderten versuchten unsere Vorfahren, die Götter zu bestechen, weil sie ihre Wünsche erfüllt sehen wollten. Ihre Bestechungsgelder (oder „Angebote", wenn du willst) wurden Opfer genannt. Nur wenn das Angebot ohne einen Gedanken an Vergütung unterbreitet wurde, sprach man nicht von einem „Opfer", sondern von einem „Geschenk". Opfer können in der Form von Blumen, einer Kuh, einem Wasserbüffel, einem Huhn, einem Menschen oder einer Handlung, von der man glaubt, daß sie den Göttern Wohlgefallen bereitet, dargebracht werden. Doch was ist mit mir? Was ist mit meiner eigenen Situation? Was bin ich, nachdem nun bereits elf Jahre verstrichen sind – ein Opfer oder ein Geschenk? Wer will es mir beantworten?

Ein ungeprägtes menschliches Wesen – so etwas gibt es nicht. Der Mensch wird von Bedingungen, Situationen und Verpflichtungen geformt, obwohl er über diesen Dingen steht. Es ist der Mensch, der die Werte definiert. Ohne den Menschen existieren Bedingungen, Situationen und Verpflichtungen nicht. Ohne den Menschen existiert nur das, was die Buddhisten *Sunyata* nennen: Die Leere.

Wenn ich die Augen schließe und die Welt durch das Auge meiner Seele betrachte, sehe ich aus der Seele des indonesischen Volkes eine Flamme emporzüngeln, die sich über die gesamte Welt, über Meere und Kontinente, ausgebreitet hat und zahlreiche unglückliche Völker veranlaßte, sich gegen vier Jahrhunderte kolonialer Unterdrückung zu erheben. Die Indonesische Revolution ist eine hehre Sache, die Mutter aller Dinge. Einst dachte ich: Wenn diese Göttin erscheint, wird sie uns die Grundlage gewähren, um all das aufzubauen, was wir uns erträumt haben. Doch dann geriet die Revolution ins Straucheln. Sie währte nur wenige Monate lang – eine Anzahl leicht zu zählender Tage – und mündete in einen Unabhängigkeitskrieg.

So, liebste Tochter, ich habe dir in der Hoffnung über die Indonesische Revolution berichtet, daß du ihr deine Aufmerksamkeit widmest und dir ein wenig Zeit nimmst, sie zu studieren. Sobald du ihre Stärken und Schwächen, ihre Erfolge und Mißerfolge begriffen hast, wirst du erkennen, daß ihre Erfolge die Erfolge ihrer Akteure, also der teilnehmenden Personen, und ihre Mißerfolge die Mißerfolge unserer Vorfahren sind. Vielleicht möchtest du anschließend mehr über deine Vorfahren wissen: über ihre Träume und Sehnsüchte, ihren Intellekt und ihre Begierden, ihre Ansprüche und ihre Leistungen.

Und wenn du dir einen Überblick verschafft hast und alles verstehst, wirst du begreifen, daß vergangene Ereignisse die Form der Gegenwart prägen – in diesem Fall Ereignisse, die ohne deine Mutter, die Indonesische Revolution, nicht so geschehen wären.

Geographie

Lieber Yudi,

wie sieht es eigentlich mit deinen Leistungen in Geographie aus? Machst du Fortschritte? Bestimmt, da bin ich sicher! Hast du eine Weltkarte zu Hause? Wenn nicht, mußt du eine beschaffen, aber ein Atlas für die Grundschule genügt nicht. Du brauchst einen großen, umfassenden Atlas. Wie könntest du ohne einen solchen Fortschritte in Geographie machen?

Also, nimm dir jetzt einen guten Atlas, schlage die Karte von Asien auf und hör zu, was Papa dir zu erzählen hat ...

1958 – also bevor du und deine Schwestern Rita und Yana geboren wurden– habe ich eine Rundreise durch Asien unternommen. Ich flog mit der Fluggesellschaft Quantas von Jakarta nach Singapur, wo ich einen Aufenthalt im Transitbereich hatte, bevor es mit einer Maschine der Cathay Pacific weiter nach Bangkok ging. Nach einer Übernachtung in Bangkok flog ich am nächsten Morgen mit Air India nach New Delhi.

Nun schau auf die Landkarte, Yudi, und sage mir, über welche Länder, Flüsse, Berge und Städte ich geflogen bin, bevor ich mein Ziel erreichte!

Am Nachmittag landete die Maschine in New Delhi. Der Bus, der mich vom Flugplatz zum Hotel brachte, fuhr durch schmale und schmutzige Straßen. Zweimal mußte er anhalten, weil eine Kuh quer über die Straße lief. Die Inder verehren die Kühe, weil sie den indischen Bauern helfen, die Felder zu pflügen, und weil sie Milch für Indiens Kinder geben. In Indien wird den Kühen hohe Ehrerbietung entgegengebracht – fast so, als seien sie Mütter. Drei weitere Male hielt der Bus an, weil der Chauffeur mit den Fahrern anderer Fahrzeuge in Streit geriet.

Die Gebäude links und rechts der Straße hatten vier oder fünf Stockwerke und waren einheitlich grau. Sie machten einen trostlosen Eindruck. Ich mußte an das triste Stadtbild englischer Industrieviertel denken. Wären da nicht die

Menschenmassen und der Müll auf den Straßen gewesen, so hätte ich geschworen, in einer englischen Stadt gelandet zu sein.

Ich wohnte in einem ruhigen Hotel, in dem nur wenige Gäste logierten. Nachdem ich mich in meinem Zimmer eingerichtet hatte, brach ich zu einem Spaziergang am Fluß entlang auf. Nach einer Weile blieb ich stehen, um einem Mann beim Angeln zuzuschauen. Als er mich bemerkte, kletterte er die Uferbefestigung herauf, rasselte einige Sätze in indischem Englisch herunter und schüttelte dabei heftig den Kopf. Dann drückte er mir die Angelrute in die Hand und begann mir zu erklären, wie man mit dem Gerät umzugehen hatte.

Als der Abend hereinbrach, beobachtete ich einen anständig gekleideten jungen Mann, der zum Fluß herabstieg, dort die Kleider ablegte, sie sorgfältig zusammenfaltete und anschließend ein Bad nahm. Als er fertig war, zog er unglaublich verschlissene Wäsche an, packte die ordentlichen Kleidungsstücke zu einem Bündel zusammen und sah sich auf dem Trottoir nach einem Schlafplatz um. Als er eine geeignete Stelle gefunden hatte, streckte er sich der Länge nach auf dem kahlen Erdboden aus.

Abends unternahm ich einen Spaziergang durch die mangels Straßenbeleuchtung düstere Stadt. Ich ging Richtung Zentrum. Vor den Gebäuden, an denen ich vorbeikam, schliefen auf zerfetzten Matten Menschen auf den Gehsteigen. Wie zum Trocknen ausgelegte Fische lagen sie in Reihen unter dem freien Himmel, während dicht neben ihnen Kühe muhten und gemächlich wiederkäuten.

Am selben Abend sah ich stolze Limousinen vor einem Nachtclub vorfahren und dort parken. Aus den Fahrzeugen stiegen indische Schönheiten aus. Als sie an den auf der Erde schlafenden Armen vorbeigingen, lupften sie den unteren Saum ihrer Saris, um zu vermeiden, daß diese dreckig wurden. Die Gegensätze zwischen Reichen und Armen waren eklatant. In dieser Beziehung herrschten in Indonesien damals weitaus bessere Zustände als in Indien.

Zum ersten Mal hatte ich in der Grundschule von Indien gehört. Mutter erzählte mir oft von Gandhi, dem indischen Nationalhelden, und ich erfuhr auch vieles über seine Lehren und den Kampf, den er für die Unabhängigkeit seines Landes führte. Seine Theorien – besonders über *Swadesi*, die Beschränkung des materiellen Konsums auf inländische Produkte – hatten starken Einfluß auf die indonesischen Nationalisten, zu denen sich auch meine Eltern bekannten. So wurde unser Haus in Blora in den 30er Jahren zu einem Zentrum der nationalistischen Bewegung. Damals hörte ich zum ersten Mal vom Heldenmut, mit dem das indische Volk dem britischen Kolonialismus entgegentrat und der großen Einfluß auf den indonesischen Kampf gegen die Holländer ausübte.

Auf der Mittelschule lernte ich Indien als Mutterland der asiatischen Kultur kennen, in dem Hinduismus und Buddhismus entstanden waren, zwei Religionen mit fundierten philosophischen Grundlagen und umfassenden Weltanschauungen. Ebenfalls auf der Mittelschule hörte ich von einem indischen Gelehrten, einem Botaniker, der die These vertrat, daß auch Pflanzen Gefühle haben und insbesondere schmerzempfindlich sind.

Nach der Besetzung Indonesiens durch das japanische Militär lernte ich den Namen eines weiteren Inders kennen: Subhas Chandra Bose, der in einem Atemzug mit Wang Ching-wei aus China und Sukarno und Hatta aus Indonesien genannt wurde, die während der Besatzungszeit mit der Eroberungsmacht zusammengearbeitet hatten. Nach Japans Kapitulation verschwanden Subhas Chandra Bose und Wang Ching-wei von der politischen Bühne, während Sukarno und Hatta durch die indonesische Revolution nach oben gespült wurden und sich zu international höchst bedeutenden Persönlichkeiten mauserten.

Wie es dazu kam, Yudi? Nun, ich will es dir sagen: Nach der indonesischen Revolution, in der unser Volk dafür kämpfte, das Joch der Kolonialherrschaft abzustreifen, nahmen sich die kolonisierten Länder Asiens und Afrikas Indonesien zum Vorbild für ihre eigenen Ambitionen. Burma, Indien, die Philippinen, Malakka und Singapur hätten unmöglich die Unabhängigkeit erlangt, wenn Indonesien nicht zuvor mit dem Einsatz von Waffen seine Freiheit erkämpft hätte. Ja, Yudi, nach der Niederlage Japans war Indien nicht mehr der Lehrer Indonesiens, sondern Indonesien war zum Lehrer der anderen beherrschten Länder und Völker geworden.

Während der Revolution lernte ich ein anderes Gesicht Indiens kennen: Armut, Kastenunterdrückung und periodisches Massensterben aufgrund von Hungersnöten. Dieses Gesicht Indiens befremdete mich sehr. War es denn möglich, daß sich ein Volk, das zwei große Weltreligionen hervorgebracht hatte und Mutter der asiatischen Zivilisation war, in einem so schlechten Zustand befand, daß es nicht für sich selbst sorgen konnte? Indonesien hingegen hatte selbst während der Revolution noch Reis, Kleidung und Baumwolle an Indien liefern können.

Da mich Indien sehr faszinierte, kratzte ich mein Geld zusammen, um ein vierbändiges Werk über den Buddhismus zu kaufen. Zu meiner Enttäuschung hatte ich damit nicht den Schlüssel zum Verständnis Indiens im 20. Jahrhundert gefunden.

In einem Buch über Gandhi zitierte René Füllop-Miller den großen indischen Politiker (in etwa) wie folgt: „Es ist eine Sünde, ein Kind in die Welt zu setzen – selbst in einer rechtlichen Ehe –, da man ihm nur die Bürden von Hunger und Elend auferlegt." Füllop-Miller schrieb außerdem, daß Gandhi die Technologie als Ursache für den Hunger in Indien betrachtete. Damals empfand ich diese beiden Auffassungen Gandhis als sehr naiv und deutete sie als Zeichen seiner Kapitulation vor der inneren Zerrüttung Indiens.

Historisch betrachtet hat Indien in früheren wie in jüngeren Zeiten bedeutenden Einfluß auf Indonesien ausgeübt, vor allem was Literatur, Sprache, Reli-gion, bildende Kunst, Tanz und Philosophie anbelangt. Ende der 30er Jahre erreichte eine neue Welle aus Indien unser Land: Es war die Theosophie, die auch mich verleitete, die Schriften von Krishnamurti zu lesen. Wenn ich heute daran zurückdenke, kann ich mich eines Lächelns nicht erwehren, doch damals ließen sich sehr viele halb-intellektuelle Indonesier von der neuen theosophischen Mystik aus Indien beeinflussen.

Während der Revolution erwarb ich aus erster Hand Kenntnisse über Indiens verschiedene ethnische Gruppierungen, besonders über die *Gurkha* und *Sikh*, die in der Rajputendivision der britischen Armee dienten. Ich begegnete auch indischen Muslimen. Indien stand damals noch unter britischer Oberherrschaft und hatte sich noch nicht in die beiden Staaten Indien und Pakistan aufgespalten; der gesamte südasiatische Subkontinent hieß Britisch-Indien. Vor allem die *Gurkha* dienten aufopferungsvoll den Engländern und Holländern, welche die kolonialen Verhältnisse in Indonesien wiederherstellen wollten; viele Soldaten aus den Reihen der indischen Muslime sind hingegen ihren Einheiten entflohen und haben sich ergeben oder sind zu uns übergelaufen. Dadurch trugen sie dazu bei, Großbritanniens Schlagkraft im Kampf gegen die Indonesische Revolution zu vermindern.

Diese Ausführungen sollen dir sagen, Yudi, daß Indonesiens Geschichte sehr eng mit Indien verknüpft ist. Wie du sicher weißt, bedeutet die Bezeichnung „Indonesien“ in Ableitung aus dem Sanskrit „Inseln Indiens“.

Ende der 30er Jahre erreichte ein weiterer Einfluß aus Indien unser Land. Dieser Einfluß ging von dem berühmten indischen Dichter, Pädagogen und Philosophen Rabindranath Tagore aus. Schon in der Mittelschule las ich viele seiner Werke in indonesischer Übersetzung.

Tagore genoß in Indonesien hohes Ansehen – nicht nur, weil er mit dem Nobelpreis für Literatur ausgezeichnet wurde, sondern auch wegen seiner erfolgreichen Entwicklung eines Ausbildungssystems, das sich vollkommen von dem Modell unterschied, das die britischen Kolonialherren Indien aufgestülpt hatten.

Es gibt noch vieles, was ich dir über Indien erzählen müßte. Eines erwähnte ich bereits: Als ich 1958 New Delhi besuchte, war Indonesien in einer wesentlich besseren Situation als Indien. In Indonesien verhungerte niemand, und Kastenunterdrückung gab es nicht. Indonesien hatte sich die Unabhängigkeit durch eine Revolution erkämpft und sie nicht als großmütiges Geschenk der Kolonialherren erhalten. Auf indischem Boden fühlte ich mich als Tourist, nicht als Lehrling. In New Delhi gab es damals bereits zahlreiche Hochhäuser, die in Indonesien nahezu unbekannt waren. Doch diese Bauwerke beeindruckten mich nicht besonders, denn zumindest für mich sind sie kein Maßstab für die Bewertung der menschlichen Würde. Bauwerke können Menschen sogar erniedrigen

– in diesem Empfinden bestärkten mich die Menschen, die in dichten Reihen draußen vor ihnen auf dem Gehsteig schliefen.

Am nächsten Morgen begab ich mich zum Flughafen, um die nächste Etappe meiner Reise in Angriff zu nehmen. Die Maschine der Aeroflot wartete bereits startbereit. Es war ein großes Flugzeug vom Typ Iljuschin – mindestens zwei- oder dreimal so groß wie die Maschinen, mit denen ich früher geflogen war. Der Innenraum war in drei Kabinen unterteilt und faßte über hundert Passagiere. Es war mein erster Flug mit einem Düsenjet.

Also, Yudi, schau jetzt wieder auf deine Landkarte und ziehe eine gerade Linie in nördliche Richtung, von New Delhi nach Taschkent. Welche Flüsse, Vorgebirge und Hochgebirge erkennst du?

Es war ein klarer, schöner Morgen. Weit unter mir sah ich karges braunes Land, bis das Flugzeug ein hohes Gebirge überflog, dessen Gipfel und Grate schneebedeckt waren. Auf der anderen Seite der Gebirgskette eröffnete sich mir ein vollkommen anderes Landschaftsbild: Aus Beton gegossene Kanäle leiteten das Schmelzwasser der Gipfelwelt durch kahle Landstriche zu riesigen Flächen mit fruchtbarem Agrarland.

Mein Flugzeug landete mit Verspätung in Taschkent, und als ich mittags das Hotel erreichte, hatte die Afro-Asiatische Schriftstellerkonferenz, zu der ich eingeladen war, bereits begonnen.

Gegen Ende der Konferenz erhielt ich eine Einladung nach Turkmenistan. So bestieg ich, anstatt nach Hause zu fliegen, eine kleine Iljuschin der Aeroflot – diesmal keinen Jet – und flog Richtung Westen nach Turkmenistans Hauptstadt Aschchabad, deren Name „Stadt der Liebe“ bedeutet.

Schau auf die Landkarte, Yudi. Hast du Aschchabad gefunden?

Turkmenistan ist so groß wie die Insel Java und besteht aus einer ausgedehnten trockenen Wüstenlandschaft. Die Hauptstadt Aschchabad aber liegt in einer Oase, die im Vergleich zur öden Wüste ringsum äußerst fruchtbar ist. Die Stadt hatte damals ungefähr 40.000 Einwohner und damit etwa die Größe von Blora. Im Gegensatz zu Blora aber hatte sie einen Flughafen, während Blora einen Bahnhof besaß, den Turkmenistans Hauptstadt nicht hatte. In Aschchabad gab es sehr breite Straßen und fast überhaupt keine Autos.

Als ich zusammen mit anderen geladenen Gästen die Maschine verließ, setzte ein Blitzlichtgewitter von Kameras ein. Unsere Delegation bestand aus indonesischen, indischen und vietnamesischen Vertretern. Wir wurden zu einem Gästehaus gefahren. Als offizieller Gastgeber fungierte Turkmenistans Kultusminister.

Mein eindrucksvollstes Erlebnis in Turkmenistan war der Besuch eines Dorfes außerhalb von Aschchabad. Es lag nur einige hundert Meter von der Straße entfernt und war leicht zu Fuß zu erreichen. Bei unserer Ankunft kamen alle Männer des Dorfes aus ihren Häusern gelaufen, um uns Willkommen zu heißen. Die Frauen aber blieben in ihren Häusern; diese Menschen schienen dieselben Sitten zu haben wie die Araber (die alten Araber). Nur aus der Distanz sahen wir eine oder zwei Frauen, die bis auf einen Augenschlitz vollständig verschleiert waren.

Die Kinder des Dorfes scharten sich vor dem Gemeinschaftshaus zusammen, um einen Blick auf uns zu erhaschen. Offensichtlich sind Kinder überall auf der Welt gleich. Wenn du ein Kind dieses Dorfes gewesen wärst, dann hättest auch du mit neugierigen Blicken in ihrer Mitte gestanden.

Niemand von unserer Gruppe wußte, warum man uns in dieses Dorf führte. Da man uns kein Programm vorgestellt hatte, hatten wir alle vorsorglich etwas gegessen. Es stellte sich heraus, daß wir zu einem traditionellen Ziegenschlachtfest eingeladen waren. Leider hatte niemand aus unserer Delegation noch Hunger, und ich fürchte, daß unsere Gastgeber sehr enttäuscht von uns waren. Schade, daß nicht bekannt war, daß uns ein Festmahl erwartete.

Sowohl in Usbekistan als auch in Turkmenistan wird hauptsächlich Ziegenfleisch gegessen. Zu den beliebtesten Gerichten gehört Schaschlik. Das ist so etwas ähnliches wie unser indonesisches Satay: Gegrillte Ziegenfleischspieße. Der Unterschied besteht darin, daß wir Indonesier das Fleisch in kleine Stücke schneiden, während die Menschen in jenem Teil der Welt große Fleischbrocken auftischen und dazu riesige Portionen roter Zwiebeln anbieten, für jede Person einen ganzen Teller voll. Die Menschen dort sind versessen auf Zwiebeln, weil sie sehr gesund sind, die Muskeln stark und geschmeidig halten und Krämpfen vorbeugen.

Ich werde den riesigen irdenen Kochtopf niemals vergessen, in dem man uns ein Ziegenfleischgericht mit Fleischstücken in der Größe von Fäusten vorsetzte. Ich konnte mir überhaupt nicht vorstellen, wie wir die Mahlzeit zu uns nehmen sollten, denn man gab uns kein Geschirr – und so blieb das Essen unberührt. Vielleicht hätten wir mit den Händen essen sollen.

Die Dorfbewohner waren hoch erfreut, Muslime aus anderen Ländern kennenzulernen. Im Gespräch (ein Dolmetscher stand zur Verfügung) schnappten sie wiederholt arabische Lehnwörter auf und fühlten sich deshalb als Teil einer großen, geteilten Kultur. Doch aufgrund der Mißverständnisse über das Essen war ich sehr verlegen.

Als nächstes folgte ein Ausflug nach Firuzi, einem Dorf an der Grenze zum Iran. Wir fuhren mit dem Wagen auf einer guten Straße etwa sechzig Kilometer weit schnurgeradeaus durch die Wüste. Neben der Straße erblickte ich etwa alle fünfhundert Meter Statuen aus Stein. Wenn ich die Entfernungen einigermaßen richtig geschätzt habe, standen zwischen Aschchabad und Firuzi etwa einhundertzwanzig solcher Statuen, doch da sie ein Stück von der Straße entfernt waren, konnte ich sie nicht genauer anschauen. Offensichtlich war die Verbindung zwischen Aschchabad und Firuzi die Haupttouristenstrecke des Landes.

Nach javanischen Maßstäben war Firuzi viel zu groß, um die Bezeichnung „Dorf" zu verdienen. Wir wurden in einem großen Gasthaus aus Stein untergebracht, das jedoch abseits der Wohngebiete lag. Die Hauptattraktion war dort ein riesiger Baum, den die Einheimischen ehrfürchtig bewunderten und der inmitten dieser Wüstenlandschaft tatsächlich Interesse verdiente.

Der Baum erinnerte mich an einen Tag in den Niederlanden, an dem mich ein holländischer Freund zu einem Ausflug zu einem großen Felsen, der als lokale Sehenswürdigkeit galt, mitnehmen wollte. Ich hatte damals dankend abgelehnt, weil ich in meinem Leben doch schon so viele große Felsen gesehen hatte. Riesengroße Bäume übrigens auch. Hier auf Buru aber gibt es nur wenige große Bäume. Nur einmal hatte ich einen wahren Koloß zu fällen – als wir eine Straße anlegen mußten. Ich weiß nicht, um was für eine Art es sich handelte, doch er war nicht steinalt, zumindest keine tausend Jahre. Ich schätzte sein Alter auf höchstens vierhundert Jahre. Weißt du, wie man das Alter eines Baumes schätzt, Yudi? Wenn du es nicht weißt, mußt du deinen Biologielehrer fragen.

Am nächsten Tag setzte ich meine Flugreise durch fremde Länder fort. Die nächste Station war Chengdu im Südwesten der Volksrepublik China. Schau auf die Karte, die vor dir liegt, und suche nach Chinas Südwesten, Yudi. Obwohl ich mich ein wenig krank fühlte, konnte ich die kulturellen Sehenswürdigkeiten der Gegend besuchen. Besonders eindrucksvoll waren die antiken buddhistischen Monumente. Ich verließ Chengdu mit einem Flugzeug von China Airways in Richtung Süden und überflog ein hohes Gebirge. Dann befanden wir uns über dem Territorium Burmas und landeten in Mandalay. Schau auf die Karte und sprich den Namen der Stadt: Man-da-lay. Aus der Luft erkannte ich unzählige schöne Pagoden. Ich fühlte mich an Bangkok erinnert.

Burmas Menschen kleiden sich sehr dezent: Gewöhnlich tragen sie nur einen landestypischen Sarong, ein Baumwollhemd ohne Kragen und ein Kopftuch. Da sie keinen Gürtel benutzen, sieht man sie ständig den Sitz ihres Hüfttuchs richten. Die Kopftücher aus weißer Baumwolle sind ebenso wie die Hemden sehr schlicht gehalten.

Der Flughafen von Mandalay war in äußerst elementarem Zustand, und das Restaurant stand dem Gebäude in nichts nach. Nur zwei Passagiere verließen die Maschine, und da niemand zustieg, waren wir bald wieder unterwegs.

Ich hatte mein Flugticket nicht sehr sorgfältig inspiziert, was angesichts der Menge chinesischer Schriftzeichen auch nicht sehr viel genützt hätte. Ich hatte vollstes Vertrauen in die Arbeit der Mitarbeiter der Fluggesellschaft gesetzt, doch es war ihnen ein Fehler unterlaufen, der mich in arge Verlegenheit bringen sollte. Nachdem die Maschine in Burmas Hauptstadt Rangoon, der Endstation des Fluges, gelandet war, traf ich niemanden an, der sich um meinen Weiterflug kümmerte. Erst jetzt unterzog ich mein Ticket einer gründlicheren Überprüfung und fand heraus, daß China Airways nach dem Auschecken in Rangoon für keinen Weiterflug zuständig war.

Da meine Reise nach Taschkent eine Folge der Afrika-Asien-Konferenz in Bandung war, war ich eigentlich im offiziellen Regierungsauftrag unterwegs. Dennoch trug die Regierung meine Reisekosten nicht. Das einzige, was ich von Regierungsseite erhalten hatte, waren ihr Segen, ein Ausreisevisum, ein offizieller Staatsausweis und ein Anzug. Da meine Geldmittel erschöpft waren, befand ich mich in einer äußerst unangenehmen Situation. Außerdem fühlte ich mich nicht besonders wohl. Es war Abend, und die Nacht zog herauf.

Schließlich bot mir ein Busfahrer seine Hilfe an und nahm mich als einzigen Passagier mit in die Stadt. Er schien zu vermuten, daß es um meine Finanzen schlecht bestellt war, denn er hielt nach einer sehr einfachen Unterkunft Ausschau. Doch da ich wirklich keinen Sen in der Tasche hatte, bat ich ihn, mich an der Indonesischen Botschaft abzusetzen.

Als Wachtposten stand vor der Botschaft ein Inder, der mir mit der Begründung, die Kanzlei sei geschlossen, den Zutritt verweigerte. Der Busfahrer wartete noch, denn es schien ihm unangenehm zu sein, einen Fremden hilflos in seinem Land gestrandet zu sehen.

Während ich noch überlegte, was ich tun sollte, kam ein Botschaftsangestellter mit einem Tennisschläger unter dem Arm aus dem Gebäude. Ich bat ihn unverzüglich um Unterstützung und erklärte ihm, daß ich nur ein Dach über dem Kopf suchte und keine Verpflegung benötigte – nur eine Pritsche oder Matte, um die Zeit bis zum nächsten Flug aus Rangoon zu überbrücken. Er erwiderte, daß der Botschafter nicht da sei, und wollte mich mit diesen Worten stehenlassen. Ich protestierte und sagte, daß mir nichts anderes übrig bleibe, als die burmesische Presse zu informieren, wenn die Indonesische Botschaft sich weigere, einem im Ausland gestrandeten indonesischen Staatsbürger zu helfen, der zudem als offizieller Repräsentant seines Landes unterwegs sei.

Wie andere Indonesier, die mir von ihren Erfahrungen im Ausland berichtet hatten, gewann auch ich den Eindruck, daß viele Angestellte indonesischer Botschaften offenbar die Meinung vertreten, daß zur Botschaft kommende Indonesier nichts anderes als Störenfriede und Bettler sind. Aus diesem Grund mußte ich so energisch handeln.

Als der Mann meine Absicht, die Presse zu informieren, ernst zu nehmen begann, sah er sich zu der Erklärung genötigt, daß zwar der Botschafter nicht anwesend sei, wohl aber der Erste Sekretär. Anschließend führte er mich zu dessen Residenz, die wie die Häuser reicher Burmesen von einem hohen Stahlgitter umgeben war.

Nachdem ich berichtet hatte, daß ich krank war und nur eine Matte und ein Dach über dem Kopf benötigte, enthüllte der Mann seinen wahren Charakter, indem er hochnäsig sagte: „Leute wie Sie kommen doch nur zu uns, wenn sie etwas brauchen. Suchen Sie sich ein Hotel. Hier ist kein Platz für Sie!"

Wenn ich mich nicht so elend gefühlt hätte, hätte ich vielleicht versucht, ihn durch das Gitter hindurch in eine Rangelei zu verwickeln, um für eine Szene zu sorgen. Ich schaute auf das mächtige Tor, das den Eingang zur Residenz versperrte, und hatte das Gefühl, daß es nur da war, um Hilfesuchende wie mich fernzuhalten. Ich dachte an die großen Mengen Reis, die Burma importieren mußte, und stellte mir vor, wie hübsch und behaglich der Innengarten dieser Residenz sein mußte.

Als ich in das Gesicht des Ersten Sekretärs starrte, sah ich plötzlich das Bild einer Gestalt aus einem Roman Dostojewskis vor meinen Augen. Ich hatte in meinem Leben bereits so viele Menschen dieser Art getroffen. Als Kind hatten meine Eltern mich darauf hingewiesen, daß Kolonialbeamte nur ihren Vorgesetzten ergeben waren und nichts unternahmen, um denen zu helfen, die ihnen unterstellt waren; es ging ihnen nur darum, die eigenen Schäfchen ins Trockene zu bringen. Sie verhielten sich gegenüber allen so, ihre Frauen, Kinder und Nachbarn nicht ausgenommen.

Ich wiederholte meine Drohung, die burmesische Presse und nötigenfalls auch die burmesische Immigrationsbehörde zu informieren. Schließlich sah sich der Mann gezwungen, etwas zu unternehmen. Man brachte mich zum rund um die Uhr lauten Railway Hotel neben Rangoons Hauptbahnhof. Nun hatte ich endlich ein Zimmer, doch ich fühlte mich zu krank, um etwas zu unternehmen. Niemand kümmerte sich um mich (worüber ich mich glücklich pries), und Geld für einen Arzt besaß ich nicht. Es fiel mir sogar schwer, mich zu waschen. Während der gesamten Reise waren die Hotels anständig gewesen, doch im Railway Hotel war das Wasser, das ich in die Badewanne laufen ließ, schmutzig und rostgelb. Ich nahm während des gesamten Aufenthalts kein Bad.

Burmas Hauptstadt Rangoon war damals keine große Stadt, und die Häuser ähnelten denen in Indonesiens Städten. Mehrstöckige Wohnhäuser sah ich nicht. Es herrschte eine entspannte Atmosphäre. Keiner Arbeit nachgehende kahlköpfige Mönche in roten Roben bevölkerten zwischen hart arbeitenden burmesischen Frauen die Straßen. Aus den großen Krähenschwärmen, die ich überall am Straßenrand sah, konnte ich schließen, daß hier nur selten Motorfahrzeuge vorbeikamen. Es gab so viele Krähen in der Stadt!

Ich mußte mir eingestehen, daß ich niemals burmesische Literatur gelesen hatte, und auch über die Geschichte des Landes wußte ich so gut wie überhaupt nichts. Da ich mir nichts anschauen konnte, war mein einziger Aufenthalt in diesem Land vollkommen sinnlos. Ich erfuhr dort nichts anderes als die üble Behandlung durch indonesische Regierungsangestellte, die sich von denjenigen daheim in nichts unterschieden. Sie schienen sich nicht bewußt zu sein, daß ich zwanzig Prozent meiner Einkünfte an den Staat abführte. Der Gedanke verbitterte mich, und ich sah weder einen Sinn noch eine Mission in meiner Reise.

Am dritten Tag in Rangoon, einem Donnerstag, fühlte ich mich besser. Morgens kam der Angestellte der Indonesischen Botschaft, um mich zu informieren, daß ich noch heute abfliegen würde. Man hatte mir einen Sitzplatz im holländischen KLM-Flug nach Bangkok reservieren können. In Bangkok sollte ich auf die Garuda umsteigen und via Palembang zurück nach Jakarta fliegen.

An Bord der KLM-Maschine bedauerte ich, nichts von Burma gesehen und nichts über seine Menschen, Geschichte und gegenwärtige Situation gelernt zu haben. Ich wußte nicht mehr über Burma, als daß dort ein ehemaliger Pflegesohn meiner Eltern namens Suyono gefallen war, der als nicht regulärer Soldat in der japanischen Armee dienen mußte. Gesichtszüge und Körperbau der Burmesen hatten Ähnlichkeit mit denen der Javaner, und auch ihre Hautfarbe war ähnlich. Als frappierender Unterschied fiel mir lediglich auf, daß sich die Burmesen (wohl aufgrund des anderen historischen Hintergrunds) mit einem schlichten Leben abfinden konnten, während Javaner und andere Indonesier leicht den Verlockungen materieller Dinge erlagen. Ich dachte darüber nach, ob dies auch darin begründet liegen könne, daß die Burmesen überwiegend Buddhisten und die Indonesier mehrheitlich Muslims sind.

Nach meiner Rückkehr nach Indonesien erhielt ich einen Brief von der Indonesischen Botschaft in Rangoon, dem die Rechnung für mein Hotelzimmer beilag. Ich wurde aufgefordert, die Summe an das Außenministerium zu zahlen. Der Betrag war schockierend hoch. Für diese Summe hätte man ohne weiteres zehn Tage in einem Fünf-Sterne-Hotel verbringen können. Ich schickte Rangoon ein Antwortschreiben und leitete eine Kopie an Außenminister Subandrio. Danach habe ich nie wieder etwas aus Rangoon gehört.

Zwei Monate nach meiner Rückkehr erhielt ich im Dezember 1958 eine Audienz bei Präsident Sukarno, bei der ich ihm eine Abschrift der Resolutionen überreichte, die bei der Ersten Afro-Asiatischen Schriftstellerkonferenz verabschiedet worden waren. Bei diesem Treffen waren mehrere Adjutanten Sukarnos und diverse Kabinettsminister anwesend. Der Präsident sprach mich mit den Worten „Mas Pram“ an. Die Verwendung der javanischen Anredeform und die vertrauliche Kurzform meines Namens kamen mir sonderbar vor, doch ich erhob keine Einwände.

Da Indonesien bereits enge Bande zu vielen Ländern geknüpft hatte, die als „neu entstehende Kräfte“ galten, regte ich dem Präsidenten gegenüber an, daß es nützlich sein könne, wenn Indonesien bei jeder formellen Einladung an ein anderes Land auch einen Schriftsteller jenes Landes einladen würde. „Ein Schriftsteller“, sagte ich, „wird seinen Landsleuten daheim ein präziseres Bild von Indonesien geben können.“

„Schreiben Sie eine Notiz und sorgen Sie dafür, daß dieser Vorschlag ausgeführt wird", sagte der Präsident unverzüglich zu einem Minister. Dann wandte er sich wieder mir zu und sagte: „Und Sie, Mas Pram, werden sich als Gastgeber um diese Schriftsteller kümmern."

Ich wollte eine Ausrede stammeln, als er mich mit amtlicher Stimme unterbrach: „Gelenkte Demokratie bedeutet: Gelenkt bis in alle Einzelheiten."

„Doch auch Arbeitsteilung ist wichtig", erwiderte ich.

Ich glaube nicht, daß Präsident Sukarno mich sonderlich mochte. Er hielt mich für arrogant.

*

So, Yudi, nun bist du mit mir nach Indien, Usbekistan, Turkmenistan, China und Burma gereist. Auch so kann man eine Geographiestunde gestalten, nicht wahr?

Doch nun noch etwas anderes: Ich weiß, daß du gerne angeln gehst, und das ist auch in Ordnung, solange es nicht auf Kosten des Lernens geschieht. Doch es bereitet mir Unbehagen, daß du zum Angeln aufs Meer hinausfährst. Kannst du schwimmen? Wenn du es nicht kannst, verbiete ich dir, hinauszufahren. Du kannst nicht darauf vertrauen, daß dir deine Freunde zu Hilfe kommen, wenn du in Gefahr gerätst. Sie werden dich nicht retten können. Du mußt immer in der Lage sein, dir selbst zu helfen. Wenn du es nicht kannst, darfst du kein unnötiges Risiko auf dich nehmen.

Was macht dein Huhn – das mit dem lahmen Bein? Geht es im besser? Was für ein Huhn ist es überhaupt: Ein frei laufendes oder ein im Stall lebendes Huhn? Wenn du geschickt genug bist, ein Huhn zu halten, warum versuchst du es dann nicht mit einer ganzen Schar? Damit würdest du dir eine sichere Einkommensquelle erschließen.

Hier bei uns ist Erntezeit. Da wir die Spreu verbrennen müssen, ist die Luft nachmittags von weißem Qualm erfüllt, hinter dem die Umrisse der umliegenden Wälder und Berge verschwinden. Hier und da stürzen *Dali-* und *Sriti*-Vögel auf flüchtende Insekten herab. Die einst grünen Felder sind nun ein Gemisch aus Schattenrissen: Strohhaufen, Reis dreschende Kameraden, grasendes Vieh und schwarze Baumstümpfe als letzte Zeugen des ehemaligen Dschungelgebietes.

Die Hitze ist unerträglich. Es hat mehrmals geregnet, doch längst nicht genug. Der Wasserstand des Wai Apo liegt weit unter der Normalhöhe.

Ich habe diesen Brief über mehrere Tage hinweg geschrieben, Yudi, und zwar als ich an Ruhr erkrankt war. Ich befinde mich auf dem Wege der Besserung – zumindest hat das Bluten aufgehört. Meine Kameraden haben mich täglich mit Manado-Brei und vier Eiern versorgt. Hast du schon einmal Manado-Brei gegessen? Es ist ein Reisbrei, der mit verschiedenen Gemüsesorten sowie etwas

Salz und Fleisch zubereitet wird. In meinem Brei war allerdings kein Fleisch, sondern nur Gemüse und Salz. Die Kameraden haben mir auch Medizin gegeben: Ein harntreibendes Mittel, ein Antibiotikum und einige Päckchen mit einer Elektrolytlösung.

Damit will ich schließen. Ich warte sehnsüchtig auf den nächsten lieben Brief von dir. Umarmungen und Küsse für meinen Sohn, der viel zu weit weg ist.

Musik, Sport, Selbstverteidigung und eine Geschichte

Meine süße Tochter Yana,

ich freue mich sehr, daß du gerne Musik hörst – doch ich hoffe, es ist nicht die Musik der seichten Art, die von zweifelhaftem Wert ist. Ich las einmal, daß Frauen Musik lieben müssen und daß diejenigen, die es nicht tun, das Leben in sorgenvollen Zeiten unerträglich finden. Ich weiß nicht, ob das stimmt oder nicht, doch ich freue mich sehr, daß du gerne Musik hörst – wenn es gute Musik ist.

Um gute Musik zu erkennen, mußt du regelmäßig Musik hören. Ich empfehle dir, anfangs Instrumentalmusik zu hören. Ich denke, daß dir eine Kassette mit dem englischen Titel „*The Soul of Spain*“ gut gefallen wird. Sie enthält über ein Dutzend spanische Stücke; es ist leichte Musik. Hör sie dir genau an. Wenn du alle Titel kennst und unterscheiden kannst, will ich dir gerne weitere Anregungen geben.

Viele Männer in den hiesigen Lagern haben sich Musikinstrumente gebastelt: Violinen, Gitarren, Cellos und Trommeln. In meiner neuen Einheit Indrapura bemühen sich mehrere Männer, Violine spielen zu lernen. Zum Glück widmen sie sich der klassischen Musik und nicht dem Rah-Rah-Getöse, das zur Zeit so populär zu sein scheint – damit kann man vielleicht Geld verdienen, doch es ist nichts, was bleibenden Wert hätte.

Je mehr Musikrichtungen du kennst, desto vertrauter wirst du mit fremden Dingen sein, wenn du die Welt zu erkunden beginnst.

Schade, daß du noch nicht begonnen hast, die Kunst der Selbstverteidigung zu erlernen. Wenn du diese Kunst beherrschst, brauchst du nicht ängstlich zu sein und wirst wesentlich größeres Selbstvertrauen haben.

Meinen Glückwunsch zu deinem guten Zeugnis! Auch deine Handschrift ist sehr schön – es bereitet mir große Freude, sie zu lesen. Ich war überrascht, daß du erst um 1.30 Uhr nach Hause kommst, obwohl die Schule bereits um 12.40 Uhr zu Ende ist! Du meinst 13.30 Uhr, nicht wahr? Du bist noch viel zu jung, um bis 1.30 Uhr nachts aufzubleiben! Auch wenn du zu Hause lernst, solltest du nicht länger als bis zehn Uhr abends aufbleiben, doch wenn es sich nicht umgehen läßt, dann nimm vor dem Schlafengehen noch zwei Vitamin-B-Tabletten zu dir.

Du schreibst, daß Yudi nichts anderes im Sinn hat als herumzutoben. Er ist eben ein Junge und tut nichts anderes als Burschen überall auf dieser Welt. Jungen scheinen mehr Bewegung zu brauchen als Mädchen. Sie sind in höherem Maße als Mädchen auf ihre Muskelkraft angewiesen und wollen groß und stark werden. Es würde mich nicht wundern, wenn Yudi eines Tages mit blutig oder blau geschlagenem Gesicht nach Hause kommt, denn so ist der Lauf der Dinge. Doch sage Mama, daß auch Yudi seine Pflichten im Haushalt versehen muß. Er hat verschiedene Verpflichtungen, zu denen er stehen muß, und dazu gehört in erster Linie die Loyalität zu Elternhaus, Eltern, Geschwistern und den eigenen Wurzeln. Er darf nicht spielen oder aus dem Haus gehen, bevor er seine Aufgaben erledigt hat – und zwar gut erledigt hat.

Schreibe mir in deinem nächsten Brief, welche Haushaltspflichten Yudi erfüllen muß und ob er alles mit Sorgfalt zu Ende bringt. Ich mache mir Gedanken über die Freunde, mit denen er sich herumtreibt. Sind es gute Kinder, mit denen er spielt? Ich möchte nicht, daß aus ihm ein jugendlicher Missetäter wird. Lege Mama ans Herz, daß sie auf sein Verhalten und seine Worte achten soll. Ich will nicht, daß er anderen Menschen Ungemach bereitet. Sorgt dafür, daß sein Haar kurzgeschnitten und sauber gekämmt ist. Ich möchte nicht, daß er unzivilisiert aussieht.

Was hast du unternommen, nachdem du Mbok und Mul besucht und gesehen hast, unter welch traurigen Bedingungen sie leben müssen? Es führt zu nichts, Mitleid zu zeigen, ohne eine helfende Hand zu reichen. Wenn einem etwas wirklich leid tut, dann muß man etwas unternehmen, sei es durch Nachdenken oder durch Handeln. Ich hoffe, daß du eines gut behältst: Man muß kein Mitleid für andere empfinden, doch man ist verpflichtet zu helfen. Wenn du jemanden siehst, der ein Unglück erlitten hat, reicht es nicht zu sagen: „Oh, wie schlimm!“ Man muß etwas unternehmen. Die Europäer, die offenbar eine ausgeprägtere Selbstachtung als wir besitzen, fühlen sich beschämt, wenn andere sie bemitleiden. In Europa fordert ein Arbeiter, der Fracht verladen muß, keine Hilfe; es ist sein Job, und damit verdient er sein Geld. Er fühlt sich beleidigt, wenn ihn jemand bemitleidet. Weißt du, selbst die Arbeit eines Tagelöhners ist nobel, wenn sie ihm Profit einbringt und anderen keinen Schaden zufügt. Er leistet seine Arbeit in vollem Bewußtsein dessen, was er tut, gleichgültig wie schwer sie auch immer sein mag. Verstehst du, was ich dir sagen will?

Ich möchte dir eine Geschichte über einen Freund von mir erzählen. Sie beginnt 1960, als ich vor meiner damaligen Gefangennahme eine Reise nach Rußland unternahm, um mir ein Bild über ein Entwicklungsprojekt zu machen, das ausschließlich von jungen Männern und Frauen durchgeführt wurde.

Wenn ich mich nicht irre, war es Ende Oktober, als ich in einem Düsenflugzeug von Moskau nach Irkutsk flog. Unter mir war die Welt weiß, denn die Landschaft war von Schnee überzogen. Nur aus den Wäldern ragte mir hier und dort das Grün von Baumwipfeln entgegen.

Bei der Landung zeigte das Thermometer minus fünfunddreißig Grad Celsius an. Es war erst vier Uhr nachmittags, doch es wurde schon dunkel. In Begleitung eines muskulösen und schneidigen jungen Absolventen der Akademie für Ausländische Kulturen, der als mein Dolmetscher fungierte, machte ich mich auf holperigen Steinstraßen und vorbei an stillen Holzhäusern auf den Weg in die Stadt.

Ich verließ das Hotel an jenem Abend nicht. Am nächsten Morgen holte mich der Dolmetscher um neun Uhr ab, und gemeinsam fuhren wir zum Flughafen zurück, um von Irkutsk nach Bratsk zu fliegen. Dort befand sich das Jugendprojekt, zu dessen Besichtigung ich eingeladen war. Der Abflug erfolgte verspätet, doch schließlich waren wir in einer zweimotorigen Maschine, die einer Dakota ähnelte, unterwegs nach Norden. Zwischen vier und fünf Uhr nachmittags landeten wir in Bratsk. Es war schon dunkel und die Temperatur betrug minus fünfundvierzig Grad Celsius.

Ein Wagen brachte den Dolmetscher und mich zu einem Hotel, das von einer wohlgenährten älteren Frau geführt wurde, die mich mit einem Wortschwall und einer kräftigen Umarmung begrüßte und sagte: „Ach, mein Brüderchen aus den Tropen, du wirst sicher ordentlich frieren!" Die Situation war mir nicht gerade angenehm, obwohl ich wirklich fror.

Die ebenso redselige wie herzliche Geschäftsführerin verschwand und kam nach nur wenigen Augenblicken mit mehreren Flaschen zurück. „Hier, Brüderchen, trink!" forderte sie mich auf. „Trink viel, damit dir warm wird!" Dann schüttete sie mir mehrere Male ein Schnapsglas voll Wodka ein, das ich dankbar leerte.

Wenige Tage zuvor hatte man mir in Moskau Wodka angeboten, den ich nicht mochte, denn er schmeckte und roch nach Kerosin. Dieser Wodka aber war anders. Er wirkte belebend. Ich trank sechzehn Gläser und wurde nicht betrunken. Zum Abendessen gab es unter anderem schwarzen und braunen Kaviar, den ich ebenfalls genoß, obwohl mir bei einer früheren Gelegenheit allein schon vom Geruch schlecht geworden war.

Ich war froh, im Oktober in Bratsk zu sein, denn man erzählte mir, daß die Temperaturen Anfang des Jahres bis auf minus fünfundsiebzig Grad Celsius fallen können und daß um diese Zeit Vögel tot vom Himmel fallen. Nicht nur

Fremde, sondern auch Einheimische fallen auf der Straße ohnmächtig um, weil sie die extreme Kälte nicht ertragen. Über Nacht werden die Kühler der Autos geleert, damit die rapide fallenden Temperaturen sie nicht zum Platzen bringen.

Am nächsten Morgen begann unsere Besichtigung des Jugendprojekts Bratsk. Das wichtigste im Bau befindliche Projekt war ein Staudamm, der nach Fertigstellung der weltweit größte seiner Art sein sollte. Auch der durch die Aufstauung des Flusses Amudaryanya geschaffene See sollte zur größten künstlichen Wasserfläche der Welt werden – seine Oberfläche sollte die Größe Westjavas übertreffen. Die Arbeiten waren bereits seit elf Jahren im Gange. Die Rollbahn, auf der wir am Abend zuvor gelandet waren, sollte eines Tages überflutet werden und die Stadt Bratsk sollte dieses Schicksal teilen. Die im Rahmen des Projekts arbeitenden jungen Menschen durchliefen gleichzeitig ihre Ausbildung, und etliche hatten bereits einen Abschluß als Ingenieur erworben.

Zu beiden Seiten des Damms aus Gußbeton befanden sich natürliche Bergketten. Über den Damm selbst führten zwei Fahrebenen, deren obere sechsspurig für Motorfahrzeuge ausgerichtet war, während die untere einer Schienenstrecke vorbehalten blieb. Ringsum lag Schnee; die Landschaft war weiß wie Kreide. Ich fror fürchterlich, denn ich trug über meinem leichten Dacron-Anzug nur einen dicken Mantel. Mir erschien unsere Begehung des Damms als Spaziergang über ein weites Feld. An einen Damm dachte ich kaum. Der Schnee überdeckte alles wie ein dickes, weißes Tuch. Etwa alle zweihundert Meter erreichten wir Holzbaracken, in denen elektrische Heizgeräte glühten, an denen wir uns kurz aufwärmen konnten.

Am Abend hatte ich Gelegenheit, den Chefingenieur des Projekts zu interviewen. Er war ein junger Mongole, der viel zu müde wirkte, um ein ordentliches Gespräch zu führen. In unserer kurzen Unterhaltung über das Projekt sagte er, daß alles maschinell funktioniere und daß man sich selbst nur noch den Hintern abwischen müsse. Damit endete unser Gespräch.

Am Abend schaute ich mir ein Unterhaltungsprogramm an, das von Mitarbeitern des Projekts aufgeführt wurde. Es gefiel mir nicht besonders gut, zumal ich Vergleiche zu Theatervorstellungen ziehen konnte, denen ich in Europas Großstädten beigewohnt hatte. Meine offene Stellungnahme stieß auf Mißfallen. „Sie sind zu kritisch“, sagte man mir. Was hätte ich darauf erwidern sollen? Wenn es um Kunst geht, stelle ich hohe Ansprüche – auch an mich selbst.

Am nächsten Tag verließ ich Bratsk samt seinem erstaunlichen Damm und kehrte nach Irkutsk zurück. Da es bei meiner Ankunft im aus Stein gebauten Hotel noch hell war, unternahm ich einen Spaziergang, um das ebenfalls aus Stein gebaute Stadtmuseum zu besuchen, das eine geologische Ausstellung präsentierte.

Bei meiner Rückkehr ins Hotel fand ich einen Brief von einer Person namens Kaiga vor, die mich vor meiner für den nächsten Morgen geplanten Abreise um ein Treffen bat. Die Notiz enthielt nicht den geringsten Hinweis auf ihr Anliegen. Am nächsten Morgen erschien eine etwa vierundzwanzigjährige Frau im Hotel. Sie war Kaiga. Mit ihrem schwarzen Haar, den schmalen Augenschlitzen und den runden Wangen erinnerte sie mich ein wenig an deine Schwester Rina. Sie war stämmig, und in ihren Adern floß mongolisches und russisches Blut.

Sie sprach mich in fließendem Englisch an: „Ich hörte, daß Sie Irkutsk heute verlassen werden, und deshalb wollte ich Sie noch rasch sehen. Vielleicht können Sie mir helfen ...?“ Ihre Stimme klang wehmütig und ließ erkennen, daß sie wirklich Hilfe suchte. Und sie fügte hinzu: „Wer weiß ... vielleicht ... ach, schon der kleinste Hinweis würde mich glücklich machen.“

Ich schaute auf die Armbanduhr, denn der Zeitpunkt meiner Abreise stand bereits kurz bevor. Sie trug ihre Bitte in Form einer Geschichte vor: „Vor einiger Zeit kam eine Delegation junger Indonesier durch Irkutsk, die auf dem Weg zu einem Jugendfestival in Wien war. Die Delegation war mit dem Zug von Kanton nach Beijing gefahren und dort in die Transsibirische Eisenbahn nach Europa umgestiegen. Hier in Irkutsk mußte ein Delegationsmitglied wegen einer Erkrankung aussteigen und ins Krankenhaus gebracht werden. Ich war seine Pflegerin. Nach seiner Genesung verließ er Irkutsk und kehrte nach Indonesien zurück. Er versprach, mir zu schreiben, doch bis heute habe ich nichts von ihm gehört.“

Sie blickte traurig und wirkte sehr melancholisch.

„Wie heißt er?“ fragte ich.

Sie sprach seinen Namen sehr langsam aus: „Kaihatu ... Kennen Sie ihn?“

„Nein“, erwiderte ich. Sie schien nicht zu wissen, daß Indonesien ein Land mit fast vierzehntausend Inseln ist.

„Das ist sehr schade“, fuhr sie fort, „aber dennoch hoffe ich, daß Sie mir helfen können, den Kontakt wiederherzustellen. Ich habe ihm einen Brief geschrieben.“ Mit diesen Worten hob sie ein Päckchen hoch, das auf ihrem Schoß gelegen hatte, und legte es auf den Tisch. „Natürlich nur, wenn es Ihnen nicht zur Last fällt. Vielleicht können Sie ihm dieses Päckchen geben? Es sind zwei Bücher, die Ihr Gepäck sicher nicht übermäßig belasten. Wenn Sie möchten, können Sie sie gerne im Flugzeug lesen.“

Sie verabschiedete sich und eilte zur Arbeit, und ich brach unverzüglich zum Flughafen auf.

Im Flugzeug griff ich Kaigas Anregung auf und blätterte die Bücher durch. Eines war ein Kinderbuch, das in englischer Sprache von einer alten Stute erzählte. Mir wurde rasch klar, daß nicht allein die Geschichte von Bedeutung war, sondern vor allem das, was Kaiga auf die leeren Seiten des Buches geschrieben hatte: Zusammen war beides ein klagender Ruf aus den schneebedeckten Ebenen Sibiriens nach einem vermißten Geliebten.

Nach meiner Rückkehr verstaute ich das Päckchen in der festen Absicht, es diesem Kaihatu irgendwann auszuhändigen, im Schrank. Doch ich kannte ihn nicht und wußte nicht einmal, wie er aussah, und ich muß eingestehen, daß ich mich auch nicht auf die Suche nach ihm machte. Aus diesem Grund habe ich Kaiga gegenüber ein schlechtes Gewissen und schreibe diese Zeilen als Entschuldigung an sie.

Ich springe nun ins Jahr 1969. Du warst damals noch nicht in der Schule, und ich saß bereits im vierten Jahr im Gefängnis Salemba. Erinnerst du dich noch an das Gefängnis mit dem großen Innenhof, der zu allen Seiten von Blökken mit Zellen gesäumt war?

Im Juni jenes Jahres wurden die Häftlinge neu zusammengelegt, und ich fand mich in Block R wieder. Ich hatte einige Zellengenossen verloren und gewann andere hinzu – einer von diesen war ein Mann namens Kaihatu.

Als ich ihn zum ersten Mal traf, war mir nicht klar, warum mich eine vage Erinnerung befiel. Irgend etwas in mir drängte mich, darüber nachzudenken, wo ich diesen Namen schon einmal gehört hatte, und nach einigen Tagen erinnerte ich mich an Kaiga und ihre Bitte. Doch ich zögerte. Wahrscheinlich war er nicht der Mann, den Kaiga suchte. Es gab viele Kaihatus, denn schließlich war es ein Familienname.

Ich begann ihn zu beobachten. Er war groß und schlank, nahezu hager, und hatte dunkle Haut, lockiges Haar, eine gerade Nase und wulstige Lippen. In seinen Adern floß unverkennbar ein Gemisch aus molukkischem und nordeuropäischem Blut. Er war nicht besonders hübsch und sah auch nicht gerade interessant aus, was durch seine augenblickliche Situation noch unterstrichen wurde. Wie die anderen Gefangenen litt auch er Hunger. Sein Körper war so ausgemergelt, daß er kaum noch aufrecht stehen konnte. Da er außerdem an niedrigem Blutdruck litt, schlief er viel. Wenn er wach war, spielte er gerne Gitarre, und zuweilen begann er zu singen, wenn seine Finger die Saiten in Schwingung brachten.

Da Gitarre und Musik zu seinen besten Freunden gehörten, hielt ich es für durchaus möglich, daß er doch der Kaihatu war, der vor Jahren das Jugendfestival in Wien hatte besuchen wollen. Als ich eines Abends zufällig mit ihm allein war, fragte ich ihn: „Du heißt Kaihatu, nicht wahr? Warst du jemals im Ausland?"

„Nein", erwiderte er kühl.

„Aber du liebst die Musik, nicht wahr?"

„Ja."

Ich fragte ihn, ob er nicht einmal als Mitglied einer indonesischen Jugendorganisation unterwegs nach Wien gewesen sei. Als er auch diese Frage verneinte, bezweifelte ich, daß es sich um Kaigas Freund handeln könnte.

Ich erzählte ihm von meinem Besuch in Irkutsk. Er hörte mir andächtig zu, erwiderte aber nichts. Schließlich sagte ich: „Aber dann kannst du auch den Namen Kaiga nicht kennen."

Er hustete, schüttelte hastig den Kopf, bückte sich und griff nach seiner Gitarre. „Er ist es!" dachte ich bei mir.

Im Juli 1969 wurden 500 Gefangene, zu denen auch ich gehörte, aus der Haftanstalt Salemba ins Gefängnis Karang Tengah auf der Insel Nusa Kambangan verlegt. Wenige Tage später wurde ich zusammen mit dreißig anderen Häftlingen ins Gefängnis Limusbuntu gebracht, das unsere letzte Station vor der Deportation nach Buru war, die am 16. August 1969 erfolgte.

Meine Gruppe war die erste Gruppe politischer Häftlinge, die auf Buru landete. Wir wurden nach Einheit 3 gebracht, die später den Namen Wanayasa erhielt und damals das abgelegenste Lager der Insel war. Drei Monate nach unserer Ankunft tauchte eines Sonntagmorgens Kaihatu im Lager auf. Er sah gesünder als in Salemba aus und war leichter zu einem Lächeln oder Lachen zu bewegen als dort. Ich kam nicht auf Irkutsk oder Kaiga zu sprechen.

Er gehörte zu Einheit 2, die später Wanareja hieß und in der damals offensichtlich Gefangene untergebracht wurden, die den Behörden ein besonderer Dorn im Auge waren.

Am 14. November 1973 wurde ich nach Einheit 1 verlegt, die weiter oben am Wai Apo lag und später in Wanarupa umbenannt wurde. Es stellte sich heraus, daß mittlerweile auch Kaihatu dorthin verlegt worden war. Seine gebeugte Haltung schien chronisch geworden zu sein und seine Haut wirkte noch dunkler als früher. Seine viel zu kurze Hose war durch Alter, Wasser und Schlamm eingelaufen. Seine Augen ruhten in tiefen Höhlen und wirkten deshalb sehr groß. Ich hatte ihn nie als Mann der vielen Worte kennengelernt, doch nun brachte er kaum noch einen Ton heraus, so sehr er sich auch bemühte. Nach drei oder vier Worten folgte regelmäßig ein tiefes Keuchen. Ich hegte den Verdacht, daß er Tuberkulose hatte, denn er keuchte und räusperte sich ständig. Er sprach langsam und sein Atem ging stoßweise.

Ich erfuhr, daß er oft von den Soldaten, unter denen es viele Molukker gab, aus fadenscheinigen Gründen bestraft wurde. Es ging das Gerücht um, daß ein Beamter des Informationsministeriums, der im Lager stationiert war, besondere Freude daran hatte, wenn die molukkischen Soldaten Kaihatu quälten. Der arme Kaihatu hatte damals kaum noch Fleisch auf den Knochen.

Viele Gefangene mieden ihn, weil er im Ruf stand, verstockt und störrisch zu sein. Er gehörte zu den Menschen, die lieber in den Tod gehen, als etwas zu tun, mit dem sie nicht einverstanden sind. Obwohl er mit seiner Kraft am Ende schien, ertrug er lautlos alle Foltern. Er war größer als ich, doch er wog nicht mehr als hundert Pfund – eher weniger.

Am Ende eines Arbeitstages sah ich ihn oft im Graben neben der Straße nach Elritzen angeln. Die Fische waren nicht größer als ein Daumen oder Zeigefinger, doch er konnte mit ihnen seinen plagenden Hunger bekämpfen. Auch ich war ständig hungrig. Der Hunger hatte um sich gegriffen, denn eine Insektenplage hatte die Reisernte vernichtet, so daß wir auf die Kugeln aus Sagomark angewiesen waren, die rasch zäh und hart wurden. Da wir durch Würfe mit diesen Kugeln die Wildschweine von den Feldern vertrieben, nannten wir sie „Wildschweinmunition".

Obwohl Kaihatu vollkommen ausgemergelt war und ständig hustete, kam er mich manchmal besuchen. Er lud mich auch in seine Hütte ein, die nur etwa vierzig Meter von meiner entfernt war und die er mit zwei Männern teilte. Bei einem meiner Besuche begann er plötzlich zu lachen und tischte einen recht großen gegrillten *Mujair*-Fisch auf. „Greif zu", forderte er mich auf, „es war ein guter Tag." Nach diesen vielen Worten hatte er Mühe, wieder zu Atem zu kommen.

Aus unseren spätabendlichen Unterhaltungen stückelte ich mir zusammen, daß er zur Zeit des Putsches von 1965 Angestellter im Kulturbüro von Kebayoran war. Kurz nach der Währungsreform von 1966 hatte er seine guten Beziehungen zu mehreren prominenten Molukkern nutzen können, um sich ein Darlehen in Höhe von mehreren Millionen Rupiah zu sichern, die er in den Erwerb der damals landesweit einzigen Kampferfabrik investierte. Mit einem Schlag war er von einem Habenichts zu einem reichen Mann geworden.

Leider war er naiv und ahnte wenig von der Habgier böswilliger Menschen. Er wurde als Kommunist gebrandmarkt, seiner Position beraubt und ohne weitere Erklärungen ins Gefängnis geworfen. Ich vermute, daß sein Sturz durch Intrigen betrieben wurde. Kaihatus Eltern und Verwandte waren holländische Staatsbürger geworden und lebten in den Niederlanden. Als er sich plötzlich im Gefängnis wiederfand, gab es niemanden, der sich für ihn einsetzte. Einmal erhielt er einen Brief aus Europa, in dem man ihm mitteilte, daß ein Versorgungspaket unterwegs sei, doch er hatte es nie erhalten. In Briefen aus den Molukken wurde ihm dasselbe mitgeteilt, doch auch jene Pakete kamen nie an. Aber wie schlimm die Dinge auch um ihn standen, er flehte nie jemanden um Hilfe an.

Den Päckchen, die ich erhielt, war immer das Tuberkulosemittel INH beigefügt – ich überließ ihm die Medizin, und er nahm sie dankbar an.

Selbst als wieder bessere Zeiten anbrachen, in denen uns eine gute Ernte und damit auch eine höhere Proteinaufnahme beschieden waren, blieb er spindeldürr. Er hustete nahezu unaufhörlich, und beim Gehen schien er die Welt um sich herum nicht mehr klar zu erkennen. Er wurde zu einem Menschen, der in einer Traumwelt lebt.

Anfang 1974 fragte ich ihn noch einmal, ob er jemals in Sibirien war. Er hustete, kratzte sich am Kopf, schaute mich an, nickte und erwiderte: „Ja."

Sofort setzte ich nach: „Kennst du Kaiga, die Frau aus Irkutsk?"

„Ja."

„Seit vierzehn Jahren suche ich einen Mann namens Kaihatu, und hier sitzt er nun vor mir."

„Ich weiß ... es tut mir leid", entschuldigte er sich, „aber ich war noch jung."

„Was? Glaubst du, du bist der einzige, der einmal jung war?" Ich schaute auf sein grau werdendes Haar, berichtete von Kaigas Päckchen und erzählte ihm die Geschichte von der armen buckligen Stute.

„Wenn nicht geschehen wäre, was geschehen ist", sagte ich zu ihm, „dann läge dieses Päckchen jetzt seit vierzehn Jahren in meinem Schrank." Dann erzählte ich ihm von der Nacht des 13. Oktober 1965, in der die Vandalen mein Haus und meinen Besitzstand vernichtet hatten. „Auch das Päckchen ist verlorengegangen", sagte ich und fügte entschuldigend hinzu: „Es tut mir leid."

So gekrümmt, wie er dort saß, ähnelte er dem Pferd, das Kaiga beschrieben hatte. Er sagte nichts. Ich fragte: „Du bist ihr nahegekommen, nicht wahr?"

„Ja", flüsterte er nach einer Weile.

Es fiel nie wieder ein Wort über Sibirien, Irkutsk oder Kaiga. Sein Husten wurde noch schlimmer.

Ich hatte ihn nie als freien Mann kennengelernt, und es war durchaus möglich, daß er ein stattlicher Kerl gewesen war. Er war größer als ich. In aufrechter Haltung, mit mehr Gewicht und einer Stange Geld in der Tasche könnten die Frauen ihn durchaus attraktiv gefunden haben.

Im Exil komponierte er ein Lied, das er *Karang Tumaritis* nannte. Den Text schrieb jemand anders für ihn.

So macht jeder Mensch seine Erfahrungen, Yana. Sie mögen gewaltig oder einfach, tiefgreifend oder hochstrebend, aufregend oder langweilig sein. Mir kam es immer auf die „Erfahrung" selbst an. Der Wert von Erfahrungen ist relativ und hängt stark von der subjektiven Meinung desjenigen ab, der die Bewertung vornimmt. Ich will damit nur sagen, daß unreflektierte Erfahrungen (sei es durch einen selbst oder durch andere) nichts anderes sind als ein vollkommen belangloses Blatt Papier, das aus dem Buch des Lebens herausgerissen worden ist. Erfahrungen sind die Bausteine des Lebens. Deshalb mußt du lernen, deine Erfahrungen zu bewerten.

Doch damit will ich schließen, mein Kind. Dein Vater umarmt und küßt dich.

Sprachen, Sozialwissenschaften und Ernährung

Meine Tochter Rita,

ich habe deinen Brief vom Juli 1977 erhalten. Es ist wirklich schade, daß du nicht nach Surabaya gehen konntest. Ich habe einst eine Zeitlang dort gelebt, und zum letzten Mal habe ich die Stadt 1964 im Rahmen einer Tour durch Java besucht. Ich kann nicht sagen, daß ich Surabaya besonders mag. Ich vergleiche die Stadt immer mit Medan, wo ich mich ebenfalls nicht besonders wohl fühle.

Du schreibst, daß du gerne Borobudur und Prambanan sehen möchtest. Das ist vernünftig. Der Besuch dieser beiden alten Tempelanlagen wird dir lebendig vor Augen führen, zu welchen Leistungen deine Vorfahren imstande waren. In Surabaya gibt es hingegen nicht viel zu sehen, es ist eine hektische Stadt. Am Borobudur aber kannst du Reliefarbeiten studieren, die Szenen aus dem Leben unserer Vorfahren des 8. Jahrhunderts darstellen. Du kannst ihre Häuser, Schiffe, Kleidung, Werkzeuge und Gewohnheiten betrachten. Der Tempel offenbart uns ihr erstaunliches Wissen, zu dem auch die Kenntnis mindestens einer fremden Sprache gehört: Sanskrit. Du wirst erstaunt sein, daß deine Vorfahren schon vor zwölf Jahrhunderten so großartige Bauwerke errichten konnten. Jeder Stein ist planmäßig und nach präziser Berechnung gesetzt worden.

Es ist normal, daß man auch einmal mangelhafte Noten im Zeugnis stehen hat. Zerbrich dir nicht den Kopf darüber. Manchmal kann man für Dinge wie ein Unterrichtsfach einfach kein Interesse aufbringen, doch wenn man ihren Nutzen für das eigene Leben erkennt, ist man plötzlich Feuer und Flamme für sie.

Als ich die Grundschule besuchte, haßte ich das Lernen. Erst als meine Mutter starb, begriff ich, daß ich die Pflicht hatte, ihre Wünsche zu erfüllen; ich durfte die Hoffnungen, die sie in mich gesetzt hatte, nicht enttäuschen. Also begann ich zu lernen, und es machte mir immer mehr Spaß. Ich befaßte mich mit allen möglichen Wissensgebieten und sogar mit der englischen Sprache – fast immer ohne Lehrer. Da es zur damaligen Zeit kaum Schulbücher in indonesischer Sprache gab, mußte ich wohl oder übel Fremdsprachen lernen, um mein Wissen erweitern zu können.

In der Grundschule wurden damals drei Sprachen unterrichtet: Javanisch, Holländisch und Malaiisch. In der vierten Klasse lernten wir ein halbes Jahr formelles Javanisch, in der fünften Klasse ein halbes Jahr Malaiisch. Javanisch war vom ersten bis zum dritten und Holländisch vom vierten bis zum siebten Schuljahr Unterrichtssprache. Die Schüler mußten alle drei Sprachen in Wort und Schrift beherrschen.

Als ich die siebte Klasse besuchte, beherrschte ich die holländische Sprache gut genug, um meine Studien voranzutreiben zu können. Holländisch war eine große Hilfe. In der Bibliothek meines Vaters standen viele holländische Bücher, denn als Lehrer erhielt er von javanischen wie holländischen Verlagen häufig Freiexemplare ihrer Publikationen.

Für indonesische Studenten ist Holländisch wesentlich schwieriger zu erlernen als Englisch. Abgesehen vom Gebrauch der Adverbien scheint das Englische mehr grammatische Ähnlichkeiten mit dem Indonesischen zu haben als das Holländische. Selbst wenn man einen englischen Satz auf der Grundlage der indonesischen Grammatik zusammenbastelt, wird man gewöhnlich verstanden. Das Schwierigste beim Erlernen der englischen Sprache sind die Redewendungen und die Aussprache. Ich hatte viel Mühe mit dem Englischen, doch wohl in erster Linie deshalb, weil ich es im Selbststudium lernte. Vielleicht ist deine schlechte Note in Englisch auch nur darauf zurückzuführen, daß dein Fachlehrer seine Kenntnisse nicht besonders gut vermitteln kann.

Wenn du etwas nicht verstehst oder nicht zu verstehen glaubst, mußt du deinen Lehrer fragen. Du darfst nicht schüchtern oder verlegen sein, sondern du mußt fragen. Beim Erlernen einer Fremdsprache darf man erst recht nicht zaudern, sondern man muß schreiben und sprechen. Wenn du Fehler machst, wird man sie korrigieren. Sprich mit deinen Schwestern Englisch und sei nicht bange, dabei auch Fehler zu machen. Es ist nichts Schlimmes daran, wenn du Fehler machst, denn schließlich ist es nicht deine Muttersprache. Doch wenn du Indonesisch sprichst, mußt du auf Genauigkeit achten und Fehler möglichst vermeiden.

Betrachte das Fremdsprachenstudium nicht als Last, Rita. Sieh es als Spiel. Wenn du mit einer Fremdsprache spielst, wirst du allmählich Spaß an der Sache finden. Sehr leicht wirst du süchtig und möchtest noch andere Fremdsprachen erlernen. Ich selbst habe einst in Jakarta am Dante-Alighieri-Institut einen Italienischkurs belegt, in Holland habe ich Spanisch gelernt, und im Gefängnis Bukitduri habe ich mich mit Französisch befaßt. Zugegeben: Ich habe es in diesen Sprachen nicht sehr weit gebracht, doch ich hatte auch keine Gelegenheit, sie anzuwenden.

Später studierte ich im Gefängnis Salemba Altjavanisch, Deutsch und Französisch. Da es an Büchern und Lehrern mangelte, blieben meine Kenntnisse des Altjavanischen und des Französischen sehr beschränkt, doch im Deutschen hatte ich zumindest genügend Fortschritte erzielt, um die Sprache lesen zu können.

Mein Vater versuchte einst, mir Arabisch beizubringen, doch ich scheiterte kläglich! Heute bedauere ich es, denn die Sprache hätte mir sehr bei meiner Arbeit geholfen. Nachdem ich mein Elternhaus verlassen hatte, versuchte ich noch einmal, Arabisch zu lernen, und zwar an der Islamischen Hochschule in Jakarta, doch dann kam die Revolution, die Schulen wurden geschlossen und meine Bemühungen fanden ein Ende. Ja, ich bedauere wirklich, kein Altjavanisch und Arabisch zu beherrschen, denn mit beiden Sprachen wäre meine Arbeit sehr viel leichter.

Was die Sozialwissenschaften anbelangt, so bin ich über deine Schwierigkeiten sehr überrascht, denn sie befassen sich doch mit den Beziehungen zwischen dem Menschen und seiner Welt und Umwelt. Sie sind das Studium des Menschen, also auch das der eigenen Person. Vielleicht erklärt euer Lehrer die Dinge nicht deutlich genug, oder du hängst statt aufzupassen anderen Gedanken nach.

Betrachte die Inhalte der Sozialwissenschaften als Kapital für deine Fortschritte im Leben. Wenn du das Fach ordentlich beherrschst, werden dich die Fehler, die andere beim Sprechen oder Schreiben machen, nicht so leicht verwirren, und du wirst die Gesellschaft, in der du lebst, besser verstehen. Du wirst auch besser auf eine eventuelle Führungsposition vorbereitet sein.

Gewöhne dir an, Zeitungen und Magazine zu lesen, denn es wird deinen Studien nur förderlich sein. Frage Onkel Han, welche Magazine und Zeitungen für dich geeignet sind. Wenn du dich an das Lesen gewöhnt hast, wirst du entdecken, wie interessant die Erkenntnisse der Sozialwissenschaften sind. Intellektuelles Vergnügen ist ein Vergnügen, das man nicht kaufen kann.

Du fragst, ob ich Tiere fange. Nein, das ist nie etwas für mich gewesen. Ein einziges Mal nahm ich an einer Rotwildjagd teil, bei der uns ein mächtiger Keiler angriff, vor dem ich mich gerade noch auf einen Baum retten konnte. Matyani, ein Freund von mir aus Cengkareng, jagt Krokodile. Er nimmt ein Messer, springt in den Fluß oder Morast und packt sich die Tiere. Er behauptet steif und fest, daß Krokodile im Wasser nahezu machtlos sind, und argumentiert, sie seien nur an Land gefährlich, weil sie dort sowohl die Schnauze als auch den Schwanz als Waffe einsetzen können.

Affen? Es gibt hier keine Affen. Affen sind auf den Molukken nicht heimisch. Die Zahl der Hirsche und Rehe ist rückläufig. Ich vermute, daß auch sie hier nicht heimisch waren, sondern zusammen mit Vieh und Wasserbüffeln von Siedlern eingeführt worden sind.

Warum wünschst du dir von mir Kajeput-Öl? Bekommst du es nicht viel einfacher in Jakarta?

Besucher nehmen von Buru gerne Vögel als Geschenk mit. Jeden Tag erfüllt ein wahrer Chor von Vogelstimmen die Sümpfe und Wälder; es klingt oft wie ein Kanon. Es gibt hier sehr viele Papageien: Rote, grüne und rot-grüne, große und kleine Arten. Ein Freund von mir hält sich einen Bulbul, der zu den häßlichsten Vögeln gehört, die du dir vorstellen kannst – aber er kann sprechen. Mein Freund füttert ihn mit Palmensaft, und jetzt ist das Tier riesengroß, ein Gigant seiner Rasse. Obwohl der Bulbul nicht im Käfig gehalten wird, kommt er regelmäßig heim, um zu trinken. Aber er bekommt den Palmensaft ausschließlich aus der Hand seines Halters.

Ich möchte dir nicht unbedingt empfehlen, Zibetkatzen zu essen – zumindest dann nicht, wenn es etwas anderes gibt. Doch wir haben hier nicht immer eine freie Auswahl an Eßbarem. Als es kaum etwas zu essen gab, verschlangen manche Männer rohe Mäusebabys. Ich kenne einen Mann, der *Cicak*-Geckos bei lebendigem Leibe ißt, und ein anderer verzehrt lebende *Walang sangit*, eine übelriechende Reiskäferart.

Hast du jemals von *Oret* gehört? Das sind Maden, die in der Rinde des Kapokbaumes leben. Sie sehen wie fette, cremefarbene Würmer aus und haben ungefähr die Größe eines Daumens. Wenn es keine anderen Proteinquellen gibt, stehen auch sie auf unserem Speiseplan. Man kneift ihnen zunächst den Kopf ab und ißt nur den fetten hinteren Teil des Rumpfes.

Wenn wir im Sumpfland Sago stampfen, finden wir im fauligen Holz besonders viele Maden. Wir hören deshalb nicht mit der Arbeit auf, sondern stampfen sie zusammen mit dem Sago zu Brei und kochen sie mit. Doch manche bevorzugen es auch, sie roh zu essen.

Ich kenne einen Mann, der an Tuberkulose litt. Sein Gesundheitszustand besserte sich, nachdem er begonnen hatte, täglich Mäuseembryos zu essen. Es gibt unglaublich viele Ratten und Mäuse hier, in allen Formen und Größen. Die Flächen mit Elefantengras sind ein Paradies für sie, und da sich unsere Felder gleich nebenan befinden, werden sie dick und rund. Doch wir essen sie jetzt seltener, da wir Hühner, Enten und Gänse gezüchtet haben. Auch Hunde und Katzen sind jetzt sicherer vor uns.

Als einmal wieder kaum etwas zu essen zu bekommen war, sägte eine Gruppe Männer im Wald Holz. Bei einer Pause am Fluß sahen sie etwas im Wasser treiben, das nach einem Stück Fleisch aussah. Sie fischten es heraus und rösteten es über einem Feuer. Als sie dachten, es müsse gar sein, begannen sie zu essen, doch innen war es noch immer blutig. Überrascht unterzogen sie das Ding einer näheren Untersuchung, und weißt du, was sie aßen? Die Nachgeburt eines Kindes! Einheimische hatten sie wohl ins Wasser geworfen. Alle, die hineingebissen hatten, mußten sich auf der Stelle übergeben. Du kannst dir nicht vorstellen, wie sie geschimpft und geflucht haben. Aber so etwas geschieht, Rita, wenn du gesund bleiben und überleben willst.

Die wenigen Früchte, die es in diesem Dschungel gibt, sind überwiegend ungenießbar. Es gibt Kerzennüsse, doch die hiesige Art hat sehr dicke Schalen. Wußtest du, daß man eine Nußschale mit der Mittelrippe eines Bananenblattes knacken kann? Es klingt merkwürdig, aber es stimmt: Man legt die Nuß oben auf ein Bananenblatt, schlägt mit der Mittelrippe darauf und – siehe da – die Schale ist geknackt.

Einst stießen wir auf einen Keluakbaum, doch wir wußten damals noch nicht, daß es nicht ausreicht, die rohen Nüsse nur zu kochen. Erst später lernten wir, daß man sie siedend kochen und anschließend etwa drei Wochen im Boden oder Matsch vergraben muß. Hin und wieder finden wir wilde Muskatnußbäume. Sie sind sehr hoch und haben Wurzeln, die sich bis etwa einen Meter über den Boden aufschwingen, so daß die Bäume wie Personen aussehen, die auf Zehenspitzen durch den Matsch laufen und sich nicht durch Spritzer schmutzig machen wollen.

Insgesamt gesehen herrschen heute bessere Bedingungen als in der Anfangszeit, doch die Männer werden älter und verlieren an Kraft. Die Arbeitsbelastung wird deshalb nicht geringer!

Du hast also Probleme mit den Sozialwissenschaften. Wenn du dich intensiver mit dem Fach befaßt, wirst du gewiß bald besser verstehen – und nicht nur fühlen –, was ich dir erzähle. Warum zwingen sich Menschen, *Cicak*-Geckos bei lebendigem Leib zu verzehren oder eine Nachgeburt zu rösten? Oder Mäuseembryos zu essen? Die Sozialwissenschaften können dir Antworten geben. Es liegt nur an dir, die Gründe herauszufinden.

Doch nun etwas anderes, Rita. Gestern schaute ich mir ein altes Foto von dir an – das, auf dem du mit Yudi und Yana unter einer Kokospalme stehst. Direkt hinter dem Baum ist ein Bambuszaun. Yana trägt weiße Schuhe und Yudi schwarze. Schau einmal, ob du das Bild im Familienalbum findest.

Ich erinnere mich, daß jener Baum nicht die Grenze unseres Grundbesitzes markiert. Niemand würde mit einer Palme einen Grenzstrich markieren. Wirf einen Blick in die Eigentumsurkunde und überprüfe die Maße mit den derzeitigen Absteckungen. Miß die Länge und Breite unseres Grundstücks genau aus und berichte mir, ob eine Diskrepanz besteht. Wenn dies der Fall sein sollte, dann finde den Grund heraus. Ich erhebe keinen Anspruch auf den Grundbesitz eines anderen, doch ich möchte auch nicht, daß jemand anders unseren Grundbesitz nutzt, sei es mit oder ohne Erlaubnis. Beauftrage Mama, ein paar Fotokopien der Eigentumsurkunde anzufertigen und sie an verschiedenen Stellen aufzubewahren, so daß wir immer zumindest eine Kopie haben. Es ist wichtig, einen rechtlichen Beweis in Händen zu haben, wenn Dinge geregelt werden müssen.

Danke für deine Mahnung, daß ich beim Baden im Fluß vorsichtig sein soll. Ein Freund von mir fiel ins Wasser und blieb eine ganze Weile verschwunden, aber schließlich tauchte er doch wieder auf und konnte sich an der Floßkante festhalten. Es war fünf Uhr morgens. Ich packte seine Hand und zog ihn herauf. Das Wasser war damals über die Ufer getreten und von dicker, gelber Farbe. Momentan ist der Wai Apo äußerst niedrig, so daß man ihn an manchen Stellen sogar mühelos durchwaten kann. Überall hängen Baumstümpfe und Bambusgestrüpp fest, die der Fluß bei Flut vom Ufer weggerissen hat. Bei so niedrigem Wasserstand gelangt man mit dem Boot nicht weit flußaufwärts. Alle Boote sind weit flußabwärts an Dock gebracht worden.

Der Boden ist jung und locker, und die obere Schicht ist viel zu dünn, um Stabilität zu besitzen. Selbst ein Entwässerungskanal von weniger als einem Meter Tiefe und Breite kann Erdrutsche und Erosion verursachen.

Vor vier Jahren haben wir keine hundert Meter von meiner jetzigen Arbeitsstelle entfernt einen zwei Meter breiten und zwei Meter tiefen Kanal gegraben. Heute ist er bereits zu einem zehn Meter breiten und fast zehn Meter tiefen Flußbett ausgewaschen worden.

1971 grub eine Mannschaft von uns einen zwei Meter breiten, fast einen Meter tiefen und über drei Kilometer langen Kanal. Wir mußten einen Hügel abtragen, dessen Bodenschichten verschiedene Farben hatten: Grau, blau, gelb, rot und lila. Deshalb tauften wir den Kanal auf den Namen „*Bantalawarna*", was „farbige Erde" bedeutet. Wir entdeckten, daß die mit Pflanzenstärke versetzte Erde als Farbe verwendet werden konnte, und schon bald leuchteten unsere Baracken in den unterschiedlichsten Tönen. Doch auch jener Kanal ist heute ein Fluß, ein richtiger Fluß. Die Instabilität des Bodens macht die Bewässerung zu einem teuren und nie endenden Unternehmen.

Ich erinnere mich noch gut daran, was für ein hartes Stück Arbeit die Anlegung eines weiteren Kanals war. Da das Lager recht weit entfernt war, mußten wir dort schon morgens um halb sechs aufbrechen und dann nicht selten bis abends um acht Uhr durcharbeiten. Der Kanal führte durch Dschungelgebiete, Felder der einheimischen Bevölkerung, Bambushaine und Wälder. Im Elefantengras sengte die Sonne auf unsere verschwitzten Leiber herab, und im Dschungel kämpften wir mit Bäumen, die wir mit ihren Wurzeln herausziehen mußten. Am schlimmsten aber war das Rattangehölz: überall Dornen – lange, dünne und rasiermesserscharfe Dornen, die durch die Haut dringen und unter ihr abbrechen. Wenn du unter einer bestimmten Rattansorte stehst, beginnt deine Haut bald zu jucken und wird feuerrot. Wenn du dieses Gewächs streifst, schwillt die betreffende Stelle sofort an. Und dann die Moskitos! Stelle keine Fragen! Im Dschungel, Rita, sind sie entsetzlich.

Doch auch dieser Kanal ist nicht mehr brauchbar, weil er inzwischen zu einem breiten Fluß geworden ist.

Ein anderes Mal hatten wir den schwachsinnigsten Kanal zu „graben“, den man sich vorstellen kann – er führte quer durch ein flaches Sumpfgebiet. Wesentlich mehr Arbeit als das Graben verursachte das Anlegen der Randbefestigungen. Wie du dir leicht vorstellen kannst, war es in diesem nassen Sumpfgebiet nicht einfach, genügend feste Erde für die Randbefestigungen zu finden. Letztendlich waren wir gezwungen, mit dem Floß Erde aus anderen Gebieten herbeizuschaffen. Mit Stangen stakten wir das Floß mühsam vorwärts. Der idiotische Kanal wurde fast zwei Kilometer lang, und als wir endlich Wasser einließen, erwies er sich als nutzlos. Das Wasser war viel stärker als unsere Befestigungen, die wir mit primitivem Werkzeug und einfachsten Arbeitsmethoden sowie ohne Sachkenntnisse über das Gebiet, in dem wir arbeiteten, angelegt hatten.

Wir befinden uns nun in der Periode zwischen den Jahreszeiten, und der Himmel ist stets grau. Draußen auf dem Meer peitschen die Ostwinde hohe Wellen auf, so daß kleinere Schiffe Namlea nicht anlaufen können. Deshalb mangelt es mir an Papier zum Schreiben.

Seit drei Monaten hat es kein Gewitter mehr gegeben, doch wenn ein Gewitter heraufzieht, dann tobt es sich gewaltig aus. Schon mehrere Männer sind vom Blitz erschlagen worden. Ein Häftling war im Lagerhaus, als dort der Blitz einschlug. Er wurde zu Boden gerissen und verlor das Bewußtsein. Aus seinen Ohren floß Blut. Er hat den Schlag überlebt, doch er hat das Gehör verloren.

In Jakarta muß es jetzt heißer denn je sein. Auch hier ist es unerträglich heiß. Mit fallendem Wasserpegel sind auch die Sümpfe zurückgewichen und jetzt deutlich von den Wasserläufen und Seetaschen zu unterscheiden. Die Wasserflächen in den Sümpfen schrumpfen zusammen, so daß die *Mujair*-Fische allmählich keine Nahrung mehr finden und immer weniger Platz haben, sich zu bewegen. Das macht es uns leicht, sie mit Haken, Netz oder Falle zu fangen. *Mujair* schmeckt am besten mit *Colo-colo*, einer Art Chilisauce aus Chili und Zitrone. Man muß die Fische nur grillen. Ich persönlich mag sie am liebsten, wenn sie in Schlamm oder in die Scheide einer Bananenstaude gehüllt und anschließend unter glühenden Kohlen gegart werden. So zubereitet schmecken sie mir besser als gebraten oder gepökelt.

Bald beginnt die Saison für Thunfisch. Die Thunfische in der Javasee sind klein, doch hier in den Gewässern der Molukken sind sie riesig. Wenn man Thunfisch ausnimmt, sieht man, daß die Außenseite des Fleisches dunkler als die Innenseite ist. Dies ist darauf zurückzuführen, daß sich im dunklen Teil die Blutgefäße des Fisches befinden, und deshalb wiederum läuft der Thunfisch stets Gefahr, beim Durchqueren zu kalter Gewässer zu erfrieren. Um nicht zu verenden, muß der Thunfisch ständig in Bewegung sein, und zwar mit einer Geschwindigkeit von etwa dreißig Stundenkilometern. Schwimmt der Fisch langsamer, erkaltet das Blut, und deshalb ist es unmöglich, Thunfische lebendig zu fangen. Sobald das Tier in ein Netz gerät, kann es sich nicht mehr schnell genug bewegen; das Blut erstarrt und der Fisch verendet.

Doch damit will ich für heute schließen, Rita. Berichte mir in deinem nächsten Brief von etwas Interessantem, das du erlebt hast, oder auch von einem deiner Träume oder von der Schule oder von deinen Lehrern. Schreib deutlich. Du hast noch keinen Freund, nicht wahr? Dazu bist du auch noch zu jung. Doch wenn du anfängst auszugehen, mußt du zuerst die Erlaubnis deiner Mutter oder deines Vaters einholen. Versprichst du das? Wir wollen nicht, daß du dich herumtreibst. Sei immer offen zu uns.

Umarmungen und Küsse für meine Rita.

Körperliches und geistiges Wohlbefinden, Karrieremöglichkeiten

Liebe Tieknong,

ich habe deinen Brief und die Fotos erst am 12. August 1977 erhalten. Da du im Juli Geburtstag hast, wird dich dieser Antwortbrief, der dein Geburtstagsgeschenk sein soll, viel zu spät erreichen. Ich hoffe, es ist nicht schlimm.

Am 30. Juni fuhr ich mit dem Fahrrad vom Hauptquartier nach Savanajaya, um in dem knapp zwanzig Kilometer entfernten Lager der Hochzeit eines Kameraden beizuwohnen. Es war mein zweiter Besuch in Savanajaya. Zum ersten Mal war ich 1973 dort. Damals legte ich die vierundzwanzig Kilometer von Wanayasa zu Fuß zurück. Ich war um ein Uhr mittags aufgebrochen und kam um zehn Uhr abends an.

In den vergangenen zwölf Jahren habe ich alle Wege zu Fuß zurücklegen müssen. Zum letzten Mal war ich 1963 mit einem Fahrrad unterwegs. Ich kann mit keinen Worten ausdrücken, wie wundervoll das Gefühl war, wieder auf einem Fahrrad zu sitzen und mühelos bergauf und bergab zu fahren. Ich fühlte mich bei den rasanten Abfahrten von den Höhen wie in einem Propellerflugzeug.

Ich habe in meinem Leben mehrere Fahrräder besessen. Auf der Fahrt nach Savanajaya dachte ich wehmütig an mein erstes Rad, das meine Mutter mir geschenkt hatte, als ich in der siebten Klasse war. Als ich zwei Jahre später nach Surabaya ging, um meine Studien fortzusetzen, nahm ich das Fahrrad mit, doch später kaufte mir Mutter ein neues Rad, und dazu auch noch eine Armbanduhr und zwei goldene Ringe. In den ersten Tagen der japanischen Besatzung nahm mir 1942 ein japanischer Soldat auf der Straße neben dem Friedhof von Blora das neue Fahrrad ab, und erst 1943 erwarb ich in Jakarta wieder ein eigenes Rad der Marke Hercules. Ich erinnere mich nicht genau, was mit diesem Rad geschehen ist, doch es kann sein, daß ich es Onkel Prawit überlassen habe. 1950 kaufte ich mir wenige Monate nach meiner Entlassung aus dem Gefängnis Bukitduri, in das mich die Holländer gesperrt hatten, ein neues Fahrrad. Wenn ich mich recht entsinne, schenkte ich es später Onkel Tjus.

Als ich noch zur Schule ging, legte ich in den Ferien Hunderte Kilometer mit dem Rad zurück. Einmal habe ich die gesamte Insel Madura mit dem Fahrrad umrundet. 1955 – ich war damals wesentlich jünger und kräftiger als heute – konnte ich die dreißig Kilometer von Jakartas Zentrum nach Kebayoran Lama hin und zurück radeln, ohne zwischendurch abzusteigen.

Doch da dich meine Geschichten über Fahrräder wohl kaum interessieren, will ich dir von der Hochzeit berichten. Die Hochzeitszeremonie für meinen Kameraden und seine Braut fand in Namlea statt, das beide mit einer Bootsfahrt durch die Kayeli-Bucht erreichten. Sie wurden standesamtlich getraut, weil der Pastor noch in Urlaub auf Java war. Morgens um fünf Uhr waren sie losgefahren, und nachmittags um zwei kehrten sie schwer seekrank nach Savanajaya zurück.

Im Rahmen der Hochzeitszeremonie war etwas Bedrückendes geschehen: Vor der Trauung nahm der Standesbeamte dem Paar den Eid ab, für immer auf Buru zu bleiben. Dies bedeutet in der Praxis: Selbst wenn dieser Mithäftling freigelassen wird, bleibt er ein Gefangener. Ich wurde den Gedanken nicht los: Welchen Zivilisationsgrad haben wir eigentlich in Indonesien, wenn eine Regierung so dreist in die Persönlichkeitsrechte der Bürger eingreift? War dies etwa das Indonesien, das ich mir in jungen Jahren erträumt hatte? Nein, wie stark unterschied sich die Realität von den Träumen! Wäre ich an der Stelle jenes jungen Mannes gewesen, so hätte ich mich geweigert.

Der Bräutigam gehörte zu Einheit 3–Wanayasa. Man hatte mich zum Repräsentanten der Einheit gewählt, und in dieser Funktion fiel mir beim Empfang die Aufgabe des offiziellen Gastgebers zu. Am Tag vor der Hochzeit war in Wanayasa ein Mann von einem großen Bullen auf die Hörner genommen worden. Zum Glück war er nicht schwer verletzt, doch der Bulle wurde sofort geschlachtet, und ein Teil des Fleisches wurde für die Feier in Savanajaya zur Verfügung gestellt. Andere Einheiten schickten Gemüse und Obst. Es waren nicht nur die Häftlinge zugegen, die mit ihren Familien in Savanajaya lebten, sondern auch Gäste aus allen anderen Einheiten. Insgesamt dürften dreihundert Personen dagewesen sein. Aus allen Richtungen wurden Eier, Reis und andere Lebensmittel beigesteuert.

Der Hochzeitsabend fand im Kulturzentrum der Einheit statt, und der festliche Rahmen wurde von einer Musikgruppe und einer sehr gekonnten Komödienaufführung unterstrichen. Da zudem draußen ein Fußballspiel ausgetragen wurde, befand sich Savanajaya in einer wahrhaft festlichen Stimmung. Für unsere Verhältnisse waren die Tische überladen mit Fleisch, das nur darauf wartete, unsere hungrigen Mägen zu füllen – von Ente, Huhn, Gans und Rind. Leider gab es kein Ziegenfleisch, das ich am liebsten mag. Da es hier das teuerste Fleisch ist, habe ich seit meiner Ankunft auf dieser Insel niemals ein Stück auf den Teller bekommen. Das Rindfleisch lenkte meine Gedanken zu einem anderen Häftling aus meiner Einheit, den wir Yadi genannt hatten. Auch er wurde von einem Bullen auf die Hörner genommen worden, doch er hatte weniger Glück als der Mann am Vortag – er starb, nachdem der Bulle ihm die Hörner in die Brust gerammt hatte. Ich schreibe dies, um an ihn zu erinnern. Wenn Bullen zu hart arbeiten müssen, Tieknong, lehnen sie sich auch gegen ihre Herren auf – im Gegensatz zu Wasserbüffeln, die sanftmütig wie unwissende Kinder sind.

Das Fest dauerte bis zwei Uhr morgens. Obwohl Savanajaya an der Küste liegt, ist das Klima recht kühl. Die von den Bergen herabströmenden Südwinde waren so kalt, daß die Leute mit den Zähnen klapperten. Die Temperatur fiel in jener Nacht auf dreizehn Grad Celsius! Ich erinnerte mich an die Reise nach Holland im Jahre 1953. Als ich dort im Sommer ankam, war es nur sechzehn Grad warm, und als es im Dezember schneite, war es selbst im Haus nicht wärmer als zehn Grad.

Da ich keinen Platz zum Übernachten hatte, ging ich zum Magazin und mietete eine Bank, ein Moskitonetz und eine Matte. Auf der einen Hälfte der Matte schlief ich, mit der anderen Hälfte deckte ich mich zu. So lag ich dort eingerollt wie in ein Omelette, doch aufgrund der Kälte bekam ich die ganze Nacht kein Auge zu.

Um zehn Uhr morgens verließ ich Savanajaya. Auf dem Weg zurück zum Hauptquartier machte ich eine Pause in Einheit 15, um ein wenig Schlaf zu finden. Vielleicht habe ich dir noch nicht erzählt, daß Einheit 15–Indrapura meine neue Einheit sein wird; ich soll schon bald dorthin verlegt werden. Die Einheit liegt in den Bergen, wo die Luft frisch und kühl ist. Die Gefangenen baden dort nicht im Fluß, sondern erhalten ihr Waschwasser aus einer Bergquelle, die durch ein fast fünfhundert Meter langes Bambusrohrsystem ins Lager geleitet wird. Das frische und saubere Wasser füllt auch die terrassierten Karpfenteiche, die von den Gefangenen angelegt wurden. In den Teichen setzten sie Priangan-Karpfen aus Westjava aus, und einzelne Fische sind jetzt schon so dick wie der Oberschenkel eines Menschen. Leider verschwinden häufig Fische auf dubiose Weise, doch es sind nicht die Häftlinge der Einheit, die sie stehlen.

In Indrapura haben die Männer entlang der Straße, die durch das Lager führt, Papayabäume gepflanzt, und hungrige Passanten dürfen sich an den Früchten satt essen. Man darf sogar welche mit nach Hause nehmen, denn es herrscht Überfluß an Papayas; viele Früchte fallen überreif zu Boden.

Das Wasser ist zwar klar und frisch, doch es ist schwierig zu kontrollieren, denn da der Untergrund aus Silikatgestein besteht, verschwindet es in der Trockenzeit an manchen Stellen plötzlich ins Nichts, um einige hundert Meter weiter wieder an die Oberfläche zu dringen. Ein Teil der Straße, auf der ich zum Hauptquartier zurückradelte, führt am Rand einer Schlucht entlang, deren Boden aus hartem, rotem Ton besteht und von kleinen schwarzen Steinen durchsetzt ist, die wie Eisenerz glitzern, wenn man sie spaltet. Unsere einzigen Werkzeuge waren Schaufeln und Spitzhacken – kannst du dir vorstellen, unter welchen Mühen wir diese Straße angelegt haben?

In der Regenzeit werden die Brücken, die wir gebaut haben, nicht selten von heftigen Niederschlägen weggespült. Du kannst dir nicht vorstellen, wie reißend die Fluten werden. Wenn es in Strömen regnet, ergießt sich aus den Bergen ein Sturzbach wie Wasser aus einem umgestürzten Krug. Selbst der beste Schwimmer kann gegen diese Strömungen nicht ankämpfen. Ein Einheimischer wurde von den reißenden Fluten gegen einen Baum geschleudert und war auf der Stelle tot. Der Leichnam wurde weggeschwemmt und nicht mehr gefunden. In den gefährlichen Gewässern sind bisher mindestens zehn Menschen ums Leben gekommen.

In der Trockenzeit steigen die Temperaturen bis auf sechsunddreißig Grad Celsius, so daß die Ebenen mit Elefantengras dampfen und die trockenen Bestände der *Melaleuca*-Bäume leicht in Brand geraten. Habe ich dir jemals von der schrecklichen Dürre im Jahre 1971 erzählt, als die Flüsse austrockneten und die Vögel zu Tausenden am Himmel kreisten, um verendende Fische zu erbeuten? Ich sah damals mit eigenen Augen ein Flußbett, das auf einer Länge von fast zwei Kilometern ausgetrocknet und mit toten Fischen übersät war. Wenn der Wasserstand in den Sümpfen fällt, gehen uns riesige Aale ins Netz, die zuweilen über zwei Meter lang sind. In solchen Zeiten herrscht ein Überangebot an Fisch, und es werden mehr Fische verscharrt als verzehrt.

In der Regenzeit ist der Wasserstand hingegen so hoch, daß wannengroße *Kakap*-Fische und Haie mit rasiermesserscharfen Zähnen den Fluß herauf geschwommen kommen. Ein *Kakap*, der fünfzehn Kilometer weit gegen die Strömung eines Flusses schwimmt, verendet vor lauter Erschöpfung, doch vor wenigen Tagen hat ein Mann mit Schnur und Haken einen kleinen Hai gefangen, der etwa einen halben Meter lang war. Er hat den Hai in den Entwässerungskanal geworfen, doch dort verendete der Fisch natürlich. Er schmeckte nicht besonders gut, denn sein Fleisch war nicht fest.

Doch nun zu anderen Dingen. Es wäre schön, wenn du dir nach der Schule die Zeit nehmen würdest, unseren Familienstammbaum zu erforschen. Du solltest zunächst dem Stammbaum der Familie deiner Mutter nachspüren, dem der

Familie Thamrin. Ich habe dies selbst einmal begonnen, doch ich gelangte nur bis zu Thamrin Muhammad Tabri, dem Großvater deiner Mutter.

Das Manuskript, an dem ich arbeite, ist nahezu fertig, doch ich muß die Arbeit ruhen lassen, weil ich zusätzliche Materialien benötige. Sobald ich sie bekomme, werde ich das Manuskript von Beginn an überarbeiten.

Die Geschichte über deine Arbeitssuche hat mir gefallen. Viele Passagiere, deren Schiffe auf dem Weg nach Irian Jaya in Namlea vor Anker gehen, berichten von den Schwierigkeiten, in Java Arbeit zu finden. Bei deinen Zeilen mußte ich aus irgendeinem Grund an meine Mutter (deine Großmutter Saidah) denken, deren Vater (dein Urgroßvater) ein religiöser Führer mit recht hoher Position in Rembang war. Mutter forderte beharrlich, daß ich kein Bürokrat werden und nie in der Verwaltung arbeiten sollte; sie wünschte, daß ich frei und unabhängig sein sollte und tun und lassen könnte, was ich wollte – mit der Auflage, daß es nicht die persönliche Freiheit anderer Menschen berührte.

Um unabhängig zu sein, sagte sie, muß ein Mensch an sich glauben, und dieses Ziel erfordert Tag für Tag unablässige Übung. Als Ergebnis ihrer Anleitungen entwickelte ich mich zu einer unabhängigen Person. Da Mutter mich ständig mit irgendwelchen Arbeiten betraute, lehrte sie mich, alles Nötige zu tun. Sie ermahnte mich, daß man jede angebotene Arbeit annehmen muß und daß keine Arbeit schlechter oder unehrenhafter ist als eine andere, solange sie anderen Menschen keine Nachteile bringt.

Ich strebte danach, Mutters Hoffnungen gerecht zu werden, und ich glaube, daß es mir zum größten Teil gelungen ist. Wegen ihrer sorgsamen Führung hatte ich nie Probleme, Beschäftigung zu finden, obwohl ich eingestehen muß, daß ich in meinem Leben bloß zwei richtige Arbeitsverhältnisse einging: Eines von 1942 bis 1945 bei der Nachrichtenagentur Domei, wo ich im Alter von siebzehn Jahren als Typist begann und später Stenograph, Junior-Archivar und schließlich Redakteur wurde, und eines von 1950 bis 1951 im Verlagshaus Balai Pustaka als Redakteur für moderne indonesische Literatur. Zwischen beiden Arbeitsverhältnissen diente ich von 1945 bis 1947 in der nationalistischen Armee, doch dies habe ich immer als Pflicht und nie als Arbeit betrachtet.

Zwischen 1963 und 1965 gab ich Literaturkurse an einer Universität in Jakarta, doch auch das betrachte ich nicht als richtige Arbeit, denn ich tat es hauptsächlich, um Einblicke in das akademische Leben zu gewinnen. Immerhin hatte ich mich durch meine eigene Ausbildung nie für eine Unterrichtstätigkeit qualifiziert, noch nicht einmal für eine solche auf unterster Ebene.

Ich erzähle dir das nicht, um dich zu bewegen, in meine Fußstapfen zu treten. Du mußt dich für eine eigene Karriere entscheiden. Da ich nicht die Möglichkeit hatte, auf dich aufzupassen und deine Entwicklung zu begleiten, kann ich nicht behaupten, dich so zu kennen, wie ein Vater seine Tochter kennen sollte. Ich kann dir deshalb nur den Rat geben, einen Berufsweg einzuschlagen, der dir behagt, doch deine Entscheidung darf weder dir noch deiner Familie oder anderen Menschen zum Nachteil gereichen. Aus deinen Briefen lese ich heraus, daß du Talent zum Schreiben hast, doch du bist dir dessen nicht bewußt und hast niemals versucht, diese Fähigkeiten zu entwickeln.

Auf den Fotos, die du mir geschickt hast, wirkst du blaß und kränklich. Du schreibst, daß du Magenprobleme hast. Sei vorsichtig. Wenn du eine Krankheit mit dir herumschleppst, kommen leicht andere hinzu. Dazu will ich dir etwas Näheres sagen: Mein Vater brachte einst die Hoffnungen zu Papier, die er in mich und meine Geschwister setzte. Von mir erhoffte er, daß ich mich zu einem Intellektuellen entwickeln würde. Er mahnte mich, auf meine Gesundheit zu achten, und betonte, daß ich besonders auf den Magen achtgeben müsse. Ich hatte mein Leben lang Magenprobleme, schon als kleiner Junge und auch noch heute im Exil auf Buru. Bis ungefähr zu meinem zwanzigsten Lebensjahr war ich sehr häufig krank, und es gab Zeiten, in denen ich überzeugt war, daß ich keine dreißig Jahre alt würde. Damit lag ich falsch, denn ich bin nun schon um einiges älter. Auf einer Auslandsreise im Alter von fünfunddreißig Jahren beschloß ich, mich einmal gründlich untersuchen zu lassen. Ich war damals in Rumäniens Hauptstadt Bukarest und ließ mir einen Termin in der Klinik von Dr. Anna Arslan geben. Da sie gerade in den Vereinigten Staaten war, untersuchte mich ein Assistenzarzt. Als die Testergebnisse vorlagen, erfuhr ich, daß sich an meinen Gelenken eine Arthrose zu bilden drohte. Ich bekam mehrere Injektionen, die mich nahezu lähmten. Erinnerst du dich an die Zeit, in der deine Mama mir abends die Arme massierte?

Von Rumänien reiste ich weiter nach Deutschland, wo ich einen Termin im Städtischen Krankenhaus in Berlin wahrnahm. Die Ärzte gaben keine Kommentare ab, als sie zunächst meine linke und anschließend die seltsam geschwollene rechte Gesichtshälfte untersuchten. Sie konnten nichts finden. In Prag vermutete man, daß mein Blut zu dick sei, und empfahl mir einen Blutaustausch. Ärzte in Budapest stellten andere Vermutungen an. Kurzum: In Europa konnte man mir nicht helfen. Nach meiner Rückkehr nach Indonesien wurde ich für ein Jahr in Haft genommen, ohne daß man mir eine Schuld nachweisen konnte. Als ich endlich wieder auf freiem Fuß war, begab ich mich zu einer Untersuchung ins Zentrale Armeekrankenhaus. Drei Ärzte empfahlen mir, die sich verhärtenden Bereiche zu weiten oder durch Plastik zu ersetzen.

Als ich nach Hause kam, entdeckte ich im Hinterhof das Gestänge eines alten Wagens, aus dem ich mir Hanteln bastelte. Ich nahm mir fest vor, gesund zu werden. Fortan betrieb ich regelmäßig Hantelübungen, begann mit Klimmzügen an einer Reckstange und lief morgens, wann immer es möglich war, eine Runde. Allmählich verbesserte sich mein Gesundheitszustand, obwohl er nie wieder so gut wurde wie früher.

Kannst du dir vorstellen, was diese Erfahrungen für mich bedeuteten? Ich begriff, daß man gegen seine Schwächen ankämpfen muß. Und genau das mußt auch du tun – du mußt gegen deine Schwächen ankämpfen, egal auf welchem Gebiet und obgleich man sich manchmal sehr überwinden muß, um angestrebte Ziele zu erreichen.

Du hast also Magenprobleme. Da ich solche Schwierigkeiten kenne, kann ich noch mehr dazu sagen. Als ich in der nationalistischen Armee diente, hatte ich derartige Probleme sehr häufig. Sie raubten mir immer den Appetit. Mitunter konnte ich über Monate hinweg nicht mehr als einige Löffel Reis pro Mahlzeit essen. Mit Durchfall oder Ruhr hatte ich stets mindestens drei Wochen lang zu kämpfen. Da es damals kaum Medizin gab, bekämpfte ich die Krankheiten mit Kurkuma.

Als mich die Holländer ins Gefängnis Bukitduri sperrten, wurde ich erneut krank. Zunächst glaubte ich an die üblichen Magenprobleme, doch diesmal war es etwas anderes. Ich litt mehrere Tage lang an Verstopfung und hatte auch Blähungen. Weder der indonesische noch der holländische Arzt wußte Rat. Die Krämpfe waren so schmerzhaft, daß ich kaum aufstehen konnte. An einem Sonntag erhielt mein Zellengenosse von seiner Familie ein Päckchen mit Nahrungsmitteln. Darunter war ein Glas Schalotten, die in eine Chili-Pfeffer-Lake eingelegt waren. Ich bat den Mithäftling, mir ein wenig davon abzugeben, doch er lehnte zunächst ab, da mir die Ärzte empfohlen hatten, nur Brei und andere leichte Kost zu mir zu nehmen. Ich löcherte ihn jedoch weiter, bis er schließlich einwilligte, und siehe da: Nachdem ich zwei Löffel der würzigen Sauce zu mir genommen hatte, ließen die Krämpfe urplötzlich nach und ich konnte sofort zur Toilette gehen.

Ein ehemaliger Nachbar in Tanah Abang litt an ähnlichen Problemen. Er befolgte meinen Rat, zwei Eßlöffel Essig zu sich zu nehmen und erholte sich rasch. Vielleicht war es Zufall, doch ich glaube an diese Kur.

Hier auf Buru habe ich schon sechs Männern mit derselben Empfehlung helfen können, nachdem die Ärzte keinen Rat gewußt hatten. Sofern du keine Magen- oder Darminfektion hast, kannst du dieses Mittel auch probieren. Hier auf Buru nennt man die Essigkur inzwischen „Prams Medizin".

Eine Magenerkrankung kann die Ursache für emotionale und nervöse Störungen sein. Sie kann dich verunsichern, aufregen und ängstigen, und diese negativen Gefühle können sich auf den gesamten Körper auswirken, so daß man nicht in der Lage ist, in gewohnter Weise zu handeln.

Früher plagten mich oft Blähungen und Verstopfung, doch diese Probleme haben sich auf Buru gebessert. Ich führe es darauf zurück, daß wir abends das für den nächsten Tag abgekochte Trinkwasser nach draußen stellen. Der morgens fallende Tau reinigt das Wasser zusätzlich. Nach der hinduistischen Überlieferung vermittelt Tau oder natürlich destilliertes Wasser *Prana*, Lebenskraft. Ich bin mir nicht sicher, ob man angesichts der zahlreichen Atomversuche in der Atmosphäre heute noch auf diese Theorie vertrauen darf, doch Tatsache ist, daß ich von Magenproblemen und Erkältungen befreit zu sein scheine. Ich begann 1971 mit dieser Praxis. Am ersten Tag spürte ich genau, wie das vom Tau gereinigte Wasser wie eine Schlange durch meine Eingeweide kroch, doch ich ließ mich nicht beirren und trank seitdem allmorgendlich nach dem Aufstehen von diesem Wasser. Schon nach einem Monat waren meine Magenprobleme verschwunden, und seitdem sind sie mir nie wieder zur Last gefallen. Vielleicht solltest auch du diese Methode anwenden. Die einzige lästige Nebenerscheinung ist das häufigere Urinieren, denn man muß mindestens einen Liter trinken.

Noch kein Mittel habe ich gegen die Verschlechterung meiner Sehkraft gefunden. Ich weiß, daß ich zweimal täglich eine Zeitlang aus der Nähe auf grüne Blätter starren sollte, um meinen Augen eine Dosis Chlorophyll zu gönnen, doch irgendwie fehlt mir die Zeit dazu. Vielleicht sollte ich einige Blätter mit in die Hütte nehmen, um sie bei der Arbeit greifbar zu haben, denn sonst blicke ich nur auf weißes Papier.

Etwas Sonderbares habe ich mit einem Gerstenkorn erlebt. Dem Volksmund zufolge soll man sich einen Baumwollfaden um den Ringfinger der rechten Hand binden, wenn man im linken Auge ein Gerstenkorn hat. So ein Unsinn, dachte ich. Doch als ich zu Anfang dieses Jahres ein Gerstenkorn im rechten Auge hatte, fiel mir dieser Rat einer alten Frau ein, und obwohl ich mir in der Klinik eine Salbe hätte holen können, massierte ich den unteren Teil meines linken Ringfingers. Und was soll ich dir sagen: Das Gerstenkorn verschwand! Ich empfahl die Methode einem Mithäftling, und auch bei ihm hatte sie Erfolg.

Ich hörte auch von einer chinesischen Behandlungsmethode. Ein Gerstenkorn ist eine Art Pustel. Wer ein solches Gerstenkorn im rechten Auge hat, bekommt unweigerlich auf der oberen rechten Rückenhälfte einen Pickel. Dasselbe gilt für die linke Seite. Man muß den Pickel aufstechen und den weißen Eiterfaden ausdrücken. Sobald dies geschehen ist, verschwindet auch das Gerstenkorn.

Wenn du Schwindelgefühle oder Kopfweh hast, mußt du dir einige Minuten lang in den Muskel zwischen Daumen und Zeigefinger kneifen, und der Schmerz wird verschwinden. Es klingt merkwürdig, doch es stimmt. Hier auf Buru genießen Reflexzonentherapie und Akupunktur hohes Ansehen, denn sie haben schon vielen geholfen.

Doch nun zu anderen und wichtigeren Dingen. Du schreibst, daß du dich beschämt fühlst, weil deine Eltern so viel für dich getan haben. Das darfst du nicht! Sei stolz, daß deine Eltern bereit sind, hart für dich zu arbeiten, und rüste dich, dasselbe einmal für deine eigenen Kinder tun zu können. Die Liebe von Eltern für ihre Kinder zeigt sich in den Dingen, die sie für sie tun. Deine Mutter und ich sind stolz darauf, ein Kind wie dich zu haben. Ich bin stolz auf alle meine Kinder, und keines von ihnen muß sich in meiner Schuld fühlen. Ihr alle wart Wunschkinder und solltet in einem Umfeld aufwachsen, das von Liebe und Zuneigung geprägt ist.

Deine Empfindungen sind Ausdruck eines Minderwertigkeitskomplexes. Du mußt sie abstreifen. Schaue mit hoch erhobenem Kopf in die Welt, denn das Leben ist ein ständiger Kampf gegen Mühseligkeiten. Pflanzen, die von der Sonne abgeschnitten werden, streben zum Licht. Das Leben ist ein Streben hin zur Sonne. Jeder Mensch ist einzigartig – es gab ihn, gibt ihn und wird ihn nur einmal geben. Du bist ein Individuum, und jedes Individuum hat seine besonderen Fähigkeiten, Ideale und Träume. Wer Angst zu fliegen oder Angst vor der Sonne hat, ist ein Wurm. Biologisch sind die Menschen einander ähnlich, doch schon in ihren elementarsten Bedürfnissen zeigen sich enorme Unterschiede.

Deine Mutter und ich wissen genau, daß du uns glücklich machen und uns gefallen möchtest, doch daran solltest du nicht denken. Du mußt dein eigenes Leben einrichten, für dich und die Kinder, die du später haben wirst. Du darfst deine Reise in die Zukunft nicht durch die Vergangenheit deiner Eltern behindern, denn sie hatten ihre eigene Zeit in dieser Welt, die nicht die deine war. Deine Zeit ist die Zukunft, die du selbst gestalten mußt. Deine Eltern können sie nicht für dich gestalten.

Es gefällt mir nicht, daß du auf Fotos immer mit gerunzelter Stirn zu sehen bist. Denke daran, daß es keinen besseren Lehrmeister als gemachte Fehler gibt. Akzeptiere das als Teil des Lebens und lerne daraus. Sei nicht unrealistisch, auch nicht in deinen Träumen. Wer das ganze Leben hinter dem Unmöglichen herjagt, muß darauf vorbereitet sein, die Bürde der Enttäuschung zu tragen.

Tieknong, ich hoffe, daß meine Ausführungen dir einen Weg zeigen, auf dem du dich von deinen körperlichen und geistigen Lasten befreien kannst. Doch für den Fall, daß dein Problem psychische oder neurologische Ursachen hat – was jedem passieren kann –, will ich dir noch ein Mittel verraten, das meine Mutter mir einst nahelegte und das ich bis zum heutigen Tage beherzige. Wenn du dich schlafen legst, sei es nachmittags oder abends, dann lege dich so entspannt wie möglich hin. Nimm kein zu hohes Kissen. Reguliere deinen Atem und höre hin, wie du einatmest und ausatmest, einatmest und ausatmest. Lasse deine Gedanken treiben und versuche, an nichts zu denken. Versuche, nichts zu spüren. Wenn dir das gelingt, fühlst du dich am nächsten Tag entspannt und kannst harte Arbeit leisten.

Sage vor dem Einschlafen Dank für dein Wohlbefinden und alles Positive, was dir der verstrichene Tag gebracht hat. Lächele dabei und befreie deinen Geist, so daß deine Muskeln entspannt sind und ruhen. Nachdenken spannt die Muskulatur an. Wenn du zum Beispiel an jenen gemeinen Lehrer denkst, vor dem du solche Angst hast, so wird dein Herz schneller zu pochen beginnen und dein Körper eine defensive Haltung einnehmen, ohne daß es dir recht bewußt wird. Vielleicht schläfst du darüber ein. Doch wenn du dich nicht von deinen Spannungen gelöst hast, werden sie in den Stunden des Schlafs bei dir bleiben, und wenn du morgens wach wirst, fühlst du dich angespannt, müde und unwohl.

Was meine Mutter mich lehrte, war *Samadhi*: Meditation. Es gibt viele Ebenen der Meditation, doch um ein erfülltes Leben zu führen – kulturell, emotional, intellektuell, spirituell und körperlich –, genügt es, die erste Ebene zu beherrschen. Das Vertrauen in eine bessere Zukunft ist der Weg zur guten Gesundheit. Halte dich daran, und du wirst jeden Tag mit einem zufriedenen Gefühl beschließen.

Doch nun zu deiner Zukunft: Du bist ein erwachsener Mensch und sollst deinen Ehemann nach freiem Willen auswählen, doch ich möchte die Hoffnung anklingen lassen, daß du nicht nur blinde Liebe sprechen läßt, sondern dich für einen zivilisierten, gebildeten und loyalen Mann entscheidest. Niemand ist perfekt, jeder Mensch hat seine Schwächen. Triff deine Wahl mit Bedacht und stelle sicher, daß dein zukünftiger Mann nicht an einer psychischen, physischen oder genetischen Erkrankung leidet. Egal wie stark deine Liebe auch sein mag – einen Mann mit genetischer Krankheit solltest du verlassen. Doch wenn deine Liebe dies nicht zuläßt, darfst du keine Kinder mit ihm bekommen. Man darf nicht bewußt Kinder in die Welt setzen, die sich selbst und ihren Eltern nur eine Last sein werden.

„Reichtum" sollte kein Motiv für deine Wahl sein. Mich hat materieller Reichtum nie gelockt, und keine materiellen Dinge könnten mein Herz, meinen Geist und meine Seele beeinflussen. Prinzipien sind wesentlich wertvoller als bunte Federn. Dein Großvater opferte für die nationale Freiheit fast seinen gesamten Besitz und ließ sich in den Ruin treiben. Sein Beitrag zur Unabhängigkeit unseres Landes ist niemals offiziell gewürdigt worden, doch ich betrachte ihn als Helden. Er hatte seine Schwächen und machte Fehler, doch er hinterließ mir Wertvolleres als monetären Reichtum: das feste Bewußtsein, daß die Kraft, den eigenen Prinzipien treu zu bleiben, aus dem Kampf gegen Widrigkeiten erwächst; je mehr Schwierigkeiten man zu überwinden hat, desto stärker muß man sein, um seine Ziele nicht zu verraten und sich selbst sowie – wichtiger noch – der Gesellschaft gerecht zu werden.

Zweifellos wirst du entdecken, daß dich dein Leben inmitten einer wachsenden Bevölkerung und der damit verbundenen Abnahme des Lebensraums und der eigenen Möglichkeiten vor immer größere Herausforderungen stellen wird. Die Technologie ist mit ihren Versprechungen auf künftigen Fortschritt der Messias unserer Zeit, doch hüte dich vor falschen Versprechungen. Umweltverschmutzung und sich ausbreitende Krankheiten bedrohen die Menschheit. Trotz aller Bemühungen, den Zyklus des Verfalls aufzuhalten, Reformen einzuleiten, falsche Einstellungen zu korrigieren und eine gesündere Weltanschauung zu etablieren, sind die Zeichen des Verfalls der menschlichen Lebensqualität allenthalben sichtbar. Nicht selten erscheint die Hoffnung auf Fortschritt unrealistisch; wir können uns wohl nur bemühen, weiterem Verfall vorzubeugen.

Ich bin sicher, daß du weißt, worauf ich hinaus will. Die Generation deiner Kinder wird vor ernstere Herausforderungen gestellt sein als meine oder deine Generation. Deshalb ist das „Erbe" von herausragender Bedeutung – du mußt deinen Kindern die Erziehung und Ausbildung mit auf den Weg geben, die sie benötigen, um sich den Herausforderungen zu stellen. Eine Mutter muß verständnisvoll, dynamisch und flexibel sein. Sie muß stark sein, viel stärker als ein Mann. Ich bin davon überzeugt, daß die Zukunft den Frauen gehört. Die Kraft von Frauen hat sich im Verlauf der Geschichte immer wieder bewiesen. Beispiele sind der Marienkult des Christentums, der im zweiten Jahrhundert – also vierhundert Jahre vor Mohammed – aufkam, die Verehrung der Göttinnen Lokana, Pandarawasini, Mamki und Tara im Buddhismus, und lange vorher die Göttinnen Demeter, Hera und Athene im antiken Griechenland. Doch da ihre Zeiten solche der Sklaverei waren, konnten sie keine Antwort auf die Herausforderungen geben, vor die sie gestellt wurden. Brutale Gewalt war das Kontrollinstrument ihres Lebens. In unserem Zeitalter aber sind die Frauen durch Bildung und soziale Veränderungen zu Macht und Stärke gelangt; sie stehen nicht mehr unter der Fuchtel der Männer und gelten nicht länger als reine Zierde eines erfolgreichen Mannes, wie es bei unseren javanischen Vorfahren noch der Fall war.

Die Vorherrschaft des Mannes über die Welt wird in Frage gestellt. Keiner der Kriege, die ausgefochten und immer von Männern begonnen wurden, hat zu einem besseren Leben der menschlichen Rasse geführt. Die Frauen als Brunnen der menschlichen Liebe werden die das Leben dominierenden Kräfte bestimmen. Die uralten Werte dieser Welt sind zu Fossilien geworden, und es liegt an den Frauen, ihnen mit Händen und Herzen neue Inhalte und neuen Geist zu verleihen.

Ich mache mir große Sorgen über die Herausforderungen, welche die künftige Generation zu bewältigen hat. Was wird geschehen, wenn die Gewalt endgültig der Vergangenheit angehört? Du kannst mich getrost einen Malthusianer oder Neo-Malthusianer nennen, doch Malthus' Lehrsätze sind absolut richtig. Es liegt nur an uns, wie wir sie zur Anwendung bringen.

Als ich 1948 erstmals mit Malthus' Lehren in Berührung kam, waren mein Leben, meine Weltsicht und alles andere vollkommen auf den nationalistischen Kampf ausgerichtet. Heute sehe ich ein, daß ich damals für falsche Ziele eintrat. Es waren keine lokal begrenzten Probleme, mit denen wir konfrontiert waren, sondern Probleme der gesamten Menschheit. 1948 nickte ich zustimmend mit dem Kopf, als es hieß, daß die Expansion des Kapitals die Vereinigten Staaten veranlaßt hatte, zunächst Yokohama zu beschießen und später Japan die Pforten zu öffnen. Die kapitalstarken Vereinigten Staaten hatten begonnen, die Welt zu ihrem Haus zu machen. Erst viel später begriff ich, daß das, was man „die Vereinigten Staaten“ oder „das amerikanische Volk“ nannte, bloß eine Handvoll Männer war, welche die amerikanische Wirtschaft und damit das Leben in den Vereinigten Staaten selbst kontrollierten.

Dasselbe trifft auf andere Völker zu. Natürlich kann Kapital eingesetzt werden, um den Lebensraum auszudehnen, doch nur für eine begrenzte Anzahl Menschen. Damals wurde als mögliche Problemlösung die Nationalisierung und Sozialisierung der Produktionsquellen, von denen die Mehrheit der Bevölkerung abhängig war, angeführt. Letztendlich aber kapitulierte diese Idee vor der Macht des Kapitals. Zudem entstand die Phantasievorstellung, daß es möglich sei, mit dem ausländischem Kapital zu kooperieren. Um dieses malthusianische Problem zu lösen, traten manche für die Schaffung einer neuen Sozialordnung und eines neuen Systems ein, was jedoch nur durch radikale Veränderungen des alten Systems und der alten Organisationen zu erreichen ist.

Das zwanzigste Jahrhundert, Tieknong, war also von der Suche nach einer Lösung der Probleme, die durch schwindende Lebensräume entstehen, geprägt. Der Existentialismus – eine Philosophie, die nach dem Zweiten Weltkrieg sehr populär wurde – förderte die Anschauung, daß der Mensch intellektuell kein unbeschriebenes Blatt sein darf. Der Mensch muß sich für das gemeinsame Wohl der gesamten Menschheit einsetzen und darf nicht im Kokon seiner persönlichen Probleme verharren. Der Mensch soll nicht nur sein Gehirn einsetzen, sondern muß auch sein Herz, seine Hände, seine Füße und seinen Mund wirken lassen. Die Herausforderung für deine Generation und die Generation deiner Kinder besteht darin, daß ihr euch größeres Wissen als frühere Generationen aneignen müßt. Dieses Jahrhundert ist das Zeitalter der Lösung für das Problem „Mensch als Mensch“, nicht für das Problem „Mensch als Tier“.

In meinen zwanziger Lebensjahren war ich davon überzeugt, daß es genüge, sich als Pazifist zu bekennen, um ein guter Mensch zu sein. Heute weiß ich, daß dies falsch war. Ich bin zu der Ansicht gelangt, daß die Existenz des Menschen nur dann von Bedeutung ist, wenn er seine menschliche Seele aktiv als Kosmos aller Konstellationen des Lebens demonstriert: Kultur, Zivilisation, Tradition, Geschichte, Idealismus, Fakten, physische und psychische Bedingungen, Ökologie und vieles mehr. Mit anderen Worten: Während ich den Menschen früher als nacktes, seelenloses und vollkommen auf sich selbst bezogenes Wesen betrachtete, sehe ich heute in ihm eine gigantische Kraft, und jeder Quadratzentimeter seiner Haut enthält einen eigenen Makrokosmos.

Doch vielleicht langweile ich dich mit diesen Überlegungen. Ich erzähle dir also lieber eine Geschichte über Japan und eine seiner „noblen“ Taten. 1943 – ich war achtzehn – verkündete eine Annonce in der Zeitung, daß die japanische

Militärregierung Schülern der Mittelschule die Gelegenheit biete, ihre Studien in Japan fortzusetzen. Da ich damals in der Nachrichtenagentur Domei arbeitete, hatte ich leichten Zugang zu den offiziellen Nachrichten, doch ich erfuhr nichts über die Umsetzung dieses Programms. Erst einige Zeit später hörte ich, daß von den Bewerbern angeblich nur attraktive junge Frauen angenommen worden seien. Dann griffen Gerüchte um sich, daß diese jungen Frauen – zum größten Teil Töchter respektabler und gebildeter Familien – nicht nach Japan geschickt würden, sondern in die über ganz Indonesien verstreuten japanischen Militärkasernen, und dort würden sie keine Fortbildung erhalten, sondern müßten die sexuellen Begierden japanischer Soldaten befriedigen.

Die japanischen Behörden erklärten, daß solche Gerüchte „giftiges Geflüster feindlicher Spione" seien. Eine öffentliche Diskussion oder gar eine Untersuchung fand niemals statt. Die Familien erhielten keine Briefe von ihren Töchtern, und als die Revolution losbrach, wurden die jungen Mädchen – die meisten waren nicht älter als fünfzehn oder sechzehn – als vermißt betrachtet.

Was denkst du, was geschehen ist? Nun, die Gerüchte entpuppten sich als wahr. Und heute, in einer Zeit, in der japanische Waren die indonesischen Märkte überschwemmen, als wäre unser Land der Abfallhaufen für die Produktion der japanischen Industrien, befinden sich manche dieser Frauen, die als Kinder von den Japanern betrogen wurden, hier auf der Insel Buru. Sie sind alt geworden und leben unter menschenunwürdigen Umständen als Allgemeinbesitz der einheimischen Bevölkerung und als Menschen ohne Rechte.

Diese javanischen Frauen wurden auf unterschiedliche Weise in diese abgelegene Ecke der Welt verschlagen. Sehr glaubwürdig finde ich die Geschichte eines Mithäftlings, der eine von ihnen traf:

An einem Tag im Jahre 1974 verrichtete der Mann seine gewohnte Feldarbeit, als er gegen Abend eine Frau mittleren Alters bemerkte, die still unter einem Busch saß. Sie hielt ein etwa neun Monate altes Kind im Arm, das offenbar nicht ihr eigenes war, und saß einfach herum, ohne etwas zu sagen oder etwas zu tun. Ihre Haut war schmutzig, ihre Kleider waren zerlumpt. Sie trug keine Schuhe, und ihre Haare waren ungekämmt. Der Mann näherte sich ihr und war bestürzt, als ihn die Frau in javanischer Hochsprache anredete. Sie erklärte, daß sie die Frau eines Dorfoberhaupts sei und um Cassava bitte. Sie war vollkommen ausgehungert.

In dem sich entwickelnden Gespräch berichtete die Frau, daß sie die Tochter eines stellvertretenden Dorfvorstehers aus Wonogiri sei. 1943 hatten die Japaner ihr im Alter von vierzehn Jahren vorgespiegelt, daß sie eine Hebammenschule besuchen könne und eine Arbeitsstelle in einem Krankenhaus auf Ambon erhalte. Ihre Eltern willigten in das Angebot ein, und zusammen mit vierzig anderen jungen Frauen unterschiedlichen Alters wurde sie in einem Schlafsaal in Semarang untergebracht. Dann wurden sie auf einem Schiff nach Ambon befördert und dort ebenfalls in einem Schlafsaal einquartiert, der jedoch von japanischen Soldaten und *Heiho* (in Diensten der Japaner stehenden indonesischen Soldaten) bewacht wurde. Zunächst wurde ihnen keine Arbeit zugewiesen. Sie bekamen zu essen, schliefen und schlugen die Zeit tot. Dann aber wurden sie nach Altersstufen in kleinere Gruppen unterteilt. Ihre Gruppe wurde auf einem Schiff nach Ceram gebracht, wo der nächste Schlafsaal auf sie wartete. Dort begann ihre tatsächliche Aufgabe: Sie hatte sich als sexuelles Spielzeug für japanische Offiziere hinzulegen. Als nach einer gewissen Zeit frische Mädchen aus Java und anderen Landesteilen geliefert wurden, brachte man sie nach Manipah, einer kleinen Insel nördlich von Buru. Dort wohnte sie im nächsten Schlafsaal – das Gebäude war von einem hohen Zaun umgeben und wurde von *Heiho*-Soldaten bewacht.

Nach Japans Kapitulation mußten sich die betroffenen Frauen alleine durchschlagen. Sie wurde von einem Mann aus Buru mitgenommen, der jedoch schon bald nach der Ankunft auf der Insel verstarb. Es blieb ihr nichts anderes übrig, als seinem Erbberechtigten ins Inselinnere zu folgen. Als mein Kamerad ihr einige Cassava gegeben hatte, stand sie auf, richtete die Schlinge, die das Kind an ihrer Brust hielt und sagte: „Ich würde gerne mit dir zurück nach Java gehen ... doch ihr alle scheint euch hier wohlzufühlen... Straßen und Reisfelder habt ihr angelegt, Brücken, Häuser und Dämme habt ihr gebaut...“ Und mit diesen Worten verschwand sie im Bambushain und wurde nie wieder gesehen.

Du, meine liebste Tieknong, wurdest von deiner Mutter in einem Umfeld des Friedens und der Liebe erzogen – kannst du dir vorstellen, wie jene Frau als vierzehnjähriges Mädchen gelitten hat, als ihr Traum von einer weiterführenden Ausbildung so grausam von den Japanern mißbraucht wurde? Kannst du dir vorstellen, was es bedeutet, von denen, die du liebst und die dich lieben, getrennt zu werden und anschließend alle Begriffe, die du von Zivilisation und Kultur hattest, zu verlieren?

Diese kurze Geschichte ist nur ein Sandkorn in einer großen Düne von Geschichten dieser Art und nur ein Hinweis auf die Bedingungen, unter denen deine Landsleute leben mußten. Es ist sonderbar, nicht wahr, daß sich so schlimme Geschichten in deinem Geburtsland abspielen. Es ist richtig, daß du davon erfährst, und ich hoffe, daß du daraus die Kraft gewinnst, deine eigenen Situationen zu bewältigen. Du darfst nicht schwach sein. Um die Herausforderungen des Lebens zu bewältigen, mußt du stark sein. Sammle deine Kräfte, um dich stark zu machen, und du wirst stark sein.

Den ganzen Tag trage ich die Sandalen, die du mir geschickt hast – nur im Bad und im Bett ziehe ich sie aus. Sie sind ein ideales Geschenk. Ich weiß allerdings nicht, wie viele Monate sie hier halten werden. Mein Geschenk an dich sind die Worte in diesem Brief.

Ich will dir zum Schluß noch ein wenig von meinem Leben auf dieser Insel erzählen: Seit dem 14. November 1973 muß ich keine Feldarbeit mehr verrichten. Das heißt, daß ich augenblicklich nicht für meine Verpflegung arbeite. Ich lebe vom Schweiß, den meine Kameraden vergießen. Sie versorgen mich mit fester und flüssiger Nahrung. Nur mein Waschwasser muß ich selbst holen. Ich bekomme täglich drei Teller Reis mit etwas *Kangkung*-Gemüse zu essen, doch dabei belassen es meine Kameraden nicht. Sie sind immer bestrebt, mir etwas Besonderes zukommen zu lassen, und wann immer es geht, versorgen sie mich mit Zigaretten, Kleidungsstücken, Zucker oder Seife. Jeden Monat beschaffen sie mir zwei Sätze Papier, ein Farbband und Pauspapier, und als meine klapprige alte Schreibmaschine den Geist aufgab, reparierten sie sie sofort. Sie kümmern sich um mich, wenn ich krank bin. Sie lieben mich, Tieknong, und ich liebe sie. Ich werde ihre guten Taten nie vergessen.

Manche Gefangene gehen zehn Kilometer, um mich zu besuchen und mir Bananen, Papaya oder Fisch zu bringen. Ich kann ihnen ihre Freundlichkeiten hier nicht vergelten, doch ich schwöre, daß ich ihnen allen eines Tages einen Dienst erweisen werde, auch wenn sie überhaupt keinen Gedanken an eine Revanche verschwenden. In den zwölf Jahren meiner Gefangenschaft habe ich so viele gutherzige Menschen kennengelernt. Sie helfen mir, mich an Dinge zu erinnern, die ich längst vergessen hatte. Sie tragen mir ihre Sorgen und Klagen vor und fragen mich um Rat, wie sie ihre familiären Probleme lösen können. Ich habe das Gefühl, daß ihre Familien auch meine Familie sind.

Während die Tage verstreichen, hauchen immer mehr von ihnen ihr Leben aus – fern der Menschen, die sie lieben und von denen sie geliebt werden. Alleine und still liegen sie in ungepflegten Gräbern im Bergland oder in der dürren Ebene. Nur ein behelfsmäßiger Holzpflock kennzeichnet die Gräber und nennt die Geburts- und Todesdaten.

Die meisten Verstorbenen waren jünger als dein Vater. Mitunter trifft nach ihrem Tod ein sehnsüchtig erwarteter Brief von daheim ein – ein, zwei oder auch fünf Jahre zu spät. So etwas treibt mir die Tränen in die Augen. Vor zwei Monaten wurde ein Mann namens Mulyoso von einem Mitgefangenen getötet. Der siebenundzwanzigjährige Mörder war erst sechzehn, als man ihn auf diese Insel brachte. Nur wenige Tage nach Mulyosos Begräbnis traf ein Päckchen von seiner Mutter und Familie aus Semarang ein – er hatte jahrelang darauf gewartet.

Die vergangenen zwölf Jahre haben mir sehr viel Not und Qualen bereitet. So viele meiner Kameraden sind schon tot. Das Leben muß der beständigen Sicherheit und dem Gedeihen der Menschlichkeit gewidmet werden. Wie Buddha lehrte, ist Leiden das Resultat von Dummheit und Unwissenheit.

Werteste Tieknong, ich habe dir diesen Brief zu deinem einundzwanzigsten Geburtstag geschrieben. Ich lege ein Foto bei, das vor vier Monaten aufgenommen wurde. Ich hoffe, es gefällt dir. Es wurde in meinem Zimmer gemacht.

Offensichtlich ist der Abzug, den ich bereits in die Post gegeben habe, noch nicht bei euch eingetroffen. Ist es nicht erstaunlich, daß Rom und Byzanz schon vor zwei Jahrtausenden zuverlässige Zustellungssysteme für Postsendungen besaßen? Bei allen technologischen Wunderdingen der heutigen Zeit könnte man denken, daß postalische Zustellungen eigentlich kein Problem mehr darstellen sollten.

Ich möchte nicht, daß du und alle anderen zu Hause euch Sorgen um mich macht. Ich lebe unter sehr kultivierten und zivilisierten Mithäftlingen. Wenn ich sie um Hilfe bitte, tun sie alles, was in ihrer Kraft steht, ohne eine Entschädigung zu erwarten. Diese Männer sind das leuchtende Licht der indonesischen Intelligenz. Sie tolerieren keine Ausflüchte und verwenden weder die hochmütigen Phrasen noch die glatten Formulierungen, die ganz offensichtlich die Welt durchdrungen haben. Ich habe viele berühmte Freunde, deren Name dir ein Begriff wäre, doch ich zähle auch zahlreiche junge Menschen zu meinen Freunden, die niemals die Chance hatten, in der Welt dort draußen ihre Fähigkeiten unter Beweis zu stellen.

Zum ersten Mal wurde ich 1947 ins Gefängnis geworfen, im Alter von zweiundzwanzig Jahren. Ich gehörte der jungen Generation unseres Volkes an. Heute gehöre ich zur alten Generation. Ich bin zweiundfünfzig Jahre alt und immer noch in Gefangenschaft. Doch ich weiß, daß es dich nicht beschämt, daß dein Vater ein Gefangener ist.

Diese Zeilen sind alles, was ich dir zu deinem Geburtstag schenken kann. Ich wünsche dir Glück und Wohlergehen, heute und für alle Tage. Stärke deinen Körper und deinen Geist. Nichts ergibt sich von selbst. Alles ist das Resultat menschlicher Bemühungen.

Küsse und Umarmungen an dich, deine Mutter und deine Geschwister.

IV
ENTLASSUNG

Als ich auf Buru ankam, gab es auf der Insel – oder zumindest im östlichen Inselteil, wo die Strafkolonie angesiedelt wurde – keine Straßen im eigentlichen Sinne. Ein elementares Wegenetz gab es nur zwischen den Küstendörfern. Unsere Gruppe war die erste, die nach Buru deportiert wurde, und wir wurden ins tiefste Innere der Insel in die Ebene des Wai Apo gebracht, die nur mit Motorbooten einigermaßen bequem zu erreichen war.

Die einzigen Vorräte, die man uns zusicherte, waren Reis, Salz, Zukker und einige elementare Nahrungsmittel für sechs Monate. Man erwartete von uns, daß wir uns anschließend selbst versorgen konnten. Wir bekamen nicht einmal die Hälfte der zugesicherten Vorräte ausgeliefert, und Zucker wurde uns überhaupt nicht zugeteilt. Schon nach kurzer Zeit nahm nicht nur das Volumen, sondern auch die Qualität unserer Rationen ab, und schließlich mußten wir uns mit Abfällen begnügen.

Die Baracken, in denen wir lebten, waren höchst einfache Gebäude. Jede Einheit besaß ein Lazarett, das mit einem Stethoskop, wenigen Instrumenten und geringen Vorräten an Desinfektionsmitteln ausgestattet war – damit war die medizinische Versorgung erschöpft. Ärzte und Hilfspersonal mußten aus den Reihen der politischen Gefangenen selbst gestellt werden.

Da klar war, daß wir uns auf uns selbst verlassen mußten, war ich von Beginn an auf der Hut, und ich habe meine Wachsamkeit in all den Jahren auf Buru nie vernachlässigt. Selbst als die Zeit der Entlassung kam – von „Freiheit" habe ich nie gesprochen –, blieb meine Haltung dieselbe: Ich war stets darauf vorbereitet, zu sterben. Dennoch hatte ich einen Ehrgeiz: Ich wollte lange genug durchhalten, um den Sturz des Regimes der Neuen Ordnung zu erleben.

Daß ich darauf vorbereitet war, zu sterben, bedeutet nicht, daß ich den Tod wollte. Es war keine Einstellung, die mit Selbstmordabsichten zu tun hatte, sondern die Tradition der javanischen Mystik, nach der man die Seele den Kräften des Lebens überläßt: „Nimm mein Leben, wenn es keinen Sinn erfüllt. Töte mich, wenn es keinen Grund gibt, daß ich weiterhin lebe." Ich war bereit, was geschehen würde hinzunehmen – und ich glaube, daß es gerade diese Einstellung war, die meine geistige Gesundheit erhielt.

Nachdem ich 1973 wieder die Erlaubnis zu schreiben bekam, trennten die Mithäftlinge für mich in unserer Baracke ein Zimmer ab, so daß ich eine gewisse Privatsphäre erhielt. Leider hatte ich außer gelegentlichen religiösen Traktaten und abgegriffenen Ausgaben von *The Catholic Digest*, die uns der Priester aus Namlea mitbrachte, keinen Lesestoff. Deshalb mußte ich mich auch in historischen Details auf mein Gedächtnis verlassen.

Während meiner Zeit auf Buru konnte ich bei weitem nicht so viel schreiben, wie ich mir für diesen Abschnitt meines Lebens vorgenommen hatte. Ich verfaßte die folgenden Werke:

- *Garten der Menschheit*, eine Tetralogie mit den Titeln *Garten der Menschheit, Kind aller Völker, Spur der Schritte* und *Rumah Kaca* (Glashaus). Dieses Werk sollte dazu beitragen, die weithin akzeptierte koloniale Version der Geschichte der Entwicklung des indonesischen Nationalismus zu korrigieren.
- *Arus Balik* (Gezeitenwende). Ein historischer Roman, der meinen Hoffnungen zufolge das Bewußtsein stärken sollte, daß Indonesien eine Seenation und keine Landnation ist.
- *Arok dan Dedes* (Arok und Dedes). Ein Roman über die javanische Geschichte des 11. Jahrhunderts, als der Hinduismus vom einheimischen javanischen Glauben überdeckt wurde.
- *Mangir*. Ein Drama über die Etablierung der Mataram-Dynastie im späten 16. Jahrhundert.
- *Mata Pusaran*. Ein Roman über den Niedergang Majapahits als Folge von Dekadenz und moralischem Verfall seiner Herrscher.

Ohne sie fertigstellen zu können, arbeitete ich außerdem an einer Enzyklopädie, die als überarbeitete Version der klassischen *Netherlands East Indies Encyclopedia* erscheinen sollte. Auch dieses Manuskript wurde konfisziert und vor meiner Entlassung zerstört.

Und dann waren da natürlich auch die Notizen, Briefe und Essays, die nach meiner Entlassung in der zweibändigen indonesischen Ausgabe *Nyanyi Tunggal Seorang Bisu* zusammengefaßt wurden und die Grundlage zu dem vorliegenden Buch bilden.

Die Zeit, die mir zum Schreiben zur Verfügung stand, war ein Geschenk meiner Mitgefangenen, die meine Feldarbeit übernahmen. Auf persönlicher Ebene gewährten mir die Behörden keine besondere Vorzugsbehandlung, doch sie waren gezwungen, mit mir vorsichtiger als mit anderen umzugehen, da die Augen der internationalen Presse auf mich gerichtet waren.

Ungeachtet meiner speziellen Stellung, sofern davon überhaupt die Rede sein kann, ist Gefangenschaft eine schreckliche Sache, denn sie schneidet die Kommunikation mit der Außenwelt ab. Wir Häftlinge hatten keine Möglichkeit, unsere Gefühle und Gedanken über die Behandlung, die uns widerfuhr, zu übermitteln. Es versteht sich von selbst, daß das Trauma der Massenmorde von 1965 und den Jahren danach viele Stimmen zum Verstummen brachte, die sich sonst vielleicht zum Protest erhoben hätten. In dieser Beziehung bildete ich eine Ausnahme, denn ich gehörte zu den sehr wenigen Gefangenen, die nicht auf ihr Recht auf Meinungsäußerung verzichteten – wann, wo und wem gegenüber auch immer.

So hart mein Leben auch gewesen ist, ich trage kein Verlangen nach Vergeltung in mir. Doch wenn ich einen Wunsch frei habe, dann äußere ich den, daß man mir alles, was man mir in meinem Leben gestohlen hat, zurückgeben möge.

Vor meiner Entlassung und Rückkehr nach Java versuchte ich niemals, mir vorzustellen, welchen Verlauf mein künftiges Leben nehmen würde. Als Realist habe ich meine Erwartungen immer auf den gegebenen Realitäten aufgebaut. Bevor meine Abreise aus Buru Realität wurde, gab es deshalb für mich keine Gedanken über eine Entlassung, auch nicht in der Vorstellung.

Hat mir meine Gefangenschaft einen Gewinn gebracht, habe ich etwas gelernt oder einen Nutzen gezogen?

Ich habe den Geist, das Herz und das scheinheilige Gesicht der Neuen Ordnung äußerst gründlich kennengelernt. Ich habe nahezu kostenlose Methoden erlernt, meine Gesundheit zu erhalten. Ich habe gelernt, daß das Leben im Grunde sehr einfach ist, jedoch von einer kleinen Gruppe autoritärer Menschen, die nach einem üppigen Lebensstil gieren, kompliziert wird. Ich habe gelernt, daß das Gemetzel, das Indonesien erlebte, eine Demonstration des Kannibalismus war, betrieben von einem Raubtier, daß seine Feinde vernichtet, um seine eigene

Machtposition noch stärker zu untermauern. Und nicht zuletzt habe ich gelernt, daß ein Lächeln – sogar ein falsches Lächeln – ein linderndes Mittel gegen Belastung und Hoffnungslosigkeit ist, weil es die Muskeln entspannt und die Nerven beruhigt.

P.A.T. 1998

Die erste Entlassungswelle

Als die Hindus das Wort „Erlösung" prägten, fand die Menschheit den Schlüssel, mit dem sich die Tür öffnen ließ, hinter der sich keine furchterregenden Geister und weder Furcht noch Angst, Sorgen, Schmerzen oder Tod befanden. Buddha Siddhartha gab dem Wort „Erlösung" später eine andere Bedeutung – Erlösung von allem Weltlichen, von allen fleischlichen Dingen. Damit bot er den Schlüssel zu einer anderen Tür an, hinter der eine Welt lag, in der das Fleisch keine Bedeutung hatte.

Nachdem ich nun „Die erste Entlassungswelle" oben auf ein weißes Blatt Papier geschrieben habe, schaue ich aus dem Fenster und blicke in einen windstillen grauen Himmel. Dunkle Wolken ziehen am Horizont über dem Batabual-Gebirge auf, das die Mauern meines Gefängnisses bildet, und umhüllen die *Meranti*-Bäume, die Gitterstäbe meiner Zelle. Ein solche Atmosphäre herrscht zum Zeitpunkt dieser ersten Entlassungswelle! Wenn die Natur grau ist, können auch Menschen grau werden – ob sie nun freigelassen werden oder nicht.

Freigelassen! Frei! Seit es dieses Wort gibt, hat sich sein Inhalt nicht verändert: Freiheit von unwillkommenen Realitäten, Entlassung in eine bessere Welt. Es ist gleichgültig, ob diese Welt vom Hinduismus oder vom Buddhismus geprägt wird.

Frei! Über die Zeitalter hinweg hat sich der Mensch immer nach Freiheit gesehnt – in den Tagen der Sklaverei, im Feudalismus, in der Kolonialzeit, in der jüngeren Vergangenheit und nun auch in meinen Tagen. Die Entlassung, ein Synonym für Freiheit, hat sich eine besondere Ecke in meinem Herzen und in den Herzen aller hiesigen Häftlinge erobert. Für einen Menschen, dem zwölf Jahre lang die Freiheit zusammen mit allen Rechten und Besitztümern genommen war, erscheint eine „Entlassung" als nicht greifbarer Traum. Geschmiedet durch schonungslose Mühsal, ist dieses Wort hart, härter als Stahl. Poliert und geschliffen durch Plackerei funkelt und glänzt es. Die Entlassung ist ein Traum, und dieser Traum ist ein Diamant in meinem Herzen.

In den letzten Monaten des Jahres 1965 wurde ich in Jakarta von einem Gefängnis ins andere verlegt. Jede Verlegung war von dem Gerücht begleitet, daß sie in Vorbereitung meiner Entlassung erfolge. Doch Anfang 1966 saß ich wieder in meiner ersten Zelle. Entlassung? Wie können Sie daran denken? Schließlich sind Sie eine Persönlichkeit des öffentlichen Lebens!

Im Juli 1969 brachte man mich nach Nusa Kambangan, der Gefangeneninsel vor der Südküste Zentraljavas, über die seit der Kolonialzeit nicht geschrieben werden durfte. Am Abend des 16. August 1969 – als Geschenk zum vierundzwanzigsten Geburtstag der indonesischen Unabhängigkeit – schaffte man mich auf ein Schiff, das Kurs auf die Insel Buru nahm. Man erzählte uns Gefangenen, daß es der Aufbruch in ein „neues Leben" sei. „*Selamat jalan*, eine gute Reise und auf Wiedersehen", rief uns der Militäroffizier über den Bordlautsprecher zu.

Nach unserer Ankunft auf Buru war von „Entlassung" nicht mehr die Rede. Das gängige Wort, das wir allenthalben hörten, lautete nun „Resozialisierung" und war meistens von dem Zusatz „durch Transmigration" begleitet.

„Resozialisierung durch Transmigration"? Was bedeutete diese Phrase? Im Kontext mit unserer Verbannung konnte sich niemand vorstellen, was „Resozialisierung" bedeutete. Doch durch die Verwendung des Wortes „Transmigration" lag der Rückschluß auf der Hand: Wir Häftlinge sollten Buru nie wieder verlassen; wir sollten bis zu unserem Tode in der Verbannung bleiben. Mit dieser Antwort im Hinterkopf begannen wir, uns auf unser Leben auf dieser verlassenen Insel einzustellen und wie die *Meranti*-Bäume des Waldes im trockenen Boden der Insel Wurzeln zu schlagen.

„Wenn die Einheimischen hier leben können, dann können Sie es auch", klärte uns ein Offizier auf. „Schließlich sind Sie wesentlich zivilisierter." Zivilisierter? Was hatte das damit zu tun? „Wo Gras wächst, kann der Mensch noch tiefere Wurzeln schlagen", fügte der Mann pathetisch hinzu.

„Transmigration" war ein vertrauter Begriff für mich. Er umschrieb die Politik, Menschen von übervölkerten Inseln in Gebiete mit einer geringen Bevölkerung umzusiedeln. Als ich klein war, transmigrierte eine Nachbarfamilie nach Lampung. Man sprach damals nicht von „Transmigration", sondern von „*boyongan*" – dieses javanische Wort bedeutet „Neuansiedlung" oder „Auswanderung". Als Schüler der Grundschule hatte ich auch bereits die holländische Bezeichnung gelernt: „*Kolonisatie*" – „Kolonisation" beziehungsweise „Besiedlung". Später lernte ich, daß auch diese Bezeichnung ein Euphemismus war. Nach der Unabhängigkeit wurden die Begriffe „Kolonisation" und „Auswanderung" in Ableitung von dem englischen Begriff „*transmigration*" durch das neu-indonesische Wort „*transmigrasi*" ersetzt.

Doch der Begriff spielt keine Rolle. Indonesiens Transmigrationsprogramm geht auf das Jahr 1904 und Generalgouverneur van Heutsz zurück. Es verfolgt die Zielsetzung, Java in einen Garten Eden zu verwandeln. Seit dem frühen 20. Jahrhundert hat sich daran nichts geändert. Doch für die Umsetzung dieses Ziels ist es erforderlich, alle unerwünschten Einwohner zusammenzutreiben und anderswo anzusiedeln.

Wir hier auf Buru mögen keine Bürgerrechte besitzen und mögen nicht alles verstehen, was man uns sagt, doch wir haben empfindsame Gefühle. Und wie schönfärbend die Phrase „Resozialisierung durch Transmigration" auch sein mag: Wir wußten in dem Augenblick, in dem wir sie zum ersten Mal hörten, daß wir jeden Gedanken an Freiheit zusammen mit den Erinnerungen an die unseligen Ereignisse des Jahres 1965 begraben mußten.

Entlassung ... So lautete das Versprechen, das man zwei Jahre zuvor einer neu auf Nusa Kambangan eintreffenden Gruppe von Häftlingen gegeben hatte. Als das Schiff eintraf, das sie aufnahm, wurden die Gefangenen nicht in die Freiheit gebracht, sondern weit weg in die Verbannung auf die in einer weltfernen Ecke gelegene Insel Buru.

Entlassung? ... Bedeutete das Freiheit?

*

In den ersten Monaten des Jahres 1977 sprachen mehrere Offiziere häufig von der Möglichkeit unserer Entlassung. Einer von ihnen, der es ganz offensichtlich gut mit uns meinte, verglich unsere Situation mit dem Ausheben eines Brunnens – es seien nur noch fünf Zentimeter zu graben. Uns aber war klar: Selbst wenn es nur noch ein Zentimeter sein würde, war diese letzte zu entfernende Schicht aus einem Stahl, den keine Axt oder Hacke würde aufbrechen können. Offizielle Verlautbarungen dieser Art wurden deshalb immer nur mit zusammengekniffenen Lippen und ähnlichen zweifelnden Bekundungen aufgenommen.

Wenn zwölf Jahre Inhaftierung den Männern etwas hatten vermitteln können, dann waren es Zweifel. Zuweilen schienen Hoffnungsschimmer aufzuleuchten, doch statt daß sie die Zweifel ausräumen konnten, wurden sie unausweichlich unter deren Füßen zertreten wie die Schädel unter den Füßen Shivas, des Zerstörers. Zweifel sind eine bittere Sache. Sie erwachsen aus dem Verdruß über nicht eingehaltene Versprechen und sind der Bastard einer Kultur, die nicht zu ihren Versprechungen steht.

Doch die Stimmung unter den Gefangenen veränderte sich. In allen Einheiten wurden eifrig Daten gesammelt. Man erstellte Listen mit den Namen der chronisch Kranken, der psychisch oder physisch Behinderten, der über Sechzigjährigen, der über Fünfundfünfzigjährigen, der über Fünfzigjährigen und so weiter.

Die Welt der Gefangenen auf Buru war in Bewegung geraten. Niemand wußte, wo die Stimmen zuerst erklungen waren, doch sie wurden lauter und eindringlicher. Auch von meiner Entlassung war die Rede. Im November 1977 erreichte uns über das Fernsehen im Hauptquartier die Nachricht, daß schon am 15. Dezember die ersten eintausendfünfhundert politischen Häftlinge der Insel Buru „freigestellt" werden sollten.

Freigestellt! Wie in der Ferne hinter düsteren Wolken rollender Donner erhoben sich schon bald die ersten Stimmen, welche die Nachricht skeptisch analysierten. „Wer sagt, daß Freistellung Freiheit bedeutet?" „Freigestellt zu werden muß nicht heißen, frei zu sein!" Doch das Grinsen und Gelächter, das solche Kommentare begleitete, begann, die Vormachtstellung der Gottheit des Zweifels zu unterhöhlen. Warum sollte es nicht wahr sein? Hatte uns das moderne Zeitalter nicht gelehrt, daß der Mensch geboren war, um frei zu sein, und daß nur der Mensch – andere Menschen – die Freiheit beschneiden oder nehmen konnten? Tiere konnten es nicht. Götzen konnten es nicht. Selbst Gott konnte es nicht.

Wir begannen die Tage bis zum 15. Dezember zu zählen, doch selbst in der Gefängnisverwaltung gab es viele, die skeptisch blieben und nicht recht daran glauben wollten, daß der Tag der Entlassung nahe war. „Wie können die politischen Häftlinge entlassen werden?" hörte ich jemanden fragen. „Selbst ihre Exkremente tragen dazu bei, hier einen Profit herauszuschlagen."

Die älteren Gefangenen – über achtzig Prozent der Häftlinge waren über fünfzig – begannen, ihre Habseligkeiten zu ordnen. „Nehmt alles mit! Alles! Auch die zerrissenen Klamotten!" riet uns ein Offizier mahnend. „Vielleicht bringt man euch nur an einen anderen Ort!"

In zwölf Jahren hatten die Gefangenen gelernt, nach einer anderen Bedeutung hinter den Wörtern zu suchen. Ich selbst hatte die Lektion bereits am ersten Tag meiner Internierung gelernt, als sich am 13. Oktober 1965 ein Militärkommandant durch den Mob, der mein Haus zerstörte, drängelte und sagte: „Folgen Sie mir! Ich nehme Sie zu Ihrer eigenen Sicherheit mit!" Ich folgte dem Mann durch die draußen tobende Menge zu einem Wagen, der mit geöffneter Hintertür auf mich wartete. Dort wurden mir die Hände auf den Rücken gebunden, und das andere Ende der Schnur wurde mir in Form einer Schlinge um den Hals geknüpft. Einen solchen Knoten hatten wir in der Revolution „Henkerknoten" genannt. Als ich Platz genommen hatte und das Fahrzeug sich in Bewegung setzte, schmetterte mir einer der Wächter seinen Gewehrkolben aus Metall und Holz ins Gesicht. Ich konnte mich gerade noch abwenden und auf diese Weise vermeiden, daß mein Auge verletzt wurde, doch mein Wangenknochen schmerzte – ich wußte nicht, ob etwas gebrochen war. Auf jeden Fall wußte ich nun, was „zur eigenen Sicherheit mitnehmen" bedeutete, und fortan suchte ich mißtrauisch nach dem Sinn hinter den Wörtern. Die Zeiten ändern sich, und offenbar auch die Bedeutung von Wörtern. Die Wörter selbst sind nicht falsch. Nicht im geringsten. Die Erklärungen in alten Wörterbüchern sind die Quelle der Mißverständnisse. Man muß nach den versteckten Bedeutungen der Wörter suchen, die in keinem Wörterbuch zu finden sind.

Ich hatte den Eindruck, als sei die gesamte Strafkolonie – die über elftausend Häftlinge aus einundzwanzig Lagern der Insel – darüber „informiert", daß ich mit dem ersten Schub Gefangener entlassen werden sollte. Ich wußte nicht, warum sich alle so sicher waren, denn ich selbst hatte keinerlei Informationen erhalten und rechnete nicht mit meiner Entlassung. Daran wollte ich erst glauben, wenn es wirklich so weit war. Zwar kannte ich das Gefühl der Sehnsucht des Menschen nach der eigenen Freiheit genau, doch meine Erfahrungen hatten mich gelehrt, daß manche Dinge nicht so eintreten, wie man es sich erhofft.

Es ging das Gerücht um, daß zweiundzwanzig Journalisten zu uns unterwegs seien, doch an meiner Tür erschien nur ein einziger Reporter von *De Telegraaf* in Amsterdam. An jenem Abend bestätigte er mir, daß eintausendfünfhundert politische Häftlinge aus Buru entlassen werden sollten und berichtete, daß sie Namlea am 20. Dezember auf zwei Passagierschiffen verlassen würden. Zielhafen sollte Surabaya sein.

Als ich ihn fragte, ob er der Information traue, zuckte er mit den Schultern, was mich ebenso sehr ermutigte wie die seit Jahren erklingenden Beteuerungen der Sorte „Sie werden nicht lange hier sein" oder „Bald werden Sie auf einem weißen Schiff mit roter Flagge zurück nach Java fahren". Doch überall waren emsige Aktivitäten im Gange. Die Einheiten erhielten die Anweisung, neun Kubikmeter Feuerholz zu schlagen und zu lagern. Die Gefangenen, die einen Antrag auf Verheiratung eingereicht hatten – entweder mit einheimischen Frauen oder mit Töchtern von Mitgefangenen, die ihre Familien hatten nachkommen lassen –, wurden informiert, daß am 19. Dezember eine Massenhochzeit abgehalten werde. Diese Ankündigung rief bei vielen ungläubiges Kopfschütteln hervor – es blieb kaum Zeit für Vorbereitungen. „Mist!" fluchte einer der Betroffenen. „Selbst fürs Heiraten muß man hier auf ihre Vorschriften hören!"

Die Stimmung war verändert, doch es war nicht vorherzusagen, was geschehen würde. Trefft Vorbereitungen! Macht Pläne! Die Tage waren von Anspannung geprägt, und die Nächte waren noch unruhiger. Würde der Traum in Erfüllung gehen? Waren unsere Zweifel unberechtigt? Durften wir es wagen, daran zu glauben?

Die Einheimischen redeten immer lauter von unserer kurz bevorstehenden Abreise. In der Verwaltungsstelle der Strafkolonie in Namlea hing eine Landkarte von Buru, auf die ein großer roter Kreis gezeichnet war. Der Kreis umschloß ein Gebiet von 173 500 Hektar – eine größere Fläche als diejenige von Monaco oder Liechtenstein. Dies war die Strafkolonie, die inzwischen von den Behörden als „Humanitäres Projekt der Insel Buru" bezeichnet wurde.

Die Sorgen der einheimischen Bevölkerung wuchsen. Im Laufe der Jahre hatten sich die Bewohner von Namleas Umgebung von Sago auf Reis als Grundnahrungsmittel umgestellt, doch den Reis produzierten die Gefangenen. Während unserer Zeit auf Buru floß Reis aus der Strafkolonie nach Namlea und Ambon. Wir Häftlinge erhielten nur einen sehr geringen Teil der Erträge. Das Wachstum des regionalen Handels, der sich nach unserer Ankunft mehr als vertausendfachte, war ebenfalls eine direkte Folge der Ausweitung der land- und forstwirtschaftlichen Produktion der Strafkolonie.

Neue Gebäude säumten die Straßen der Stadt Namlea. Jeder Umschlagplatz zwischen der Strafkolonie und dem Hafen, jede Fabrik und jedes Geschäft profitierte von der Anwesenheit der Gefangenen. Für unsere eigenen Einkäufe hatten wir trotz geringster Entlohnung immer den höchsten Preis zu zahlen. Einen freien Markt gab es nicht. Die Produkte unseres Schweißes und unserer Arbeit wurden durch ein vom Militär kontrolliertes Vermarktungsunternehmen, bei dem wir auch unsere Einkäufe zu tätigen hatten, in die jeweiligen Kanäle geleitet. Anders als die Gefangenen führten viele Inselbewohner ein recht angenehmes Leben. Es war abzusehen, daß der Lebensstandard rapide sinken würde, sobald die Gefangenen die Insel verließen.

Es war mir nicht möglich, meine Unruhe und Verwirrung zu verbergen, als die ersten Mithäftlinge zu mir kamen, um Lebewohl zu sagen. Die meisten gaben ihrer Hoffnung Ausdruck, daß meine Manuskripte bald veröffentlicht werden könnten. Ich konnte ihnen nicht vorwerfen, daß sie den Gerüchten Glauben schenkten. Auch Einheimische und die Offiziere des Militärs hatten die Nachricht von Radio Ambon gehört.

Am ersten Tag kamen nur sechs Personen, doch dann stiegen die Zahlen beträchtlich. Alle waren einmütig davon überzeugt, daß auch ich entlassen würde. Viele kamen aus entfernten Einheiten und hatten einen zehn oder zwanzig Kilometer langen Fußmarsch in brennender Hitze oder ohne Nässeschutz im Tropenregen auf schlammigen Dschungelpfaden nicht gescheut.

Einige Jahre lang hatten mich diese Männer unterstützt und geholfen, meine täglichen Bedürfnisse zu decken, sei es mit Tabak oder Streichhölzern, Seife oder Medizin. Ich hatte ihren Worten und Sorgen über Familie und Zukunft gelauscht und ihre Vorschläge eingeholt, was ich schreiben sollte. Nun fehlte mir der Mut, ihrem Blick zu begegnen. Ich war nicht davon überzeugt, daß meine Entlassung bevorstand.

Manche saßen nur stumm in meiner Nähe, andere baten mich um einige Zeilen oder ein anderes Erinnerungsstück an unsere Bekanntschaft, und wieder andere drückten ihre Freude darüber aus, daß auch ich bald entlassen würde: „Wenn du gehst, wirst du auch ein Stück von mir mitnehmen."

Während die Tage verstrichen, kamen immer mehr Häftlinge mit Fragen, Ratschlägen und Bitten:

„Kannst du es glauben, daß es wirklich soweit ist?“

„Sei vorsichtig und paß auf, daß sie dich nicht zu den *killing grounds* bringen!“

„Deine Frau und deine Kinder werden sicher glücklich sein!“

„Wirst du in Indonesien bleiben?“

„Du solltest das Land bei der erstbesten Gelegenheit verlassen!“

„Bekomme ich dein Zimmer, wenn du weggehst? ... Ich kann es haben, nicht wahr? ... Ich werde einen Antrag stellen, den Raum bewohnen zu dürfen ...“

„Schreib über uns, damit der Teil unseres Lebens, den man uns gestohlen hat, nicht in Vergessenheit gerät, wie es leider mit unseren Vorfahren geschehen ist, die von den Holländern verbannt wurden!“

Ein junger Bursche kam in mein Zimmer gestelzt und überreichte mir ein in Plastik eingepacktes Päckchen, in dem sich eine zehn Meter lange Plastikschnur, ein Paar Nylonsocken, Seife, Zahnpasta und eine Dose Milch befanden. Dann drehte er sich um und verließ mich, ohne ein Wort zu verlieren. Ein anderer Häftling, der eine Woche lang in einer benachbarten Einheit gearbeitet hatte, ließ mir schweigend sechs Enteneier zurück. Ein Kamerad, der Schneider war, gab mir eine sportlich wirkende Wollmütze, die er selbst hergestellt hatte, sowie einen Zettel mit den Worten: „In Jakarta kannst du dich doch nicht mit deiner Grasmütze sehen lassen!“

Die Bitten, Fragen, Ratschläge und Geschenke bereiteten mir Unbehagen und Scham. Ich lauschte den Worten meiner Mitgefangenen mit einem wachsenden Gefühl der Leere.

*

Ich hielt mich an einen strengen Stundenplan, um früh wach zu werden – zwischen 4.30 und 5.00 Uhr –, denn ich benötigte genügend Zeit für meine Gymnastik und das tägliche Pensum. Spätestens um 22.00 Uhr legte ich mich schlafen. Nur außergewöhnliche Ereignisse konnten meinen gewohnten Stundenablauf stören. Dies geschah am späten Abend des 14. Dezember. Ich war bereits eingeschlafen, als sehr spät jemand an meine Tür klopfte. Da der unbekannte Besucher sehr aufgeregt wirkte, zündete ich meine Lampe an und öffnete. Draußen stand ein Gefängnisbeamter.

„Ihr Name steht auf der Entlassungsliste!“ verkündete er auf der Stelle. „Sie sollten darauf vorbereitet sein, vielleicht schon morgen aufzubrechen!“

Dann berichtete er mir, das der staatliche Fernsehsender TVRI soeben die Nachricht ausgestrahlt hatte, daß eintausendfünfhundert politische Häftlinge aus Buru entlassen würden. Was der holländische Reporter gesagt hatte, stimmte: Zwei Schiffe sollten die Gefangenen am 20. Dezember aufnehmen und am 25. Dezember vor Surabaya Anker werfen.

„Als das Fernsehen ausgeschaltet wurde", fuhr er fort, „erhielten wir Anweisung zu bleiben und die erforderlichen Büroarbeiten zu erledigen. So erfuhr ich die Nummern derjenigen, die entlassen werden. Es sind schon Listen an einige Einheiten abgeschickt worden. Morgen werden die Namen ausgerufen. Sie müssen Ihre Papiere bereithalten."

Ich war in dieser Nacht in Schweiß gebadet, als ich meine Unterlagen ordnete und die Texte auswählte, die ich behalten wollte. Drei Stunden lang traf ich meine Wahl im Lichtschein zweier Kerzen – alle verfügbare Elektrizität wurde für die Überstunden im Büro benötigt –, doch beständig nagten Zweifel an meinem Herzen.

Am Morgen war ich so müde, daß ich meine sportlichen Übungen vernachlässigte. Ich trank mein Wasser und ging eine halbe Stunde spazieren. Die Sonne war noch nicht aufgegangen, und Tau fiel vom Himmel.

Ab sechs Uhr trafen Häftlinge aus anderen Einheiten ein, deren Namen beim Morgenappell aufgerufen worden waren. Es war also wahr! Nach über zwölf Jahren stand die Entlassung bevor!

Die Ankunft der Männer, die ihre wenigen Habseligkeiten mit sich schleppten, löste eine Welle der Emotionen aus. Es kamen in Lumpen gekleidete Männer ohne Schuhe und mit spindeldürren Beinen, die geflickte Plastikeimer und Bündel aus alten Säcken, in denen einst Kunstdünger transportiert worden war, mit sich führten. Wie mochte wohl der Inhalt aussehen? In den Gesichtern der Männer spiegelte sich keine Freude wider – nur Schatten der Besorgnis waren zu sehen. Sie schauten weder nach links noch nach rechts, sondern starrten geradeaus, weil sie sich innerlich sorgten, was sie dort draußen erwarten würde.

Hielt diese Versammlung von Seelen, die es irgendwie geschafft hatten, in all diesen Jahren unzählige Male an der Pforte des Todes vorbeizuschlüpfen, eine Parade der Freiheit ab? Nein, es war eine Parade, die zeigte, was ihnen das Leben gelassen hatte. In den zwölf Jahren auf dieser Insel hatte man ihnen die beste Zeit ihres Lebens gestohlen. Sie waren herzkrank oder verkrüppelt, weil es Unfälle gegeben hatte und sie sadistische Befehle ausführen mußten. Fachgerechte medizinische Versorgung war ihnen verwehrt geblieben – in Sachen Pflege und Arzneimittelversorgung waren sie auf die Hilfe ihrer Kameraden angewiesen. Ihre Nieren waren angegriffen, weil es kaum Zucker und kaum Möglichkeiten zu rasten gab. Nur Arbeit hatte es gegeben.

Meine gymnastischen Übungen spornten manche Männer an, sich nervös und hastig zu verabschieden. Nahezu alle waren älter als ich. Ein alter Mann, dem ein zehn Kilometer langer Marsch deutlich zugesetzt hatte, humpelte herbei und ergriff meine Hand. Er strich sich über den weißen Bart und gähnte. Dann fragte er klagend: „Wo werden sie uns jetzt hinbringen?"

„Ich weiß es nicht, aber ich werde für eure Sicherheit beten“, erwiderte ich mangels besserer Worte. Ich hatte kein Recht, meine Zweifel auf die Last seiner eigenen zwölf Jahre zu häufen. Er humpelte davon und stützte sein Gewicht auf einen Rohrstock, der viel zu kurz für seine Größe war. Wahrscheinlich war der alte, spröde Stock unterwegs abgebrochen.

Gebeugt unter der Last eines Sackes schlurfte ein hochgewachsener dürrer Kerl ins Lager und blieb neben mir stehen. Ich kannte ihn schon seit der Zeit vor meiner Inhaftierung. Er umarmte mich, drückte mich an sich und sagte: „Lebewohl, mein Freund, auf ein Wiedersehen!“ Er wollte mich nicht loslassen.

„Lebewohl und alles Gute!“ erwiderte ich und versuchte, mich aus seiner Umarmung zu befreien. Zwölf Jahre zuvor war er ein bärenstarker Bursche gewesen, der die Welt erobern wollte, doch nun war er geknechtet und litt unter akuten Psychosen. Hinter seinem Rücken bezeichnete man ihn als „Verrückten“, doch wie schmal war der Grat zwischen Zurechnungsfähigkeit und Unzurechnungsfähigkeit? Was konnte ein Zeitraum von zwölf Jahren mit ständigem psychischen Streß bewirken? Ein Zeitraum von zwölf Jahren, der von Ängsten und widerhallenden Kommandos geprägt ist. Wie viele Seelen können solchen Belastungen auf Dauer standhalten?

Es war der 15. Dezember 1977. Die Emotionen kochten über. Gefangene, die ich nie zuvor gesehen hatte, weil sie wegen Krankheit oder Schwäche ihre Einheiten nicht verlassen konnten, schleppten sich zu den vier Schaluppen hinab, die sie um sieben Uhr nach Namlea bringen sollten. Wer nicht die Kraft besaß, sich über die Schwelle seiner Baracke zu bewegen, wurde auf einem Stuhl oder einer Tragbahre befördert. Ich sah im Geiste Welle um Welle Menschen, die eintausendneunhundertsiebenundsiebzig Jahre zuvor ihre Häuser verlassen hatten, um Jesus Christus zu suchen und Zeuge seiner Ankunft zu werden.

Im allgemeinen Stöhnen und Ächzen der Hilflosigkeit erklang von einer Tragbahre der wimmernde Ruf: „Warum bringt ihr mich jetzt weg? Ich will lieber hier im Kreise meiner Freunde sterben!“ Ich senkte den Kopf. Ja, das blieb vom Leben übrig. Sobald der Saft herausgesogen war, blieb nicht mehr als eine Hülse zurück, nicht mehr als eine trockene Faser. Der Sarong, der den Mann auf der Tragbahre zudeckte, glitt beim Transport herab und enthüllte ein kalkweißes Gesicht. Eine Wange des Mannes war vom Krebs zerfressen. Und mir schoß der Gedanke durch den Kopf: Er wird seine letzte Ruhe auf dem Grund der Banda-See finden – falls die Schiffe kommen und tatsächlich nach Java fahren.

Alle Männer meiner Einheit waren an diesem Tag damit beschäftigt, die Abreise ihrer Mitgefangenen vorzubereiten. Sie kochten, bereiteten Proviant vor, prüften Checklisten und transportierten Gegenstände zu den Schaluppen. Doch bei aller Geschäftigkeit konnten sie die Fragen nicht verscheuchen, die wie Schwerter in ihre Herzen schnitten: Wohin werden sie meine Kameraden bringen? Wann werde ich fortgebracht?

Am Nachmittag kamen einige Männer, die herauszufinden versucht hatten, ob auch ich abreisen würde, zu mir und informierten mich: „Dein Name steht nicht auf der Liste." Sie blieben nur kurz. Dann kamen andere, um sich zu verabschieden. Manche baten mich, dafür zu beten, daß ihnen die Kraft beschieden sei, ihre Bürde zu tragen.

Um acht Uhr abends schloß und verriegelte ich meine Tür. Ich fühlte mich vollkommen ausgelaugt, legte mich hin und schlief sofort ein. Ich mochte zwei oder drei Stunden geschlafen haben, als mich ein leichtes Klopfen an der Tür weckte. „Wer ist da?" rief ich und zündete meine Lampe an, um zu öffnen. Draußen standen zwei Männer. Einer von ihnen war jung, hatte langes Haar und eine relativ helle Haut. Ich kannte ihn nicht, doch ich streckte meine Hand zum Gruß aus.

„Entschuldigen Sie die Störung", entschuldigte sich der junge Besucher.

Im nächsten Augenblick ergriff der andere, recht robust wirkende Mann meine Hand und schüttelte sie kräftig. „Hallo Pram!" bellte er im Tonfall eines Gefängnisaufsehers.

Sofort mahnte mich mein Gefühl zur Vorsicht. In zwölf Jahren ohne Freiheit hatte ich gelernt, jeden Schritt und jedes Wort zu bedenken. Nicht nur die Berge, die den Horizont versperrten, sondern auch das Bewußtsein, daß ich mich als politischer Gefangener den Behörden gegenüber korrekt und unterwürfig verhalten mußte, bildeten die Mauern meines Gefängnisses. Die Jahre, in denen ich unter diesen Umständen leben mußte, waren ein beständiger Drahtseilakt.

„Erkennst du mich nicht?" fragte der Mann. „Ich bin es – Trisno."

„Trisno Juwono?"

„Ja."

„Komm herein", bat ich ihn.

Der langhaarige junge Mann folgte ihm mit neugierigen Blicken, so als betrachte er ein exotisches Tier im Käfig. „Ich bin jetzt Reporter", erklärte Trisno. „Als Autor konnte ich meinen Lebensunterhalt nicht verdienen; deshalb arbeite ich jetzt als Reporter für *Pikiran Rakyat* in Bandung." Er tätschelte seinen dikken Wanst und erklärte selbstzufrieden, daß er ein Auto, zwei Frauen und jede Menge Freundinnen habe. „Ekelhaft!" dachte ich. „Zwölf Jahre sind verstrichen, und er hat sich keinen Deut geändert." Schweigend hörte ich seinen Prahlereien über seine vielen Auslandsreisen zu.

Als Trisno die Litanei seiner Erfolge abgespult hatte, ergriff der langhaarige Jugendliche das Wort. Auch er war Reporter und hatte vor seiner Reise nach Buru mehrmals meine Familie in Jakarta besucht. Er überreichte mir einen Zettel von einem meiner Kinder – „Kommst du wirklich nach Hause, Papa? Stimmt es, was die Zeitungen und Magazine berichten?" – und eine Nachricht von meiner Frau: „Zwölf Jahre sind verstrichen, und ich hoffe, daß die Kinder und ich nicht ein weiteres Mal enttäuscht werden. Die zwei Wochen nach der Information, daß es Entlassungen geben soll, haben sich endlos hingezogen. Ich weiß nicht, was ich tun kann und bin vollkommen verwirrt. Die Kinder sind aufgeregt und schmieden Pläne über alle möglichen Dinge. Alle sind sicher, daß dein Name auf der Liste steht. Ich bete Tag und Nacht und hoffe, daß meine Gebete diesmal erhört werden."

Ich fragte den jungen Mann nach seinem Namen.

„Ich heiße Sindhunata und arbeite für den *Kompas*."

„Wie alt sind Sie?" erkundigte ich mich.

„Sechsundzwanzig ..."

Er war fast genauso alt wie meine älteste Tochter – nur ein Jahr jünger. Er hätte mein Sohn sein können. Plötzlich empfand ich ein väterliches Gefühl für ihn.

Trisno entschuldigte sich und ging fort. Nun konnten Sindhunata und ich befreiter sprechen. Ich befragte ihn zuerst nach den Lebensumständen meiner Familie.

„Es geht ihnen gut", erwiderte er, „sogar sehr gut. Ihre Frau arbeitet fleißig als Eisverkäuferin. Ihre Kinder sind gesund. Und Ihre Tochter Titiek hat vor, die Universität zu besuchen."

„Haben Sie den Eindruck, daß meine Frau und Kinder wirklich wollen, daß ich nach Hause komme?"

Zögernd erwidert er: „Natürlich wollen sie das. Sie lieben Sie."

„Wirklich? Sie schreiben es zwar immer in ihren Briefen, doch ich weiß nicht, ob es wahr ist."

„Sie lieben Sie und hoffen, daß Sie bald wieder bei ihnen sind."

„Jemand erzählte mir, daß meine Frau eine neue Verbindung eingegangen ist."

„Das ist eine Lüge. Es stimmt nicht."

„Es wäre in Ordnung, denn sie hätte das Recht dazu."

„Aber es stimmt nicht", sagte er nachdrücklich. Er wirkte nervös.

„Ist meine Frau noch hübsch?"

„Ja, doch natürlich ist sie älter geworden."

„Wer sieht älter aus ... sie oder ich?"

„Sie sehen älter aus, Pram ... ein wenig."

Für einige Augenblicke drehte sich das Rad der Zeit zurück ins Jahr 1954, und ich sah vor mir, wie ich meine künftige Frau bei einer Buchmesse im Deca-Park kennenlernte. Ich dachte an unser Eheleben und die friedliche Zeit, die wir bis Dezember 1960 verlebt hatten – bevor ich gekidnappt und gefangengehalten wurde, ohne daß meine Frau in den ersten beiden Monaten informiert wurde, wo ich war. Als ich nach einem Jahr auf freien Fuß gesetzt wurde, hatten wir

Ruhe, bis ich im Oktober 1965 wieder gewaltsam fortgeschleppt wurde ... Ich fand in die Gegenwart zurück.

„Als sie mich nach der Inhaftierung zum ersten Mal im Gefängnis Salemba besuchte, empfahl ich ihr, sich einen neuen Ehemann zu suchen. Sie war damals noch jung und hübsch."

„Aber das hat sie nicht getan", unterbrach mich der junge Reporter. „Sie wartet auf Sie."

An den folgenden vier Tagen strömten die politischen Gefangenen, deren Namen verlesen wurden, aus den umliegenden Einheiten zum Hauptquartier. Viele kamen zu mir, um Abschied zu nehmen: Alte, Körperbehinderte, Geisteskranke und „Kinder". Ja, manche Gefangene waren erst zwischen dreiundzwanzig und siebenundzwanzig Jahre alt – richtige Kinder in diesem Gefängnis für alte Menschen. Zieht man acht bis zwölf Jahre von ihrem Lebensalter ab, so weiß man, in welchem Alter sie aus „Sicherheitsgründen" in Haft genommen wurden. Einige dieser jungen Leute waren nur aus Kindesliebe hier: Sie hatten nach dem Verschwinden ihrer Väter die Gefängnisse abgesucht und waren bei den Vätern geblieben, nachdem ihre Suche Erfolg hatte. Die Behörden schickten sie nicht nach Hause, sondern mit ihren Vätern ins Exil. Wir nannten sie *tapol kecil*, „kleine politische Gefangene".

Ich tätschelte jedem meiner Besucher die Wange, um die Last des Abschieds zu lindern. Als ich einen Kameraden zum Abschied umarmte, begann er zu weinen, was auch mir die Tränen in die Augen trieb. Fortan vermied ich Umarmungen. Nach all den Jahren, die wir gemeinsam verbracht hatten, fühlten wir uns als große Familie und standen einander näher als den eigenen Familienangehörigen. Der Schmerz eines Einzelnen war der Schmerz aller.

Nicht alle, die sich von mir verabschieden wollten, hatten die Gelegenheit dazu, denn mein Zimmer füllte sich mit Journalisten. Presse, Rundfunk und Fernsehen schickten ihre Vertreter, um über die Vorgänge zu berichten. Ich hieß sie willkommen, denn das Gespräch mit Personen, die nicht an diese Insel gefesselt waren, vermittelte auch mir einen Hauch von Freiheit. Es war irgendwie beruhigend, und ich fühlte mich wieder als Mensch – nicht als Pharaosklave und unterworfener Götzendiener, sondern als richtiger Mensch.

Ich hatte an jenen Tagen zahlreiche Fragen von Journalisten zu beantworten. Zuweilen rang ich nach Atem, weil ich so viel sprechen mußte. Die Zeit mit den Journalisten erschien mir als Beginn meiner Entlassung. Vorübergehend war der Druck, der auf mir lastete, abgeschwächt. Welche Zeit lag hinter mir? Zwölf lange Jahre! Und nun wollten die Kaulquappen, die in mir gezüchtet wurden und heranwuchsen, mit Macht ihr Recht auf Freiheit in die Welt hinausschreien.

Im folgenden eine kleine Auswahl der Fragen und Antworten, die gestellt und gegeben wurden:

„Wir hörten in Jakarta, daß Sie entlassen werden. Nun teilen Sie uns mit, daß es vielleicht nicht wahr ist. Wollen Sie nicht frei sein?"

„Ich habe ein Recht auf Freiheit und meine Staatsbürgerschaft, und ich habe dieses Recht nicht kostenlos erworben. Wie viele andere auch, habe ich durch Einsatz, Kampf und Krieg dafür gestritten.

„Was werden Sie tun, wenn Sie frei sind?"

„Ich werde meine Manuskripte aufarbeiten. Hier fehlt mir dazu die Sekundärliteratur."

„Aber Sie haben doch Romane geschrieben. Brauchen Sie dafür Sekundärliteratur?"

„Selbstverständlich."

„Finden Sie im Schreiben Freiheit?"

„Wenn ich sie finde, dann geschieht es durch Arbeit."

„Halten Sie die hier entstandenen Bücher für besser als ihre früheren Werke?"

„Natürlich. Ich bin doppelt so alt wie bei meinen ersten literarischen Versuchen und kann aus einer größeren Erfahrung schöpfen. Auch in einer zwölfjährigen Phase ohne Freiheit und Bürgerrechte sammelt man Erfahrung."

„Was werden Sie nach Ihrer Entlassung zuerst unternehmen?"

Diesmal zwang mich die Frage zu einer Pause. Ich wußte nicht genau, was ich erwidern sollte. Als Schriftsteller mußte ich eigentlich wiederholen, was ich immer zu sagen pflegte – daß ich schreiben würde. Doch als Vater hatte ich keine größere Sehnsucht, als meinen Sohn hochzuheben, in die Luft zu werfen und wieder aufzufangen. Dies hatte ich mit seinen Schwestern getan, als sie klein waren, doch nicht mit ihm, denn er war ja erst zwei Monate alt, als man mich fortbrachte. Jetzt war er zwölf Jahre alt und stand kurz vor seinem dreizehnten Geburtstag. Vielleicht war ich nicht stark genug, um ihn hochzuwerfen, doch ich wollte es versuchen. Und wenn ich als Ehemann über diese Frage nachdachte, mußte die Antwort eine ganz andere werden. Viele Angelegenheiten würden zu unternehmen sein, und es mußten Schulden psychischer und materieller Natur beglichen werden. Ich wollte über diese Dinge nicht sprechen.

„Haben Sie einst der Forderung von *amnesty international* auf Freilassung von Mochtar Lubis widersprochen?"

„Wo stand das geschrieben?" (Ich konnte mich nicht entsinnen, dies jemals getan zu haben.)

„In *Bintang Timur*."

„Ich war nicht der einzige, der für *Bintang Timur* schrieb. Ich erinnere mich jedoch daran, daß ich 1956 zu den ersten gehörte, die gegen die Verhaftung von Mochtar Lubis protestierten."

„Das war in den 50er Jahren. Die 60er Jahre waren anders."

Ich war verunsichert. Konnte ich mich noch auf mein Gedächtnis verlassen? Was sollte dieses Verhör? Ich fragte mich, was dieser Mensch dachte. Hielt er mich für jemanden, der fehlerfrei ist? Am liebsten hätte ich geschrien, daß ich stets bereit gewesen bin, um Vergebung für eventuelle Fehler zu bitten.

„Wissen Sie, in welcher Weise sich *amnesty international* für die Entlassung der politischen Gefangenen, für die Gefangenen persönlich und auch für Sie selbst eingesetzt hat?"

„Nein, aber ich danke der Organisation für ihre Arbeit."

„Glauben Sie noch immer, daß Literatur und Politik nicht zu trennen sind?"

„Politik ist ebensowenig vom Leben zu trennen wie das Leben von Politik. Das gilt auch für diejenigen, die sich als unpolitisch bezeichnen, denn auch sie sind längst in die gegenwärtigen politischen Strömungen eingebunden – sie merken es nur nicht. In der Geschichte sind fast alle literarischen Werke politisch gewesen. Die Menschen müssen ihr Verständnis erweitern und die Tatsache akzeptieren, daß Politik (nicht zu verwechseln mit dem Parteiwesen) mit allem verknüpft ist, was mit Macht zu tun hat. Solange der Mensch in einem sozialen Gesellschaftssystem lebt, wird er immer mit Politik zu tun haben. Respekt vor der Nationalflagge, das Singen der Nationalhymne und das Zahlen von Steuern sind politische Handlungen. Nehmen Sie die klassischen Werke der javanischen Literatur: Unterstützen sie etwa nicht die Machtstrukturen ihrer Zeit? Auch ein politisches Werk kann ein literarisches Werk sein."

„Aber ist Politik nicht schmutzig?"

„Es gibt schmutzige und saubere Politik."

„Wie kommentieren Sie Ihre zehn Jahre Haft?"

„Es sind keine zehn Jahre, es sind fast dreizehn. Ich betrachte diesen Zeitraum von dreizehn Jahren als eine Konsequenz des Prozesses der Staatsbildung."

„Und ihre Gefühle? Ihre persönlichen Gefühle?"

„Sie sind nicht wichtig. Als Individuum bin ich in diesem Prozeß nicht wichtig."

„Was wäre, wenn die indonesische Öffentlichkeit Sie nicht mehr akzeptiert? Was würden Sie darüber denken?"

„Das ist leicht – ich war stets bereit, fortzugehen. Wie sagte doch einst Amir Pasaribu: Lieber ein Fremder im fremden Land, als ein Fremder in der Heimat."

„Welche Religionsangehörigkeit haben Sie?"

„Offiziell: Islam."

„Beten Sie?"

„Ich meditiere."

„Sie scheinen bei guter Gesundheit zu sein. Nach dem Besuch des Generalstaatsanwalts im Jahre 1969 hieß es, Sie seien alt geworden."

„Ich hatte das Glück, daß meine Familie und Freunde mir halfen."

„Müssen Sie Feldarbeit verrichten?“

„Früher mußte ich das, doch jetzt habe ich die Genehmigung zu schreiben. Manchmal helfe ich beim Umgraben, und jeden Tag spalte ich Feuerholz für die Küche.“

„Seit wann ist das so?“

„Seit General Sumitros Besuch im Jahre 1973. Zumindest kann ich mich auf das Schreiben konzentrieren, doch ich kann nicht behaupten, daß auch nur ein einziges Werk fertig wäre.“

„Welche Arbeiten haben Sie hier verrichten müssen?“

„Dieselben Arbeiten wie alle anderen auch: Dschungel roden, Straßen bauen, Felder anlegen, Savanne abbrennen, Reisfelder eindämmen und bewirtschaften, Bauholz sägen, Eisen schmieden und vieles mehr. Die einzigen Arbeiten, die ich nicht leisten mußte, waren Flöße lenken und Sago stampfen.“

„Wie gehen Sie mit der Sehnsucht nach Ihrer Familie um?“

„Ich bete für ihre Sicherheit, ihr Wohlergehen und ihr Glück.

„Welche Gedanken machen Sie sich über Ihre Kinder, nachdem Sie nun schon so lange von ihnen getrennt sind?“

„Ich bin sehr traurig, daß es mir verwehrt wurde, bei ihrer Erziehung mitzuwirken. Sie sind gewachsen wie Gras, ohne daß ich sie bewässern konnte. Doch ich vertraue den Entscheidungen ihrer Mutter.“

„Sie haben eine Schreibmaschine. Wer gab sie Ihnen?“

„Es ist eine ausrangierte Maschine. Freunde haben sie für mich repariert.“

„Ich las in der Zeitung, daß der Präsident Ihnen eine Schreibmaschine schikken ließ.“

„Vielleicht tat er es, doch ich habe nie eine erhalten.“

„Wann schreiben Sie?“

„Ständig... Schreiben ist die einzige Arbeit, zu der ich mich befähigt fühle.“

„Am Tag oder bei Nacht?“

„Meistens am Tag.“

„Wie viele Stunden pro Tag?“

„So viele wie möglich.“

„Wie sieht Ihr Arbeitsplan aus?“

„Ich stehe zwischen halb fünf und fünf Uhr auf und treibe sofort Gymnastik oder mache Liegestütze. Anschließend setze ich Wasser für die Meißel-, Streich- und Kartographiegruppe auf. Nach der Morgentoilette gehe ich eine Viertelstunde spazieren und betreibe anschließend einige sportliche Übungen: Klimmzüge, Hanteltraining oder Freiübungen. Dann laufe ich zwei bis drei Kilometer. Oder besser gesagt: Ich jogge, denn ich laufe nicht sehr schnell. Danach spalte ich das Holz für die Küche und beginne zu schreiben.“

„Was hat Ihnen der Präsident geschickt?“

„Nur einen Brief.“

„Möchten Sie über Ihre Mitgliedschaft in der Lekra sprechen?"

„Meine Mitgliedschaft im Institut für Volkskultur und in allen anderen Organisationen war ehrenamtlich. Ich bin kein Organisationsmensch."

„Schreiben Sie noch immer für das Volk?"

„Für wen denn sonst? Meine Arbeit entsteht zwar aus mir, aber sie ist nicht für mich allein gedacht."

„Hatten die Arbeiten der Lekra-Autoren die Qualität, die sie erhofften?"

„Nein."

„Was halten Sie vom Marxismus?"

„Ich habe die Thematik niemals studiert und mir deshalb keine Meinung dazu gebildet."

„Es gibt gewisse Künstlergruppen, die gegen Sie opponieren."

„Dagegen kann ich keinen Einwand erheben. Bei der Suche nach Wahrheit stehen viele Wege offen. Wichtig ist, daß man sich auf die Wahrheit konzentriert, nicht auf den Streit. In der ersten Hälfte des Jahrhunderts schrieb der Essayist Siti Sundari: Der Reis wird nicht allein weiß, weil er gestampft wird, sondern vor allem durch die Reibung mit den anderen Körnern ..."

„Und das ist der Grund, warum Sie das Banner der Kunst für das Volk gehißt haben?"

„Meine Worte, Schriften und Taten sind nie für mich allein bestimmt gewesen, weder direkt noch indirekt. Das gibt es nicht, daß ein Künstler Kunst nur für sich selbst produziert. Das wäre Masturbation. Das Schaffen von Kunst hat einen sozialen Aspekt, und je weiter die Entwicklung dieses sozialen Aspektes voranschreitet, um so besser ist es. Niemand ißt nur um des Essens willen. Ich vermute, daß die Vorstellung vom Menschen als politisches Tier noch nicht geächtet worden ist, nicht wahr?"

Vier Tage lang zog der menschliche Abfall der Strafkolonie aus den stromaufwärts gelegenen Gebieten zum Hafen von Namlea: grauhaarige Männer mit Lungenkrankheiten und Krebs, deren Brust von Ungewißheit erfüllt und deren Rücken von der Last ihrer letzten Hoffnungen gekrümmt war.

Journalisten entdeckten in Einheit 2 einen Invaliden. Es handelte sich um Mulyana, der im Alter von vierzehn Jahren interniert worden war und von einer Zuckerpalme stürzte, als er Flüssigkeit für die Zuckergewinnung zapfen wollte. Die Beine eines anderen Gefangenen waren nutzlos, seit ihm die Geschosse von Soldaten die Knochen zerschmettert hatten, weil er nicht schnell genug gelaufen war. Zwei Häftlinge aus Savanajaya – der Einheit für politische Gefangene mit Familie –, die über ihre Entlassung informiert worden waren, erfuhren im Hauptquartier, daß sie die Insel nicht verlassen durften. Einer von ihnen fiel tot um; er hatte bereits alles verkauft, selbst seinen Reis.

Ein anderer Häftling, ein hagerer grauhaariger Mann mittleren Alters, erzählte mir, daß er nicht weggehen wolle, weil er für Buru berufen sei. „Denn ich bin der Messias“, sagte er, „der einzige, unablösbare Schüler Gottes.“ Zehn Jahre zuvor hatte er mir im Gefängnis Salemba gesagt: „Denn ich bin Jesus Christus und kann von meinem eigenen Speichel leben.“

Am Abend war ich sehr erschöpft und verspürte wenig Energie, als mich der *Kompas*-Reporter Sindhunata erneut in meinem Zimmer aufsuchte. Kurz darauf klopfte der stellvertretende Sicherheitsoffizier an meine Tür und kam in Begleitung von Warwick Beutler – einem Reporter von ABC – herein, der mir ein Exemplar von *Heap of Ashes* überreichte, das Harry Avelings Übersetzungen einiger meiner älteren Kurzgeschichten enthielt.

Nachdem der Offizier gegangen war, dankte ich dem Gast für die Zeit und Mühe, die er aufgewendet hatte, um mir dieses Geschenk zu bringen. Am meisten überraschte mich das Titelbild: Es war ein vier Jahre altes Foto von meiner Frau und meinen Kindern.

Sindhunata drängte mich, eine Nachricht für meine Familie auf Tonband zu sprechen und versprach, die Aufnahme vor meinen Kindern abzuspielen. Ich erwiderte, daß ich schon einmal auf Band gesprochen hatte, doch als ich die Aufnahme abhörte, klang meine Stimme in meinen Ohren so autoritär, daß ich das Band nicht abzuschicken wagte, da ich fürchtete, daß meine Kinder Angst vor mir bekommen könnten.

„Darüber brauchen Sie sich keine Sorgen zu machen“, beharrte Sindhunata, und so vertraute ich ihm schließlich die alte Aufnahme an – sie war für meinen Sohn bestimmt, für mein jüngstes Kind. Es war eine Geschichte über einen Hund. Ich dachte damals, daß Menschen, denen das Schicksal anderer Menschen gleichgültig war, vielleicht zumindest Sympathie für einen Hund aufbringen könnten.

Der junge und sympathische Reporter des *Kompas* verabschiedete sich, doch der ABC-Reporter blieb, um in einem Interview meine Ansichten zur indonesischen Kultur aufzunehmen. Ich war nicht in der Lage, meine Gedanken logisch und systematisch zu ordnen, und später war ich mit dem, was ich sagte, nicht mehr einverstanden. Als der Reporter ging, lag ich bereits übermüdet auf der Schlafbank, und dicht neben mir lag das Exemplar von *Heap of Ashes*.

Es war der 19. Dezember 1977, und noch immer hatte man meinen Namen nicht ausgerufen. Ich war mir über den geringen Wert klar, den das Wort Freiheit für Indonesier hatte – eine Staatsbürgerschaft, die noch nicht von den Habeas-Corpus-Bestimmungen profitiert hatte –, und war deshalb nicht überrascht. Die Menschenrechte mochten in Europa oder den Vereinigten Staaten geachtet werden, nicht jedoch in Indonesien, wo der Status der politischen Häftlinge unverändert blieb. Die Deklaration der Menschenrechte ist ein wundervolles

Dokument, doch sie bedeutet denjenigen nichts, die den Waffen größere Bedeutung beimessen als den Rechten eines Menschen.

Um 5.30 Uhr morgens kam David Jenkins von der *Far Eastern Economic Review* zu mir, um die letzte Gelegenheit zu nutzen, in relativer Ruhe mit mir zu sprechen. Er nahm die Maße meines Zimmers – 2,5 m x 2,75 m im Grundriß, 2,5 m in der Höhe –, fragte nach meinem Besitzstand und erkundigte sich, welche Manuskripte und Kleidungsstücke ich besaß. Nachdem er seine Aufgabe erfüllt sah, verließ er mich. Er und die anderen Reporter mußten an diesem Tag abreisen.

Die Begegnung mit freien Menschen – ausländischen und indonesischen Journalisten – hatten mir eine wundervolle Gewißheit vermittelt: Die Außenwelt war sich unserer Existenz und unseres Lebens noch bewußt. Solange dieses Leben existierte, war es von Bedeutung. Meine Existenz – unsere Existenz – wurde noch beachtet. Wir lebten, und unser Leben war von Bedeutung.

Schließlich legte die letzte Schaluppe mit Häftlingen ab. Die Männer brauchten ihre Identitätsmarken nicht zu tragen. In meiner Jugend mußten Hunde Marken tragen, die man im örtlichen Büro der Kolonialregierung kaufen konnte. Hunde mit Marken wurden nicht erschossen.

Eintausendfünfhundertundeins politische Gefangene, meine Kameraden, waren nach Java unterwegs und ließen einen Teil ihres Lebens sowie ihre Freunde, die für immer blieben, weil sie in Gräbern in den Hügeln und Tälern der Ebene des Wai Apo ruhten, auf dieser Insel zurück.

Dutzende Männer waren in Burus Flüssen ertrunken. Viele starben an ihrer eigenen Güte, da sie ihre Kraft für Mitgefangene einsetzten und dafür arbeiteten, einen höheren Lebensstandard als den der Wildschweine im Wald zu schaffen. Zum Wohle ihrer Kameraden vergossen sie ihren Schweiß, bis letztendlich auch ihre Körper Burus Boden nährten.

Wie viele Leben endeten viel zu früh? Wie viele Männer starben an Hepatitis, Krebs, Bauchwassersucht oder durch stürzende Bäume? Wie viele begingen Selbstmord, weil sie die Welt, in der sie lebten, nicht begreifen konnten, da ihre Eltern ein solches Leben in Wiegenliedern nie besungen hatten?

Als sie in die Kayeli-Bucht hinausfuhren, befanden sich die Gefangenen in Gewässern, in denen Kameraden ertrunken waren, die im Dschungel *Meranti*-Bäume gefällt, sie zum Wai Apo geschleppt und dort zu Flößen zusammengebunden hatten, um sie flußabwärts in die Bucht zu steuern und dort von den Wellen verschlungen zu werden. Ihre harte Arbeit und die bewältigten Gefahren hatten weder ihnen noch ihren Kameraden einen Nutzen gebracht. Lediglich ihr Status als politische Gefangene war bewiesen worden. Ihr Tod wurde nicht registriert und ihre Familien wurden nicht benachrichtigt.

Kameraden, ich wünsche euch Glück auf eurem Weg in die Welt der Freiheit. Ihr habt nun die zwölf Jahre auf dieser Insel mitsamt den Schönfärbereien und verlogenen Worten, mit denen man uns vertröstete, hinter euch gelassen. Lebt wohl, Kameraden.

Als die Entlassenen fort waren, kam ein junger Mann zu mir, der vor seiner Inhaftierung Mathematik und Physik studiert hatte. „Wir alle haben gehofft, daß du entlassen wirst", sagte er, „doch andererseits ist es schön, daß du noch bei uns bist. So ist uns wenigstens jemand geblieben, der eine Vaterfigur für uns ist."

Seine Worte ließen mich an einen Zimmermann aus Surabaya denken, der sechs Jahre zuvor in Wanayasa zu mir gesagt hatte: „Wir alle hoffen, daß du bald frei sein wirst. Es ist nicht schlimm, wenn wir hierbleiben müssen, solange nur du endlich auf freien Fuß gesetzt wirst."

Die Worte des jungen Mannes rührten mich. Seine klaren Augen, die unschuldigen Worte und die unverhohlene Bereitschaft, alles für mich zu tun, ließen das Bild eines finster dreinblickenden Richters vor meine Augen treten, der mit dem Hammer auf den Tisch schlug und mit spitzem Finger auf mich deutete, um mißtrauisch zu fragen, was ich für jenen Mann und andere getan hätte, daß sie mir so bereitwillig ihre Hilfe anboten. Und in diesem Augenblick begriff ich, warum ich den Behörden ein Dorn im Auge war und wiederholt für Vergehen bestraft wurde, über die man mich nie aufklärte. Im Gefängnis Salemba wurde ich zweimal in den Trakt für Schwerverbrecher verlegt, und auf Buru lebte ich zwei Jahre isoliert in Wanayasa. In den Augen dieses Richters war alleine schon die Bereitschaft meiner Kameraden, mir zu helfen, ein Verbrechen. Gute Beziehungen zwischen Gefangenen waren nicht erwünscht und strafbar. Und gegen Ende des 20. Jahrhunderts fragte ich mich, ob es auf dieser Welt noch ein anderes Land gibt, in dem die Gepflogenheiten früherer Zeiten – Steinzeit, Sklaverei, Feudalismus und Kolonialzeit – so blühend gedeihen wie in meinem Heimatland.

In den nächsten Stunden schauten immer mehr Gefangene bei mir herein – „Reporter" ohne Auftrag und ohne Presseorgan. Sie trösteten mich, lachten aufmunternd und machten alle möglichen Kommentare, warum meine Entlassung wohl aufgeschoben worden war.

„Erst wenn wir ohne weitere Auflagen im Schoße unserer Familien geborgen sind, dürfen wir daran glauben, frei zu sein. Eine Entlassung ohne Auflagen! Seit zwölf Jahren hält man uns jetzt gefangen, und auch dafür haben wir keine Auflagen erhalten."

Sie lächelten. Der Besuch der Journalisten war seit zwölf Jahren unsere erste Gelegenheit, zu Menschen zu sprechen, die nicht mit Strafen, neuen Pflichten, Beleidigungen und Anweisungen zu uns kamen. Zum ersten Mal in dieser langen Zeit hatten wir die Möglichkeit, uns zu offenbaren – unsere Lungen, Gallenblasen, Herzen, Lebern, Nieren, Nerven und sogar unsere Haut. Ja, sogar unsere Haut, denn es gab nicht einen unter uns, dessen Haut nicht von sonderbaren Entstellungen und mysteriösen Kratzern gezeichnet war, die zusammen eine Karte und eine geheime Fibel unseres Lebens auf der Insel Buru waren.

Die Journalisten waren uns vertrauter erschienen als unsere eigenen Verwandten. Ich wußte nun, daß Güte ein Aspekt der Demokratie ist, denn die Reporter hatten uns eine tonnenschwere Last von den Schultern genommen. Nun, da sie fort waren, würde sich eine neue Last zu bilden beginnen, Gramm um Gramm, bis die Tonne wieder voll sein würde. Doch für den Augenblick waren wir erleichtert. Zumindest einmal hatten richtige Menschen das großartige „Humanitäre Projekt" besucht.

Die Gefangenen, die im Hafen von Namlea die Abreisenden hatten bekochen und versorgen müssen, kehrten in ihre Lager zurück. Sie brachten eine Neuigkeit mit: Die Entlassenen hatten zwei Erklärungen unterzeichnen müssen. Die erste Erklärung enthielt zahlreiche Anweisungen: den Marxismus-Leninismus nicht zu propagieren und zu verbreiten; die öffentliche Sicherheit und Ordnung sowie die politische Stabilität nicht zu stören; nie wieder das indonesische Volk und den Staat zu betrügen; keine rechtlichen Schritte oder Forderungen gegen die indonesische Regierung in die Wege zu leiten; und so weiter und so fort. Sie endete mit der folgenden Erklärung: „Ohne Zwang leiste ich hiermit vor dem Repräsentanten der Regierung der Republik Indonesien freiwillig diesen Eid, und ich werde bereitwillig die Verantwortung für alle Konsequenzen tragen, die aus einer Verletzung dieses Eides erwachsen."

Die zweite Erklärung, welche die Häftlinge eigenhändig schreiben und unterzeichnen mußten, beurkundete, daß man sie nie gefoltert hatte und sie keine Zwangsarbeit hatten leisten müssen.

Indem die Gefangenen vor der Entlassung diese Dokumente unterschreiben mußten, blieben sie Sklaven der Regierung! In den Augenblicken, in denen diese Zeilen aufs Papier fließen, dürften Schiffe mit freien Sklaven an Bord die Kayeli-Bucht verlassen und die offene Banda-See erreichen ...

Ich genoß die Lektüre von *Heap of Ashes* und versuchte, die Geschichten so zu lesen, als gehörten sie einer Sammlung aus der Feder eines Menschen mit unterschiedlicher Kultur, Nationalität und Sprache an, doch es gelang mir nicht. Da ich nicht vermeiden konnte, daß mir immer wieder die Tränen in die Augen schossen, hörte ich zu lesen auf und blätterte in dem Buch herum, bis ich zur letzten Geschichte mit dem Titel „*Sunyi Senyap di Siang Hidup*" (Stille zur Mittagszeit des Lebens) gelangte. Es war ein Abschnitt aus meinem Tagebuch, und ich erinnerte mich an jene Zeit, in der es keinen Ausweg aus meinen sozialen, spirituellen und familiären Problemen zu geben schien.

Äußerst bewegt durchblätterte ich den letzten Teil des Buches. Mir war, als führe ich in einem leeren Lastwagen über eine holperige Straße. Meine Wangen wurden feucht, als ich an jene Zeit vor zwanzig Jahren dachte. Wie schnell die Zeit vergangen war! Ich sah mich als jungen Mann in den zwanziger Lebensjahren, der ziellos umherwanderte, vor Einsamkeit schrie und „seine eigenen Wunden leckte". Und ich begriff, daß Tiere den Schmerz anderer Tiere, selbst solcher aus der eigenen Herde, nicht bemerken.

Man brauchte mich nur anzuschauen. Die Furchen und Krähenfüße in meinem Gesicht wurden als Zeichen der Vergangenheit täglich sichtbarer. Ich begann meine Zähne zu verlieren, und meine Augen waren auf die Unterstützung durch eine Brille angewiesen. Auch mein Gehör spielte mir so manchen Streich. Mein Haar war licht geworden und verlor die Pigmente, und kahle Stellen zeigten sich auf meiner Kopfhaut. Die Muskeln, die meinen Kopf aufrecht hielten, schienen schwächer geworden zu sein, denn ich ließ den Kopf häufiger als früher auf die Brust sinken – als Zeichen des Verstehens und des Nichtverstehens. Und das alles in nur zwanzig Jahren! Ich, der einstige Solist, der allen Schmerzen zum Trotz einsam und ohne Zeugen gesungen hatte, trieb im Verrinnen der Zeit dem Alter entgegen. Ich war in die Jahre gekommen und taugte bloß noch dazu, Enkel zu hüten. Zu einer anderen Zeit hatten meine Lippen Mantras gesprochen und im Gebet um Stärke und Durchhaltevermögen an den Einen und Allmächtigen gezittert; sie hatten gegen mißliebige Dinge gezischt und wohlgefällige Dinge gepriesen; doch nun kräuselten sie sich im verständigen Lächeln des Alters. Mein Herz war friedlicher geworden, denn es wurde nicht mehr vom heftigen Geplätscher der Wellen der Jugend umspült, sondern versuchte die Dinge zu verstehen, die sich in meiner Reichweite befanden.

Das Alter hat seine eigenen Ordnungspunkte und fällt seine eigenen Urteile. Einst war ich überzeugt, keine dreißig Jahre alt zu werden, doch jene Zeit lag lange zurück. Vorbei war auch die Zeit, in der ich um die Vernichtung meines Körpers flehte. Damals hörte ich jemanden sagen: „Laßt ihn toben, er wird sich erschöpfen." Heute glaube ich die Worte zu hören: „Laßt ihn in Ruhe, er ist alt und wird sterben." Meine Stimme war schwächer geworden. Würde ich noch singen können und würde jemand die leisen Gesänge eines Mundtoten hören wollen?

Die Zeit im Gefängnis und Exil, die sich nun zum dreizehnten Jahr rundet, ist nicht leicht gewesen. Und immer noch warte ich auf meine Entlassung.

Es stellte sich heraus, daß die erste Entlassungswelle Realität geworden war. Staatliches Fernsehen und Radio berichteten über die Rückkehr der Gefangenen zu ihren Familien. Viel bedeutender aber ist, daß die Bilder vom herzlichen Empfang der Zurückkehrenden die Bereitschaft des indonesischen Volkes dokumentieren, die ehemaligen Häftlinge wieder aufzunehmen.

Hier auf Buru schleichen die Tage nun langsamer als früher dahin, so als wolle die Zeit ihren Zyklus nicht mehr fortsetzen. Immer mehr Männer zerbrechen unter Tagträumen oder Krankheiten. Ihr gespanntes Warten ist verstärkt worden, seit sie klar erkannt haben, welch geringen Wert individuelle Freiheit in Indonesien hat und wie wertlos die Tränen und Gebete ihrer Familien waren, die sie vor fast dreizehn Jahren zurücklassen mußten. Sie haben einen neuen Respekt für Nationen gewonnen, deren Bürger von den Gerichten auch dann Recht einfordern können, wenn die öffentliche Meinung gegen sie ist; deren Bürger ihre Meinung offen äußern und ohne Anwesenheit einer dritten Partei heiraten dürfen; deren Bürger ihren Körper für sich selbst und für die Zwecke, die ihnen genehm sind, einsetzen dürfen; deren Bürger tausend Dinge tun dürfen, ohne jemanden um Erlaubnis bitten zu müssen.

Es gab eine Zeit, in der das indonesische Volk nationale Freiheit wollte, sie einforderte und für sie kämpfte, doch nun, nachdem sie erstritten worden ist, wird die individuelle Freiheit mit Füßen getreten. Sehr oft hörte ich Leute sagen: „Ihr Land ist wunderschön, ein wahres Paradies." Doch wann wird das indonesische Volk so schön wie sein Land sein und eine Zivilisation und Kultur pflegen, die zum größeren Ideal der Schönheit der Welt und der gesamten Menschheit beiträgt, statt den freien Geist des Menschen zu würgen und zu ersticken?

Ich sollte meine Feder nun zur Seite legen. Der Himmel hat eine schmutzige Farbe, doch natürlich sind auch Wolken nicht von ewiger Dauer. Das Zwielicht beginnt der Dunkelheit zu weichen, und es ist Zeit für den Appell – wie jeden Tag werden wir auf Vollzähligkeit überprüft. Nur schade, daß die Hirsche und Wildschweine dieser Insel meine Aufzeichnungen nie verstehen würden, selbst wenn man sie von ihrem Analphabetentum befreien könnte.

V
DIE TOTEN UND VERMISSTEN

Uns alle verband, daß wir zwischen 1965 und 1970 von den Organen der Neuen Ordnung ohne offiziellen Haftbefehl festgenommen wurden. Rechtlich betrachtet wurden wir gekidnappt. Unsere Familien wurden nicht darüber informiert, wohin man uns brachte; unser Aufenthaltsort wurde ihnen verschwiegen. Auch als wir von einem Gefängnis zum anderen verlegt wurden, erhielten sie keine Nachricht, und selbst als man uns nach Buru brachte, wo wir ohne Gerichtsurteil Zwangsarbeit leisten mußten (noch nicht einmal ein Scheinprozeß hatte stattgefunden), ließ man sie im Dunkeln.

Die Behörden versuchten, unsere Kraft auszuhöhlen und uns mit Zwangsunterricht und Predigten zu vermitteln, daß wir uns zu aufrechten Bürgern wandeln müßten, die ihr Leben in den Dienst Gottes und den Aufbau einer auf der Staatsideologie *Pancasila* basierenden Gesellschaft stellen. Die Behörden schwiegen beharrlich und geruhten nicht, die betroffenen Familien mit auch nur einem Wort darüber zu informieren, daß ihre Angehörigen ermordet worden oder als Folge von Erschöpfung oder Arbeitsunfällen ums Leben gekommen waren. Aus diesem Grund bat ich Angehörige aller Einheiten, mir die Daten von in der Haft gestorbenen Gefangenen mitzuteilen.

Die folgende Auflistung enthält zahlreiche Informationen, doch sie ist nicht vollständig, da die Datensammlung 1978 (also vor der Entlassung der letzten Häftlinge im Jahre 1979) eingestellt werden mußte, weil Drohungen ausgesprochen wurden, die den Mitteilenden und Sammlern solcher Daten ernste Konsequenzen in Aussicht stellten. Da die Warnungen einschüchternd waren, konnte die Datensammlung nicht fortgesetzt werden.

Die vorliegende „Liste der Toten und Vermißten" soll Hinweis und Informationsquelle für die Familien der politischen Gefangenen sein, die im Exil ihr Leben ließen. Sie ist ein Denkmal für die Insel Buru und die Geschichte der Menschheit.

Bevor die letzte Schiffsladung Gefangener in Buru ablegte und Kurs auf Java nahm, versuchten die zuletzt entlassenen Häftlinge sicherzustellen, daß die Gräber derer, die sie zurückließen, nicht in Vergessenheit gerieten, indem sie die Namen und Anschriften der Verstorbenen in Zementblöcke gravierten und diese in der Hoffnung neben den Grabstätten verscharrten, daß Hinterbliebene, welche die Gebeine ihrer Angehörigen nicht mehr auffinden, zumindest durch den Namen im Zement die letzte Ruhestätte ihrer Lieben identifizieren können. Leider blieb auch diese Aktion unvollendet, denn die Behörden drohten mit offiziell sanktionierten Maßnahmen gegen alle, die sich an der Bildung eines „Märtyrertums" beteiligten. Ich entschuldige mich hiermit aufrichtig bei den Familien aller, deren Namen in der Liste nicht genannt sind.

ANMERKUNG DER ÜBERSETZER

Die „Liste der Toten und Vermißten" ist alphabetisch nach dem ersten Buchstaben des jeweiligen Namens geordnet, weil die indonesische Namensgebung anderen Prinzipien als in der westlichen Welt unterliegt. Bei Nummer 1, Abd Kohar Acep bin Zainudin, ist „Zainudin" nicht der Familienname des Mannes, sondern der „Vorname" seines Vaters (bin Zainudin = Sohn des Zainudin).

Unter den Toten und Vermißten sind auch Frauen und Kinder, denn ab 1975 übten die Behörden Druck auf die Gefangenen aus, sich endgültig auf Buru niederzulassen und ihre Familien zu sich zu holen. Zu diesem Zweck wurde die Einheit 4–Savanajaya gegründet, wo etwas bessere Bedingungen als in anderen Einheiten herrschten. Doch auch dort grassierten Krankheiten, und aufgrund mangelnder medizinischer Versorgung führten Schwangerschaften nicht selten zum Tod von Mutter und/oder Kind.

Der genannte Bildungsgrad ist relativ, denn das indonesische Original nennt zahlreiche verschiedene Abschlüsse, die nicht alle einem westlichen Äquivalent zugeordnet werden können. Es gilt auch zu berücksichtigen, daß der Abschluß eines in den 20er Jahren geborenen Menschen im Grunde höher zu bewerten ist als der eines in den 40er Jahren geborenen Schulabsolventen, denn unter der holländischen Kolonialregierung bildete für Indonesier alleine schon die Zulassung zu einer weiterführenden Schule eine beträchtliche Hürde.

Da den meisten Gefangenen unterstellt wurde, Gott ablehnende Kommunisten zu sein, ist die Spalte „Religion“ mit einer gewissen Ironie zu betrachten.

Die Spalte „Angehörige“ bezieht sich nur auf die engsten Familienmitglieder (Ehefrau und Kinder). Die Gesamtzahl der Angehörigen vermittelt einen Eindruck, wie viele Menschen indirekt von Verbannung oder Tod eines Gefangenen betroffen waren.

Diethelm Hofstra, in Anlehnung an Willem Samuels

Abkürzungen in der folgenden Liste:

Nummer und Bezeichnung der Strafeinheit:

1	Wanapura
2	Wanareja
3	Wanayasa
4	Savanajaya
5	Wanakarta
6	Wanawangi
7	Wanasurya
8	Wanakencana
9	Wanamulya
10	Wanadharma
11	Wanasari
12	Bhirawa Wanajaya
13	Giripura
14	Bantalarejo
15	Indrapura
16	Indrakarya
17	Argabhakti
18	Adhipura
JK	Jiku Kecil (Isolationslager)
R	Ronggolawe
S	Siwunggaling
T	Trunojoyo

Andere verwendete Abkürzungen:

B	Buddhismus
BF	Berufsfachschule
BI	Bank Indonesia, Fachschule
GS	Grundschule
HQ	Hochschulqualifikation
HS	Höhere Schule
I	Islam
IS	Islamische Schule
Jkt.	Jakarta
K	Katholisch
LA	Lehrer-Ausbildungsstätte
MS	Mittelschule
P	Protestantisch
Rel.	Religion
U	Universität
WBF	Weiterführende Berufsfachschule

Die Toten und die Vermißten

Nr.	Name	Einheit Code	Photo ID-Nr.	Frühere Anschrift	Geburts-jahr	Alter/Sterbe-datum	Ange-hörige	Ausbil-dung	Reli-gion	Todesursache
1	Abd Kohar Acep Bin Zainudin	2	0464	Balimester, Jatinegara, Jkt.	1947	34	0	MS	P	Typhus
2	Abdulgani bin Arif	JK/2	292	Jati Pulo, Tanah Abang, Jkt.	1944	31	0	GS	I	erschossen
3	Abdulmana bin Badu	15	1280	Kayumanis 5A, Jatinegara, Jkt.	1913	64	0	?	?	Tuberkulose
4	Abuhadi bin Tondoyitno	2	0899	Sosrowijayan GT/!99, Yogyakarta	194?	12.11.74	0	HS	P	erschossen
5	Ada Suhada bin Saroji	16	01351	Wanareja, Garut	1927	47	4	?	?	Tuberkulose
6	Agus Suroto bin Sukar Harjowitirto	2	0089	Jetisharjo D.6/304, Cipari, Yogyakarta	1946	28	0	WBF	P	erschossen
7	Agus Syafei	11	129/82	Pranti, Penganti, Surabaya	1944	33	0	?	?	Hepatitis
8	Ahmad Ngaspan	6	4167	Gabus, Pati	1935	38	3	GS	I	Leberzirrhose
9	Akhlan bin Mashar	2	0536	Mulyoharjo, Pemalang	1937	37	0	GS	P	Herzinfarkt
10	Akhmad bin Sarpan	2	99/83	Kutabedah, Kedungkandang, Malang	1935	39	2	—	I	erschossen
11	Akhmad Suhaimi	10	1803	Jl. Tikukur III/3, Bukitduri, Jkt.	1925	46	8	GS	I	Darmkrebs
12	Akhmad Sumanta	10	0893	Ngantai Girang, Cianjur	1931	44	5	WBF	I	Bauchwassersucht
13	Alex Temu	JK/1	1275	Jl. Mataram, Kulitan, Semarang	1937	36	2	MS	K	ermordet
14	Alhadi al. Mingun bin Kromodimejo	1	1464	Bayeman Gg. Buto 365, Magelang	1930	41	4	?	?	erkrankt und in Namlea verstorben
15	Amir Nasution	16	3256	Bondangan, Batutulis, Bogor	1917	58	11	?	?	Hepatitis
16	Amir Simangunsong	S	252/REH	Jl. Panglima Sudirman 46, Kediri	1934	42	5	?	?	unbekannt
17	Antenius Mardiman	3	0-091	1) Jl. Brigjen Sudiarto 554, Solo 2) Macanan DNII/5/73, Yogyakarta	1945	32	0	U	P	Entkräftung, TB, Hepa-titis u. Nierenversagen
18	Antonius Suhaimi bin Irosemono	4	2028	1) Jl. Gunung Sahari 77, Jkt. 2) Pedurenan Masjid, Jkt.	1930	43	2	BF	K	Selbstmord durch Erhängen
19	Aris Pranowo bin Prawiro	12	1243	Pisangan Lama, Jkt.	1925	46	4	?	?	Tuberkulose
20	Arsal bin Dasmin	7	2153	Sengon, Subah, Batang	1934	40	2	GS	I	Hepatitis
21	Arsat Rahmana	4	-	C1, Savanajaya, Buru	?	12 Monate	?	?	I	Bronchopneumonie
22	Awang Rasawan	K/2	0219	Desa Sususkan, Ciawi Gebang, Kuningan	1937	36	3	LA	I	erschossen
23	Bakran Cokrohartono	2	2368	Pasar Kliwon, Surakarta	1930	45	1	GS	I	Krebs
24	Basri	8	2183	Wonokerto, Simbangtulis, Batang	1936	37	1	?	?	Hepatitis
25	Basron bin Hadri	16	01731	Cikadu, Sukamarah, Cianjur	1929	44	5	?	?	Hepatitis

Nr.	Name	Einheit Code	Photo ID-Nr.	Frühere Anschrift	Geburts-jahr	Alter/Sterbe-datum	Ange-hörige	Ausbil-dung	Reli-gion	Todesursache
26	Bejo Harejosiswoyo	13	4130	Cangkringan, Banyudono, Boyolali	1937	40	3	MS	I	Nierenentzündung
27	Bernadus Hadi Susanto	S	3656	Wanadri III/957, Semarang	1924	53	3	?	?	unbekannt
28	Budiono bin Gonowisastro	14	2900	1) Pasar Made Petak Rw.5/12, Kebayoran Lama, Jkt. 2) Cilandak, Jkt	1916	57	7	BF	I	Tuberkulose u. Malaria
29	Bunawar	R	7979	Tangerang, Peninggaran, Pekalongan	1940	37	0	?	P	Rippenfellentzündung
30	Busro	1	0186	Ngrembes, Bringin, Salatiga	1929	44	2	?	?	Hepatitis
31	Cahya Kartika	4	-	A 32, Savanajaya, Buru	?	8 Monate	?	?	K	Darmverschluß
32	Cecek bin Karta	R	027[illegible]6	Cikoromena, Antapani, Cicadas, Bandung	1926	51	6	?	I	akute Austrocknung
33	Ciptono Surakhman	S	101	Kedung Tarukan VI/33, Surabaya	1931	44	?	?	?	ertrunken im Wai Apo
34	Dakri bin Carmi	2	165	Kampung Pesayangan Talang Tegal	1933	43	1	GS	P	unbekannt
35	Dakun al. Laskun	11	462 62	Prunggahan Kulon, Tuban	1943	33	0	GS	I	Tuberkulose
36	Darmani bin Baidin	2	459 62	Senari, Tuban	1926	50	4	GS	P	Zirrhose u. Hepatitis
37	Darmosuwito al. Wahkhid	6	340[illegible]	Pendem, Jenalas, Gemolong, Sragen	1937	34	1	GS	I	vom Baum erschlagen
38	Darmoyo Wagiran	3	A-3[illegible]6	Sokar Ngantang, Batu, Malang	1931	46	2	GS	P	Leberkrebs
39	Darsim al. Dwijopranoto	5	223[illegible]	Kediri, Karangluwes, Purwokerto	1941	31	2	LA	I	erschossen
40	Darsun Toha bin Matwirej	2	004[illegible]	Kalimanah, Purbalingga	1948	26	0	GS	K	erschossen
41	Dasran bin Paiman	17	200[illegible]REH	Tanjung Pandan, Surabaya	1935	37	1	HS	I	Bronchopneumonie
42	Dasuro	1	072[illegible]	Kasepuhan, Batang, Pekalongan	1925	49	4	?	?	Verdauungsprobleme
43	Daud bin Citro	10	23[illegible]	Simbang, Batang (Pekalongan)	1939	37	2	GS	K	Bluthochdruck
44	Domo	10	51/[illegible]REH	Krisik, Randisari, Blitar	1938	39	?	GS	K	Tuberkulose
45	Eddy Kusnadi bin H. Karnaen	14	302[illegible]	Kampung Duri Pulo Rt.11712, Kebayoran Lama, Jkt.	1920	54	5	GS	I	Entkräftung
46	Endang Supadi Gadion bin Abdulgani	2	08[illegible]3	Wirogunan 1172, Yogyakarta	1933	41	0	BI	P	erschossen
47	Entong Madrais bin Usman	12	16[illegible]7	Kampung Condet, Balaikambang Pasar Minggu, Jkt.	1937	37	6	?	?	Tuberkulose
48	Ewon Sarwan bin Aswapi	12	04[illegible]5	1) Banaraga, Ciamis 2) Babakan Baru, Tasikmalaya	1928	48	2	?	?	psychische Zerrüttung
49	Frans Pardi bin Parwilaijah	7	19[illegible]6	Gunung Wungkal, Pati	1946	23	0	—	P	ertrunken
50	Gadrah Sumini bin Kartorejo	4	-	A 46, Savanajaya, Buru	1970	8	?	?	I	Spulwürmer u. Darmverschluß
51	Gatot Widodo bin Abuwijaya	JK/2	08[illegible]2	Joyonegaran II/36, Yogyakarta	1949	24	0	HS	K	erschossen
52	Glenter	1	11[illegible]3	Muncang, Comal, Pemalang	1939	37	1	?	?	entschlafen

Nr.	Name	Einheit Code	Photo ID-Nr.	Frühere Anschrift	Geburts-jahr	Alter/Sterbe-datum	Ange-hörige	Ausbil-dung	Reli-gion	Todesursache
53	Harjito	3	A-676	Kademangan, Blitar	1934	43	?	HS	I	Darmperforation
54	Harjo	10	0505	Mangun Jaya, Ciamis	1930	47	?	GS	P	ermordet von Dorfbewohner
55	Harjosumarto bin Tukimin	1	1134	Jangka, Karanganyar, Solo	1937	38	0	?	?	Bauchfellentzündung
56	Harry Adhi Saputra	15	01799	Jl. Rangkas Betung 7, Bandung	1931	41	5	?	?	Rachenentzündung
57	Haryanto bin Somosentono	2	0099	Komplex Gaya Motor Cilincing, Jkt.	194?	12.11.74	0	WBF	P	erschossen
58	Harmawan Brotohadi Tenoyo	10	1763	Kramat Kwitang 3/2/03, Jkt.	1927	46	3	HS	P	akute Kolitis
59	Idi NM Hulaemi	T	001940	Sawahlempai, Cinideung, Tasikmalaya	1919	56	1	?	I	Schlaganfall
60	Ignatius Mokh. Tohir	3	A-461	Tembok Dukuh Gang Sanggan, Surabaya	1928	58	6	GS	K	Malaria
61	Iranto al. Joyokamto	3	A-602	Gubeng Trowongan Kertojoyo, Surabaya	1929	42	4	?	P	Nierensteine
62	Irwansyah Saat bin Karel Hendrin	17	1175/REH	Bakang Hilir, Sampit, Kalimantan Tengah	1928	45	0	HQ	K	Selbstmord durch Ertränken
63	Ismulyadi	1	1072	Samodra Gumelar, Ajibarang, Purwokerto	1936	39	5	?	?	Selbstmord durch Gift
64	Isnarto bin Atmomoharjo	4	0530	Pasar Minggu Rt.8 Rk.1, Jkt.	1943	30	0	HS	I	Zirrhose u. Hepatitis
65	Jacobus Banawi	1	0103	Pekalipan Selatan, Cirebon	1926	49	5	?	?	Selbstmord durch Erhängen
66	Jajang	10	0970	Cimenteng, Cianjur	1935	30	5	GS	I	Tumor
67	Jamal	8	361/02	Sawahan II/62, Lamongan	1930	41	6	?	?	Hirnhautentzündung
68	Jambari	1	0679	Warungasem, Batang, Pekalongan	1925	50	3	?	?	Malaria
69	Jantje Nelwan	14	2795	1) Asrama Polri, Kebayoran Lama, Jkt. 2) Rawabadak Blok II, Kebayoran, Jkt.	1940	33	0	MS	P	Zirrhose u. Hepatitis
70	Jawadi	5	1475	Singosaren, Bantul	1943	29	2	GS	I	erschossen
71	Jayadi bin Joyosuwito	17	689/82	Sidomulyo, Tuban	1938	37	2	LA	I	Zirrhose u. Hepatitis
72	Jembrang Suwardi Martosuwarno	2	0420	Sidareja, Cilacap	1932	42	5	GS	P	erschossen
73	Joyokamto al. Imam Sukardi	3	A-615	Kampung Sawo, Babat, Lamongan	1938	33	5	GS	I	Herzschwäche
74	Jumadidan bin Toprojo	8	2013	Cangkring, Cekulo, Kudus	1940	32	0	?	?	Tuberkulose
75	Jumain bin Sumosuwardi	5	3438	Guwo Tlogowungu, Pati	1950	24	0	GS	P	akute Hepatitis
76	Jumea bin Ebet	14	1027	Kramat Sawah Gang 13, Jkt.	1918	56	3	?	I	Zirrhose u. Hepatitis
77	Kadiyat bin Sukoutomo	2	0104	1) Muja-muju UHI/36, Yogyakarta 2) Kalimanah, Purbalingga	1948	26	0	MS	P	erschossen
78	Kadri bin Roto	8	1779	Tajur, Kandang Serang, Pekalongan	1943	31	0	?	?	Hepatitis
79	Kamlun bin Incing	2	0191	Kampung Baru, Legon, Tangerang	1931	41	4	GS	I	Tuberkulose
80	Kapsah (Frau Kasnap)	4	-	A 23, Savanajaya, Buru	1935	40	?	?	I	bei Geburt verstorben
81	Kardi bin Armawijaya	12	1706	Bukitduri Tanjakan Rt.4/V, Jkt.	1934	40	?	GS	I	ertrunken

Nr.	Name	Einheit Code	Photo ID-Nr.	Frühere Anschrift	Geburts-jahr	Alter/Sterbe-datum	Ange-hörige	Ausbil-dung	Reli-gion	Todesursache
82	Kardi bin Sumopaing	11	3008	Bektiharjo, Tuban	1947	30	0	GS	P	Hepatitis
83	Kardono	R	0230[illegible]	Desa Pesindangan, Cirebon	1939	39	?	?	K	Nierenversagen
84	Kariyun	7	2152	Sumbung, Tulis, Batang	1937	35	4	GS	I	Entkräftung
85	Karso H.P. bin Kartiwijoyo	2	1979	Ds. Kajar, Dawe, Kudus	1933	44	4	LA	K	Sturz vom Baum
86	Kartosugi al. Sugimo bin Karyodijoyo	6	3899	Bulurejo (Krejo), Karanganyar	1931	46	2	HS	I	Knochenkrebs
87	Kasimin bin Karsodimejo	2	0169	Gang Pabrik Es No. 121, Cawang, Jkt.	1944	30	0	GS	P	erschossen
88	Kasiyadi	11	735/82	Tanjung, Lamongan	1930	41	5	GS	P	Malaria
89	Kasmodan Wijaya	T	5578	Ny. Mariem, Serongan, Solo	1919	57	3	GS	P	Genickbruch
90	Kasno Kartodimejo bin Harjokasim	6	3825	Katerban, Kutoarjo, Purworejo	1930	41	3	GS	I	Schlaganfall
91	Kasri bin Kasturi	17	1220/84	Jl. Setro V/53, Surabaya	1935	41	1	MS	I	Zirrhose u. Hepatitis
92	Kasurun	S	1059	Tembokdukuh, Surabaya	1924	51	?	?	?	ertrunken im Wai Apo
93	Kaswan bin Tapyan	2	0564	Gandu, Comal, Pemalang	1942	32	0	WBF	P	erschossen
94	Katam Siswohartono	2	0452	Karangpucung, Cilacap	1938	36	1	LA	P	erschossen
95	Kayun bin Tohir Dulkhaji	3	00-9[illegible]	1) Karanganyar, Kebumen 2) Sosrowijayan I/206, Yogyakarta	1942	30	0	U	P	Selbstmord durch Gift
96	Kholil Yohannes	1	0455	Wanareja, Majenang, Cilacap	1931	41	5	?	?	Tuberkulose
97	Kiban al. Mowijoyo	8	452/32	Siding, Bulu, Tuban	1930	43	0	?	?	Lebererkrankung
98	Krisogonus Sadimin	1	033[illegible]	Magersari, Rembang	1932	41	3	?	?	Tuberkulose
99	Kusiman bin Prawirodihar	2	101[illegible]	Gaduhbajen Pantalan Jetis Bantul	1940	31	0	U	I	ertrunken
100	Latip bin Matkalim	16	910/34	Jl. Rajawali Sidomulyo 37. Surabaya	1925	52	6	?	?	Urämie
101	Legimin bin Surobarjan	11	614/82	Kebonagung, Jombang	1947	28	0	GS	P	Tuberkulose
102	Liliek Setyati	4	-	C 22, Savanajaya, Buru	1973	3 Monate	?	?	I	Darmbruch
103	Lacas Rubiyanto	8	177[illegible]	Blimbing, Tawangsari, Sukoharjo	1948	27	0	?	?	Tuberkulose
104	Luther Marsono	3	A-4[illegible]5	Demakjaya Gang 10/45, Surabaya	1933	39	5	?	P	Lungen- u. Darmkrebs
105	M. Mudakir	6	428[illegible]	Kaligondang, Sumbermulyo, Bantul	1936	42	?	GS	P	Krebs u. Hepatitis
106	M. Sentot	6	384[illegible]	Kentangsari, Kedungjati, Purwodadi	1939	34	?	LA	I	akute Rachenentzündung
107	M. Toha	6	391[illegible]	1) Tegal Suruh, Sragi, Pekalongan 2) Sukareja, Kasesi, Pekalongan	1942	31	1	IS	I	Trauma nach Foltern
108	Magi Hadimartono	13	408[illegible]	Kuripan, Purwodadi	1941	35	1	LA	K	Brustfellentzündung u. Tuberkulose
109	Manari bin Kertosentono	11	058/82	Mulyoagung, Bojonegoro	1948	23	1	GS	I	Tuberkulose

Nr.	Name	Einheit Code	Photo ID-Nr.	Frühere Anschrift	Geburts-jahr	Alter/Sterbe-datum	Ange-hörige	Ausbil-dung	Reli-gion	Todesursache
110	Mansyur	T	02026	1) Ny. Ayum Rumesah, Cikoneng, Ciamis 2) Babakan, Gianyar, Garut	1917	59	3	GS	I	Wundstarrkrampf
111	Mardi bin Sarmijan	1	0319	Srihombo, Borang, Lasem, Rembang	1940	30	2	?	?	ertrunken im Wai Apo
112	Mardi Sudarto bin Kanad	4	-	A 45, Savanajaya, Buru	1963	14	?	?	P	Bronchopneumonie
113	Mardono bin Sutikno	11	738/82	Brondong, Lamongan	1948	28	0	MS	K	Tuberkulose
114	Margono	5	3395	Tawangharjo, Pati	1940	32	3	GS	P	erschossen
115	Markus Kasran bin Sardi	6	3887	1) Mlangsen, Blora 2) Tamansari, Purwodadi	1930	47	3	GS	P	Hepatose
116	Marlena bin Suparno	4	-	A 32, Savanajaya, Buru	1973	13 Tage	?	?	K	Frühgeburt u. Diabetes
117	Marsaid bin Marsain	2	0272	1) Kampung Kolong Balareja, Tangerang 2) Unie Kampung Tanjung Priok, Jkt.	1933	36	3	GS	I	Sturz vom Baum
118	Marsum bin Dullah Iksan	14	2358	Kampung Bali, Matraman, Jkt.	1938	37	0	GS	I	erschossen
119	Martodiharjo	5	3803	Karangkemiri Kemangkon, Purbalingga	1929	43	0	GS	I	erschossen
120	Martosudirojo al. Suwiji	S	6740	Prawito, Nusukan, Solo	1925	51	0	?	?	Bluthochdruck
121	Marwat Budiono bin Sartiman	2	0601	Blimbing, Pemalang	193?	12.11.74	2	MS	P	erschossen
122	Maryakul bin Kamso	2	0633	1) Siman, Ponorogo, Madiun 2) Tanjung Priok, Jkt.	1940	34	0	WBF	K	erschossen
123	Maskito bin Mashud	13	2684	Sunggingan Kidul 28, Kudus	1934	38	3	?	I	Hepatitis u. Bauchwassersucht
124	Masno Manen bin Jaya	15	0115	Harya Mukti, Cirebon	1940	37	3	?	?	unbekannt
125	Mastur	S	5278	Sarirejo, Guntur, Demak	1930	45	?	?	?	ertrunken im Wai Apo
126	Matosin	3	A-407	Tembok Lor III/112, Surabaya	?	16.12.69	?	GS	I	entkommen/verschwunden?
127	Mayadi bin Tawil	12	0569	Bangodua, Kalangenan, Cirebon	1927	49	7	?	?	Tuberkulose
128	Miad	3	0-072	Kampung Sidoger, Sukajaya, Cigudeg, Bogor	1932	44	3	LA	I	Magengeschwür
129	Misbah bin Ali	14	1274	Solitude RK.IV, Jatinegara, Jkt.	1929	44	3	GS	I	Zirrhose u. Hepatitis
130	Misnan bin Amat	16	3523	Pintu Air III/010/002 Pasar Baru, Jkt.	1918	54	3	?	?	Tuberkulose
131	Mitro Sutarno al Sudiro Petrus	. 12	2146	Simpruk Atas Rt.02/05, Grogol Udik, Kebayoran Lama, Jkt.	1935	38	4	?	?	Hepatitis
132	Mokh. Rubadi al. Prayit Subagyo bin Munasr	11	1988	Melati Lor, Kudus	1938	40	?	GS	P	Milztumor
133	Momon Ranapriyatna	16	01641	Cisondari, Pasirjambu, Bandung	1924	49	7	?	?	unbekannt
134	Mudakir bin Sarjo	2	0663	1) Cahro, Blado, Batang 2) Gumawang Wiradesa, Pekalongan	1940	30	2	LA	I	ertrunken
135	Muhadi bin Sahudi	7	2955	Jl. Stasiun 10, Banjarnegara	1947	24	0	GS	K	ertrunken

Nr.	Name	Einheit Code	Photo ID-Nr.	Frühere Anschrift	Geburts-jahr	Alter/Sterbe-datum	Ange-hörige	Ausbil-dung	Reli-gion	Todesursache
136	Mujiyana	4	0928	1) D 24, Savanajaya, Buru 2) Klinter Lor III/61, Yogyakarta	1931	45	3	?	P	akute Tuberkulose
137	Mukhroni	1	1235	Jl. Manggis 5/12B, Semarang	1929	44	2	?	?	Herzschwäche
138	Mukhtar Kasbulah	3	0-739	Salatiga	1926	45	4	?	I	Prostatakrebs
139	Mukidi bin Markasan	JK/2	2743[illegible]	Jl. Taman Siswa, Slawi, Tegal	1930	46	3	?	?	Selbstmord
140	Mukirin bin Amatjalal	1	0199	Bedowo, Jambu, Ambarawa	1933	45	0	?	?	Selbstmord durch Erhängen
141	Mulani bin Kasmo	11	719/82	Batokan, Banjeng, Surabaya	1940	37	0	GS	I	Hepatitis
142	Mulyadi Sastrodiwiryo	14	0984	Kampung Dukuh Sawah Rt.9, Rk.II, Kebayoran Lama, Jkt.	1940	33	0	MS	P	Malaria tropica
143	Mulyono	11	3006	Majakan, Pendowoharjo, Sleman	1947	30	0	HQ	I	Urämie
144	Mulyoso	16	2414	Utankayu, Gang Duren 11, Jkt.	1934	43	0	?	?	ermordet von Mithäftling
145	Mumun bin H. Abdullah	16	0151[illegible]	Cibendawa, Cijeruk, Bogor	1926	46	7	?	?	Krebs u. Typhus
146	Munajid bin Asmorejo	15	0179[illegible]	Jl. Elang 18, Bandung	1947	28	0	?	?	ermordet durch Ertränken
147	Munawi al. Munaji	4	69/R3H	1) A 62, Savanajaya, Buru 2) Sawah Pulo Tengah I/24, Surabaya	1925	51	0	?	I	Tuberkulose
148	Mustaji	K/17	68/R3H	Jl. Banjaran II/26, Kediri	1937	35	3	U	I	Selbstmord durch Erhängen
149	Mustar bin Sali	15	1933	Petojo Binatu II/29, Jkt.	1929	43	5	?	?	Malaria
150	Nair Effendi bin Mangkupawiro	15	2619	Cikini Kecil, Jkt.	1937	40	5	?	?	Typhus
151	Nawijan	1	0773	Gondolayu, Yogyakarta	1934	41	2	?	?	unbekannt
152	Ngadiman al. Palil	7	3147	Kebon Arum, Klaten	1945	28	0	MS	K	Tuberkulose
153	Ngasiman	5	4195	Wonorejo, Guntur, Demak	1935	37	4	GS	K	erschossen
154	Ngatmin bin Mangundikromo	5	4466	Ngernak, Bendo, Pedan, Klaten	1950	25	0	MS	P	erschossen
155	Ngatmin Sudaryanto	1	0764	Caleban UH X/56, Yogyakarta	1939	36	1	?	?	Selbstmord durch Gift
156	NM Rasidi bin Wiryotasman	6	4238	Sikucing, Weleri, Kendal	1920	55	3	MS	P	Zirrhose u. Hepatitis
157	Nono Sudiyono bin Prawirodiharjo	JK/2	0028	Jl. Lendok, Gondomanan 10, Yogyakarta	1945	28	1	MS	K	ermordet
158	Nuri Suhadi bin Subakir	2	0075	Krama Raya 81, Jkt.	1944	30	0	GS	I	erschossen
159	Oei Beng Kie	1	601[illegible]	Bawang, Batang, Pekalongan	1935	38	3	?	?	Hepatitis
160	Oei Kim Liok bin Oei Oen Sen	2	007[illegible]	Jurumudi, Panjang, Batuceper, Tangerang	1945	29	0	GS	B	erschossen
161	Opa Mustafa	15	017[illegible]6	Pandak, Cianjur	1944	31	0	?	?	unbekannt
162	P. Harnopawiro	6	4284	Dalemen, Gatak, Sukoharjo	1935	43	?	HS	K	Hepatose
163	Paimin al. Hadisumarto	7	351[illegible]	Somopura, Jogonalan, Klaten	1935	43	?	GS	K	Darmkomplikationen

Nr.	Name	Einheit Code	Photo ID-Nr.	Frühere Anschrift	Geburts-jahr	Alter/Sterbe-datum	Ange-hörige	Ausbil-dung	Reli-gion	Todesursache
164	Paimin bin Surotiko	5	3865	Menurejo, Wonogiri	1928	45	2	GS	P	Leberkrebs
165	Pangi bin Rapal	13	3430	Kramas, Ungaran	1936	36	0	?	I	Hepatitis u. Bauchwassersucht
166	Parjiman Pawirosumarto	5	2800	Tegalrejo, Rt.2/28, Yogyakarta	1935	39	4	GS	P	vom Bullen aufgespießt
167	Parno al. Partokromo	17	6279	1) Mencolo, Juwono, Pati 2) Karangrejo, Juwono, Pati	1935	37	3	GS	P	Nierenentzündung
168	Petrus Ngatiman	5	3807	Caturharjo, Bantul	1944	38	?	GS	P	erschossen
169	Praptodihardjo al. Tumino	1	1104	Krian, Sukoharjo	1931	42	6	?	?	Tuberkulose
170	Prastiwi Andayani	4	-	C 13, Savanajaya, Buru	1973	19 Monate	?	?	I	Lungenentzündung
171	Prawoto bin Mertodimejo	JK/8	3179	Jangkot, Baturetno, Wonogiri	1933	39	3	LA	P	im Verhör verstorben
172	Raharjo	3	0-738	1) Jl. Kepolisian 4, Solo 2) Jl. Dr. Suprapman 14, Rembang	1932	44	0	LA	P	Nierenversagen
173	Ramaun bin Madya	2	0102	Pegambiran Lemahwungkuk Cirebon	1931	43	2	GS	I	Leberabszeß
174	Rangun bin Ramin	3	A-594	1) Jl. Jarak 30, Surabaya 2) Putat Jaya 628, Surabaya	1927	47	7	—	P	Zirrhose u. Hepatitis
175	Rasmadi	1	5825	Caruk, Tirto, Pekalongan	1930	46	0	?	?	entschlafen
176	Rebo Poniman	1	1294	Jarak Pusor, Banjararum, Kl. Progo, Yogyakarta	1944	27	0	?	?	Selbstmord durch Gift
177	Rimin Sunaryoko Mangunsudarmo	3	A-404	Tambaksari, Surabaya	1916	56	7	GS	P	Hepatitis u. Tuberkulose
178	Ronggo	11	-	?	?	?	?	?	?	Bronchienerkrankung
179	Ronggowijoyo, K.	4	125/81	Jl. Taman Pahlawan 7, Kediri	1928	58	5	?	?	Tuberkulose
180	S. Resosalinem bin Karsiprayitno	6	3086	Bejalen, Ambarawa	1930	42	3	GS	P	Wildschweinattacke
181	Sa´iban bin Sa´an	14	864	Jembatan Merah Rt.17/12, Jkt.	1921	56	?	?	I	Tuberkulose
182	Sadino	5	3340	Tawangharjo, Pati	1947	25	?	GS	K	Fluchtversuch, erschossen
183	Sadirin bin Sodikromo	2	108/83	Klayatan, I/17, Malang	1928	49	5	GS	I	Tuberkulose, chronische Lungenprobleme
184	Sahad Utomo bin Mansarip	17	1257/84	Jl. Penjara 8, Surabaya	1931	46	2	MS	K	Lepra
185	Sakhrun bin Ramad	1	5833	Pasirsari, Tirto, Pekalongan	1928	46	4	?	?	vom Baum erschlagen
186	Sampan Pujohandoyo	15	3207	Menteng Rawapanjang, Jkt.	1939	38	1	?	?	Tuberkulose
187	Samsuri	10	0925	Pasirbalang, Sukaraja, Sukabumi	1943	34	0	GS	I	Blutvergiftung
188	Samtiar bin Syafei	3	083	1) Lubuktinggi, Payakumbuh 2) Kramat VII/13, Salemba, Jkt.	1930	52	0	MS	I	Anämie u. Tuberkulose
189	Samyono	5	3302	Krapak, Pati	1941	31	?	WBF	I	Fluchtversuch; gefangen u. verschleppt
190	Sanari bin Wahar	18	5947	Pecabean, Pangkah, Tegal	1941	37	0	?	?	Typhus

Nr.	Name	Einheit Code	Photo ID-Nr.	Frühere Anschrift	Geburts-jahr	Alter/Sterbe-datum	Ange-hörige	Ausbil-dung	Reli-gion	Todesursache
191	Sanrusdi al. Kadri bin Martorejo	1	0413	Jambusari, Jeruklegi, Cilacap	1927	46	1	?	?	Selbstmord durch Gift
192	Sapari	5	3333	Ketanggan, Pati	1943	29	?	LA	K	Fluchtversuch, erschossen
193	Sapari al Imam bin Tirtorejo	16	996/84	Dinoyo Lor II/14, Surabaya	1929	47	0	?	?	unbekannt
194	Sardi Mokh. Sambudi bin Imam Rejo	2	0625	Pademangan III Gang 32,Rt.10/2, Jkt.	1923	51	4	LA	P	erschossen
195	Saridar bin Nawitana	13	2279	Karangpetir, Kalimanah,Purbalingga	1943	33	0	LA	P	vom Blitz erschlagen
196	Sarimin	7	3722	Kotagede, Bantul, Yogyakarta	1940	34	0	LA	P	Entkräftung
197	Sarna	10	0586	Ds. Glimus, Penawangan, Ciamis	1933	39	4	GS	K	ermordet von Dorfbewohner
198	Sarpin	3	A-476	Besawo, Jatirogo, Tuban	1913	58	4	LA	I	Lungenkrebs
199	Sastrodimejo al. Suparman	8	3233	Kagokan, Gatak, Sukoharjo	1928	44	4	?	?	Tuberkulose
200	Simon Prawito al. Sukarnen	S	6241	Loh Gawe, Kudus	1935	40	?	?	?	ertrunken im Wai Apo
201	Siswosarjono	1	0862	Donoharjo, Ngnaglik, Sleman	1934	41	3	?	?	Tuberkulose
202	Siti Aminah	4	-	-		30.10.75	?			Totgeburt
203	Siti Rahayu (Frau Sugeng Haryono)	4	-	Kampung Bogis Rt.9 Rw.12, Jkt.	1939	34	?	?	I	Ruhr
204	Slamet bin Kromodirejo	1	2614	Duwet, Baki, Sukoharjo	1945	26	0	MS	P	ertrunken
205	Slamet bin Wirjo	8	1813	Kwasen, Kesesi, Pekalongan	1937	41	4	?	?	Typhus
206	Slamet Hardiyanto bin Dursalam Stefanus	18	5505	Dipowinatan MP V/200, Yogyakarta	1933	42	0	WBF	K	vom Blitz erschlagen
207	Slamet Prasojo	3	A-704	1) Karangwaru, Tuban 2) Bayu Urip, Tuban	1938	39	1	LA	I	Genickbruch
208	Sobar Matius bin Miat	2	0457	Cipawi, Sidareja, Cilacap	1941	33	0	GS	P	erschossen
209	Soma bin Misra	16	01884	Comblong, Bandung	1927	47	0	?	?	Tuberkulose
210	Somopawiro al. Sagi	8	2048	Butuk, Ngrampal, Sragen	1934	39	2	?	?	vom Blitz erschlagen
211	Somotenoyo	8	1552	Rejosari, Purwosari, Purworejo	1937	37	3	?	?	Lebererkrankung
212	Sri Sunarto Barnadus	16	3513	Kayumanis III, Jatinegara, Jkt.	1926	48	1	?	?	Hepatitis
213	St. Sardi	R	489/032	Pandean, Gang I, Malang	1929	47	?	?	K	Übersäuerung, Entkräftung
214	Stefanus Dwijosumarto	5	4550	Troketen Pedan, Klaten	1944	28	2	GS	K	erschossen
215	Subandi	S	147	Karang Gayam II/11, Surabaya	1933	42	?	?	?	ertrunken im Wai Apo
216	Subarto bin Mangkupawiro	15	1488	Ketandan Wetan, Yogyakarta	1929	46	5	?	?	Malaria
217	Subeno	3	A-503	1) Jl. Pancana I/69, Surabaya 2) Petemuan Gang II, Jl. Pucang Sewu	1933	43	2	?	I	Hepatitis u. Bauchwassersucht
218	Sucipto Ciptoharjono	2	1637	Karangjambu Balapulang, Tegal	1924	53	6	BF	K	halbseitige Lähmung
219	Sudarno	5	4200	Jl. Pemuda 75, Demak	1935	37	3	LA	P	erschossen

Nr.	Name	Einheit Code	Photo ID-Nr.	Frühere Anschrift	Geburts-jahr	Alter/Sterbe-datum	Ange-hörige	Ausbil-dung	Reli-gion	Todesursache
220	Sudirman	S	5072	Banjararjo, Karanganyar	1938	37	?	?	?	ertrunken im Wai Apo
221	Sugiarto Purwoatmojo	8	3529	Gledeg, Karanganom, Klaten	1940	31	2	?	?	Tuberkulose
222	Sugiman Philipus bin Martodimejo	2	0120	Nusupan, Priyonggo, Gamping, Sleman	194?	12.11.74	0	HS	K	erschossen
223	Sugiono bin Sukanto	2	0532	Mulyoharjo, Pemalang	1931	41	4	MS	I	Selbstmord durch Gift
224	Sugito bin Kartosentono	1	1373	Janturan UH.II/36, Yogyakarta	1937	47	2	?	?	ertrunken im Wai Apo
225	Suhadi bin Rusman	13	2417	Sale, Rembang	1941	31	0	?	P	Blinddarmentzündung
226	Suhardi al. Prawirosumarto	5	3768	Jl. Remujung, Yogyakarta	1933	42	3	GS	P	Tuberkulose u. Lungenentzündung
227	Suhardi bin Amat Bakri	2	0770	1) Panggungharjo Sewon Bantul 2) Ngleran Wetan 100, Kudus	1928	41	2	MS	K	Asthma
228	Suharjo Kartosudarmo	2	0748	Umbulharjo 4/31, Yogyakarta	1944	30	0	LA	P	erschossen
229	Suharjono	JK/1	0112	Gondolayu, Jetis, Yogyakarta	1949	24	0	HS	P	zu Tode gefoltert
230	Suharman	10	0483	Ds. Sudimaka, Penawangan, Ciamis	1927	45	0	—	K	ermordet von Dorfbewohner
231	Suharto bin Salimin	4	2780	Jomblang Perbalan 747, Semarang	1933	43	3	HS	K	Herzasthma
232	Sujadi Hadisuwarno bin Atmodisasro	17	997/84	Jl. Gundi Gang 2/64, Surabaya	1928	50	?	GS	I	Zirrhose u. Hepatitis
233	Sukardi	5	3559	Kutoharji, Pati	1936	36	2	WBF	P	erschossen
234	Sukardi Wiryosudarmo	2	0410	Bugangan II/257, Semarang	1930	45	3	GS	P	Herzschwäche
235	Sukarmin bin Sanmustar	2	0427	Menteng Rawapanjang, Rt. 20 Rw.3, Melayu Besar, Jkt.	1944	30	0	GS	K	erschossen
236	Sukarni	1	0394	Sluko, Rembang	1942	36	0	?	?	Hepatitis
237	Sukarno bin Kartorejo	2	0369	Tanahtinggi, Gedongbaru, Petojo, Jkt.	193?	12.11.74	0	GS	P	erschossen
238	Sukawi bin Astropoyo	8	2067	Karangwono, Tambakwono, Pati	1934	44	1	?	?	ertrunken
239	Sukoco Haryono	15	01453	Kaum Kidul Dawuan, Cikampek	1926	49	3	?	?	Lebererkrankung
240	Suligi bin Kasrun	13	2390	Karangwono, Tambakwono, Pati	1939	33	0	MS	P	Tuberkulose
241	Sumadi Atmomadyono	8	3214	Sumberrejo, Tawangsari, Sukoharjo	1935	40	5	?	?	Tumor
242	Sumandi	10	2200	Jl. Lodan 29a, Jkt.	1930	47	2	MS	P	Nierenversagen u. Bluthochdruck
243	Sumardi bin Wagimin Wignyo	2	0125	Brotokusman MGIV/123A, Yogyakarta	1945	29	0	HS	K	erschossen
244	Sumidi bin Wiryodikromo	1	0871	Bumijo Lor III/340, Yogyakarta	1949	22	0	?	?	vom Baum erschlagen
245	Sunar bin Samadi	17	6297	Dukuh Alit, Juwana, Pati	1942	33	0	GS	P	ertrunken
246	Sunarno Kartowardoyo	14	3028	Warakas Gang B No. 2, Tanjung Priok, Jkt.	1926	51	7	GS	I	Zirrhose u. Hepatitis
247	Supamo Junaedi	10	1663	Pejaten, Pasar Minggu Jkt.	1935	42	?	GS	B	Darmkomplikationen
248	Supandi bin Akhmad	10	0897	Sukabumi (?), Batang (?)	1941	34	2	GS	I	vom Baum erschlagen

Nr.	Name	Einheit Code	Photo ID-Nr.	Frühere Anschrift	Geburts-jahr	Alter/Sterbe-datum	Ange-hörige	Ausbil-dung	Reli-gion	Todesursache
249	Supardi B	3	A-616	Gilang K.A., Babat, Lamongan	1918	58	2	GS	I	Prostatakrebs
250	Supardi bin Rasijan	1	0690	Setono, Batang, Pekalongan	1934	40	1	?	?	Tuberkulose
251	Supardi Nitisudarmo	T	303/82	Sekapu Ujung, Ujung Langkah, Gresik	1920	56	2	GS	I	Leberzirrhose, Hepatitis
252	Suparjan	1	0237	Pedalangan, Semarang	1929	49	4	?	?	Nierenversagen
253	Suparman al. Hoping bin Suparto	12	150	Tanah Abang III/2a, Jkt.	1943	31	?	GS	I	ertrunken
254	Suparman bin Sanhuri	15	02234	Panawangan, Ciamis	1927	46	2	?	?	Tuberkulose
255	Suparno Paulus Pranotoraharjo bin Tarunowiwo	2	2149	Cililitan Besar Rt.005/09, Jkt.	1935	43	0	U	P	Hepatose
256	Suparso Wiryosudarto	14	2756	Tanah Tinggi Gebang Baru Rt.16/13, Jkt.	1942	35	0	WBF	I	Nierenentzündung
257	Supiyan	11	576/82	Wonoayu, Sidoarjo	1930	41	4	GS	I	vom Baum erschlagen
258	Supriyadi Harjoyo Saputro	4	3296	Jl. Gumur 22 C, Solo	1940	33	0	HS	P	Magendarmkatarrh
259	Suproyo	3	0-880	Bumijo Lor DI3/40, Yogyakarta	1928	58	3	U	K	Hepatitis
260	Suradi	10	0715	Bangas, Majalengka	1927	44	3	GS	I	Hepatitis
261	Suradi bin Kartowirjo	13	2297	Jati, Gatak, Sukoharjo	1946	26	0	MS	P	vom Blitz erschlagen
262	Suradi Purwanto	17	1222/84	Semboro, Tanggal, Jember	1940	35	1	GS	I	Zirrhose u. Hepatitis
263	Suratin al. Hadisuwito bin Sastroprayitno	7	1858	Semangat, Cepu	1930	58	?	GS	K	Hepatose
264	Suratin bin Ronosastro	2	360/82	Kandangrejo Kedungpring Lamongan	1934	41	1	GS	I	Tuberkulose
265	Suratman al. Simon bin Marso Mangun	18	6119	Brengkelan Purworejo	1939	34	0	GS	P	Hepatitis
266	Suripno	8	3528	Karanganom, Klaten	1948	26	0	?	?	unbekannt
267	Suripto bin Sastrodadi	8	2887	Pondokan Kayu, Pati	1945	27	0	?	?	Selbstmord
268	Suroto Noyolelono	14	3034	Kemayoran Gempol Rt.13/10, Jkt.	1945	32	0	MS	P	ertrunken in Kayeli-Bucht
269	Susanto bin Sudomo	2	0563	Krayo, Randudongkal, Pemalang	1949	25	0	LA	P	erschossen
270	Sutadi Wiradinata	13	2130	Paseban Timur IV/D76, Jkt.	1927	50	6	HS	I	Brustfellentzündung u. Tuberkulose
271	Sutamat	11	326/82	Kradenanrejo, Lamongan	1926	56	3	GS	I	Vergiftung
272	Sutar bin Sastrosudarmo	16	3479	Rawasari, Rawakerbo, Jkt.	1920	52	6	?	?	Rachenentzündung
273	Sutarji al. Miskun	5	3968	Kalimanah, Purbalingga	1944	28	1	GS	I	erschossen
274	Sutarno Sastrodiharjo	R	8455	Tegalsari, Weru, Sukoharjo	1926	51	4	?	P	Hepatitis
275	Sutoyo bin Hadiwikarto	2	0331	Kampung Bugis Kemayoran Rt.30/15, Jkt.	1943	21	0	GS	P	erschossen
276	Sutrisno	17	116/83	1) Suronatan VII/1, Mojokerto 2) Mawartunggal 3, Jember	1929	47	6	MS	I	Kehlkopfkrebs
277	Sutrisno bin Kromodimejo	13	2322	Kranjan, Gatak, Sukoharjo	1939	33	0	HS	P	Bauchfellentzündung u. Darmperforation

Nr.	Name	Einheit Code	Photo ID-Nr.	Frühere Anschrift	Geburts-jahr	Alter/Sterbe-datum	Ange-hörige	Ausbil-dung	Reli-gion	Todesursache
278	Sutono bin Sonorejo	14	3005	Kampung Tomang, Tanah Tinggi Rt.16/13, Jkt.	1934	39	0	GS	P	Schädelbruch (durch stürzenden Balken)
279	Suwarno bin Hadiprayitno	8	1588	Pandak Sumpyuh, Banyumas	1930	41	4	?	?	unbekannt
280	Suwarno Ciptosupono	JK/1	0861	Juwiring, Pedan, Klaten	1933	40	0	LA	I	erschossen
281	Suwarno Pribadi	3	A-441	Blauran III/14, Surabaya	?	16.12.69	?	GS	I	entkommen/verschwunden ?
282	Suwendra bin Nursaman	2	0231	Gadingan, Sliyeg, Indramayu	1934	40	5	GS	I	erschossen
283	Suwondo al. Darto	13	20/81	Sidotopo Kidul, Surabaya	1935	40	2	GS	P	Nierenentzündung
284	Suwoto	5	3417	Pohgading, Pan	1941	31	3	GS	I	erschossen
285	Suyadi	3	A-506	Wringin Anom, Surabaya	1937	36	2	LA	I	vom Bullen aufgespießt
286	Suyoto	17	935/84	Demakjaya V/8, Surabaya	1937	40	7	WBF	I	Zirrhose u. Hepatitis
287	Syamsuddin	3	0-592	Prumpung, Kebon Jeruk, Jatinegara	1940	36	0	GS	I	ertrunken im Wai Apo
288	T. Mulud Siswomiharjo	12	013/81	Jl. Cenderawasih Gang Gereja, Madiun	1939	32	2	?	?	Hepatitis
289	Tasiil bin Karso	5	4231	Karanganyar, Pekalongan	1932	41	3	GS	I	Leberzirrhose
290	Taslim Subroto	16	01738	Merak, Serang	1929	44	5	?	?	Tuberkulose
291	Taswadi bin Waryat	2	1688	Margodoyo Sumurpanggang, Tegal	1935	41	1	GS	I	Zirrhose u. Hepatitis
292	Teguh Sudarnadi Sumantri	4	779/84	Jl. Ubi II/I, Surabaya	1938	34	3	U	I	Selbstmord durch Erhängen
293	Tien Wahyuningsih	4	-	C 9, Savanajaya, Buru	1976	5 Monate	?	?	K	Fieber u. Darmverschluß
294	Tika bin Dina	14	3461	Kramat Pulo Gundul, Jkt.	1920	51	5	?	I	Darmverschluß
295	Titis Kamalasari bin Susilanto	4	-	A 5, Savanajaya, Buru	1976	12 Monate	?	?	K	vom Wagen zerdrückt
296	Todan	1	0592	Muncang, Comal, Pemalang	1935	41	0	?	?	entschlafen
297	Usmawanto bin Kasman	4	-	D 9, Savanajaya, Buru	1964	12	?	?	K	Entkräftung, Hepatitis
298	Usup Tiono bin Hartorejo	1	0165	Tegalrejo, Salatiga	1945	31	0	?	?	Tuberkulose
299	Wahyono	R	5095	Sragi, Pekalongan	1931	47	7	?	P	Blutsturz
300	Wahyudin bin Samin	10	1662	Jl. Baturaja VI/5, Jkt.	1932	39	5	GS	I	ermordet von Dorfbewohner
301	Walujo Sudradjat	S	02111	Ciniru, Kuningan	1928	48	8	?	?	Tuberkulose
302	Waluyo Slamet bin Astrodikromo	2	0426	Menteng Rawapanjang Rt.19 Rk.3, Melayubesar, Jkt.	1935	42	0	MS	P	Leberkrebs
303	Warimin bin Jasmo	13	118/83	Mangunrrejo, Kepanjen, Malang	1939	35	0	MS	P	Selbstmord durch Erhängen
304	Warsum bin Towikromo	10	2418	Tahunan, Sale, Rembang	1941	33	?	GS	P	Darmlähmung
305	Warta Sacadipura	JK/2	038	Tanah Merdeka, Tegalan, Jatinegara, Jkt.	1933	39	0	HS	I	Asthma, Herzkrankheit
306	Wartam bin Sanrais	12	1858	Rawabadak II/41, Tanjung Priok, Jkt.	1931	43	?	GS	I	ertrunken
307	Wartono al. Sastroyuwono bin Munadi	13	2539	Doro, Pekalongan	1941	31	2	HS	P	Zahnprobleme (?)

Nr.	Name	Einheit Code	Photo ID-Nr.	Frühere Anschrift	Geburts-jahr	Alter/Sterbe-datum	Ange-hörige	Ausbil-dung	Reli-gion	Todesursache
308	Widoyo bin Sanggan	2	0554	Mojo, Pemalang	1944	30	0	GS	P	erschossen
309	Wiryono bin Prawirosumarto	14	3539	Rawakerbo Rt.1/9, Cempaka Putih, Jkt.	1925	48	2	GS	P	Zirrhose u. Hepatitis
310	Wolo Arjo Sujalal	17	1233[illegible]84	Krembangan Makam 5, Surabaya	1926	50	4	GS	I	Zirrhose u. Hepatitis
311	Yosodimejo al. Yasir	T	6408	Ny. Maryatun, Jatiprobo, Polo-karto, Sukoharjo, Solo	1921	56	6	GS	I	Urämie
312	Yosoharjono	1	1212	Cawas, Pedan, Klaten	1937	40	2	?	?	Hepatitis
313	Yusman bin Karsiprayitno	6	3089	Candirejo, Tuntang, Salatiga	1935	37	1	BF	I	Leberzirrhose
314	Yusuf bin Jaji	2	0161	Jl. Kartini Rt.29 Rw.13, Jkt.	1942	32	0	GS	I	erschossen
315	Yusup Lambertus Nakadismus bin Atma	2	0161	Sindangheula Kotawetan, Garut	1946	31	?	GS	P	Leberkrebs

Die Abtransportierten

Nr.	Name ID-Nr.	Einheit	Photo	Frühere Anschrift	Alter	Ausbildung	Rel.	Abtransport	Ziel
316	Azhar Munandar	-	-	Kebayoran Baru, Jkt.	?	U	I	14.08.72	Jakarta
317	Bahsan	16	239[illegible]	Palmerah Barat 58, Jkt.	?	MS	I	Namlea	
318	Daddy al. Syan *	1	727	Cipari, Ciawi, Bogor	36	HS	I	08.09.75	Namlea
319	Gunung Suwardi	12	215[illegible]	Karet Belakang 24/X, Jkt.	?	?	K	Namlea	
320	Rakhmat Kusumobroto	14	355[illegible]	Batu, Malang	52	HS	I	14.08.72	Namlea
321	Sadimun bin Astrawirya	3	660[illegible]	Gandaria Ilir 7/V, Kebayoran Bars Jkt.	?	GS	P	Namlea	
322	Samiyono	5	338[illegible]	Kropak, Pati	31	WBF	I	03.73	entflohen (?)
323	Sudrio	R	436[illegible]	Kampung Jawa, RawasariRt.11/03	-	GS	I	-	Jakarta
324	Sukadi *	1	72[illegible]	Abdul Rakhman Saleh, Jkt.	30	HS	I	08.09.75	Jakarta
325	Tarfi Af. Nasution *	3	72[illegible]	Gang Api No. 1, Bogor	29	HS	I	08.09.75	Jakarta

* Die Gefangenen Nr. 318, 324 und 325 waren keine politischen Häftlinge. Von ihrer Ankunft auf Buru Ende 1969 bis zu ihrer Abtransportierung/Abreise im September 1975 wurden sie nicht zu den Arbeiten gezwungen, welche die politischen Gefangenen leisten mußten. Sie teilten allerdings die Quartiere mit den Häftlingen.

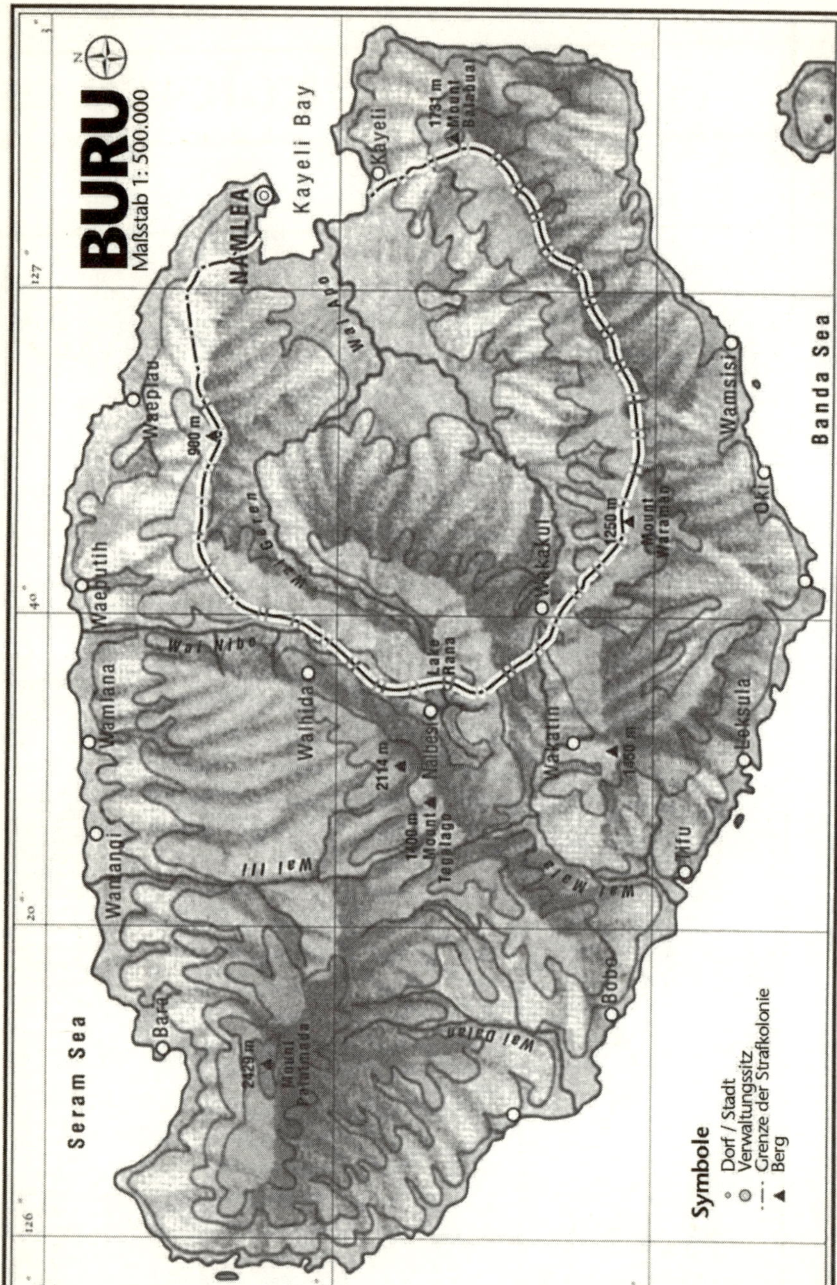

BURU
Maßstab 1: 500.000
N
Kayeli Bay
NAMLEA
Kayeli
1731 m
Mount Balabual
Seram Sea
Banda Sea
Waeplau
900 m
Waeputih
Wai Geren
Wai Apo
Wamlana
Wai Nibe
Waihida
Lake Rana
Waikakul
1250 m
Wamsisi
Oki
Wakatin
Leksula
Mifu
Wai Mala
2114 m
Nalbesi
Wai III
Bara
2429 m
Bobo
Symbole
Dorf / Stadt
Verwaltungssitz
Grenze der Strafkolonie
Berg

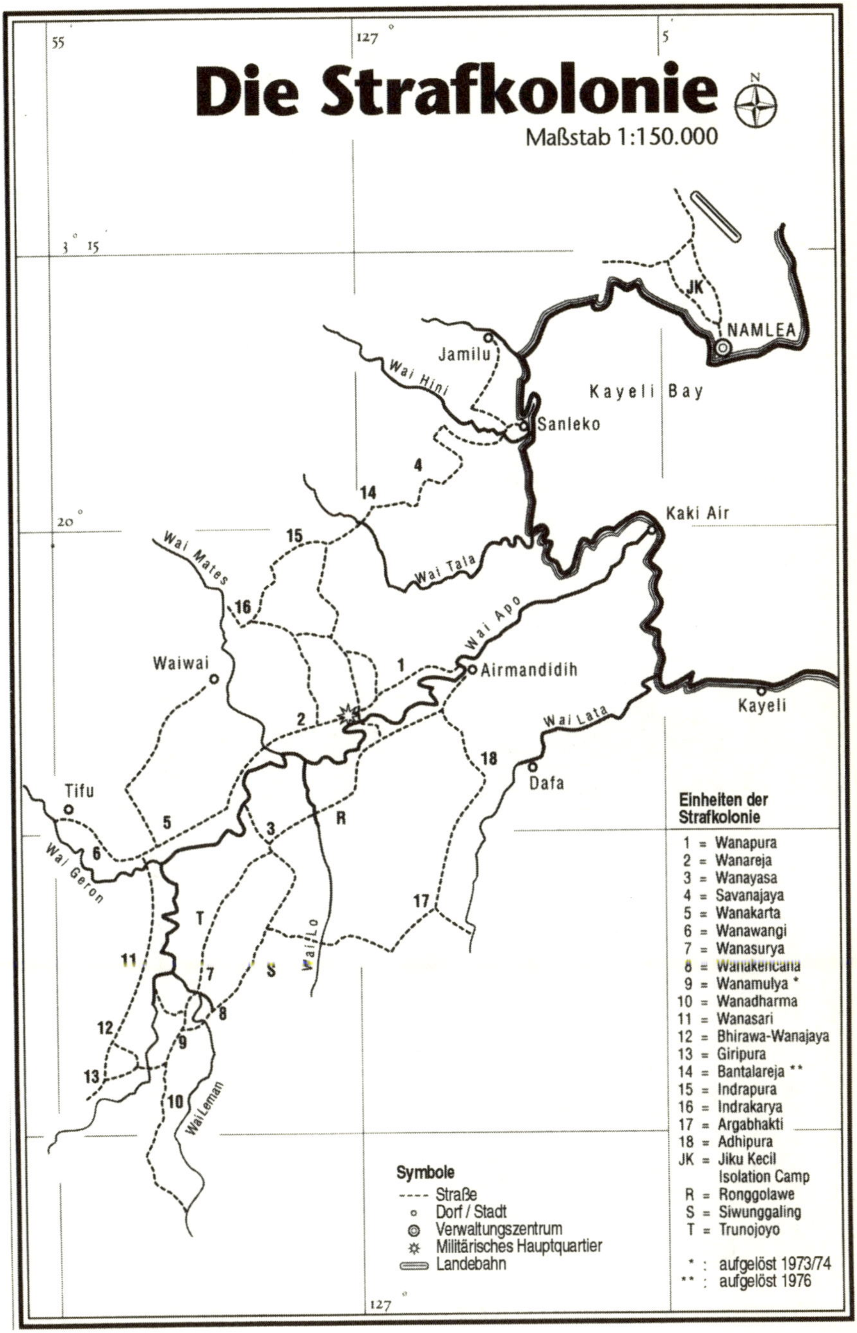
Die Strafkolonie
Maßstab 1:150.000
N
55
127°
5
3° 15
20°
127°
JK
NAMLEA
Jamilu
Wai Hini
Kayeli Bay
Sanleko
4
14
Kaki Air
15
Wai Mates
Wai Tala
16
Wai Apo
Waiwai
1
Airmandidih
Kayeli
2
Wai Lata
18
Dafa
Tifu
5
3
R
6
Wai Geron
T
17
Wai Lo
11
7
S
8
12
9
13
10
Wai Leman
Einheiten der Strafkolonie
1 = Wanapura
2 = Wanareja
3 = Wanayasa
4 = Savanajaya
5 = Wanakarta
6 = Wanawangi
7 = Wanasurya
8 = Wanakencana
9 = Wanamulya *
10 = Wanadharma
11 = Wanasari
12 = Bhirawa-Wanajaya
13 = Giripura
14 = Bantalareja **
15 = Indrapura
16 = Indrakarya
17 = Argabhakti
18 = Adhipura
JK = Jiku Kecil Isolation Camp
R = Ronggolawe
S = Siwunggaling
T = Trunojoyo
* : aufgelöst 1973/74
** : aufgelöst 1976
Symbole
Straße
Dorf / Stadt
Verwaltungszentrum
Militärisches Hauptquartier
Landebahn

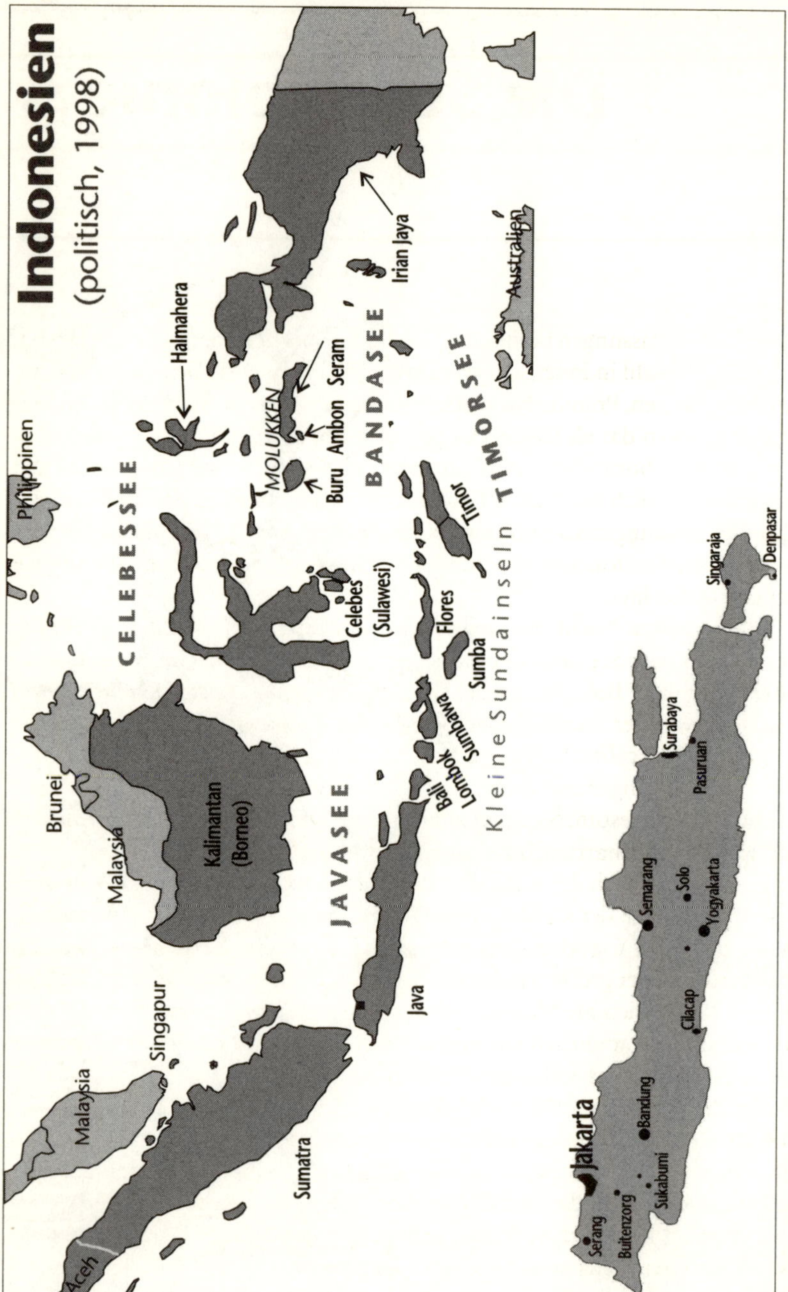
Indonesien
(politisch, 1998)
Philippinen
Halmahera
CELEBESSEE
MOLUKKEN
Buru
Ambon
Seram
BANDASEE
Irian Jaya
Australien
TIMORSEE
Timor
Celebes
(Sulawesi)
Flores
Sumba
Sumbawa
Lombok
Bali
Kleine Sundainseln
Brunei
Malaysia
Kalimantan
(Borneo)
JAVASEE
Java
Singapur
Malaysia
Sumatra
Aceh
Jakarta
Serang
Buitenzorg
Sukabumi
Bandung
Cilacap
Semarang
Solo
Yogyakarta
Surabaya
Pasuruan
Singaraja
Denpasar

Epilog

Die ersten Freilassungen politischer Gefangener aus Buru begannen im Dezember 1977. Obwohl indonesische wie auch ausländischer Medien im Vorfeld angekündigt hatten, Pramoedya werde unter den ersten sein, die freigelassen werden, erwies sich das als falsch. Der Schriftsteller, der zu den ersten politischen Gefangenen gehörte, die in Buru ankamen, mußte noch zwei Jahre warten und gehörte schließlich zur letzten Gruppe politischer Sträflinge, die die weit entfernte Verbannungsinsel endlich verlassen durften. Am 12. November 1979 wurden sie nach Namlea, dem Haupthafen von Buru, gebracht und auf die *Tanjung Pandan* verfrachtet.

In der dritten Nacht der langsamen Heimfahrt warf die *Tanjung Pandan* mitten auf hoher See ungefähr sechs Stunden nördlich von Gresik auf Ostjava Anker nahe einer Boje. Vierzig der Gefangenen – unter ihnen auch Pramoedya – wurden von der menschlichen Schiffsladung separiert und auf ein kleines Landungsschiff gebracht, das sie zum Hafen von Tanjung Perak in Surabaya fuhr. Diese Gefangenen wurden von den indonesischen Behörden als „Unverbesserliche" eingestuft. Sie seien „starrsinnige und unkooperative Unruhestifter", die darauf beharrten, ihrer „alten Gesinnung" weiter anzuhängen.

Unmittelbar nach der Ankunft in Surabaya wurden diese Gefangenen in einen Bus verladen, der sie über die kurvenreiche südliche Landroute durch die Städte Solo und Yogyakarta nach Magelang, Zentraljava, brachte. Das ist der Standort einer der größten indonesischen Militärbasen. Im dortigen Militärgefängnis fanden sich die Männer von der Tanjung Pandan zusammengeschlossen mit anderen „politisch Unverbesserlichen", die kurz zuvor aus Gefängnissen und Lagern Javas entlassen worden waren.

Am 18. Dezember 1979, nach fast einem Monat der Haft in Magelang, wurden die Gefangenen in ein anderes Militärcamp nach Banyumanik gebracht, einer kleinen Stadt viereinhalb Stunden südlich von Semarang, Zentraljavas Verwaltungszentrum an den Nordküste. Nach zwei Nächten dort wurden sie am 20. Dezember 1979 nach Semarang gebracht, wo am selben Tag noch eine Zeremonie zur ihrer Freilassung abgehalten wurde.

Nach der offiziellen Entlassung wurden Pramoedya und andere „ehemalige"

Häftlinge aus Jakarta in Autobusse mit dem Ziel Jakarta gesetzt. Bei ihrer Ankunft spät in der Nacht wurden sie zum Salemba-Gefängnis gebracht – dem Ort, an dem für viele von ihnen vierzehn Jahre zuvor die Haftzeit begonnen hatte.

Am darauffolgenden Tag wurde die Verantwortung für die Gefangenen an die jeweiligen militärischen Distriktkommandaturen übergeben, in denen der Häftling seinen Wohnsitz hat. In Pramoedyas Fall, dessen Familie in der Utan Kayu wohnte, war es die militärische Distriktkommandatur Ostjakarta. Bei der Entlassungsfeier, die später in deren Räumen stattfand, wurden Pramoedya und die anderen, die im Osten Jakartas lebten, darüber informiert, daß es ihre „Pflicht" sei, einmal in der Woche dort anzutreten.

Dieser Tag, der 21. Dezember 1979, markiert das Ende von Pramoedyas vierzehnjähriger physischer Gefangenschaft, vierzehn Jahre, in denen nie Anklage gegen ihn erhoben wurde. Vierzehn Jahre war er Gefangener, ohne jemals rechtliches Gehör zu finden.

Aber wieviel Freiheit war es denn, die Pramoedya und den anderen Tausenden politischer Gefangener nach der Freilassung gewährt wurde? Tatsächlich war es ziemlich wenig. Die Regierung verbot ihnen nicht nur eine Beschäftigung im öffentlichen Dienst, sondern auch in jedem Unternehmen, das als „lebenswichtig" für nationale Interessen eingestuft wurde; sie durften auch in keinem Zweig der Medienbranche tätig werden. Wenn sie sich außerhalb ihres Wohngebietes bewegen wollten, mußten sie zuerst eine Reiserlaubnis sowohl von der für ihre „Bewährung" zuständigen Zivil- wie auch von der Militärbehörde einholen. Auch für einen Umzug – und sei er nur von einer auf die andere Straßenseite – mußte eine spezielle Genehmigung eingeholt werden. In der Praxis wurden derartige Anfragen häufig unbeantwortet gelassen, das war gleichbedeutend mit einem „Nein". Ehemalige politische Gefangene durften auch nicht wählen oder sich wählen lassen und waren damit vom politischen Geschehen ausgeschlossen. Darüber hinaus waren sie dazu verpflichtet, jederzeit ein spezielles Ausweispapier mit sich zu führen – darin war der Code „ET" eingestempelt. „Ex-tapol" – „ehemaliger politischer Gefangener". Diese Regelung war extrem effektiv, um die Kontrolle über das Leben der ehemaligen politischen Gefangenen zu halten: Viele soziale Aktivitäten in Indonesien verlangen das Vorzeigen eines Ausweises, ob man nun Besitz erwerben oder verkaufen will, heiraten oder sich scheiden lassen möchte, eine Arbeit annehmen oder einer Vereinigung beitreten will. Diese Art der Diskriminierung erinnert stark an den „Davidsstern", den jüdische Bürger im Nazi-Deutschland zu tragen hatten.

Andere Beschränkungen der „Freiheit" der politischen Gefangenen gab es im Bereich von Veröffentlichungen. Zeitungen war es verboten, Artikel von ihnen zu drucken; Verleger durften keine Bücher von ihnen herausbringen.

Trotz dieser Beschränkungen hat Pramoedya seit seiner Freilassung fünf

Romane, ein zweibändiges Werk von Erinnerungen (auf denen dieses Buch beruht) und zwei biographische Arbeiten veröffentlicht. Er gab außerdem eine Sammlung „vornationalistischer" Werke heraus, und er bereitet gerade die Veröffentlichung eines Bühnenstücks vor. Alle von ihm herausgekommenen Werke wurden von der Regierung verboten – und das Verbot seiner frühen Werke blieb bestehen.

Immer noch fürchtet Pramoedya eine neuerliche Entführung und verbringt daher den größten Teil seiner Zeit mit den Enkelkindern zu Hause. Er arbeitet im Garten, ordnet seine Korrespondenz und verfaßt gelegentlich Artikel.

Das Suharto-Regime, das zur Zeit seiner Einsetzung die Ermordung hunderttausender indonesischer Bürger und die Folterung und Verschleppung hunderttausend weiterer zumindest begrüßte, wenn nicht gar direkt dafür verantwortlich war, kam 1998 an sein Ende. Seitdem haben viele staatstragende Persönlichkeiten, Zivilisten wie Militärs, grundlegende Reformen versprochen.

Es bleibt jedoch abzuwarten, wer wirklich die Initiative für eine grundlegende politische Rehabilitation der ehemaligen politischen Gefangenen ergreifen wird. Weil aber die Überzeugung, daß die politischen Gefangenen doch irgendwie selbst Schuld tragen an ihrem Schicksal, so tief im allgemeinen Bewußtsein verankert ist, sind die Aussichten für eine wirkliche Wiederherstellung ihrer Freiheit und die Rückgewinnung ihrer vollen Bürgerrechte vage.

Pramoedya selbst ist der Ansicht, daß die grundlegenden Menschenrechte und auch seine persönlichen Bürgerrechte keine Vergünstigungen darstellen, die eine Regierung oder irgendeine andere Gewalt ihren Bürgern gewähren kann. Er hat diese Rechte aufgrund der Tatsache, daß er als Mensch und als indoneischer Staatsbürger geboren wurde. Und auf der Basis dieses Prinzips arbeitet der Schriftsteller Pramoedya: Er schreibt und wird weiterhin schreiben, das ist sein Beruf und auch sein Recht. Für einen Autor wie Pramoedya war und ist es nicht einfach, im eigenen Land zu arbeiten. Deswegen mag vielleicht der lateinische Spruch „Verba animi proferre et vitam imedere vero..." für ihn gelten: „Derjenige, der sich frei äußert, riskiert Körper und Geist für die Wahrheit."

Joesoef Isak*

* *Joesoef Isak ist ein langjähriger Freund von Pramoedya und seit dessen Entlassung aus der Gefangenschaft auch als sein Lektor und Verleger in erster Linie verantwortlich für Prams Publikationen. Er schrieb diesen Epilog zuerst für eine Auswahl der „Aufzeichnungen aus Buru", die in den Niederlanden 1988 mit dem Titel „Leed van een Stomme" erschien, und er hat ihn für diese Ausgabe überarbeitet.*

Pramoedya Ananta Toer

Die Braut des Bendoro

Roman. 236 Seiten, Broschur,
ISBN 3-89502-125-3

Pramoedya Ananta Toer

Die Familie der Partisanen

Roman. 320 Seiten, gebunden,
ISBN 3-89502-056-7

Pramoedya Ananta Toer

Kind aller Völker

Roman. 395 Seiten, gebunden,
ISBN 3-85921-076-9

Pramoedya Ananta Toer

Spur der Schritte

Roman. 440 Seiten, gebunden,
ISBN 3-89502-082-6

Autorinnen und Autoren aus Indonesien in deutscher Übersetzung:
Mochtar Lubis • Umar Kayam • Rendra • Ahmad Tohari • Leila Chudori • Armijn Pane • Subagio Sastrowardoyo u.a.
Fordern Sie unseren Prospekt an!

Bitte fordern Sie unser aktuelles Gesamtverzeichnis an:
Horlemann Verlag · Postfach 1307 · 53583 Bad Honnef
Telefax (0 22 24) 54 29 · e-mail: info@horlemann-verlag.de
www.horlemann-verlag.de